Risk and Alkohol-
glani

1/1 l Bier = 12 gran

1 glas Wein = 11 gran

Campus Forschung
Band 870

Martin Schmid, Dr. phil., ist wissenschaftlicher Mitarbeiter am Institut für Suchtforschung der Fachhochschule Frankfurt am Main.

Martin Schmid

Drogenhilfe in Deutschland

Entstehung und Entwicklung 1970 – 2000

a) S. 120 – 189

b) 94 – 111

c) 139 – 163

d) 190 – 211

e) 212 – 233

Albert Hoffmann

Campus Verlag
Frankfurt / New York

Bibliografische Information der Deutschen Bibliothek
Die Deutsche Bibliothek verzeichnet diese Publikation in der Deutschen Nationalbibliografie.
Detaillierte bibliografische Daten sind im Internet über http://dnb.ddb.de abrufbar.
ISBN 3-593-37375-0

Besuchen Sie uns im Internet: www.campus.de

Inhalt

Vorbemerkung.. 7

Vorwort von Prof. Dr. Irmgard Vogt.................................... 9

Fragestellung und Erkenntnisinteresse............................... 12

Zur Theorie organisierter Hilfe... 18
    Hilfe als Funktionssystem... 18
    Hilfe als freundliche Kolonialisierung und soziale Kontrolle...... 25
    Gesellschaftliche Teilsysteme als Handlungszusammenhänge.......... 34
    „Welfare mix" und freie Wohlfahrtspflege in Deutschland........... 44
    Die Konstruktion sozialer Probleme................................ 51

Ein hypothetisches Modell zur Entstehung und Entwicklung
von Hilfesystemen.. 59
    Ein Problem wird „entdeckt".. 60
    Erste Bewältigungsversuche... 62
    Die Entstehung helfender Organisationen........................... 64
    Von helfenden Organisationen zu Hilfesystemen..................... 66
    Verselbständigungsprobleme... 67
    Reform des Hilfesystems.. 70

Methodik und Datengrundlage.. 72

Die Ausgangslage: Drogenkonsum im Nachkriegsdeutschland............. 86

Der Anfang: (Wieder-) Entdeckung illegaler Drogen und erste
Hilfeversuche (1965 – 1972)... 92
    Jugendprotest und die Wiederentdeckung illegaler Drogen........... 94
    Die Reaktion der Öffentlichkeit.................................. 104
    Suchtkrankenhilfe, Medizin und Psychiatrie....................... 110
    Die Jugendhilfe.. 124
    Release und andere private Initiativen........................... 130

Die Entstehung und Konsolidierung der Drogenhilfe in den
siebziger Jahren (1972 – 1980) 139
Das neue Betäubungsmittelgesetz von 1971/72 140
Das Großmodell 142
Von der Therapeutischen Gemeinschaft zur Langzeittherapie 156
Das Desinteresse der Medizin an der Behandlung Drogenabhängiger 162

Therapeutische Kette und Abstinenzparadigma (1980 – 1987) 169
Weiterer Ausbau und Klärung der Finanzierung 170
Ausdifferenzierung der Organisationsstrukturen 173
Therapie statt/als Strafe: Die Reform der Reform 175
Das Abstinenzparadigma 178
Frühe Kritik und weitere Ausdifferenzierung des Hilfesystems 185

AIDS und der Umbau der Drogenhilfe (1987 –1995) 190
AIDS-Krise und Zunahme der Drogentodesfälle 190
Spritzentausch, erste Methadonprogramme und die Drogenhilfe 200
Die Kommunalisierung und Föderalisierung der Drogenpolitik 212
Methadonsubstitution als Regelbehandlung 217
Die Verdopplung der Drogenhilfe 221

Drogenhilfe als Dienstleistung (1995 – 2000) 227

Drogenhilfe als gesellschaftliches Teilsystem? 234
Ein Problem wird „entdeckt": Die „Entdeckung" des
Drogenproblems 234
Erste Bewältigungsversuche: Die Entstehung der Drogenhilfe
zwischen Psychiatrie, Suchtkrankenhilfe, Jugendhilfe und Release 238
Die Entstehung helfender Organisationen: Von Release zur
Jugend- und Drogenberatung und zur Langzeittherapie 242
Von helfenden Organisationen zu Hilfesystemen: Drogenhilfe als
therapeutische Kette 245
Verselbständigungsprobleme 248
Reform des Hilfesystems: Der niedrigschwellige Umbau
der Drogenhilfe 253
Ausblick oder die zweite Chance 255

Literatur 258

Vorbemerkung

Nur wenige soziale Probleme können für sich in Anspruch nehmen, dass zu ihrer Bewältigung gleich ein eigenes Hilfesystem entstanden ist. Das Drogenhilfesystem ist in vielerlei Hinsicht bemerkenswert: Mit weit mehr Ressourcen (je Abhängiger) ausgestattet als die Hilfen für Menschen mit Alkoholproblemen, hat es immer wieder innovative Hilfeformen hervorgebracht und neue Ansätze entwickelt, seine Zielgruppen zu erreichen. Einerseits dominierten über viele Jahre psychosoziale Berufsgruppen dieses Hilfesystem, die zeitweilig die Definitionssouveränität über Drogenprobleme und deren Behandlung erlangten. Andererseits ist es den psychosozialen Berufsgruppen bis heute nicht gelungen, evidenzbasierte Methoden zur Behandlung individueller Drogenprobleme zu entwickeln.

Das Drogenhilfesystem entwickelte sich in Deutschland als eigenständiges Hilfesystem, das sich über dreißig Jahre ausdifferenzieren konnte. Auch wenn jetzt viele Anzeichen auf eine Entdifferenzierung und Auflösung im Gesundheitssystem hindeuten, so bietet sich doch das Drogenhilfesystem an, um beispielhaft die Entstehung und Ausdifferenzierung von Hilfesystemen analysieren zu können.

Diese Arbeit ist die überarbeitete und gekürzte Fassung meiner Dissertation, die 2002 von der Johann Wolfgang Goethe-Universität in Frankfurt am Main angenommen wurde. Prof. Dr. Irmgard Vogt hat diese Arbeit über mehrere Jahre hinweg begleitet und mir immer wieder mit Anregungen, Kritik und motivierenden Interventionen weitergeholfen. Auch meinem Zweitgutachter, Prof. Dr. Karl Otto Hondrich, danke ich für die konstruktive Kritik. Einen großen Teil meiner Kenntnisse illegaler Drogen und der Drogenhilfe verdanke ich Drogenabhängigen aus Offenbach und Frankfurt am Main. Darüber hinaus habe ich Kolleginnen und Kollegen – insbesondere Gertrud Umminger, Renate Simmedinger, Martina Schu und Edgar Zeissler – für Diskussionsbeiträge und Ratschläge zu danken.

Am meisten unterstützt hat mich in all den Jahren meine Frau Rita Hilscher, der dieses Buch gewidmet ist.

Martin Schmid, Juni 2003

Vorwort: Von der Konstruktion des Drogenproblems zur Etablierung eines Hilfesystems

Heutzutage ist es scheinbar selbstverständlich, dass Menschen Drogenprobleme haben, und dass es für deren Behandlung die Drogenhilfe gibt. Drogenprobleme und die für diese Zwecke eingerichtete Drogenhilfe sind offenbar notwendige Übel, mit denen sich moderne Gesellschaften herumplagen müssen. Dieser Eindruck drängt sich jedenfalls auf, wenn man einschlägige Artikel in Zeitschriften liest oder Beratungssendungen im Fernsehen konsumiert. Jeder und jede scheint wenigstens einmal im Leben ein Drogenproblem zu haben, und alle kennen die Drogenhilfe. Letztere kommt dabei je nach Standpunkt besser oder schlechter weg: besser bei denen, die dort Hilfe gefunden haben, schlechter bei denen, die mehr auf Ordnung setzen und die immer wieder darüber enttäuscht sind, dass die Drogenhilfe nicht wie eine Unterabteilung der Polizei funktioniert.

Schon ein kurzer Blick zurück zeigt freilich, dass das alles nicht selbstverständlich ist. Drogen spielen in Westdeutschland erst seit den siebziger Jahren eine gewisse Rolle. Anfänglich interessierte sich auch nur eine kleine Gruppe von jungen Männern und Frauen für diese Stoffe, und einige wenige von ihnen hatten damit Probleme: Sie wurden abhängig. Man hätte das als individuelles Risiko und damit verbunden als individuelle Problemlagen einordnen können, aber das geschah nicht. Vielmehr wurde dieser Entwicklung erstaunlich schnell gesellschaftliche Relevanz zugesprochen; damit war das Drogenproblem geboren. In diesem Kontext hat sich dann die Drogenhilfe als eigenständiges Teil- oder Subsystem des gesamten Hilfesystems herausgebildet.

Wie die Studie von Martin Schmid zeigt, ist dieser Vorgang keineswegs trivial; sowohl die Phase der Konstruktion des Drogenproblems hätte anders verlaufen können, als auch die Etablierung der Drogenhilfe.

Eigentlich hätte man erwarten können, dass die Hilfen für die Drogenabhängigen von den bereits existierenden Hilfesystemen – wie der Suchtkrankenhilfe für Menschen mit Alkoholproblemen oder der Psychiatrie – ausgehen würden, die auf diesem Wege ihre eigenen Kompetenzen, aber auch ihre Systeme hätten verbreitern und ihre Macht ausdehnen können. Wie der Augenschein belegt und die Analyse zeigt, ist das aber nicht der Fall. Vielmehr hat sich im Verlauf von wenigen Jahren ein neues Subsystem entwickelt, das seit den achtziger Jahren als „Drogenhilfe" firmiert. Heute stellt es eine feste Größe im Kontext sozialer Hilfesysteme dar, was angesichts der vergleichsweise geringen Zahl der Klientel, die das Subsystem bedient, erstaunlich ist. Bedenkt man weiter, dass es im Vergleich zur Suchtkrankenhilfe finanziell recht üppig ausgestattet ist, ist das noch viel erstaunlicher.

Wie lassen sich diese Entwicklungen erklären, wie verstehen? Welche Akteure waren daran beteiligt? Wer hat davon profitiert, wer hat verloren? Was ist erreicht worden, was nicht? Auf diese und viele weitere Fragen gibt dieses Buch Antworten.

Das Herzstück der Darstellung bildet die Geschichte der Drogenhilfe in Deutschland, die anhand eines eigens dafür entwickelten hypothetischen Modells aufgearbeitet wird. Wie sich herausstellt, ist es eine Geschichte unterschiedlicher Interessengruppen, Interessenlagen und unterschiedlicher Akteure, aber auch von unvorhersehbaren Ereignissen, Zufällen und einmaligen historischen Konstellationen. Kämpfe zwischen den verschiedenen Akteuren um Macht und Einfluss und – soweit es sich um Personen handelt – zur Befriedigung persönlicher Eitelkeiten konnten nicht ausbleiben.

Besonders deutlich wird das in der Geburtsphase der Drogenhilfe, die sehr turbulent ist; sie ist geprägt von Protestbewegungen, allen voran von der des Jugendprotestes. Interessengruppen, die ganz anderes im Sinne haben, passt es gut, dass Jugendliche mit illegalen Drogen experimentieren. Auch die Medien spielen mit und spielen unterschiedlichen Akteuren zu, und alle zusammen verarbeiten die Themen für ihre je eigenen Ziele. Im Rückblick erstaunt es, wie die seinerzeit neuen Drogen und mit ihnen die neuen Konsumenten und Konsumentinnen Medienkarriere gemacht haben und wie schamlos in den frühen Berichten die tatsächliche oder auch nur unterstellte Gefährlichkeit der Drogen von allen Akteuren für ihre jeweiligen Interessen ausgebeutet wurden.

Ganz entsprechend handelt es sich nicht um eine konsistente Geschichte, in der die Zweckrationalität dominiert, sondern um eine inkonsistente, manchmal wirre, die oft von aktuellen Stimmungen bestimmt wird und die dementsprechend irrational abläuft. Es ist eigentlich eher erstaunlich, dass sich dennoch ein Subsystem im Konzert der wohlfahrtsstaatlichen Hilfen herausgebildet hat, das robust und potent genug ist, um selbst Krisen zu überstehen.

Bemerkenswert ist dabei, dass die Klientel – Drogenkonsumenten und Drogenabhängige – in dem ganzen Prozess eine eher nebensächliche Rolle spielen. Das legt der scharfe Blick auf das System und die Akteure frei, denn aus dieser Perspektive heraus ist die Klientel die Verschiebemasse für die Durchsetzung eigener Interessen – auch auf Kosten der Klientel. Krasse Beispiele dafür findet man in den Darstellungen der Behandlung von Drogenabhängigen in den siebziger und achtziger Jahren.

Die Selbstverständlichkeit, mit der man in dieser Zeit den Drogenabhängigen in den ambulanten und stationären Einrichtungen ihre gesetzlich verbrieften Rechte vorenthalten hat, ja sie geradezu gequält und ihnen eine optimale Versorgung verweigert hat, ist bestürzend. Weder von fachlicher Seite noch von der breiten Öffentlichkeit wurde an diesem Umgang mit Drogenabhängigen viel Kritik geübt. Kurz, die Mehrheitsmeinung stützte dieses Vorgehen, ohne an den menschenverachtenden Praktiken im Einzelnen viel Anstoß zu nehmen.

Immerhin zeigt die Geschichte auch, dass solche Phasen überwunden werden können. Die Hilfeangebote haben sich in den letzten Jahrzehnten erstaunlich stark diversifiziert. Zu alten Ansätzen mit idealen Zielsetzungen, also der Entwöhnungsbehandlung mit dem Ziel der Abstinenz, sind viele neue gekommen, vor allem Ansätze der medikamentös gestützten Behandlung. Und selbst innerhalb der Ansätze gibt es Differenzierungen. Aggressiv-konfrontative Methoden, die auch die personale Abwertung der Betroffenen in Kauf nehmen, gelten nicht mehr als besonders erfolgreich und werden daher durch neue Verfahren ersetzt, die stärker auf Akzeptanz und Kooperation setzen. In gewisser Weise spiegelt gerade diese Entwicklung die Etablierung des Hilfesystems wider; die Drogenhilfe ist erwachsen geworden.

Martin Schmid synthetisiert in diesem Buch in höchst spannender Weise Theorie und Praxis, er führt vor, wie das eine zum anderen passt – oder eben auch nicht, gerade weil die Geschichte widerständig und irrational ist. Das macht die Lektüre des Buches so anregend.

Frankfurt am Main, Mai 2003

Prof. Dr. Irmgard Vogt

Fragestellung und Erkenntnisinteresse

Als in der zweiten Hälfte der sechziger Jahre im Umfeld der Jugendprotestbewegung und der Beat- und Rockmusik der Konsum von Cannabis, Amphetaminen und LSD, später dann auch von Opium, Heroin und Kokain anstieg, wurde die bundesdeutsche Gesellschaft mit einem neuartigen Phänomen konfrontiert. Zwar waren die meisten dieser Stoffe keineswegs fremd in Deutschland. Hanf hat als Nutzpflanze eine lange Tradition in Mitteleuropa, und auch die psychoaktiven Eigenschaften waren seit langem bekannt (Vogt 1975: 69; Tanner 1999: 211). LSD war 1938 von Albert Hofmann erstmals in Basel synthetisiert worden, der 1943 auch dessen psychische Wirkung entdeckte (Hofmann 1993). Seither war es zumindest im Bereich der Psychiatrie keine unbekannte Substanz. Die Herstellung von Heroin und Kokain schließlich waren Erfolge der leistungsstarken europäischen – und insbesondere auch deutschen – chemischen Forschung und Industrie des 19. Jahrhunderts, und der Konsum dieser Substanzen in Deutschland ist für die Anfangsjahre des 20. Jahrhunderts gut dokumentiert (vgl. z.B. Joël/Fränkel 1924; Ridder 2000). Aber seit dem Ende des Zweiten Weltkrieges war es in Deutschland still geworden um diese Substanzen.

Als Konsumenten traten allenfalls noch Kriegsveteranen, die mit opiathaltigen Medikamenten behandelt worden waren, andere Schmerzpatienten und Angehörige medizinischer Berufe mit Zugang zu den entsprechenden Mitteln in Erscheinung. Eine der wenigen Veröffentlichungen, die sich vor der zweiten Hälfte der sechziger Jahre in der Zeitschrift „Suchtgefahren" (der späteren „Sucht") zu illegalen Drogen findet, enthielt bezeichnenderweise „Richtlinien zur Behandlung von rauschgiftgefährdeten und rauschgiftsüchtigen Ärzten" (Arbeitsgemeinschaft der Westdeutschen Ärztekammern 1956).

Die dominierenden Drogen im Nachkriegsdeutschland waren Kaffee, Nikotin und Alkohol. Parallel zum wirtschaftlichen Aufschwung führten sinkende Preise und steigende Löhne dazu, dass Bohnenkaffee allmählich den Ersatzkaffee verdrängte und „seit dem Übergang zur Wohlstandsgesellschaft zum wirklichen Alltagsgetränk" (Teuteberg 1999: 112) aufstieg. Der Pro-Kopf-Verbrauch an Zigaretten verdoppelte sich in der Bundesrepublik zwischen 1955 und 1970 (Junge 2003: 40). Der Pro-Kopf-Verbrauch an reinem Alkohol verdreifachte sich zwischen 1950 und 1970 sogar (Meyer/John 2003: 23). Der Konsum von Haschisch, Heroin und anderen illegalen Drogen nahm hingegen erst später zu. Während sich Veränderungen des Konsums der legalen Drogen vergleichsweise einfach aus den entsprechenden Produktions- und Handelsstatistiken ablesen lassen, ist man in Bezug auf die Substanzen Cannabis, Heroin und Kokain auf weniger eindeutige Indikatoren angewiesen. Ein solcher Indikator sind die Angaben des Bundeskriminalamtes zu Betäubungsmittelsicherstellungen. Während etwa 1965 gerade einmal 45 kg Cannabis sichergestellt wurden, waren es fünf Jahre später bereits über 4.000 kg. Heroin war 1965 der Polizei in Deutschland noch gänzlich unbekannt. 1970 fand die Polizei 500 g Heroin, fünf weitere Jahre später dann bereits über 30 kg (Bundeskriminalamt 2001).

Das Interesse dieser Arbeit richtet sich aber weniger auf epidemiologische Fragestellungen. Im Zentrum dieser Untersuchung steht die Drogenhilfe als hochspezialisiertes Subsystem, das sich in der Folge der Entstehung illegaler Drogenszenen Ende der sechziger/Anfang der siebziger Jahre in der Bundesrepublik zu entwickeln begann. Wer sich Ende der sechziger Jahre auf die Suche nach Hilfe für Drogenkonsumenten machte, fand zum einen psychiatrische Kliniken, die die Behandlungskompetenz für das psychiatrische Krankheitsbild „Sucht" für sich beanspruchten und über Erfahrung in der Entgiftung und Therapie von Alkoholabhängigen, Medikamentenabhängigen und – begrenzt – Opiatabhängigen verfügten. Eine andere Möglichkeit bot das Netz von ambulanten und stationären Diensten zur Behandlung von Alkoholabhängigen (Selbsthilfegruppen, Beratungsstellen und Fachkliniken). Und schließlich gab es die allgemeinen Organisationen der (psycho-) sozialen Hilfen und der Jugendhilfe. Explizit auf Konsumenten illegaler Drogen ausgerichtete Organisationen existierten hingegen nicht.

Drei Jahrzehnte später zählt Leune, der Geschäftsführer des Fachverbandes Drogen und Rauschmittel (FDR), 360 ambulante Drogenberatungsstellen mit fast 1.500 Beschäftigten (Leune 2003: 137). Setzt man diese Zahlen zu Schätzungen von 150.000 von illegalen Drogen abhängigen Hilfsbedürftigen in Beziehung, so ergibt sich ein Verhältnis von einem Mitarbeiter der ambulanten Drogenhilfe zu 100 potentiellen Klienten, eine Relation, die andere Hilfesysteme weit verfehlen. Ähnlich sieht das Verhältnis im stationären Bereich aus: Während für geschätzte 1,6 Millionen Alkoholabhängige rund 7.400 vollstationäre Entwöhnungsplätze zur Verfügung steht, gibt es für die wesentlich niedrigere Zahl der von illegalen Drogen Abhängigen knapp 4.000 solcher Plätze. Hinzu kommen mindestens 25.000 – 50.000 Plätze in der Methadonbehandlung, teilstationäre Angebote, Einrichtungen der Nachsorge, niedrigschwellige Einrichtungen, Notschlafstellen und ambulante Therapieangebote.

Bedingt durch eine Vielzahl von unterschiedlichen Kostenträgern kann das gesamte Finanzvolumen dieses Hilfesystems derzeit nur sehr grob geschätzt werden. Hartwig und Pies errechneten für das Jahr 1992 einen unteren Schätzwert von rund

300 Millionen Euro, wobei die Kosten für Substitution, Prävention und niedrigschwellige Angebote noch nicht mitberücksichtigt sind (Hartwig/Pies 1995: 30 ff.). Andere Schätzungen schwanken zwischen 115 Millionen Euro alleine für Beratungsstellen und stationäre Therapie (Leune 1994: 93) und über 500 Millionen Euro für das gesamte Leistungsspektrum (Bossong 1997), die Bund, Länder, Kommunen und Sozialleistungsträger jährlich für die Drogenhilfe ausgeben. Fasst man alle psychosozialen Leistungen der Suchtkrankenhilfe bei Problemen mit Alkohol, illegalen Drogen und Medikamenten zusammen, so wird der Gesamtumsatz für das Jahr 1995 auf knapp eine Milliarde Euro geschätzt (Roscher 1999: 126). Darin sind allerdings die Kosten der Substitutionsbehandlung nicht enthalten.[1]

Aber nicht nur das Ausmaß dieses Hilfesystems – für eine zahlenmäßig eher kleine Adressatengruppe – überrascht. Jenseits der Frage der Größe der Drogenhilfe ist von Interesse, wie es glücken konnte, flächendeckend ein neues Behandlungssystem zu installieren, das sich von anderen bestehenden oder entstehenden Hilfeagenturen deutlich abgrenzte, recht erfolgreich die nahezu alleinige Kompetenz für das zu behandelnde Problem beanspruchte und die erforderlichen Ressourcen akquirieren konnte.

Methodisch anspruchsvolle wissenschaftliche Studien mit Kontrollgruppendesign, die die Wirksamkeit der in der Drogenhilfe eingesetzten Methoden belegen, liegen bis heute allenfalls in Ansätzen vor. Dabei ist die Kritik an der Effektivität und auch an der Effizienz der Drogenhilfe nie verstummt und hat dennoch die bis heute andauernde Expansion nicht bremsen können. Wie es scheint, hat diese Kritik sogar zu Beginn der neunziger Jahre eher noch zu einem erneuten Wachstumsschub beigetragen, als HIV und AIDS eine drogenhilfepolitische Neuorientierung einleiteten und vielerorts so genannte niedrigschwellige suchtbegleitende Einrichtungen entstanden und die Methadonbehandlung sich etablieren konnte, die zuvor von der Drogenhilfe selbst massiv abgelehnt wurde. Erst die in der zweiten Hälfte der neunziger Jahre immer deutlicher sichtbar werdende Finanzkrise der öffentlichen Haushalte hat zu einer Unterbrechung oder zumindest zu einer Verlangsamung der Expansion der Drogenhilfe geführt.

In Teilbereichen geht die Ausdifferenzierung der Drogenhilfe weiter: Mit dem 2002 gestarteten Modellprogramm zur heroingestützten Behandlung Opiatabhängiger, einer kontrollierten und randomisierten multizentrischen Arzneimittelstudie mit integriertem psychosozialem Interventionsprogramm, wird erneut nach neuen Wegen in der Behandlung Drogenabhängiger gesucht (Krausz et al 1999). Während die

---

1 Die sozialen Kosten des illegalen Drogenkonsums gehen indes weit über die Kosten des Hilfesystems hinaus und liegen vor allem in den Bereichen Kriminalität, Strafverfolgung und Justiz (vgl. Fischer 2003).

Medizin Anfang der siebziger Jahre nur wenig Interesse an Drogenabhängigen zeigte und das entstehende Drogenhilfesystem von psychosozialen Fachkräften dominiert wurde, weisen die Zunahme der Substitutionsbehandlungen und das Modellprogramm zur heroingestützten Behandlung auf den aktuellen Bedeutungszuwachs der Medizin in der Drogenhilfe hin.

Das Erkenntnisinteresse dieser Arbeit richtet sich auf den komplexen Prozess der Entstehung und Entwicklung des Drogenhilfesystems. Dass in modernen Gesellschaften in bestimmten Situationen Hilfe in organisierter Form notwendig ist, ist ebenso unbestritten wie die Tatsache, dass sich helfende Organisationen zu komplexen Hilfesystemen entwickeln können. Moderne Gesellschaften bieten durch „sozialstaatlich institutionalisierte Solidarität" (Hondrich 2001: 21) Hilfebedürftigen „in den Institutionen des Sozialstaates, der Versicherungen, der Rehabilitation etc. weiche Landungen" (ebd.: 23) an. Hingegen scheint das gesellschaftliche Wissen darüber, wie solche Hilfesysteme optimiert und wie Fehlentwicklungen vermieden werden können, noch wenig ausgeprägt. Hierzu ist die Evaluation einzelner Hilfeformen sicher nützlich, muss aber in Bezug auf komplexe Hilfesysteme durch Analysen auf Systemniveau ergänzt werden. Dazu bietet sich die Drogenhilfe an.

Auch die wissenschaftliche Beschäftigung mit illegalen Drogen scheint eine Wachstumsbranche zu sein. Ein eigenständiges Arbeitsfeld „Suchtforschung" mit entsprechender institutioneller Verfestigung wie etwa in den nordamerikanischen oder skandinavischen Ländern hat sich in Deutschland zwar (noch) nicht etablieren können. Aber die noch vor wenigen Jahren oft gehörte Kritik an der in Deutschland unterentwickelten Drogenforschung sieht sich inzwischen mit einer Vielzahl entsprechender Studien konfrontiert. Bei der Analyse des Drogenhilfe*systems* helfen diese Studien aber nur bedingt weiter. Entweder reichen sie zu kurz (wie etwa die Erklärungsmodelle für Drogenabhängigkeit oder auch Evaluationsstudien zu einzelnen Behandlungsformen) oder zu weit (wie der Drogenpolitikdiskurs, in dem die Organisationen der Drogenhilfe nur am Rande vorkommen). Die vorliegende Arbeit zielt aber weder auf die Bedingungsfaktoren für individuellen Drogenkonsum und Abhängigkeit noch auf die Effektivität einzelner Hilfeformen oder die Gesamtheit dessen, was man unter Drogenpolitik subsumieren kann. Im Zentrum des Interesses steht hier das Hilfesystem selbst.

Mit der vorliegenden Arbeit wird im Wesentlichen versucht, einen Beitrag zu der historischen und kontextuellen Analyse der Entstehung und Entwicklung des Drogenhilfesystems in Deutschland für die Zeit von 1965 bis 2000 zu leisten. Will man dabei über die rein deskriptive Ebene hinaus, so bedarf es eines geeigneten theoretischen Bezugsrahmens.

In Anlehnung an die Definitionsbemühungen der Weltgesundheitsorganisation (WHO) haben Scheerer und Vogt Drogen definiert als „Stoffe, Mittel, Substanzen, die aufgrund ihrer chemischen Struktur Funktionen im lebenden Organismus verändern, wobei sich diese Veränderungen insbesondere in den Sinnesempfindungen, in der Stimmungslage, im Bewusstsein oder in anderen psychischen Bereichen oder im Verhalten bemerkbar machen" (Scheerer/Vogt 1989: 5 f.), und diesem Drogenbegriff die in der Alltagssprache enthaltene Einengung auf Substanzen, deren Besitz und Erwerb unter Strafandrohung steht, gegenübergestellt. Die Nachteile dieser legalistischen Einengung des Drogenbegriffs sind offenkundig: Mit einer solchen „Definitionssperre" wird präjudizierend vorweggenommen, was erst das Ergebnis wissenschaftlicher Analyse sein kann: verschiedene psychoaktive Substanzen hinsichtlich ihrer (positiven und negativen) Wirkungen und ihrer gesellschaftlichen Inkulturation zu vergleichen. Ein legalistischer Drogenbegriff ist nicht aus den jeweiligen Substanzen, sondern nur aus ihrer rechtlichen Bewertung zu begründen, die zudem in Abhängigkeit von Zeit und Raum höchst variabel ausfallen kann. Der von Scheerer und Vogt entwickelte Drogenbegriff liegt auch dieser Arbeit zugrunde. Die Drogenhilfe hingegen hat sich bereits in ihrer Begrifflichkeit eine legalistisch verengte Drogendefinition zu eigen gemacht.

Doch nicht nur das erste der beiden Substantive, aus denen der Begriff Drogenhilfe zusammengesetzt ist, bereitet Schwierigkeiten. Der unbestimmte und schwer zu definierende Begriff „Hilfe" wurde schon früh im Namen von Drogenhilfevereinen benutzt[2], aber zur Bezeichnung des Sets an Organisationen, die mit der Beratung und Behandlung von Konsumenten illegaler Drogen befasst sind, wurden zunächst andere Begriffe verwendet. In den Anfangsjahren (1970 – 1975) markierte das Wort Drogenarbeit sowohl den Anspruch der Sozialarbeit, dieses Feld zu besetzen, als auch das Selbstverständnis dieser Berufsgruppe und kooperierender Teile der Protestbewegung: Drogenarbeit hatte wie Randgruppenarbeit oder später Flüchtlingsarbeit in dieser Szene einen vergleichsweise hohen Prestigewert. In den achtziger Jahren stieg Drogentherapie zum Oberbegriff auf (vgl. z.B. Heckmann 1982) – ein Aufstieg, der durchaus Sinn macht, wenn man bedenkt, dass die stationäre Langzeittherapie damals als „Königsweg" der Behandlung angesehen wurde. Der daneben bestehende Organisationstyp der Jugend- und Drogenberatungsstelle konnte problemlos unter dem Oberbegriff Drogentherapie subsumiert werden, war doch Hauptaufgabe der Drogenberatungsstelle die Vermittlung in die stationäre Langzeittherapie. Erst mit dem Aufkommen suchtbegleitender niedrigschwelliger Einrichtungen verlor der Begriff Drogentherapie seine Vormachtstellung, und der scheinbar neutralere, verschiedene Einrichtungsformen umfassende Begriff der Drogenhilfe trat an seine Stelle.

---

2 So etwa schon 1972 im Namen der Drogenhilfe Karlsruhe, der Drogenhilfe Schwaben und der Drogenhilfe Tübingen.

Allerdings ist im Bereich der Sozialen Arbeit, der entsprechenden Rechtsgrundlagen und Institutionen der Begriff Hilfe keine Seltenheit. Sozialpolitiker und Sozialarbeiter sprechen von Jugendhilfe, Sozialhilfe und Behindertenhilfe und beziehen sich dabei wahlweise auf bestimmte Rechtsnormen wie etwa das Bundessozialhilfegesetz oder auf Organisationen, die Leistungen nach diesen Rechtsnormen gewähren, wie etwa die kommunalen Sozialämter, die für Hilfe zum Lebensunterhalt gemäß BSHG zuständig sind. Eine entsprechende Rechtsnorm für die Drogenhilfe existiert hingegen nicht. Historisch gesehen hat der Begriff der Hilfe den der Fürsorge abgelöst, dem gegenüber er weniger von Paternalismus geprägt scheint. Hilfe verweist eher auf Bedürftigkeit und auf Maßnahmen zu deren Überwindung, während Fürsorge auf eine Beziehung hindeutet, in der Person (oder Organisation) A für Person B sorgt, die dazu allein nicht in der Lage ist. Insofern ist die Etablierung des Hilfebegriffs Ausdruck der gesellschaftspolitischen Debatten in den späten sechziger und siebziger Jahren, die die Kontrollfunktion der Fürsorge problematisierten. Andererseits bezeichnet Hilfe eine anthropologische Verhaltensform (vgl. Schmidbauer 1989), die zunächst eher an informelle denn an formelle Zusammenhänge denken lässt.

Rush hat vorgeschlagen, neben dem „client path" auch den „community path" im Umgang mit Alkohol- und anderen Drogenproblemen zu analysieren und dazu mit einer historischen und kontextuellen Analyse zu beginnen (Rush 1996). Das macht es erforderlich, ein theoretisches Verständnis von Hilfe, Hilfeorganisation und Hilfesystem zu entwickeln. Damit wäre die Entstehung und Entwicklung des Drogenhilfesystems in Deutschland Ende der sechziger/Anfang der siebziger Jahre als Konkretisierung eines allgemeineren Modells der Entstehung und Entwicklung von Organisationen, die über die Funktionszuweisung „Hilfe" definiert werden, beschreibbar. Ein solches allgemeineres Modell müsste neben der Analyse der Entwicklung der Drogenhilfe auch auf die Genese und Veränderung anderer Hilfesysteme und Hilfeorganisationen wie zum Beispiel der Jugendhilfe, der Bewährungshilfe, der Altenhilfe, der AIDS-Hilfe oder der Obdachlosenhilfe anwendbar sein. Dieses Modell müsste sich als Theorie mittlerer Reichweite verstehen. Eine solche Theorie liegt derzeit nur in Ansätzen vor, und über diese Ansätze herrscht keineswegs Einverständnis. In dieser Arbeit werden zunächst mehrere solcher Ansätze diskutiert, um dann ein hypothetisches Modell zur Entstehung und Entwicklung von Hilfesystemen erarbeiten zu können. Schließlich wird versucht, dieses Modell für die empirische Analyse des Drogenhilfesystems in Deutschland nutzbar zu machen. Das abschließende Kapitel dient der Überprüfung des hypothetischen Modells und diskutiert die Frage, welchen Blickwinkel der gewählte theoretische Ansatz auf die Analyse der Drogenhilfe ermöglicht und welche weiterführenden Fragestellungen sich daraus ergeben können.

Zur Theorie organisierter Hilfe

Im Folgenden werden verschiedene sozialwissenschaftliche Theoriestränge, die einen Beitrag zu einem solchen Modell liefern, diskutiert. Die Begriffe Hilfe und Hilfesystem werden zunächst aus systemtheoretischer Sicht eingeführt. Anhand der Kolonialisierungsthese und dem Rückgriff auf Theorien sozialer Kontrolle wird das eindimensionale Verständnis von Hilfe in funktionalistisch-systemtheoretischen Vorstellungen erweitert. Danach wird die Beschäftigung mit dem Systembegriff unter einer veränderten Perspektive wieder aufgenommen: Der maßgeblich von Mayntz beeinflusste Versuch, Systeme als Handlungszusammenhänge zu konzipieren, bietet sich als Modell für empirische Untersuchungen an. Dem Hinweis von Mayntz folgend, dass die systemtheoretischen Vorstellungen um Handlungs- und Strukturelemente angereichert werden müssen, wenn sie für die Erklärung realer Ausdifferenzierungsprozesse herangezogen werden sollen, wird schließlich die spezifische Struktur von organisierter Hilfe, die sich in Deutschland in Form der freien Wohlfahrtspflege entwickelt hat, in die Analyse einbezogen. Um das handlungstheoretische Instrumentarium zu verfeinern, werden Elemente des social constructionism, wie er vor allem in den USA in der Folge von Spector und Kitsuse entwickelt wurde, eingeführt. Aus diesen verschiedenen Theoriesträngen wird dann ein hypothetisches Modell konstruiert, das die Analyse der Entstehung und Entwicklung von Hilfesystemen anleiten soll.

Hilfe als Funktionssystem

Soziologische Theoretiker, die sich mit der Frage der sozialen Differenzierung von Gesellschaften befassen, sind sich zumindest soweit einig, dass sie verschiedene Formen der sozialen Differenzierung unterscheiden. Neben Formen segmentärer und vertikaler Differenzierung war vor allem die funktionale Differenzierung Anlass für soziologische Theoriebildung. Nach Hondrich sind soziale Systeme „funktional differenziert unter dem Gesichtspunkt ungleichartiger, aber zusammengehöriger Leistungen" (Hondrich 1995).

Während aber Hondrich an dem Nebeneinander einzelner Differenzierungsformen festhält, ist es aus Luhmanns Sicht ein spezifisches Merkmal moderner Gesellschaften, dass die segmentäre Differenzierung archaischer Gesellschaften und die vertikale oder stratifikatorische Gliederung, die für vormoderne Gesellschaften prägend war, in modernen Gesellschaften abgelöst wurde durch das Prinzip der funktionalen Ausdifferenzierung. Nicht mehr Clans und Stämme oder Stände, Klassen und Schichten, sondern funktionale Teilsysteme gliedern in der Systemtheorie die Gesellschaft auf der primären Ebene. „Funktionale Differenzierung schafft demgegenüber in dem Sinne ungleichartige Einheiten, dass jedes der Teilsysteme je besondere, von keinem anderen wahrgenommene Beiträge zur Reproduktion der Gesellschaft leistet. So steuert die Politik kollektiv bindende Entscheidungen, die Wissenschaft wahre Erkenntnisse oder die Wirtschaft Waren, Güter und Dienstleistungen zur Bedürfnisbefriedigung bei" (Schimank/Volkmann 1999: 6). Neben dieser „primären" Differenzierungsebene erkennen auch Systemtheoretiker an, dass es nach wie vor Formen vertikaler Differenzierung wie zum Beispiel Schichtung gibt, die aber für moderne Gesellschaften als disfunktional und gewissermaßen als Relikte vergangener Zeiten betrachtet werden.

Grundlage für den Systembegriff ist in allen modernen Systemtheorien die Differenz von System und Umwelt. „Systeme sind (...) strukturell an ihrer Umwelt orientiert und können ohne Umwelt nicht bestehen. Sie konstituieren und sie erhalten sich durch Erzeugung und Erhaltung einer Differenz zur Umwelt" (Luhmann 1984: 35). Die Ausdifferenzierung von Subsystemen ist der Weg, der eine erhöhte Komplexität erst ermöglicht: Während im Subsystem noch alle Elemente miteinander verknüpfbar sind, sind ausdifferenzierte Systeme füreinander wechselseitig nur noch Bestandteil der Systemumwelt und allenfalls als Black Box wahrnehmbar, deren In- und Output beobachtbar sind, während die Binnenverknüpfungen verborgen bleiben.

Binnendifferenzierung, die Bildung von Teilsystemen, dient also einerseits der Reduktion von Komplexität und ermöglicht damit zugleich eine gesteigerte Komplexität des Gesamtsystems. Luhmann rückte schließlich die Selbstreferenz ins Zentrum seiner Reformulierung der Systemtheorie: „Soziale Systeme sind zweifelsfrei selbstreferentielle Objekte. Man kann sie als Systeme nur beobachten und beschreiben, wenn man dem Umstand Rechnung trägt, daß sie mit jeder Operation sich auch auf sich selbst beziehen" (Luhmann 1984: 593). Allerdings schließt selbstreferentielle Geschlossenheit fremdreferentielle Einwirkungen in die Teilsysteme nicht aus, sondern Selbstreferenz wird nur als ein stets „mitlaufender" Verweis verstanden, der erst System-Umwelt-Beziehungen ermöglicht. Selbstreferentielle Systeme sind umweltoffen und geschlossen zugleich. Selbstreferentielle Teilsysteme konstituieren sich über einen spezifischen Sinn und entwickeln einen binären Code, dem alle Kommunikationen unterworfen werden: wahr/falsch im Wissenschaftssystem etwa oder gesund/krank im Gesundheitssystem. Entlang dieses Codes reproduzieren sich autopoietische Systeme, indem sich aus den im System bereits enthaltenen Elementen stets neue entwickeln. So schließt in der Wissenschaft wahr/unwahr-Kommunikation an wahr/unwahr-Kommunikation an und produziert ihrerseits weitere wahr/unwahr-Kommunikation.

Erst diese selbstreferentielle Autonomie, die im 17./18. Jahrhundert an die Stelle einer stets mitlaufenden Fremdreferenz („der allem Erleben und Handeln zugedachte Bezug auf Gott" (Luhmann 1984: 624)) tritt, ermöglicht die Freisetzung autonomer Funktionssysteme. Verloren geht dabei die Vorstellung eines Ortes in der Gesellschaft, auf den Gesellschaft in ihrer Gesamtheit verweist und von dem aus sie zu erkennen oder gar zu steuern wäre. „Die Frage kann allenfalls sein, ob es möglich ist, Funktionssysteme dazu zu bringen, die von ihnen praktizierte Differenz von System und Umwelt als Einheit zu reflektieren" (Luhmann 1984: 599). Weder Politik noch Ökonomie können als der zentrale Ort der Gesellschaft begriffen werden, sondern beide stellen Funktionssysteme neben anderen (z.B. Recht, Erziehung, Religion, Wissenschaft, Kunst) dar.

Schon 1973 hat Luhmann einen Beitrag zu einer Theorie des Helfens aus systemtheoretischer Sicht vorgelegt. Luhmann definiert „Helfen" als einen „Beitrag zur Befriedigung der Bedürfnisse eines anderen Menschen" (Luhmann 1973: 21), der in verschiedenen Gesellschaften die unterschiedlichsten Formen annehmen kann, immer aber mit dem Grundproblem des „zeitlichen Ausgleichs von Bedürfnissen und Kapazitäten" verknüpft ist. Ausgehend von dieser Grundlage entwickelt er eine grobe Typologie von drei unterschiedlichen Gesellschaftsformen und ihnen jeweils adäquaten Formen des Helfens.

Danach basieren archaische Gesellschaften auf Verwandtschafts- oder Wohngemeinschaftsbeziehungen, sind wenig segmentiert, arbeitsteilig lediglich auf der Basis von Geschlechts- und Altersrollen organisiert, haben politische Herrschaft erst ansatzweise ausdifferenziert und stellen systemtheoretisch gesehen Systeme von geringer Komplexität dar. In solchen Gesellschaften funktioniert Hilfe nach dem Prinzip der Dankbarkeit. Das Gesellschaftssystem ist überschaubar, die Bedrohung durch die Natur groß, und die Ressourcen wie auch das zur Verfügung stehende Handlungsrepertoire sind eher gering. Damit sind die Bedarfslagen wie auch die Maßnahmen zu ihrer Befriedigung erwartbar. Vertragsförmige Institutionalisierungen von Leistungserbringung sind unbekannt, vielmehr findet eine „Institutionalisierung von Hilfspflichten bzw. Abgabepflichten und eine Institutionalisierung von Dankespflichten je für sich" (Luhmann 1973: 26) statt.

So zweckmäßig diese Form des Helfens für archaische Gesellschaften auch ist, zeigt sich aber bei wachsender Komplexität die Begrenztheit dieses Modells. In hochkultivierten Gesellschaften erzwingen zunehmende Arbeitsteilung, schichtenmäßige Ausdifferenzierung, Herausbildung von Herrschaft und damit einhergehende Entstehung von Ämtern, rechtmäßigen Verfahren und generalisierten Normvorstellungen auch eine festere Institutionalisierung des Helfens. Die Dankbarkeitserwartung als reziprokes Produkt des Helfens wird als Motivation der Hilfe durch die schichtenmäßige Gliederung der Gesellschaft zunehmend obsolet. Hilfe verläuft jetzt entlang der hierarchischen Struktur der Gesellschaft von oben nach unten und bedarf zu ihrer Begründung einer religiös bestimmten Moral. „Recht und Wohltätigkeit übernehmen unterschiedliche Funktionen in der Stabilisierung von Schichtunterschieden" (Luhmann 1973: 28). Die Tugend der Mildtätigkeit und das Geben von Almosen sind charakteristische Kennzeichen der Hilfe in hochkultivierten Gesellschaften. Dabei handelt der Helfer zwar freiwillig, wobei aber eben dieses Handeln moralisch von ihm erwartet werden kann. Helfen begründet nicht mehr wie in archaischen Gesellschaften einen Status (in der nächsten Situation mit umgekehrter Verteilung der Ressourcen Dankbarkeit erwarten zu können), sondern drückt als Standespflicht nur noch einen schichtenmäßig gefestigten Status aus. Hilfe ist Einzelfallhilfe und noch nicht in Sozialpolitik eingebettet. Dabei bilden sich die ersten helfenden Professionen wie Ärzte, Priester und Juristen heraus, die über spezialisierte Techniken im Umgang mit Problemen verfügen, hohes Sozialprestige genießen und die für ihre Leistungen nicht mehr reziproke Dankbarkeit, sondern Honorierung erwarten können.

Im Übergang zur Neuzeit erlangt der Geldmechanismus universelle Gültigkeit; alle Leistungen werden kapitalisiert, Geld vermittelt „nahezu alle Befriedigungsmöglichkeiten" und wird „zum generalisierten Hilfsmittel" (Luhmann 1973: 30). Damit trennen sich Hilfe und Hilfeerwartung einerseits von ökonomischer und rechtlicher Zukunftssicherung. Der moralische Zwang zur Mildtätigkeit wird bei zunehmender Kapitalbildung und voranschreitender schichtenmäßiger Differenzierung als störend empfunden. Die jetzt auch mehr sozialstrukturell begriffene Armenpflege geht an den Staat über, der sich durch Besteuerung finanziert.

In modernen Gesellschaften schließlich wird diese Aufgabe auf Organisationen verlagert, die sich durch funktionale Differenzierung und Leistungsspezialisierung kennzeichnen. „Weder beruht unsere Gesellschaft auf Interaktionen, die als Helfen charakterisiert werden können, noch integriert sie sich durch entsprechende Bekenntnisse; aber sie konstituiert eine Umwelt, in der sich organisierte Sozialsysteme bilden können, die sich aufs Helfen spezialisieren" (Luhmann 1973: 32). Dies erfordert Kommunikationswege, Programme und Personal. Helfer erwerben durch Mitgliedschaft in helfenden Organisationen Prestige- und Gehaltsansprüche und müssen als

Gegenleistung einzelfallbezogene Entscheidungsprozesse über das Gewähren oder Nichtgewähren von Programmen ausführen. Armenpflege wird zur Sozialarbeit, die als „lernbare Methodik des Helfens im Einzelfall" zum Gegenstand von Ausbildung und später Hochschulausbildung wird. Hilfe wird ausgelöst – oder auch nicht – durch den „Vergleich von Tatbestand und Programm". Diese Form des konditionierten Helfens wird noch verstärkt durch die zunehmende Juridifizierung von Hilfeansprüchen.

Luhmann zufolge begründet sich Helfen in archaischen Gesellschaften durch die wahrscheinlich lebensnotwendige reziprok erwartbare Dankbarkeit und in hochkultivierten Gesellschaften durch eine religiös bestimmte Moral. Zur Begründung des Helfens in modernen Gesellschaften führt er den Begriff Inklusion ein (Luhmann 1981: 25 ff.). Das Inklusionsgebot tritt Luhmann zufolge historisch im Übergang von der ständisch geschichteten feudalistischen Gesellschaft zur primär funktional ausdifferenzierten modernen Gesellschaft auf. Die Begrenzung des Zugangs für Individuen zu nur einem Funktionsbereich, die für ständische Gesellschaften charakteristisch war, wird mit der Entstehung moderner Gesellschaften disfunktional. Die „Ungleichheit der faktischen Chancen" (Luhmann 1981: 27) wird nur noch funktionslos reproduziert und soll im Wohlfahrtsstaat durch „Kompensation derjenigen Nachteile, die durch eine bestimmte Ordnung des Lebens auf den Einzelnen entfallen" (ebd.: 8), korrigiert werden.

Anknüpfend an diese Überlegungen Luhmanns spricht Baecker (1994) von einem Funktionssystem, „das bis dato noch nicht bei seinem Namen genannt worden ist". Er formuliert die These, dass in der modernen Gesellschaft ein ausdifferenziertes Funktionssystem, das er Soziale Hilfe oder Sozialhilfe nennt, beschreibbar ist, „das Inklusionsprobleme der Bevölkerung in die Gesellschaft betreut, die von anderen Funktionssystemen nicht mehr aufgegriffen und von der Politik alleine, also wohlfahrtsstaatlich, nicht mehr betreut werden können" (Baecker 1994: 95). Unter dem System Sozialhilfe versteht Baecker keineswegs nur die materielle Form der Existenzsicherung, sondern ein personenveränderndes Funktionssystem, das für andere Teilsysteme bestimmte Leistungen erbringt und dafür Ressourcen verbraucht, die aus anderen Teilsystemen stammen. Zur Funktionsbestimmung schließt er direkt an Luhmanns Differenzierung zwischen Daseinsvorsorge und Daseinsnachsorge an. Die Funktion des Systems sieht er in Hilfe, die „auf Defizitkompensation abstellt" (Baecker 1994: 99). An anderer Stelle spricht er von stellvertretender Inklusion der von den anderen Systemen Exkludierten. Komplementär und substitutiv zum System sozialer Hilfe haben sich weitere Hilfesystem wie etwa medizinische und therapeutische Hilfesysteme ausdifferenziert.

Bommes und Scherr (2000, 1996) vertreten hingegen die Auffassung, dass die Etablierung eines binären Codes Helfen/Nichthelfen und damit die Grenzziehung zu anderen Systemen (bislang) misslungen ist. Ihrer Auffassung nach wird Hilfe als „heroisches Programm", als „eigentliche Erziehung", als „bessere Therapie" oder als „bessere Form der Durchsetzung des Rechts" (Bommes/Scherr 1996: 115) inszeniert. Dadurch kommt es zur „parasitären Anlagerung" der Organisationen der sozialen Hilfe an andere Funktionssysteme. Bommes und Scherr sehen allenfalls Ansätze zur Ausdifferenzierung eines eigenständigen Funktionssystems, die allerdings bislang nicht durchgehalten wurden. Etwas bescheidener als Baecker sprechen sie deshalb von einem „Konglomerat von innerhalb und außerhalb der Funktionssysteme einge-lassenen Organisationen der Zweitsicherung, deren Bezugsprobleme sich als Inklusi-onsvermittlung, Exklusionsvermeidung sowie Exklusionsbetreuung und -verwaltung beschreiben lassen" (ebd.: 108). Hilfe hat sich zwar in modernen Gesellschaften organisationsförmig ausdifferenziert, aber es handelt sich dabei „nicht um ein eigen-ständiges Funktionssystem, sondern um einen Komplex von wohlfahrtsstaatlich ermöglichten Organisationen (...), die in jeweils spezifischen Fällen Hilfe in Form von Geldzuteilung, Beratung, Erziehung, Bildung und stellvertretendem Handeln bereit stellen" (Bommes/Scherr 2000: 108 f.).

Eine Art Mittelposition nehmen Schimank und Volkmann ein, die in Bezug auf Integrationsprobleme funktional differenzierter Gesellschaften im nationalen wie im Weltmaßstab anmerken: „Die Differenzierungsform der modernen Gesellschaft bringt Exklusion zwar nicht hervor, wirkt ihr aber auch nicht entgegen – es sei denn, es entstünde ein neues gesellschaftliches Teilsystem, das sich der Exklusionskorrek-tur zuwenden würde. In dieser Richtung eines Teilsystems im Werden ließen sich möglicherweise die beiden (...) Komplexe von Sozialarbeit und Entwicklungshilfe deuten" (Schimank/Volkmann 1999: 47; vgl. auch Schimank 1999). Auch Luhmann spricht von der Möglichkeit, „daß sich ein neues, sekundäres Funktionssystem bildet, das sich mit den Exklusionsfolgen funktionaler Differenzierung befaßt", bleibt aber angesichts der Abhängigkeit eines solchen Systems von wirtschaftlichen, politischen und religiösen Ressourcen skeptisch, wie weit dieser Prozess schon gediehen ist: „Vielleicht können wir hier ein Funktionssystem im Entstehen beobachten" (Luh-mann 1997: 633 f.).

In den neunziger Jahren hat sich Luhmann mehrfach mit Fragen der Exklusion beschäftigt und dabei zum Beispiel auf das Problem der kumulativen Exklusion hingewiesen, des Effektes also, dass die Exklusion aus einem Funktionssystem die Exklusion aus anderen Funktionssystemen nach sich zieht. Ursache der Exklusion ist das rationale Operieren der Funktionssysteme:

„Denn funktionale Differenzierung kann, anders als die Selbstbeschreibung der Systeme es behaup-tet, die postulierte Vollinklusion nicht realisieren. Funktionssysteme schließen, wenn sie rational operieren, Personen aus oder marginalisieren sie so stark, daß dies Konsequenzen hat für den Zugang zu anderen Funktionssystemen" (Luhmann 1995, 148).

Luhmann bekräftigt, „daß es Exklusion gibt, und zwar massenhaft und in einer Art von Elend, das sich jeder Beschreibung entzieht" (ebd.: 146), und „daß die Variable Inklusion/Exklusion in manchen Regionen des Erdballs drauf und dran ist, in die Rolle einer Meta-Differenz einzurücken" (Luhmann 1997: 632).

Bei allen Unterschieden hinsichtlich der Frage, ob es sich bei organisierter Hilfe um ein gesellschaftliches Teilsystem oder nur um „Interaktionen und Organisationen" (Luhmann 1997: 633) handelt, überwiegt doch die Übereinstimmung hinsichtlich der Funktionsbestimmung der Hilfe: Inklusionsvermittlung, Exklusionsvermeidung, stellvertretende Inklusion und Exklusionsbetreuung werden genannt und verweisen auf die zentrale Bedeutung des Begriffspaares Inklusion/Exklusion. Aus systemtheoretischer Sicht produzieren die Funktionssysteme nicht zwangsläufig Exklusion, arbeiten dem aber auch nicht entgegen. Da Funktionssysteme für alles, was außerhalb der Systemgrenzen geschieht, blind sind, entziehen sich Phänomene wie der Ausschluss einzelner Individuen aus einzelnen (oder mehreren) Funktionssystemen ihrer Beobachtung.

Hier setzt nun die Funktionsbestimmung für organisierte Hilfe an. In modernen Gesellschaften geht es organisierter Hilfe nicht mehr um direkte Ressourcenverteilung und Bedürfnisbefriedigung wie etwa noch im mittelalterlichen Almosen. „Soziale Arbeit hilft nicht primär und unmittelbar durch ihre eigenen Leistungen; sie schafft vielmehr Zugang zu Teilsystemen und Organisationen, in denen ein jeweiliger Bedarf befriedigt wird" (Bommes/Scherr 2000: 89). Erst wenn dies misslingt, wird stellvertretende Inklusion – und schließlich Exklusionsbetreuung – angeboten.

Aufschlussreich für die Frage, ob organisierte Hilfe ein „Funktionssystem im Entstehen" oder nur ein Konglomerat von helfenden Organisationen in und zwischen anderen Funktionssystemen ist (und die hier interessierende Fragestellung, wie es sich mit der Drogenhilfe verhält), könnte wohl nur eine empirische Überprüfung sein. Dem steht aber die Schwierigkeit gegenüber, aus den höchst abstrakten Theorieelementen operationalisierbare Hypothesen abzuleiten.

Allerdings ist die Kritik an der mangelnden empirischen Überprüfbarkeit systemtheoretischer Ansätze nicht neu. Für Mayntz (1988: 17) sind schon die Elemente aus Parsons klassischem AGIL-Schema „eher analytische Interpretationsraster, die durch Subsumtion ausgewählter empirischer Fakten plausibilisiert werden, zur kausalgenetischen Erklärung dieser Fakten jedoch wenig beitragen und dies wohl auch nicht beanspruchen. Strukturell-funktionale Theorien sozialer Differenzierung sind damit im strikten Sinne nicht empirisch überprüfbar, können aber gleichwohl auf mögliche Differenzierungsvorgänge, mögliche problematische Folgen und mögliche Reaktionen auf derartige Folgeprobleme hinweisen".

Folgt man dieser kritischen Einschränkung, dann lässt sich der Beitrag, den die systemtheoretische Betrachtung zur Entwicklung eines Modells zur Entstehung von

Hilfesystemen leisten kann, im wesentlichen in der theoretischen Postulierung von verschiedenen Ausdifferenzierungsvorgängen erkennen. Für diese Untersuchung von Interesse ist dabei die im Übergang zu modernen Gesellschaften möglich gewordene Ausdifferenzierung von (mindestens) zwei helfenden Funktionszusammenhängen: einem medizinisch-therapeutisches Hilfesystem, in dem entlang der Differenzierung gesund/krank kommuniziert wird, dessen Funktionsbestimmung in der Wiederherstellung von Gesundheit liegt und das in der systemtheoretischen Literatur mehrfach als Funktionssystem untersucht wurde, und einem sozialen Hilfezusammenhang, in dem die Grenzziehung durch die Unterscheidung Helfen/Nichthelfen stattfindet und dessen Funktionen Exklusionsvermeidung, Inklusion in andere gesellschaftliche Systeme und ersatzweise Exklusionsbetreuung durch stellvertretende Inklusion sind. Ob der soziale Hilfezusammenhang als Teilsystem im Luhmannschen Sinn beschrieben werden kann oder zumindest als „Konglomerat" helfender Organisationen, bleibt offen.

Der Frage, ob die vorgenommene Funktionsbestimmung ausreichend ist, wird im nächsten Kapitel nachgegangen.

Hilfe als freundliche Kolonialisierung und soziale Kontrolle

In seiner anspruchsvollen Theorie des kommunikativen Handelns konzipiert Habermas Gesellschaft als System und Lebenswelt zugleich und grenzt sich damit von Parsons und Luhmann gleichermaßen ab. In der Lebenswelt wird kulturelles Wissen weitertradiert, entsteht durch Sozialisation personelle Identität und ist intersubjektive Verständigung durch kommunikatives Handeln zumindest möglich. Während in Stammesgesellschaften die „Strukturen sprachlich vermittelter normengeleiteter Interaktion zugleich die tragenden Sozialstrukturen bilden" (Habermas 1987: 233) und somit systemische Erfordernisse und lebensweltliche Bezüge weitgehend zusammenfallen, kommt es im Verlauf der sozialen Evolution, die mit Max Weber als globaler Rationalisierungsprozess verstanden wird, zur Entkopplung von System und Lebenswelt. „System und Lebenswelt differenzieren sich, indem die Komplexität des einen und die Rationalität der anderen wächst, nicht nur jeweils als System und als Lebenswelt – beide differenzieren sich gleichzeitig auch voneinander" (Habermas 1987: 230).

Der Prozess der Ausdifferenzierung von Subsystemen erreicht in modernen Gesellschaften schließlich ein Niveau, auf dem „autonom gewordene Organisationen über entsprachlichte Kommunikationsmedien miteinander in Verbindung stehen" (Habermas 1987: 230). Dadurch wird die Lebenswelt zu einem Subsystem neben anderen. Da aber soziale Integration nur in der Lebenswelt möglich ist, bedürfen die systemischen Mechanismen der institutionalisierten Verankerung in der Lebenswelt. Die „unaufhaltsame Ironie des weltgeschichtlichen Aufklärungsprozesses" sieht Habermas nun darin, dass die Rationalisierung der Lebenswelt eine Steigerung der Systemkomplexität ermöglicht, „die so hypertrophiert, dass die losgelassenen Systemimperative die Fassungskraft der Lebenswelt, die von ihnen instrumentalisiert wird, sprengen" (Habermas 1987: 233). Führt dieser Prozess schließlich so weit, dass die systemischen Mechanismen auch in jene Bereiche der Lebenswelt eindringen, die für die soziale Integration zentral sind, steht die symbolische Reproduktion der Lebenswelt auf dem Spiel. „Dann nimmt die Mediatisierung der Lebenswelt die Gestalt einer Kolonialisierung an" (Habermas 1987: 293).

Am Beispiel des Sozialstaates geht Habermas näher auf die Mediatisierung und Kolonialisierung der Lebenswelt ein. Der Wohlfahrtsstaat reagiert auf die Lebensrisiken zunächst mit monetären Entschädigungen etwa in Form der Sozialversicherungssysteme. Dazu aber muss eine konkrete lebensweltliche Situation einem gewaltigen Abstraktionsprozess unterworfen werden; individuelle Problemlagen müssen an die rechtlichen und bürokratischen Voraussetzungen des Sozialstaates angepasst werden. Diese systemisch induzierte, zugleich konsumistische und bürokratisch-rechtliche Umdefinition kann aber keine adäquate Antwort auf eine in der Lebenswelt als bedrohlich erlebte Situation sein. Zusätzliche Hilfen werden benötigt: „Zum Ausgleich für diese Unangemessenheit systemkonformer Entschädigungen sind soziale Dienste eingerichtet worden, die therapeutische Hilfestellungen geben. Damit reproduzieren sich aber die Widersprüche der sozialstaatlichen Intervention auf höherer Stufe. Die Form der administrativ verordneten Intervention widerspricht meist dem Ziel der Therapie, die Selbsttätigkeit und Selbständigkeit des Klienten zu fördern: (...) An den paradoxen Folgen der sozialen Dienste, überhaupt einer Therapeutokratie, die sich vom Strafvollzug über die medizinische Betreuung von Geisteskranken, Süchtigen und Verhaltensgestörten, über die klassischen Formen der Sozialarbeit und die neueren psychotherapeutischen und gruppendynamischen Formen der Lebenshilfe, der Seelsorge, der religiösen Gruppenbildung bis zu Jugendarbeit, öffentlichem Bildungssystem, Gesundheitswesen und generalpräventiven Maßnahmen aller Art erstreckt, zeigt sich die Ambivalenz des letzten, des sozialstaatlichen Verrechtlichungsschubes mit besonderer Deutlichkeit" (Habermas 1987: 534).

Habermas zufolge überzieht der Sozialstaat die Gesellschaft mit einem Netz von Klientenverhältnissen, die die bedrohte soziale Integration der Gesellschaft fördern sollen, dabei aber tief in die Lebenswelt eingreifen und dort die durch kommunikatives Handeln ermöglichten Verständigungsmechanismen zerstören und auf systeminduzierte Medien wie Macht und Geld umstellen. Dieser zerstörerische Eingriff in die Lebenswelt ist dabei weniger dem individuellen Handeln der Akteure des Sozialstaates geschuldet, sondern vielmehr in der Problematik begründet, auf lebensweltliche Konflikte mit systemischen Mitteln – den Medien Recht, Macht und Geld – zu reagieren. Am Lebensweltkonzept und der Kolonialisierungsthese von Jürgen Habermas ist mehrfach Kritik geübt worden. So ist zum Beispiel eingewandt worden, dass ein „transzendentaler Raum" wie die Lebenswelt nicht kolonialisiert werden könne (vgl. z.B. Brumlik 1986). Nun steht Habermas Theorie des kommunikativen Handelns im Rahmen dieser Arbeit nicht zur Diskussion, aber es bereitet Schwierigkeiten, Elemente einer Theorie mit gesamtgesellschaftlichem Erklärungsanspruch für empirische Untersuchungen verwendbar zu machen. Bossong versucht dieses Problem zu lösen, indem er mit dem Begriff der *Alltagswelt* einen auf einem niedrigeren Abstraktionsniveau angesiedelten Ansatz einführt. Bossong versteht unter Alltagswelt konkrete soziale Milieus, in denen Individuen ihr Leben strukturieren, während die Lebenswelt die soziokulturelle Umwelt der Gesellschaft im weitesten Sinn umfasst. Solche sozialen Milieus bieten sich zur Analyse von konkreten Sozialarbeiter-Klienten-Interaktionen an und erlauben die Überprüfung der Frage, ob Sozialarbeit selbst kolonialisierend in diese Milieus wirkt.

Bossong zufolge zeigt sich dabei, „daß Sozialarbeiter wie die Vertreter einer fremden, kolonialen Macht in die sozialen Milieus und Alltagswelten ihrer Klienten eindringen und sie an die Bedürfnisse und Erfordernisse der ‚Metropole‘ anzuschließen suchen" (Bossong 1987: 238).

„Die Lebenswelt als die soziokulturelle Umwelt der Gesellschaft im weitesten Sinne wird im evolutionären Prozeß der Herausbildung des kapitalistischen Marktes und des sozialen Rechtsstaates einer (inneren) Kolonialisierung durch das Eindringen der kommunikationszersetzenden systemischen Medien Geld und Recht in Bereiche der symbolischen Reproduktion der Lebenswelt ausgesetzt (Habermas). Hiervon ist die Gesellschaft in toto betroffen. Diese Kolonialisierungsprozesse bedürfen aber einer teils komplementären, teils kompensatorischen Abstützung und Festigung, und zwar insbesondere an jenen Rändern der Gesellschaft, an denen am ehesten nicht zu erwarten ist, daß sie die erforderlichen Anpassungsleistungen an die Imperative des kapitalistischen Wirtschaftssystems und des modernen Sozialstaates vollziehen können. Weder Recht noch Geld greifen hier mit hinreichendem Erfolg, vielmehr bedarf es direkter kommunikativer Interventionsformen. Dies leistet die Sozialarbeit" (Bossong 1987: 240).

Allerdings findet – so Bossong – die lebens- und alltagsweltzerstörerische Kolonisation auch ohne Mithilfe der Sozialarbeit statt. Es sind in erster Linie die systemischen Medien Geld und Recht, die durch ihr Eindringen in Alltags- und Lebenswelten diese destruieren. Sozialarbeit kann diesen Prozess abstützen und vorantreiben, sie kann aber auch die Auswirkungen für die Kolonialisierten abfedern und mildern: „Damit liegen hier, an diesen äußeren Rändern der Gesellschaft und [bei] jenen, die in besonderer Weise Assimilationsschwierigkeiten haben, für die Sozialarbeit auch Chancen einer konstruktiven, wenngleich nicht emanzipatorischen oder sozusagen dekolonialisierenden Handlungspraxis." Sozialarbeit kann „sich als eine Instanz anbieten, die sich aufgrund ihrer spezifischen gesellschaftlichen Funktion gleichsam auf beiden Seiten, d. h. in der Lebenswelt wie im formal-organisierten Bereich, insbesondere in den Subsystemen des modernen Sozialstaates auskennt, und die aufgrund ihrer eigenen Organisationsform relativ verläßlich und zügig auf Notlage und Konflikte reagieren kann" (Bossong 1987: 241).

Der Kolonialisierung ohne Sozialarbeit stellt Bossong somit die durch Sozialarbeit abgefederte „freundliche" Kolonialisierung gegenüber. Widerstand gegen die Kolonialisierung selbst kann seiner Diagnose zufolge nur aus der Alltags- und Lebenswelt selbst, nicht aber von helfenden Subsystemen wie der Sozialarbeit geleistet werden.

Folgt man dieser Analyse, so muss an der aus der Systemtheorie gewonnenen Funktionsbeschreibung für helfende Organisationen und Hilfesysteme eine nicht unwesentliche Modifikation vorgenommen werden. Die Begriffe (stellvertretende) Inklusion und Exklusionsvermeidung erhalten durch die Kolonialisierungsthese eine paradoxe Erweiterung: Das systeminduzierte Bemühen um Inklusion in die Funktionssysteme oder ersatzweise Exklusionsbetreuung in den Institutionen der organisierten Hilfe geht aus dieser Perspektive einher mit dem Risiko der Zerstörung lebens- oder alltagsweltlicher Integrations- und Verständigungsmöglichkeiten. Anders als wechselseitiger alltags- oder lebensweltlicher Hilfe oder der Selbsthilfe wohnt organisierter Hilfe, die die Defizite der funktionalen Differenzierung kompensieren soll, die Gefahr inne, ihre Klientel entlang der Kommunikationserfordernisse organisierter Hilfe auszurichten und alltagsweltliche Interaktionen zu zerstören.

Diese Kritik an den „kolonialisierenden" Nebeneffekten der organisierten Hilfe hat in den achtziger Jahren vielfältige Diskussionen zwischen Theoretikern und Praktikern der Sozialen Arbeit, der Jugendhilfe, des Gesundheitssystems und der entsprechenden Politikbereiche stimuliert (vgl. etwa Müller/Otto 1986). Teilweise traf sich diese Kritik mit bereits laufenden Reformversuchen, teilweise wurden dadurch neue Debatten initiiert. Lebensweltorientierung und die Partizipation der Hilfeempfänger an der Ausgestaltung der Hilfe avancierten zu dominierenden Themen (vgl. etwa den Achten Jugendbericht, BMJFFG 1990, oder Thiersch 1992). Das 1990/1991 in Kraft getretene Kinder- und Jugendhilfegesetz (SGB VIII) ist von diesem neuen Duktus geprägt. Bis in aktuelle Debatten um Dienstleistungen, Kunden und Qualitätssicherung ist ein Trend feststellbar, das kolonialisierende und die Lebenswelt zersetzende Potential von organisierter Hilfe zurückzuschrauben oder zumindest zu reflektieren.

Fraglich ist indes, ob damit die Kolonialisierungsthese als überholt betrachtet werden kann. Zumindest aus den entsprechenden Debatten ist das Thema doch weitgehend verschwunden. Es mag sein, dass sich die Gesellschaft an eine umfassende

Therapeutisierung gewöhnt hat und dies nicht mehr als Problem diskutiert. Andererseits ist zu berücksichtigen, dass der Höhepunkt der Sozialstaatskritik in den siebziger Jahren mit einer Phase wirtschaftlichen Wachstums und allgemeiner Wohlstandssteigerung zusammenfiel. Die Kritik am Wohlfahrtsstaat bezog sich dabei nicht nur auf die Sozialversicherungssysteme, sondern auch auf die helfenden Organisationen und das wachsende Netz organisierter Hilfe. Zu Beginn des 21. Jahrhunderts hat sich die Agenda der Diskussion um den Wohlfahrtsstaat und die Hilfesysteme erheblich verschoben. Während Habermas seine Kolonialisierungsthese auch unter dem Eindruck einer in den späten siebziger Jahren des 20. Jahrhunderts wuchernden Therapeutisierung und Pädagogisierung der Gesellschaft schrieb, dominieren vor dem Hintergrund des Globalisierungsdiskurses, anhaltender Massenarbeitslosigkeit und der Finanzkrise der öffentlichen Haushalte in den letzten Jahren womöglich reale Exklusionsprobleme gegenüber nichtintendierten Nebeneffekten organisierter Hilfe. Das ändert indes nichts an den durch die Kolonialisierungsthese analysierbar gewordenen paradoxen Funktionen organisierter Hilfe. Dazu gehört das Risiko, dass helfende Organisationen „kolonialisierte" Hilfeempfänger produzieren, denen durch zuviel oder falsche Hilfe die Fähigkeit zur Mobilisierung alltagsweltlicher Ressourcen zur eigenständigen Verbesserung ihrer Lage genommen wird.

In der Diskussion der achtziger Jahre war die Habermassche Kolonialisierungsthese die theoretisch elaborierteste Fassung einer weit verbreiteten Kritik an einer im Wohlfahrtsstaat diagnostizierten Tendenz zu kontrollierenden Interventionen aus der Welt der Systeme (was immer auch darunter verstanden wurde) in die Alltagswelten. Einen besonderen Aufschwung erlebte im Zuge der Kritik am Wohlfahrtsstaat der soziologische Grundbegriff der sozialen Kontrolle. Von Ross um die Jahrhundertwende als ein Konzept entwickelt, das erklären sollte, wie ein nicht durch Gewalt geprägtes Zusammenleben in industriellen Gesellschaften möglich ist, und in diesem Sinn als reformerisches Gegenkonzept zur gewaltsamen Herrschaftsausübung verstanden, hat dieser Begriff im Verlauf des 20. Jahrhunderts mehrere Inhaltsverschiebungen erlebt (vgl. Sumner 1997). Bei Parsons erscheint soziale Kontrolle als systemisch notwendiges Korrektiv gegenüber abweichendem Verhalten. In der Theorietradition des amerikanischen Funktionalismus abstrakt aus dem Widerspruch zwischen Individuum und Gesellschaft abgeleitet, erlebte der Begriff der sozialen Kontrolle schließlich in den späten sechziger und siebziger Jahren durch den labeling approach eine weitere deutliche Veränderung.

In Kombination mit dem labeling approach, der „theoretischen Sensation der späten 60er und frühen 70er Jahre" (Peters 1996), wurde es möglich, die Analyse abweichenden Verhaltens von den sich so verhaltenden Personen zu lösen, den Blick auf Etikettierungsprozesse als Form der Herrschaftsausübung zu lenken und nicht länger die Abweichung, sondern die Ordnung zu problematisieren. Es war diese herrschaftssoziologische Wendung, die die Soziologie der sozialen Kontrolle in der zweiten Hälfte des 20. Jahrhunderts fast zu einer „Partisanenwissenschaft" (Peters 1996) gemacht hat. Hinzu kam, dass mit den Dichotomien aktiv – reaktiv und formell – informell das Feld weit aufgemacht wurde und somit Institutionen und Organisationen mit dem Konzept der sozialen Kontrolle untersucht werden konnten, die bis dahin kaum unter Macht- und Herrschaftsaspekten betrachtet wurden.

Wohin diese „Generalvermutung sozialer Kontrolle" geführt hat, hat Sack beschrieben:

„In den Sog dieses verallgemeinerten Verdachts und der einlinigen Interpretation staatlichen Handelns und staatlicher Intervention im Sinne der Steuerung und Kontrolle sind vor allem die Einrichtungen des Sozial- und Wohlfahrtsstaates und damit das gesamte Spektrum der Sozialpolitik und ihrer Einrichtungen auf den Feldern der Beschäftigung, der Jugend, der Gesundheit, der Familie, des Wohnens usw. geraten. Es ist nicht übertrieben zu sagen, dass die gesamte Geschichte und die Pointe der staatlichen Einrichtungen moderner Gesellschaften umgeschrieben und –interpretiert worden ist als eine solche staatlicher Kontrolle" (Sack 1993: 28 f.).

Auf die Spitze getrieben wurde diese Uminterpretation der Geschichte der Sozialpolitik durch die These, dass Strafe immer mehr durch pädagogisch-therapeutische Maßnahmen ersetzt würde und sich das Netz sozialer Kontrolle vom Gefängnis über die sozialen Dienste, Therapeuten und Pädagogen auf immer weitere Teile der Gesellschaft ausdehnen würde.

Die einstige Partisanenwissenschaft ist derweil selbst in die Defensive geraten. So spricht zum Beispiel Scheerer von „Dogmatismus", „sektenhafter Abschottung" und dem „grandiosen Mißverständnis", den labeling approach in den Stand einer Theorie oder gar eines Paradigmas erhoben zu haben, anstatt ihn wie seine amerikanischen Väter lediglich als Ansatz und neue Perspektive zu betrachten (Scheerer 1997). Ebenso wichtig scheint im Rückblick die Kritik einer Tendenz, über die Befassung mit den Instanzen der sozialen Kontrolle den Blick für handelnde Akteure zu verlieren und statt dessen ein übermächtiges Netz sozialer Kontrolle zu konstruieren, das durch immer ausgefeiltere Techniken verfeinert wird und dem der Einzelne bedingungslos unterworfen ist, was besonders gravierend ist für eine Theorie, die sich auf den Interaktionismus beruft.

Scheerer hat solcher „Entlarvungskriminologie" treffend vorgehalten, dass sie mit einer „negativen Staatsvergottung" und der „konzeptionellen Entsubjektivierung des Individuums" unterlegt ist:

„Das Individuum wird als reiner Empfänger konstruiert, der zwangsläufig völlig passiv den Machenschaften des unbezwingbaren, alles planenden und genial-strategischen Staats und seiner Kontrollinstanzen ausgeliefert ist. Doch ‚soziale Kontrolle' ist ein analytisches Instrument, das die Frage nach Formen, Stilen, Anlässen, Diagnosefiguren, Bedeutungen, Implementationen und Widerständen ermöglichen soll – nicht ein statisches Gebilde oder eine inhaltliche These" (Scheerer (1995: 124).

Nicht die Feststellung, dass Hilfe auch kontrollierende Funktionen hat, ist deshalb von besonderer Bedeutung. Vor allem kann eine solche Feststellung nicht das vermeintlich entlarvende Ergebnis einer Untersuchung sein. Will man den Begriff der sozialen Kontrolle retten und sein analytisches Potential für das Studium organisierter Hilfe nutzbar machen, dann muss dieser Begriff zum Ausgangspunkt genommen werden, Hilfe im Kontext der jeweiligen Gesellschaftsformation und der verschiedenen möglichen gesellschaftlichen Reaktionen auf abweichendes Verhalten zu untersuchen. Nur eine solche Vorgehensweise rechtfertigt die Verwendung des Begriffs der sozialen Kontrolle als analytisches Instrument trotz der vielfältigen Kritik.

Scheerer und Hess haben sich 1997 in einem Artikel um eine „Verteidigung und Reformulierung" des Konzeptes der sozialen Kontrolle bemüht und dazu auf einen schon etwas älteren Beitrag von Hess zurückgegriffen (Hess 1983). Soziale Kontrolle definieren sie als „all social (and technical) arrangements, mechanisms, norms, belief systems, positive and negative sanctions that either aim and/or result in the prevention of undesired behaviour or, if this has already occurred, respond to the undesired act in a way that tries to prevent its occurrence in the future" (Scheerer/Hess 1997: 103 f.). Damit weisen sie die Einengung, die der Begriff in den sechziger Jahren erfahren hatte, zurück und schlagen mit dieser von historischen Gegebenheiten abstrahierenden Definition ein Konzept vor, das unterschiedliche Varianten sozialer Kontrolle in verschiedenen Gesellschaften und zu verschiedenen Zeiten vergleichbar machen soll.

Es ist einsichtig, dass gelingende aktive soziale Kontrolle – „to make people want to do what they are supposed to do" (Scheerer/Hess 1997: 109) – wesentlich effizienter ist als alle Formen reaktiver Kontrolle. Dennoch bleibt Abweichung prinzipiell möglich, da Sozialisation nie vollständig gelingt, Legitimation von Institutionen aufgrund sozialer Konflikte brüchig werden kann und dem Individuum vielfältige „Neutralisierungstechniken" verbleiben. Nur durch das Beharren auf den Lücken der aktiven sozialen Kontrolle und der fundamentalen Freiheit des Einzelnen, sich anders zu verhalten, als es die „Ordnung" vorsieht, entgeht man dem Vorwurf, das Konzept der sozialen Kontrolle determiniere den Menschen als Objekt der Kontrollinstanzen. Aus diesem prinzipiell stets möglichen Versagen der aktiven sozialen Kontrolle ergibt sich die Notwendigkeit der reaktiven Kontrolle.

Scheerer und Hess folgen der etablierten Aufteilung der reaktiven sozialen Kontrolle in informelle und formelle Kontrolle. Die informelle Kontrolle wird ausgeübt von Interaktionspartnern, „deren primärer Zweck nicht die Kontrolle ist" (z.B. Beziehungen, Familie, Nachbarschaft, Peergroup, Schule, Betrieb, Kirche), während die formelle Kontrolle „von eigens zu diesem Zweck sich bereithaltenden Instanzen ausgeübt wird, also z.B. von der Polizei, vom Jugendamt oder in Strafanstalten oder gegebenenfalls vom Militär" (Hess 1983: 12 ff.). Informelle und formelle Kontrolle unterscheiden sich dabei nicht in der Stärke der Intervention, sondern in der Organisationsform der Intervention. So kann etwa der Verlust des Freundeskreises durch eine bestimmte Normverletzung individuell wesentlich dramatischer empfunden werden als zum Beispiel eine milde Geldstrafe. Hinzu kommt, dass die Trennung zwischen formeller und informeller Kontrolle einen idealtypischen Charakter hat. So können etwa formelle Kontrollen in informelle Zusammenhänge hineinwirken, wie etwa das Jugendamt in die Familie. Umgekehrt können informelle Kontakte das Handeln der Instanzen beeinflussen.

Welche Kontrollformen aus diesem weiten Feld im Einzelnen zur Anwendung kommen, hängt nach Hess entscheidend von den „Diagnosefiguren ab, mit denen die jeweilige Abweichung definiert wird" (Hess 1983: 14). In einer etwas groben Typologisierung nennt Hess drei typische Reaktionsweisen auf abweichendes Verhalten, die aus solchen Diagnosefiguren folgen: Kriminalisierung, Pathologisierung und Neutralisierung. Der Kriminelle, dem die Verantwortung für sein Handeln zugestanden wird, wird bestraft, während der Kranke behandelt wird. Unter Neutralisierung versteht Hess den Versuch, normabweichendes Verhalten begrenzt zu tolerieren, es aber auf einen bestimmten Kontext zu reduzieren und ihm dadurch den die Norm bedrohenden Charakter zu nehmen, wie dies zum Beispiel im Karneval oder – in Maßen – bei manchen subkulturellen Jugendkulturen geschieht. Diese Definitionsversuche werden zum einen beeinflusst vom Verhalten und den Selbstinterpretationen der Abweichenden, zum anderen aber auch von der Definitionsmacht der Kontrolleure, was wiederum auf den Herrschaftsaspekt der sozialen Kontrolle verweist: „(...) the more powerful interactive partner or the more powerful group will define the situation and decide if and what kind of deviance there is and how it will be reacted to" (Scheerer/Hess 1997: 115). Ein wichtiges Unterscheidungsmerkmal zwischen diesen Diagnosefiguren ist der Grad der Verantwortlichkeit, der dem Handelnden zugestanden wird. Volle Verantwortlichkeit führt eher zu Kriminalisierung und Bestrafung, während nur partielle oder fehlende Verantwortlichkeit eher Anlass für therapeutische Reaktionen sein wird.

Hinsichtlich der Effekte sozialer Kontrolle sprechen Scheerer und Hess von den „Ironies of social control":

„Social control sometimes works as intended, but often enough it fails to work, producing surprising side-effects or even effects which run counter to its original intentions. Many times, it produces a mixture of desired, neutral and undesired effects" (Scheerer/Hess 1997: 116).

Zu diesen unerwünschten Nebeneffekten gehören z.B. die Produktion sekundärer Devianz oder aber auch „a kind of learned helplessness" (ebd.) bei Akteuren, denen von den Kontrollinstanzen die Verantwortlichkeit für ihre Handlungen abgesprochen wurde.

Organisierte Hilfe kann mehrere Funktionen zugleich haben: Sie kann auf die Bedürfnisbefriedigung eines Individuums zielen, das dazu aktuell aus eigenem Vermögen nicht in der Lage ist, und sie kann als sanfte Kontrolle verschiedene Bedürfnisse aus der Umwelt eines oder mehrerer Individuen (z.B. nach Normdurchsetzung oder nach Sicherheit) befriedigen. Zu diesen intendierten Funktionen kommen mehr oder weniger stark ausgeprägte Nebeneffekte. Während der Begriff der Hilfe auf das bedürftige Individuum abzielt, verweisen die Begriffe Kolonialisierung und soziale Kontrolle auf Bedürfnisse aus der Umwelt dieses Individuums. Dabei geht es bei dem Begriff der sozialen Kontrolle nicht um Entlarvung und Anklage, sondern um ein analytisches Instrument, das es ermöglichen soll, helfende Institutionen als eine von verschiedenen möglichen gesellschaftlichen Reaktionen auf abweichendes Verhalten zu analysieren.

Mit diesen Überlegungen zur sozialen Kontrolle kann jetzt die funktionale Definition helfender Organisationen präzisiert werden. Mit dieser Bezeichnung sollen Organisationen benannt werde, die sich in funktional ausdifferenzierten modernen Gesellschaften in und zwischen den Systemen entwickelt haben und von dort aus in die Lebens- und Alltagswelt hineinagieren, um dort Anpassungsleistungen an die systemischen Erfordernisse mit kommunikativen Mitteln zu bewirken, wo systemimmanente Mittel (Recht, Geld) alleine nicht ausreichen. Damit bieten sie eine doppelte Dienstleistung an: Gegenüber den Hilfebedürftigen können sie dabei helfen, Ressourcen aus der Systemwelt zu erschließen, die Mechanismen der Systemwelt wieder zu „versprachlichen" und individuelle Anpassungs- und Disziplinierungsleistungen zu erleichtern. In diesem Sinn zielen helfende Organisationen auf Exklusionsvermeidung und Inklusion. Ersatzweise bieten sie – wo Inklusion in andere gesellschaftliche Systeme nicht erreicht werden kann – stellvertretende Inklusion und Abmilderung der Folgen der Exklusion an. Gegenüber anderen Teilsystemen bieten sie an, teilsystemische Erfordernisse in die Sprache der Alltagswelten zu übersetzen, Anpassung „hervorzulocken" und die Ausgeschlossenen „sanft" zu kontrollieren.

Ob indes geholfen wird und welche Arten von Hilfe in welcher Organisationsform für welche Adressatengruppen angeboten werden, ist offensichtlich höchst variabel. Die hier vorgenommene funktionale Bestimmung helfender Organisationen bietet noch keinen Weg, um zu erklären, in welchen Formen Hilfe in bestimmten Gesellschaften in Abhängigkeit von Raum und Zeit organisiert und institutionalisiert ist. Um dieser Frage nachgehen zu können, werden theoretische Modelle gebraucht, die reale Ausdifferenzierungsprozesse erklären können und nicht nur ex post deren Funktionalität bestimmen.

Gesellschaftliche Teilsysteme als Handlungszusammenhänge

Einen solchen Weg schlugen Renate Mayntz und ihre Mitarbeiter vom Kölner Max-Planck-Institut für Gesellschaftsforschung (Mayntz et al. 1988) mit dem Versuch vor, „ein Konzept gesellschaftlicher Teilsysteme zu entwickeln, das empirische Untersuchungen mit einem kausal-genetischen Erkenntnisinteresse leiten können soll" (Mayntz 1988: 17). Dazu ergänzten Mayntz und Mitarbeiter das systemtheoretische Ausdifferenzierungstheorem mit der Betrachtung von Handlungs- und Strukturelementen. Wichtig ist diese Anreicherung schon deshalb, um den funktionalistischen Fehlschluss zu vermeiden, die Existenz eines Teilsystems beweise schon die Funktionalität dieses Teilsystems für das übergeordnete System:

„Für ein kausal-genetisches Erkenntnisinteresse muß die Funktionalität realer Differenzierungsvorgänge eine empirische Frage bleiben; das aber verlangt einen theoretischen Ansatz, der das Augenmerk ausdrücklich darauf lenkt, daß in der gesellschaftlichen Entwicklung falsche Wege gewählt werden und auch bis zum bitteren Ende gegangen werden können, daß Chancen endgültig vertan und selbst unabweichliche Bedürfnisse unter Umständen nicht erfüllt werden" (Mayntz 1988: 16).

Anders als Luhmann, für den Systeme aus Kommunikationen bestehen, definiert Mayntz funktionelle Teilsysteme als „gesellschaftsweit institutionalisierte, funktionsspezifische Handlungszusammenhänge (...). Ihr Konstitutionskriterium ist ein spezifischer Sinn, der auf normativ-kognitiver Ebene als besondere Handlungslogik oder Handlungsrationalität und auf der Handlungsebene als eine besondere Tätigkeit identifizierbar ist (wobei es der spezielle Sinn ist, der die Ausgrenzung der Tätigkeit erlaubt)" (Mayntz 1988: 17 ff.). Nicht die ex post festgestellte oder ahistorisch ein für alle Male behauptete Funktion eines Teilsystems, sondern ein jeweils spezifischer, nur empirisch zu ermittelnder Sinn führt zur Ausdifferenzierung. Der Funktionsbegriff tritt für Mayntz in den Hintergrund, weshalb sie auch den neutraleren Begriff „gesellschaftliches Teilsystem" dem Ausdruck „Funktionssystem" gegenüber präferiert. Dennoch geht sie davon aus, mit ihrer Herleitung eine Plattform geschaffen zu haben, auf der sich Vertreter verschiedener systemtheoretischer und differenzierungstheoretischer Spielarten bewegen können, ohne ihre unterschiedliche Herkunft verbergen zu müssen. Insbesondere setzt das Konzept von Renate Mayntz und Mitarbeitern nicht alle Annahmen der Systemtheorie Luhmannscher Prägung voraus. So ist etwa die Frage, ob funktionale Differenzierung andere Differenzierungsformen auf der primären Ebene abgelöst hat, für dieses Modell unerheblich. Voraussetzung ist lediglich, dass die Existenz von funktional ausdifferenzierten Subsystemen für moderne Gesellschaften typisch ist – und dies wird heute wohl von keinem Sozialwissenschaftler ernsthaft bestritten.

Der Prozess der Ausdifferenzierung lässt sich ihr zufolge in drei Schritte unterteilen. Zunächst bilden sich spezifische Handlungen und Interaktionszusammenhänge heraus, die mit einem speziellen – gesellschaftlich anerkannten – Handlungssinn verbunden sind. Auf der nächsten Stufe ist die Existenz eigener Funktionsrollen, die für diese Handlungen zuständig sind, beobachtbar. Von eigentlichen Teilsystemen will sie erst sprechen, wenn auf einer dritten Stufe diese Handlungszusammenhänge in sozialstruktureller Hinsicht eine institutionelle Verfestigung erfahren haben. „Zu den typischen strukturellen Elementen gesellschaftlicher Teilsysteme gehören organisatorische Zusammenfassungen oder zumindest informelle Netzwerke bestimmter Kategorien von Rolleninhabern, Einrichtungen für die Übermittlung von Wissen und Fertigkeiten an die künftigen Rolleninhaber und nicht zuletzt formale Organisationen, die auf den betreffenden Handlungszweck spezialisiert sind" (Mayntz 1988: 20 ff.). Damit grenzt sie sich wiederum von Luhmann ab, der beispielsweise Intimbeziehungen unabhängig von institutionellen Verfestigungen als funktionelle Teilsysteme beschreibt. Noch bedeutsamer aber ist, dass hier ein Stufenmodell der Ausdifferenzierung erkennbar wird, bei dem die (mit ja oder nein zu beantwortende) Frage, ob sich ein Funktionssystem ausdifferenziert hat, durch graduelle abgestufte Aussagen hinsichtlich der Ausdifferenzierung ersetzt werden kann.

Auch darüber hinaus lassen sich Teilsysteme, die diese drei Stufen der Genese durchlaufen haben, hinsichtlich ihres Ausdifferenzierungsgrades unterscheiden. Mayntz benutzt dafür die Begriffe Exklusivität (die mehr oder minder monopolisierte primäre Zuständigkeit für die jeweilige Art des Handelns) und Inklusivität (die Ausdehnung der Zuständigkeit auf immer mehr gesellschaftliche Gruppen). Ein Teilsystem ist dann hochgradig ausdifferenziert, wenn es gesellschaftsweit alleine für den speziellen Handlungssinn zuständig ist und prinzipiell alle Gesellschaftsmitglieder an den Handlungszusammenhängen des Teilsystems beteiligt sind. Das Gesundheitssystem oder das Schulsystem sind Beispiele für Teilsysteme, in denen diese Prinzipien weitgehend umgesetzt sind. Die Kirchen hingegen mussten in beiden Bereichen Verluste hinnehmen: Weder haben sie heute die alleinige Zuständigkeit für Glaubensfragen, noch gelingt es ihnen, alle Gesellschaftsmitglieder in ihrem Teilsystem zu beteiligen. Mitbestimmt wird der Ausdifferenzierungsgrad funktioneller Teilsysteme ferner durch die Existenz von „korporativen Akteuren", die „dafür Selbstregulierungskompetenz nach innen und Interessenvertretungsbefugnisse nach außen" (Mayntz 1988: 23) einschließlich dem Recht auf die Definition von Zuständigkeiten und Zugangsbeschränkungen beanspruchen.

Der Prozess der Ausdifferenzierung geht einher mit einer zunehmenden Binnendifferenzierung. Eine Analyse der Ausdifferenzierungsprozesse von Teilsystemen bedeutet demnach, „auch nach den in ihnen sozial Handelnden, nach den sie ausmachenden individuellen und kollektiven Akteuren und den zwischen ihnen sowie zu

Akteuren in der Systemumwelt bestehenden Beziehungen zu fragen" (Mayntz 1988: 24). Diese Binnendifferenzierung kann sich in Form von Organisationsnetzwerken vollziehen, muss dies aber nicht. Denkbar ist auch eine „unorganisierte Berufsgruppe", „amorphe Klientel" oder ein „verzweigtes Netzwerk nur informell verknüpfter Zirkel und Grüppchen". Wiederum bleibt die reale Form der Entwicklung der empirischen Analyse vorbehalten. Auch auf die Binnenstruktur gesellschaftlicher Teilsysteme sind die traditionellen Kategorien der Differenzierungstheorie anwendbar: Oft sind Teilsysteme intern wiederum arbeitsteilig gegliedert (man denke etwa an die verschiedenen Teilbereiche der Medizin), gleichzeitig finden sich aber auch segmentäre (z.b. einzelne Krankenhäuser im Gesundheitssystem) und vertikale Differenzierungsebenen (etwa zwischen den einzelnen Berufsgruppen in der Medizin).

Wie kommt es aber überhaupt zu solchen Ausdifferenzierungsprozessen, die dann in funktionelle Teilsysteme münden können, aber nicht müssen? Während Luhmann hier entsprechend dem Abstraktionsniveau und dem fehlenden handlungstheoretischen Bezug seiner Analyse nur auf das Komplexitätsproblem verweist, ist Ausdifferenzierung für Mayntz sowohl als Nebenprodukt interessengeleiteten individuellen Handelns als auch als „von mächtigen Akteuren absichtsvoll herbeigeführtes" Ereignis begründbar. Dabei geht Mayntz von komplexen Akteurkonstellationen aus, „wobei das faktische Resultat der aufeinander einwirkenden Handlungsstrategien der Akteure so von keinem der Beteiligten gewollt war" (Mayntz 1988: 12).

Am Beginn von Ausdifferenzierungsprozessen können etwa Definitionsprozesse (z.B. die Etablierung einer bestimmten Vorstellung von Krankheit) stehen. Insofern hat „jeder sich sozialstrukturell niederschlagende Differenzierungsproz auch symbolische Aspekte, ist immer zugleich auch ein Vorgang der Durchsetzung neuer Definitionen" (Mayntz 1988: 27). Zum Auslöser für Ausdifferenzierungsprozesse können aber auch neue Entwicklungen im Bereich der Technik werden, die ihrerseits wiederum oftmals Produkte spezialisierter Teilsysteme sind. Weitere Triebkräfte für die Ausdifferenzierung können endogen, zum Beispiel der Konkurrenzmechanismus bei steigender Zahl von Funktionsrollenträgern in einem System, oder exogen, zum Beispiel sich verändernde Umweltanforderungen, verortet werden.

Von der Frage nach den Triebkräften für reale Ausdifferenzierungsprozesse unterscheidet sich für Mayntz die Frage nach der Art der Ausdifferenzierung. Dem Komplexitätsparadigma zufolge führt Wachstum eines Systems zur Aufteilung in Subsysteme. Mayntz sieht aber auch noch andere Varianten der Ausdifferenzierung. So könnte partieller Funktionsverlust zu Ausdifferenzierung im Sinne von Spezialisierung führen – nachvollziehbar beispielsweise an der Familie, die ihre Funktion, Produktionsgemeinschaft zu sein, im Übergang zu modernen Gesellschaften verloren hat. Eine dritte Variante wäre die Eingliederung vormals externer Hilfsdienste in ein Subsystem.

Ein weiterer wichtiger Punkt bei der empirischen Untersuchung von funktionellen Teilsystemen ist für Mayntz die konkrete Art der Abgrenzung zwischen System und Umwelt. Es fällt in der Tat schwer, bei real vorfindbaren Teilsystemen zu unterscheiden, welche Handlungen noch zu den Binnenhandlungen und welche schon zu den System-Umwelt-Beziehungen gehören. Mag es beim schulischen Erziehungssystem noch Konsens darüber zu geben, Lehrer- und Schülerhandeln gleichermaßen dem System Schule zuzuordnen, so wird es schwieriger, wenn man zum Beispiel die Zuschauer der Fußball-Bundesliga bedenkt. Auch die zunächst naheliegende Unterscheidung zwischen Adressaten (Publikum) eines Teilsystems einerseits und Funktionsträgern andererseits hilft hier nicht viel weiter. Im politischen System ist der Staatsbürger bei Wahlen Funktionsträger, während er ansonsten eher Entscheidungen dieses Systems auszuhalten hat. Plausibel scheint der Lösungsvorschlag, den Mayntz für dieses Abgrenzungsproblem bietet: anstelle definitorischer Entscheidungen Art und Ausmaß dieser Interaktionszusammenhänge an den Grenzen der Teilsysteme empirisch möglichst genau zu ermitteln und für die Analyse zu verwenden.

Bei Stichweh (1988), der näher an der Luhmannschen Position argumentiert, findet sich der Vorschlag, Funktionssysteme nach der Art der Einbeziehung der Nichtprofessionellen in das jeweilige System zu klassifizieren. Für ihn sind moderne Funktionssysteme geradezu dadurch gekennzeichnet, „daß zusätzlich zu den systemdefinierten Leistungsrollen Publikumsrollen entstehen, die die Inklusion der Gesamtbevölkerung in das jeweilige Sozialsystem über komplementär zu den Leistungsrollen definierte Formen der Partizipation sichern" (Stichweh 1988: 261). Daraus leitet er eine Einteilung der Funktionssysteme nach der Art der Partizipation durch Komplementärrollen ab. In der ersten Variante findet Inklusion in der Form „professioneller Betreuung des Publikums durch die Leistungsrollenträger" statt. Die klassischen Beispiele hierfür sind das Gesundheitssystem und das Erziehungssystem. Kennzeichnend für solche Systeme ist, dass die Betreuung in einem zahlenmäßig eher kleinen Rahmen stattfindet. Einen zweiten Inklusionstyp stellen für Stichweh Exit/Voice-Systeme wie Politik und Kunst dar, in denen dem Publikum nur ein minimales Handlungsrepertoire überlassen wird. Intimbeziehungen sind für Stichweh ein dritter Typ von Systemen, die durch permanenten Wechsel zwischen Leistungsträger- und Publikumsrolle gekennzeichnet sind. Als vierten und letzten Typ zeichnen sich schließlich Systeme aus, die Inklusion des Publikums nur indirekt, vermittelt durch andere Systeme, zulassen wie etwa die Wissenschaft, an der Nichtwissenschaftler höchstens durch die Wissensvermittlung über die Schule beteiligt sind. Neben diese systemtypischen Inklusionsmodi treten teilweise noch besondere Formen von Inklusion, die gelegentlich die Schärfe der Abgrenzung zwischen Leistungs- und Publikumsrolle mindern. Für den hier interessierenden Zusammenhang bedeutsam sind die von Stichweh eingeführten sekundären Leistungsrollen. Sie sind zwar in Systemen, die auf „professioneller Betreuung des Publikums durch die Leistungsrollenträger" basieren, eher selten (da sie leicht in direkte Konkurrenz zu den primären Leistungsrollenträgern geraten), kommen aber dennoch in Form des „Amateurs" oder der Selbsthilfeinitiative gelegentlich vor.

Stichwehs Klassifizierung der Teilsysteme nach der Art der Einbeziehung des Publikums bietet darüber hinaus einen interessanten Anknüpfungspunkt für die bei Baecker sowie Bommes und Scherr diskutierte Frage, ob es berechtigt ist, von einem Funktionssystem Soziale Hilfe zu sprechen. Stichweh bindet die Existenz eines solchen Funktionssystems an drei Bedingungen: 1. Jedes Gesellschaftsmitglied muss – sei es als Klient oder sei es als Professioneller – am Systemzusammenhang partizipieren können, und dies muss 2. auch „lebensgeschichtlich wahrscheinlich" sein. Und schließlich muss 3. „vom System als systemeigenes Sachthema eine universalistische Perspektive verwaltet werden, für die gilt, daß nahezu alles, was in der Gesellschaft vorkommt, relativ ungezwungen aus ihrem Blickwinkel rekonstruiert werden kann" (Stichweh 1988: 269). Für die Sozialarbeit kann er einen solchen systemkonstituierenden Sachbezug nicht erkennen; für ihn partizipiert Sozialarbeit vielmehr an verschiedenen Systemzusammenhängen, ohne eine eigene Perspektive geschaffen zu haben. Damit verneint Stichweh auch den Professionscharakter der Sozialarbeit, da „man von einer Profession nur dann sprechen sollte, wenn eine Berufsgruppe in ihrem beruflichen Handeln die Anwendungsprobleme der für ein Funktionssystem konstitutiven Wissensbestände verwaltet und wenn sie dies in entweder monopolistischer oder dominanter – das heißt den Einsatz der anderen in diesem Funktionsbereich tätigen Berufe steuernder oder dirigierender – Weise tut" (Stichweh 1992: 40).

In den neunziger Jahren hat Renate Mayntz die handlungstheoretischen Aspekte ihres differenzierungstheoretischen Modells weiter verfeinert und gemeinsam mit Fritz W. Scharpf zum Ansatz des akteurzentrierten Institutionalismus ausgebaut (Mayntz/Scharpf 1995a; vgl. auch Schimank 2000: 241 ff.). Darin entwickeln die Autoren eine Typologie unterschiedlicher Akteure, die meist in „mehr oder weniger komplexen Akteurkonstellationen" handeln. Zunächst einmal gibt es individuelle Akteure, deren Einfluss auch auf das Handeln im Rahmen gesellschaftlicher Teilsysteme nicht unterschätzt werden sollte. Soziale Gebilde von mehreren individuellen Akteuren, die sich nicht direkt zu Organisationen zusammenschließen, wohl aber ein handlungsrelevantes Merkmal gemeinsam haben, werden Quasi-Gruppen genannt. „Quasi-Gruppen sind keine handlungsfähigen Akteure, jedoch oft Adressaten gezielter Steuerungsversuche. Die eine Quasi-Gruppe bildenden Personen können jedoch unter Umständen als Akteur modelliert werden, wenn nämlich die in ihnen zusammengefaßten Individuen je für sich auf einen externen Stimulus in gleicher Weise reagieren" (Mayntz/Scharpf 1995a: 51). Hingegen kann man von einem kollektiven Akteur sprechen, wenn „die Handlungsorientierungen der Mitglieder etwa einer sozialen Bewegung bewußt gleichgerichtet sind, das heißt, wenn ohne formale Organisation kollektives Handeln angestrebt wird" (ebd.). Schließlich werden korporative Akteure definiert als „handlungsfähige Organisationen". Die Handlungsfähigkeit eines Teilsystems ist also nicht zwangsläufig an die Existenz formaler Organisationen gebunden, da auch individuelle Akteure, Quasi-Gruppen und kollektive Akteure ohne formale Organisation handeln können. Noch komplexer wird dieses Zusammenspiel unterschiedlicher Akteure, wenn man berücksichtigt, dass auch in formalen Organisationen das Handeln der Organisation von individuellen Akteuren (mit)bestimmt wird. Man mag vermuten, dass die Handlungsfähigkeit steigt, je mehr ein Teilsystem korporative Akteure hervorgebracht hat, aber im Einzelfall bleibt dies der konkreten Analyse vorbehalten.

Diese unterschiedlichen Akteure handeln nun nach je eigenen normativen und interessengeleiteten Handlungsorientierungen in besonderen Handlungssituationen und in bestimmten Akteurkonstellationen. Institutionen werden dabei sowohl als abhängige als auch als unabhängige Variablen betrachtet, einmal also als Resultat von Handlungen und ein anderes Mal als Vorgabe und Bedingung für Handlungen. Auf jeder dieser Ebenen lässt sich der „akteurzentrierte Institutionalismus" durch weitere Ansätze ergänzen und verfeinern. Der differenzierungstheoretische Bezug tritt dabei etwas in den Hintergrund, muss aber nicht aufgegeben werden.

Folgeprobleme funktionaler Differenzierung

Mit dem bislang vorgestellten Instrumentarium kann die Ausdifferenzierung funktioneller Teilsysteme in modernen Gesellschaften analysiert werden. Von besonderem Interesse sind dabei die Folgen, die sich aus diesen Prozessen ergeben. Mit Luhmann ist hierbei zunächst an die vielfältige Steigerung gesamtgesellschaftlicher Komplexität zu denken. Mit der Freisetzung als autopoietische Systeme erreichen diese eine Leistungsfähigkeit, die unter der Bedingung eines permanenten Fremdbezugs auf eine allen Teilsystemen gemeinsame Größe nicht zu denken gewesen wäre. Das leuchtet unmittelbar ein, denkt man nur an die enorme Steigerung des Erkenntnisgewinns der Wissenschaft, seit dort nach eigenen Regeln selbstreferentiell geforscht werden darf. Aber Luhmann selbst hat bereits darauf hingewiesen, dass dieses Mehr an Autonomie keineswegs mit einem Mehr an Rationalität korreliert. In der „Risikogesellschaft" scheinen gelegentlich die irrationalen, bedrohlichen Auswirkungen teilsystemischer Autonomie zu überwiegen. Für die Umsetzbarkeit des von Luhmann vorgeschlagenen Auswegs, „Funktionssysteme dazu zu bringen, die von ihnen praktizierte Differenz von System und Umwelt als Einheit zu reflektieren" (Luhmann 1984: 599), spricht in seinen eigenen Untersuchungen eher wenig. Wie lassen sich –

ohne gleich apokalyptischen Befürchtungen anheim zu fallen – die Folgeprobleme der Ausdifferenzierung funktioneller Teilsysteme beschreiben?

Mayntz (1988) listet fünf solcher Folgeprobleme auf: Erstens das Auftreten „kaum voraussehbarer Fernwirkungen", ein Risiko, das (zweitens) noch gesteigert wird durch das „Phänomen der Interaktivität, eine Folge komplexer Interdependenzen"; drittens die bei exklusiver Zuständigkeit enorm gesteigerte Störanfälligkeit des Gesamtsystems bei mangelhafter Funktionserfüllung oder gar Ausfalls eines Teilsystems; viertens der durch die systematische Blindheit der Teilsysteme für die Belange anderer Teilsysteme erzeugte „mächtige Partikularismus" (ebd.: 34 ff.) – bei Systemen, deren Wachstumschancen von der Nachfrage nach den vom System erzeugten Leistungen abhängen, beinhaltet dies auch das Problem der aktiven Nachfrageerzeugung – und schließlich fünftens Probleme der politischen Steuerbarkeit. Die beiden letztgenannten Problemkomplexe werden üblicherweise mit dem Begriff der Verselbständigung umschrieben. Mayntz definiert Verselbständigung als „Fähigkeit zur Abwehr von externen Interventionen, zur Neutralisierung von Umwelteinflüssen (...), so daß es anderen Teilsystemen nicht mehr gelingt, ihre Interessen, sei es als Betroffene oder als Abnehmer von Systemleistungen, geltend zu machen" (ebd.: 36). Verselbständigung unterscheidet sich von Autopoiesis und Selbstreferenz und meint auch nicht die Unabhängigkeit von externen Ressourcen. Verselbständigung geht über Selbstreferenz hinaus und ist auch möglich bei hoher Abhängigkeit von externen Ressourcen, wenn es gelingt, die andauernde Zufuhr dieser Ressourcen abzusichern. Strategien zur Erlangung eines zunehmenden Grades an Selbstregulationsfähigkeit und zunehmender Abwehrpotentiale gegen externe Interventionen zielen darauf, steigende gesellschaftsweite Anerkennung zu gewinnen, die Nachfrage zu generalisieren, indem zum Beispiel immer weitere Gruppen in den Leistungsbezug des Systems einbezogen werden (Inklusivität), oder eine Monopolstellung in der Erbringung einer Leistung zu gewinnen (Exklusivität) und dadurch nicht nur Druckmittel in der Hand zu haben, sondern auch längerfristig sachverständige externe Kontrolle auszuschalten.

Bei Funktionssystemen, die auf der Basis der Leistungserbringung – zum Beispiel personenbezogener Dienstleistungen – entstanden sind, haben sich im Zuge der Ausdifferenzierung Leistungserbringung und Bedürfnisbefriedigung voneinander getrennt. Nur ideale Marktbedingungen könnten hier verhindern, dass das die Leistungen produzierende System sich gegenüber den Abnehmern hinsichtlich Mengen, Preisen und Art der angemessenen Güter verselbständigt. Bei durch das politische System gesicherter Zufuhr von Ressourcen aus dem Steuereinkommen kann allerdings von idealen Marktbedingungen keineswegs die Rede sein.

Rosewitz und Schimank (1988) haben eine genauere Analyse zur Verselbständigung von gesellschaftlichen Teilsystemen vorgelegt. Die verschiedenen Problemlagen, in denen von Verselbständigung gesprochen werden kann, unterteilen sie systematisch in drei Kategorien. In eine erste Kategorie fassen sie all die Zustände, bei denen in der gesellschaftlichen Umwelt eines Teilsystems Leistungserwartungen vorliegen, die von dem entsprechenden Teilsystem nicht oder nicht hinreichend befriedigt werden. Die zweite Art von Verselbständigung sehen sie dann gegeben, wenn ein Teilsystem Nebenfolgen produziert, die von der Umwelt als Risiken eingestuft werden. Und drittens liegt Verselbständigung vor, wenn ein Teilsystem zur Produktion seiner Leistungen zu extensiv gesellschaftliche Ressourcen (z.B. Geld) verbraucht.[3]

Allen drei Kategorien gemeinsam ist die Voraussetzung, dass zunächst die Umwelt eines Teilsystems inadäquates Operieren des Teilsystems kritisieren muss, damit von Verselbständigung gesprochen werden kann. Die beiden Autoren gehen noch einen Schritt weiter, wenn sie feststellen, dass „erst interventionsresistente Umweltinadäquanz" Verselbständigung konstituiert: „Bevor sie attestiert wird, müssen also ernsthafte Versuche insbesondere politischer Akteure, die wahrgenommene Umweltinadäquanz des betreffenden Teilsystems zu beheben, fehlgeschlagen sein. Verselbständigung liegt somit in dem Maße vor, wie zwischen Steuerungsansprüchen und -kapazitäten politischer Akteure und den Steuerungserfordernissen, die ein gesellschaftliches Teilsystem aufgrund der Umweltinadäquanz seiner Operationen aufwirft, ein Mißverhältnis besteht" (Rosewitz/Schimank 1988: 297). Verselbständigung ist somit kein objektiv feststellbarer Befund, sondern abhängig von Wahrnehmungsvorgängen und politischem Handeln.[4]

In einem weiteren Schritt untersuchen Rosewitz und Schimank mehrere Faktoren, die die Chance beeinflussen, dass gesellschaftlichen Teilsystemen Verselbständigung attestiert wird. Zunächst einmal können die Auswirkungen eines Teilsystems auf die Umwelt mehr oder weniger folgeträchtig sein. Der Kunst als einem Teilsystem mit

---

3 Rosewitz und Schimank erwähnen allerdings auch ein „mächtiges Korrektiv", das dem entgegenwirkt: die Knappheit der Ressourcen. Selbst wenn man ein permanentes Wachstum der Ressourcen, die die Systemumwelt zur Verfügung stellt, annimmt, kommt es dennoch zu relativer Knappheit, da stets mehrere Teilsysteme um diese Ressourcen konkurrieren. Zunächst aber ist Ressourcenknappheit steuerungspolitisch gesehen hochgradig blind. Ressourcenverknappung – oder Minderung der Zuwächse der dem Teilsystem zugestandenen Ressourcen – kann sowohl die von der Umwelt gewünschten als auch die von ihr als inadäquat empfundenen Teilsystemoperationen beeinflussen.

4 Unklar bleibt in der systemischen Perspektive, wer die politischen Akteure eigentlich sind. Folgt man Luhmann, der dem politischen System die zentrale Stellung unter den Teilsystemen abspricht und ihm nur eine eng umgrenzte Funktion zuweist (das Herstellen kollektiv bindender Entscheidungen), dann müsste statt von politischem Handeln wohl eher von Aktivitäten aus der Umwelt des Teilsystems heraus gesprochen werden.

vergleichsweise geringer Folgenträchtigkeit wird beispielsweise eher selten Verselbständigung vorgeworfen; als L'art pour l'art wird ihr Verselbständigung sogar teilweise explizit zugestanden. Einen weiteren Einflussfaktor sehen Rosewitz und Schimank in dem Grad der „Esoterik teilsystemischer Handlungsorientierungen". Hiernach ließe sich etwa die Grundlagenforschung von der anwendungsbezogenen Forschung unterscheiden. Entscheidend ist dabei die vom Teilsystem erlangte „professionelle Definitionssouveränität". Von wahrscheinlich noch größerer Bedeutung ist der „Möglichkeitsspielraum von Akteuren des betreffenden Teilsystems zu einer individuellen oder organisatorischen ökonomischen Interessenverfolgung" (ebd.: 310). So wird regelmäßig die Chance niedergelassener Ärzte, ihr Einkommen durch die Anzahl von durchgeführten Behandlungen direkt zu beeinflussen, als mitursächlich für die als Verselbständigung gewertete Kostenexplosion des Gesundheitssystems bewertet. Zwar ist dieser direkte Zusammenhang zwischen Akquise und individuellem Einkommen der Funktionsrollenträger eines Systems nur in manchen Teilsystemen gegeben, aber prinzipiell können „in allen gesellschaftlichen Teilsystemen (...) Organisationen unter bestimmten Bedingungen dazu neigen und in der Lage sein, ihre jeweiligen ökonomischen Wachstumsinteressen gegenüber den Kriterien teilsystemischer Leistungsproduktion in den Vordergrund zu schieben. Wenn dies nicht nur sporadisch und bei einzelnen Organisationen geschieht, sondern über längere Zeit bei vielen oder bei den besonders wichtigen Organisationen des Teilsystems, können hiervon teilsystemische Verselbständigungstendenzen ausgehen, die vermutlich, da sich organisatorische Akteure zumeist schwerer beeinflussen lassen als individuelle Akteure, noch stärker sind als bei der Verfolgung individueller Einkommensinteressen" (ebd.: 313). Auf Seiten des Teilsystems wird die Chance zur Verselbständigung und zur Resistenz gegen Steuerungsversuche schließlich noch beeinflusst durch das Ausmaß teilsystemischer Selbststeuerungstendenzen. „Die Selbststeuerungskapazität eines gesellschaftlichen Teilsystems bemißt sich daran, inwieweit spezialisierte Organisationen und Verhandlungsgremien vorhanden sind, die die mehr oder weniger ausgeprägte Pluralität von Interessen innerhalb eines Teilsystems so synthetisieren können, daß Potentiale kollektiver Handlungsfähigkeit gebildet werden" (ebd.: 314).

Hinzu kommen drei Faktoren auf der Seite der Umwelt des Systems: Steuerungsansprüche müssen überhaupt erst einmal gestellt werden, dazu geeignete Steuerungsinstrumente vorhanden sein, und ein Steuerungswissen muss ausgeprägt sein, um Steuerungsziele effektiv erreichen zu können.

Steuerungsansprüche können mehr oder weniger stark bestehen, sie können kontinuierlich bestehen oder periodisch auftreten. Am Beispiel des Gesundheitswesens zeigen Rosewitz und Schimank, dass Steuerungsansprüche hinsichtlich der ambulanten Versorgung zu einem Großteil vom politischen System an Selbstverwaltungsorganisationen der teilsystemischen Akteure abgetreten worden sind, während bei der stationären Behandlung die Bundesländer sich eine stärkere Steuerung – zum Beispiel durch die Krankenhausbedarfsplanung – vorbehalten. Kostenbedingt treten aber in beiden Bereichen zyklisch massivere Steuerungsansprüche auf, die sich dann in mehr oder weniger erfolgreichen Versuchen zur Reform des Gesundheitswesens niederschlagen. Eindeutiger verhält es sich mit den Steuerungsansprüchen hinsichtlich des öffentlichen Gesundheitsdienstes.

Als Steuerungsinstrumente sind Rosewitz und Schimank zufolge zu unterscheiden: 1. Gebote und Verbote, also normative Steuerungsversuche, die direkten Zugriff ermöglichen, aber auch die Gefahr enthalten, rein äußerliche Konformität zu erzeugen; 2. Überzeugungsmaßnahmen, die besonders wirksam, aber schwierig sind; 3. Anreize durch Ressourcen und im Gegenzug dazu Entzug von Ressourcen, also finanzielle Steuerungsversuche; und 4. prozedurale Steuerungsmaßnahmen, die die teilsystemischen Akteure zur Selbststeuerung anleiten sollen und gelegentlich den Charakter von „verordneter Selbststeuerung" annehmen.

Das Steuerungswissen des politischen Systems schließlich variiert in Bezug auf die zu steuernden Teilsysteme stark. Es ist abhängig von der jeweiligen Stärke der vorhandenen Selbststeuerungskompetenzen und dem Grad an „Esoterik" der Teilsysteme. Je niedriger ausgeprägt das Steuerungswissen, um so eingleisiger werden Steuerungsversuche den Weg der Einflussnahme auf die Ressourcen wählen.

In den neunziger Jahren haben Mayntz und Scharpf ihren Ansatz des akteurzentrierten Institutionalismus auf Fragen der Steuerung und Selbstregulierung von staatsnahen Sektoren anzuwenden versucht (Mayntz/Scharpf 1995b). Als staatsnahe Sektoren bezeichneten sie „gesellschaftliche Funktionsbereiche, die nicht zum Kernbestandteil der hoheitlichen Staatsfunktion gehören, für die der Staat (...) aber dennoch ein Maß an Verantwortung übernommen hat, das weitergeht als die ordnungspolitische, konjunkturpolitische und strukturpolitische Verantwortung (...), aber weniger weit geht als die unmittelbare Leistungserbringung" (Mayntz/Scharpf 1995b: 13 f.). Zu diesen staatsnahen Sektoren zählen sie sehr unterschiedliche Bereiche wie zum Beispiel Rundfunk und Fernsehen, Bildungswesen und Agrarwirtschaft, und unter anderem auch explizit die Sozialen Dienste. Die dichotome Vorstellung von Steuerung in diesen Sektoren mit dem Staat als Steuerungssubjekt und dem jeweiligen staatsnahen Sektor als Steuerungsobjekt hat sich – so Mayntz und Scharpf – inzwischen erheblich verändert. In einem ersten Schritt musste die Vorstellung eines einheitlich handelnden Staates als Steuerungssubjekt aufgegeben und durch die Analyse mehrerer durchaus divergierender Akteure (etwa aus Bund und Ländern, aber auch aus unterschiedlichen Sektoren einer Ebene) ersetzt werden. „Das warf das Problem der Steuerungsfähigkeit des Staates auf" (ebd.: 9). In einem zweiten Schritt wurde beobachtet, dass auch das Steuerungsobjekt aus mehreren Akteuren besteht und dass dessen Steuerbarkeit unter anderem von dessen Organisationsgrad abhängig war.

Schließlich wurde in einem dritten Schritt das Steuerungskonzept dahingehend modifiziert, dass Selbstregulierungsprozesse der staatsnahen Sektoren stärker thematisiert wurden. Gesteuert wird also eher in komplexen „steuerungsrelevanten Konstellationen", die die Autoren als Politiknetzwerke beschreiben, „bei denen auf der staatlichen wie auf der gesellschaftlichen Seite Mehrheiten handlungsfähiger Akteure auftreten, zwischen denen ,Querkoalitionen' keine Seltenheit sind" (ebd.: 12). Mayntz und Scharpf schlagen deshalb vor, den Begriff der Steuerung zu ersetzen durch den Terminus „Governance", von dem die klassische einseitige Steuerung nur ein Unterfall ist.

Mit dieser Erweiterung lassen sich simplifizierende Fehlschlüsse bei der Analyse von Teilsystemen vermeiden. Auch wenn das Governance-Modell die Analyse von Steuerung nicht gerade einfacher macht, so sehen Mayntz und Scharpf dennoch für „Unmöglichkeitstheoreme" in Bezug auf Steuerung im Zusammenhang mit ihren eigenen empirischen Studien keinen Anlass: „Der fidele Steuerungspessimismus der Postmoderne kann sich jedenfalls nicht auf triftige wissenschaftliche Gründe berufen" (ebd.: 33).

„Welfare mix" und freie Wohlfahrtspflege in Deutschland

Mayntz hat mehrfach darauf hingewiesen, dass für die Analyse empirisch vorfindbarer Differenzierungsprozesse neben der Systemebene und handlungstheoretischen Elementen auch strukturelle Gegebenheiten, die diese Prozesse beeinflussen, mit berücksichtigt werden müssen. Kollektive Akteure handeln innerhalb vorgegebener Strukturen, auf die sie zunächst keinen Einfluss haben, und Systeme und Subsysteme entfalten ihre Dynamiken ebenfalls innerhalb dieser Strukturen. Andererseits aber sind Strukturen Ergebnisse von Handlungen und somit auch veränderbar. Die Ausdifferenzierung von Teilsystemen, die sich sozialstrukturell verfestigen, schafft somit die Strukturen, innerhalb derer sich kommende Ausdifferenzierungsprozesse ereignen können.

Bezogen auf Hilfesysteme gehören hierzu die Strukturen der Wohlfahrtspflege und die besondere Stellung, die in Deutschland den Organisationen der freien Wohlfahrtspflege dabei zukommt. In allen industrialisierten Ländern wird die Dienstleistung „Hilfe" von staatlichen Institutionen, gewerblichen Unternehmen und freien Vereinigungen, die weder dem staatlichen Bereich noch dem Bereich der Wirtschaft zuzuordnen sind, erbracht. Gewerbliche Unternehmen sind in Ländern mit einer insgesamt eher hohen Sozialleistungsquote erst dann zur Produktion von sozialen Dienstleistungen bereit, wenn geeignete Finanzierungswege geschaffen sind. So hat es erst der Pflegeversicherung bedurft, bis der Bereich Pflege zu einem für kommerzielle Anbieter interessanten Markt wurde. Im Gesundheitssystem besteht mit den Krankenkassen bereits wesentlich länger ein spezialisiertes Finanzierungssystem. Wo solche Finanzierungssysteme fehlen, reduziert sich die Dienstleistungsproduktion in der Regel auf ein duales System von staatlichen und nichtkommerziellen privaten Anbietern. Die spezifische deutsche Ausgestaltung dieses „welfare mix" ist durch zwei Charakteristika gekennzeichnet: Zum einen genießt die freie Wohlfahrtspflege eine gesetzlich geschützte Vorrangstellung gegenüber staatlichen Institutionen bei gleichzeitiger staatlicher Verpflichtung zur finanziellen Förderung der freien Wohlfahrt, und zum anderen verfügt die freie Wohlfahrtspflege über ein hohes Niveau an Organisation, Zentralisation und Bürokratie. Dies zeigt sich insbesondere in den in dieser Form nur in Deutschland existierenden Spitzenverbänden.

Verständlich wird dies nur vor dem Hintergrund der historischen Entwicklung in Deutschland. Eine der Quellen dieser deutschen Ausprägung des „welfare mix" kann in der bürgerlichen Vereinskultur des 19. Jahrhunderts gesehen werden, die einen institutionellen Rahmen für viele Lebensbereiche und Interessen bot und auf die auch die an Fürsorge und Armenpflege interessierten Bürger zurückgriffen (Sachße 1995). Bereits in der ersten, vor allem aber in der zweiten Hälfte des 19. Jahrhunderts existierte ein Vielzahl von Stiftungen, Vereinen und Gruppierungen, die sich von unterschiedlichen Weltanschauungen ausgehend mit dem immer stärker werdenden Pauperismus beschäftigten.

Am leichtesten hatten es dabei die konfessionell geprägten Initiativen: Ihnen stand die über das ganze Deutsche Reich verbreitete Organisationsstruktur der jeweiligen Kirche zur Verfügung, um Mitglieder zu rekrutieren, Ehrenamtliche zu verpflichten, Geldsammlungen durchzuführen etc. In den eher sozialdemokratisch und gewerkschaftlich geprägten Milieus hingegen dominierte die Arbeiterfrage auch alle anderen sozialen Fragen. In der Armenpflege wurden typische Phänomene des Kapitalismus gesehen, die mit der Machtübernahme durch das Proletariat auch wieder verschwinden würden. Kaiser (1995) geht davon aus, dass deswegen den religiös geprägten Vereinigungen in dieser Frühphase der Träger- und Verbändegeschichte gegenüber den mit der Arbeiterbewegung verknüpften Gruppierungen weit mehr Bedeutung zukam.

Mit dem Ausbau des Wohlfahrtsstaates seit den achtziger Jahren des 19. Jahrhunderts stellte sich die Frage der Koordination öffentlicher und privater Fürsorge. Schon früh kam es zu einem Zusammenspiel zwischen kommunalen Organisationen und privaten Vereinen, das in seinen Grundzügen bis heute erhalten geblieben ist. Die Weimarer Republik erklärte Fürsorge und Wohlfahrtspflege zu einer Angelegenheit des Reiches. Der erste deutsche Wohlfahrtsstaat bekannte sich ausdrücklich zu der selbstgesetzten Aufgabe, in einem umfassenden Sinn Sozialpolitik zu betreiben.

Dazu gehörten nicht nur die Finanzierung und Regulierung der entsprechenden Kassen und die Verabschiedung entsprechender Gesetze, sondern der Staat übernahm auch die Aufgabe der Entwicklung und Planung kommunaler Sozialpolitik. In der Regierungsbürokratie wurden diese Aufgaben im Reichsarbeitsministerium zusammengefasst.

Damit stand den lokalen privaten Vereinigungen von sozialpolitisch interessierten und/oder soziale Dienste anbietenden Bürgern eine für die Republik zentrale Instanz gegenüber. Die Vereinigungen der privaten Fürsorge reagierten auf diese Verlagerung mit einer Reihe von Zusammenschlüssen und Zentralisierungen, die schließlich zu einigen wenigen republikweit organisierten Spitzenverbänden führte. Bereits 1848 hatte sich im Anschluss an den Wittenberger Kirchentag der Centralausschuß für die innere Mission als Vorläufer der Diakonie gegründet, der allerdings bis zur Weimarer Republik tatsächlich eher der Missionierung als der Wohlfahrtsarbeit verpflichtet blieb. Auch der 1897 gegründete „Caritasverband für das katholische Deutschland" erreichte erst als katholischer Spitzenverband in der Weimarer Republik seine Bedeutung. Es folgten 1917 die Gründung der „Zentralwohlfahrtsstelle der deutschen Juden", 1919 der von Gewerkschaften und Sozialdemokratie unterstützte „Hauptausschuß der Arbeiterwohlfahrt" und 1921 der „Zentralwohlfahrtsausschuß der christlichen Arbeiterschaft". Im selben Jahr hatte sich das Deutsche Rote Kreuz als Spitzenverband der Wohlfahrtspflege konstituiert. 1924 schließlich gründete sich die „Vereinigung der freien gemeinnützigen Wohlfahrtseinrichtungen Deutschland", die auf die „Vereinigung der freien gemeinnützigen Kranken- und Pflegeanstalten Deutschlands" zurückzuführen ist und sich 1931 in „Deutscher Paritätischer Wohlfahrtsverband" (DPWV) umbenannte. 1924 schlossen sich diese Organisationen (mit Ausnahme der Arbeiterwohlfahrt) in der „Deutschen Liga der Freien Wohlfahrtspflege" als Dachverband der Spitzenverbände der freien Wohlfahrtsverbände zusammen.

Damit war die Entwicklung eines verbandlichen Pendants zum Wohlfahrtsstaat zunächst abgeschlossen. „Sie bedeutete eine Angleichung an die Strukturen öffentlicher Verwaltung, die nicht mehr primär auf die Erbringung sozialer Dienste und Leistungen bezogen war, sondern auf die Beschaffung von Finanzmitteln und die Beeinflussung der Gesetzgebung. Die Konfessionen und die sozialdemokratische Arbeiterkultur, die bereits in der Zeit des Kaiserreichs in vielfältigen Vereinen und Assoziationen organisiert waren, schufen sich so eine neue, dem entstehenden Wohlfahrtsstaat angepaßte und angemessene Form sozialer Repräsentation. Dadurch wurden öffentliche und freie Wohlfahrtspflege zu einem einheitlichen ‚wohlfahrtsindustriellen Komplex' verkoppelt, innerhalb dessen sowohl die Problemdefinitionen wie auch die Lösungsmuster exklusiv verhandelt wurden. Die Weimarer Republik war also die Geburtsstunde des korporativistischen Aushandlungssystems, das die deutsche Wohlfahrtspflege bis heute kennzeichnet" (Sachße 1995: 133).

In den in den folgenden Jahren verabschiedeten Wohlfahrtsgesetzen (Reichsjugendwohlfahrtsgesetz und Reichsfürsorgepflichtverordnung) wurden die Bestands- und Eigenständigkeitsgarantie der freien Träger und die gleichzeitige Förderungsverpflichtung und Gesamtverantwortung der öffentlichen Träger gesetzlich verankert. Damit hatte das Subsidiaritätsprinzip in Deutschland Gesetzesrang erreicht. Diese gesetzliche Anerkennung des Subsidiaritätsprinzips ging allerdings einher mit einer weitgehenden Inhaltsverschiebung. Sowohl in der liberalen Tradition als auch in der Tradition der katholischen Soziallehre wurde unter Subsidiarität im Wesentlichen ein Schutzrecht verstanden: Im Liberalismus der Schutz der Privat- und Marktsphäre vor dem Staat, im relativ staatsfernen Katholizismus des protestantischen Preußens des 19. Jahrhunderts und der ihm eigenen Vorstellung der Gesellschaft als System ineinanderliegender Kreise der Schutz der kleineren Einheit gegenüber ungerechtfertigten Eingriffen der nächstgrößeren Einheit. Ausformuliert als sozialstaatliches Organisationsprinzip wurde das Subsidiaritätsprinzip zum ersten Mal 1931 in der Enzyklika „Quadragesimo anno", in der sowohl das erwähnte Schutzrecht als auch der Anspruch der untergeordneten Einheit auf Förderung durch die übergeordnete Einheit für den Fall thematisiert wurde, dass die eigenen Ressourcen nicht ausreichen. In der Weimarer Republik wurden diese Ideen mit den Eigeninteressen der Organisationen der konfessionellen Wohlfahrt verknüpft: „Von einer politischen Strukturformel, die private Autonomie, freie Konkurrenz und den Primat gemeinschaftlicher Assoziationen gewährleisten sollte, war Subsidiarität zu einem Prinzip formaler Zuständigkeitsverteilung im sozialpolitischen Sektor geworden; zu einem Instrument der Absicherung von Verbandsinteressen gegen weitergehende sozialstaatliche Vergesellschaftung, das den freien Trägern die Möglichkeit bot, partikuläre Eigeninteressen unter Berufung auf ein Sozialprinzip von universeller und übergeschichtlicher Geltung zu überhöhen" (Sachße 1996: 593; vgl. auch Bossong 1995).

Von den Nationalsozialisten wurde das System der freien Wohlfahrtspflege teilweise durch den staatlichen öffentlichen Gesundheitsdienst und die Nationalsozialistische Volkswohlfahrt (NSV) – eine Parteiorganisation – ersetzt. Die Arbeiterwohlfahrt und andere der Arbeiterbewegung nahe stehende Organisationen wurden 1933 verboten, die Zentralwohlfahrtsstelle der deutschen Juden wurde zuerst aus der Liga der Freien Wohlfahrtspflege ausgeschlossen und später zwangsaufgelöst. Der Paritätische Wohlfahrtsverband wurde zwangsweise der Nationalsozialistischen Volkswohlfahrt eingegliedert. Neben der NSV, die neu in die Liga aufgenommen wurde, waren weiterhin die Caritas, die Innere Mission und das Deutsche Rote Kreuz (DRK) in der Liga vertreten. Das DRK wurde vorrangig zuständig für den Kriegssanitätsdienst.

Ein Verbot der beiden konfessionellen Spitzenverbände konnte jedoch nicht durchgesetzt werden; insofern blieben Elemente des dualen Systems auch während des Nationalsozialismus intakt. Wie aktuelle Forschungsergebnisse zeigen, konnten die konfessionellen Verbände ihre dominante Stellung vor allem im stationären Bereich weitgehend behaupten. Damit einher ging eine umfangreiche Kooperation zwischen Caritas, Innerer Mission, NSV und den Behörden des NS-Staates (Hammerschmidt 1999).

Nach dem Krieg wurde das duale System in den westlichen Besatzungszonen und später in der Bundesrepublik Deutschland erneuert. Der Hauptausschuß der Arbeiterwohlfahrt wurde bereits 1946 wieder gegründet. 1949 konstituierte sich der Deutsche Paritätische Wohlfahrtsverband neu, das Deutsche Rote Kreuz 1950 und die Zentralwohlfahrtsstelle der Juden 1951. Gemeinsam mit dem Deutschen Caritasverband (katholisch) und dem Diakonischem Werk der Evangelischen Kirche in Deutschland schlossen sie sich in der Bundesarbeitsgemeinschaft der freien Wohlfahrtspflege zusammen.

Die quantitativen Dimensionen dieser Bundesarbeitsgemeinschaft sind beeindruckend: Nach der von der Bundesarbeitsgemeinschaft herausgegebenen Jahresstatistik (BAGFW 2001) repräsentierten diese sechs Spitzenverbände zum Stichtag 1. Januar 2000 über 93.500 freigemeinnützige Einrichtungen mit 1.164.329 hauptberuflichen Mitarbeiterinnen und Mitarbeitern und mehr als 3,2 Millionen Plätzen bzw. Betten. Hinzu kommen über 2,5 Millionen ehrenamtliche Mitarbeiterinnen und Mitarbeiter. Diese 93.500 Einrichtungen stehen für einen beträchtlichen Jahresumsatz und ein ebenso beträchtliches Anlagevermögen. So betrug allein der Umsatz der ca. 200 in Frankfurt am Main zum Caritasverband gehörenden Einrichtungen (mit mehr als 25 eigenständigen katholischen Trägern) bereits 1993 knapp 150 Millionen DM (Manderscheid 1995: 232). Der Gesamtumsatz der in den sechs Spitzenverbänden zusammengeschlossenen Institutionen lässt sich derzeit kaum abschätzen. Nach Rauschenbach und Schilling (1995) wurden 1993 allein 43 Milliarden DM an Löhnen ausgezahlt. Dass die freie Wohlfahrtspflege auch volkswirtschaftlich eine beachtliche Größe darstellt, zeigt sich, wenn man die Beschäftigtenzahl mit anderen Branchen vergleicht: So waren etwa in der gesamten Land-, Forst- und Fischereiwirtschaft in Deutschland im Jahr 2000 etwa 987.000 Beschäftigte und somit gut 170.000 weniger als in der freien Wohlfahrtspflege zu verzeichnen. Rauschenbach und Schilling sehen für das Jahr 1994 den Caritasverband und die Diakonie als Deutschlands größte Arbeitgeber an (407.000 bzw. 327.000 Beschäftigte gegenüber 251.000 bei der Daimler-Benz AG). Beeindruckend sind auch die Zuwächse: So stieg die Zahl der Einrichtungen zwischen 1970 und 1993 in den alten Bundesländern um 36 %, die Zahl der Betten/Plätze um 26 % und die Zahl der Beschäftigten sogar um 125 %. Auch zwischen 1993 und 2000 gab es Zuwächse von mehr als 20 % bei den Beschäftigten, 16 % bei den Einrichtungen und 10 % bei der Zahl der Betten/Plätze.

Die Finanzierung der Einrichtungen der freien Wohlfahrtspflege unterscheidet sich je nach Arbeitsfeld, weist aber meist eine typische Mischstruktur auf. Selten stammt die Finanzierung aus nur einer Quelle. Die wichtigsten Finanzierungsformen sind öffentliche Zuschüsse (aus kommunalen, Landes-, Bundes- oder europäischen Haushalten), Leistungsentgelte (z.b. Pflegesätze), Spenden (u. a. aus den großen Lotterien und von diversen Stiftungen) und Eigenmittel, die allerdings indirekt wiederum oft aus anderen Quellen kommen (z.b. Bußgelder, Haushaltssammlungen etc.). Zudem muss berücksichtigt werden, dass zu einem Teil der Geldquellen privilegierte Zugänge bestehen (z.b. zu Lotterien, Bußgeldern) und die öffentlichen Haushalte durch Steuerausfälle Spenden an als gemeinnützig anerkannte Institutionen bezuschussen. Die Träger der freien Wohlfahrtspflege haben dadurch in den Segmenten, in denen sie mit anderen privaten Anbietern konkurrieren, einen beträchtlichen Wettbewerbsvorteil. Bewirbt sich eine als gemeinnützig anerkannte Institution um öffentliche Zuschüsse, wird in der Regel die Mitgliedschaft in einem der Spitzenverbände der Freien Wohlfahrtsverbände zur Voraussetzung für einen positiven Bescheid gemacht. Vor allem der DPWV hat sich zu einem Sammelbecken kleinerer Initiativen entwickelt, die durch ihre Mitgliedschaft Zugang zu öffentlichen Mitteln erreichen konnten.

Aus sozialwissenschaftlicher Sicht sind die Einrichtungen, Institutionen und Organisationen der freien Wohlfahrtspflege komplexe Gebilde, die zunächst nicht einfach zu verstehen sind. Aufgrund ihrer Entstehungsgeschichte, der Expansion des Wohlfahrtsstaates und der besonderen Rolle, die die freie Wohlfahrt dabei eingenommen hat, erfüllen sie höchst unterschiedliche Funktionen. Olk et al. (1995) unterscheiden vier solcher Funktionen: Zum einen verstehen sie sich als politische Organisationen, die anwaltschaftlich die Interessen ihrer Klienten vertreten. Gleichzeitig sind sie Dienstleistungsproduzenten für eben diese Personengruppen. Darüber hinaus bringen sie in ihrer Tätigkeit bestimmte unterschiedliche weltanschauliche Grundpositionen zum Ausdruck. Und schließlich organisieren sie – vor allem auf der lokalen Ebene – für ihre Mitglieder wie andere lokale Vereine Geselligkeit, Kommunikation und selbstbestimmte Handlungsmöglichkeiten. Die Notwendigkeit, diese verschiedenen und teilweise sich widersprechenden Funktionen und die daraus resultierenden Handlungslogiken miteinander vereinbaren zu müssen, wird von der sozialwissenschaftlichen Forschung unter zwei verschiedenen Aspekten – als „intermediäre Organisationen" und im Rahmen des Korporatismusansatzes – untersucht.

Mit dem Begriff intermediäre Organisationen wird darauf hingewiesen, dass es nicht möglich ist, solchen zwischen Wirtschaft und Staat und informellen Gemeinschaften angesiedelten Organisationen eine eindeutige und für sie spezifische Handlungslogik zuzuordnen. „Auf dem Markt herrscht der Wettbewerb, im Bereich des Staates werden Handlungen auf der Basis von hierarchisch durchgesetzten Entscheidungen koordiniert, und in informellen Gemeinschaften gilt das Prinzip der Reziprozität. Intermediäre Organisationen sind unterdessen dadurch gekennzeichnet, dass sie keine eigene, vierte Handlungslogik ausbilden, sondern vielmehr die bekannten drei ‚reinen' Handlungslogiken in jeweils spezifischer Weise miteinander kombinieren" (Olk et al. 1995: 17). Daraus folgen bestimmte Leistungs- und Problempotentiale: Organisationen und Systeme, die mit einer „reinen" Handlungslogik ausgestattet sind, erreichen damit ihr spezifisches Ziel auf optimale Weise, sind aber notwendig blind für andere Ziele und produzieren bestimmte Folgeprobleme. Die Stärke und Schwäche intermediärer Organisationen liegen dann gerade darin, dass sie unfähig sind, optimal *ein* Ziel zu erreichen, aber hochgradig befähigt sind, verschiedene unterschiedliche Ziele miteinander zu kombinieren. Dabei scheinen zwei Extreme möglich: Auf der einen Seite kann es intermediären Organisationen gelingen, erfolgreich „Phänomene des Markt- als auch des Staatsversagens zu kompensieren. Danach stoßen Non-profit-Organisationen in eine Lücke, die weder über die Mechanismen der Mehrheitsregel demokratischer Abstimmung noch über den Mechanismus der Regulierung von Angebot und Nachfrage über den Preis-Leistungsmechanismus geschlossen werden kann" (Olk 1995: 101). Andererseits ist aber auch vorstellbar, dass intermediäre Organisationen jeweils die „Nachteile von Markt, Staat und Gemeinschaft, wie etwa soziale Ungleichheit, bürokratische Rigidität, Partikularismus und ökonomische Ineffizienz kumulieren" (ebd.: 100).

Die Korporatismusforschung befasste sich in den siebziger Jahren zunächst mit der Regulierung gesamtgesellschaftlicher Konflikte wie etwa dem Interessenkonflikt zwischen Kapital und Arbeit und dessen Pazifierung über besondere Formen des Zusammenspiels zwischen Staat, Arbeitgeberverbänden und Gewerkschaften etwa im Rahmen der Tarifpolitik oder der konzertierten Aktion. Dieser Makro-Korporatismus wird unterschieden von meso-korporatistischen Strukturen der Verflechtung von Staat, Verbänden und Organisationen in einzelnen gesellschaftlichen Bereichen wie etwa dem Agrarsektor. Solche meso-korporatistischen Verflechtungsstrukturen lassen sich unschwer auch im Bereich der Wohlfahrtspflege erkennen: „Die enge und historisch weit zurückreichende Verflechtung zwischen Staat und einer begrenzten Anzahl von privilegierten Spitzenverbänden der freien Wohlfahrtspflege in der bundesdeutschen Sozialpolitik kann als ein hervorragendes Beispiel für einen derartigen Meso-Korporatismus verstanden werden" (Olk 1995: 104). Elemente dieser Verflechtung sind das in Gesetzesform gefasste Subsidiaritätsprinzip und die darin enthaltene Privilegierung der Mitgliedsorganisationen sowie die dadurch begünstigte Herausbildung vertikal durchstrukturierter Spitzenverbände, die auf unterschiedlichsten Ebenen bereits in den politischen Willensbildungsprozess miteingebunden sind (in Arbeitsgemeinschaften, als Beratungsgremien, über Fachverbände, teilweise sogar über gesetzlich geregelte Mitwirkungsmöglichkeiten wie die

Jugendwohlfahrtsausschüsse), andererseits aber Zuschussempfänger der öffentlichen Hand sind und sich gleichzeitig als „dritten Sozialpartner" begreifen. Dieses korporative Zusammenspiel lässt sich auf Bundesebene genauso verfolgen wie auf Landes- oder kommunaler Ebene. An manchen Punkten wird es über Personen besonders abgestützt, wenn etwa der örtliche Sozialamtsleiter gleichzeitig Vorsitzender der örtlichen Gliederung der Arbeiterwohlfahrt ist oder wenn eine Landessozialministerin hohe Funktionsträgerin des DRK ist (vgl. Höfer 1996). Da die Mitgliedschaft in den Spitzenverbänden oftmals notwendige Voraussetzung für den Zugang zu Einfluss und Ressourcen ist, werden auch neu entstehende soziale Bewegungen, Initiativen und Selbsthilfegruppen in diese korporatistische Verflechtung hineingezogen.

Aus dieser Verflechtung ergibt sich einerseits eine nicht unbedeutende Machtstellung für die Spitzenverbände, andererseits aber folgen daraus besondere Akzeptanzprobleme: In Richtung ihrer Klienten müssen sich die in den Wohlfahrtsverbänden zusammengeschlossenen Organisationen als kompetente und solidarisch-empathische Helfer präsentieren und sich auf deren Lebenswelten einlassen. Von ihren Mitgliedern, ehrenamtlichen Helfern und Angestellten müssen sie teils als politisch kämpfende Organisation, teils als Medium für Geselligkeit und Gemeinschaft, teils als Sinnstifter und schließlich auch noch als fairer Arbeitgeber akzeptiert werden. In ministeriellen Beratungsgremien, bei Parlamentsanhörungen und in der Wahrnehmung ihrer Lobbyfunktionen hingegen bewegen sie sich als formelle Organisationen unter anderen formellen Organisationen und müssen als solche auch ernstgenommen werden, um ihren Einfluss und Ressourcenzufluss zu sichern.

Sowohl der Korporatismusansatz wie auch die Forschung zu intermediären Organisationen führen zu der Feststellung, dass die Wohlfahrtsverbände und ihre Mitgliedsorganisationen prinzipiell in einem Spannungsverhältnis zwischen verschiedenen Erwartungen und daraus folgenden Handlungslogiken stehen. Dieses Spannungsverhältnis kann nicht aufgelöst, sondern die verschiedenen Pole können stets nur notwendigerweise instabil miteinander versöhnt werden.

Die Konstruktion sozialer Probleme

Mayntz hat darauf hingewiesen, dass das Konstitutionskriterium von Teilsystemen ein spezieller Sinn ist:

„Dieser Sinn ist jedoch nicht, wie es in systemtheoretischen Ansätzen manchmal scheint, bereits vorgegeben, sondern muß – und kann – in sozialen Definitionsprozessen kognitiv-symbolisch festgelegt werden. Daraus folgt nicht, daß Veränderungen im Bereich gesellschaftlicher Semantik immer als Auslöser von Differenzierungsprozessen in einem kausal-genetischen Sinne funktionieren, doch hat jeder sich sozialstrukturell niederschlagende Differenzierungsprozeß auch symbolische Aspekte, ist immer auch zugleich ein Vorgang der Durchsetzung neuer Definitionen. Wenn es etwa Forschern gelingt, die Vermehrung wissenschaftlichen Wissens als gesellschaftlichen Zentralwert zu behaupten, oder Ärzten, eine bestimmte Vorstellung von Krankheit durchzusetzen, dann hat das sehr handfeste Auswirkungen, etwa auf die Ressourcengewinnung oder auch auf die professionelle Autonomie" (Mayntz 1988: 27).

In der funktionalistischen Perspektive existieren helfenden Institutionen zeitlich und kausal vorgelagert Probleme, zu deren wie auch immer gearteter Bewältigung eben jene Institutionen entstehen. Entsprechend umfangreich ist die sozialwissenschaftliche Literatur zu sozialen Problemen. Und entsprechend umstandslos rekurriert auch die sozialarbeiterische Theoriebildung auf soziale Probleme: „Gegenstand oder besser: der von der Sozialen Arbeit zu betrachtende Wirklichkeitsausschnitt sind soziale Probleme" (Staub-Bernasconi 1995: 105). Meist folgt dann eine umfangreiche, mehr oder weniger systematisch gegliederte Auflistung aller erdenklicher sozialen Probleme, zu deren Bearbeitung helfende Institutionen entweder schon vorhanden sind oder geschaffen werden sollten. Entstehen neue Probleme oder werden neue Probleme entdeckt, ist der Ruf nach einer Aufgabenausweitung – mit dazu notwendiger Ressourcenerhöhung – für helfende Institutionen nicht weit.

Überträgt man die Ausführungen zur Ausdifferenzierung gesellschaftlicher Teilsysteme auf helfende Institutionen, so muss dieses positivistische Verständnis von sozialen Problemen korrigiert werden. Zu suchen ist nach den Definitionsprozessen, die den Sinn helfender Institutionen festlegen und sozialstrukturell die Ausdifferenzierung helfender Institutionen begünstigen.

In der Tradition der konstruktivistischen Denkweise haben Spector und Kitsuse vorgeschlagen, soziale Probleme nicht als Zustand, sondern als Handlung zu begreifen:

„Our definition of social problems focuses on the process by which members of a society define a putative condition as a social problem. Thus, we define social problems as the activities of individuals or groups making assertions of grievances and claims with respect to some putative conditions" (Spector/Kitsuse 1987: 75).

Damit grenzen sie sich gegen funktionale Definitionen sozialer Probleme und gegen normative Definitionen („a social problem is a substantial discrepancy between widely shared social standards and actual conditions of social life" (Merton 1971: 799)) gleichermaßen ab. Beiden Ansätzen werfen sie vor, keine Aussagen und empirischen Befunde über soziale Probleme, sondern bestenfalls Aussagen über bestimmte gesellschaftliche Gegebenheiten zu ermöglichen.

Über Armut, Prostitution oder Kriminalität lässt sich Spector und Kitsuse zufolge unter den verschiedensten soziologischen Ansätzen forschen, aber dadurch, dass diese Phänomene soziale Probleme genannt werden, ist kein für die jeweiligen Felder relevanter Erkenntnisgewinn zu erwarten. Aus ihrer Sicht macht die Transformation des Begriffs 'soziales Problem' in die Sprache der Wissenschaft nur Sinn, wenn das Augenmerk von den dem jeweiligen Problem unterstellten Verhältnissen auf den Prozess der Problematisierung umgeleitet wird.

Damit stehen Spector und Kitsuse ganz in der Tradition des social constructionism und nehmen Themen und Methoden wieder auf, die Becker schon 1963 in der zum Klassiker avancierten Studie über die „Outsiders" (in Deutschland erstmals 1973 erschienen) zur Analyse von Marihuana-Rauchern, Drogengesetzgebung und Jazz-Musikern verwandt hat und die mitbeteiligt an der Formulierung des „labeling approach" war. Inzwischen hat diese Art von Konstruktivismus sein analytisches Potential auch in anderen Feldern als der Devianzforschung unter Beweis gestellt (vgl. z.B. Sarbin/Kitsuse 1994a[5]). Von zentraler Bedeutung für den social constructionism ist die Vorstellung, Menschen nicht als passive Organismen, sondern als aktiv Handelnde zu verstehen, die sich ihre Deutung der Welt stets aktiv erarbeiten. Dabei handeln sie zwar innerhalb der durch Strukturen, Tradition, Werte und Moralvorstellungen gesetzten Rahmenbedingungen, aber dennoch bleiben sie Handelnde.

An dieser Stelle die Theorie des Konstruktivismus einzuführen bedeutet nicht, einer Vorstellung anzuhängen, in der sich hinter Konstruktion, Diskursanalyse und Semantik das materielle Substrat von Wirklichkeit auflöst. Die durch Armut, Arbeitslosigkeit oder Gewalterfahrungen ausgelösten individuellen Lebenssituationen durch einen so verstandenen radikalen Konstruktivismus diskursanalytisch bis zur Unkenntlichkeit relativieren zu wollen, kann nur zu Peinlichkeiten führen. Eine solche Art von Wissenschaft ist wahrscheinlich am treffendsten mit dem oben eingeführten Begriff der Verselbständigung zu beschreiben.

Versuche, materielle Wirklichkeitsanalysen mit gesellschaftlichen Konstruktionsprozessen zu synthetisieren, gibt es schon seit längerem (vgl. z.B. Baratta 1986). Für die Entstehung helfender Institutionen als einer möglichen Variante im Prozess der Problematisierung bleibt die gesellschaftliche Wahrnehmung und Problematisierung bestimmter Sachverhalte Voraussetzung – darin liegt die Bedeutung des konstruktivistischen Ansatzes für die hier beabsichtigte Modellkonstruktion. Innerhalb

---

5 Sarbin und Kitsuse leiten ihren Sammelband über „Constructing the Social" mit folgender Anekdote ein, die eine besonders einprägsame Definition des social constructionism enthält: „Three baseball umpires are reflecting on their professional practice of calling balls and strikes. The first, a self-confident realist, says, ‚I call 'em the way they are', to which the second who leans toward phenomenological analysis says, ‚I call 'em as I see 'em', and the third closes the discussion with ‚They ain't nothing until I call 'em '" (Sarbin/Kitsuse 1994b: 1). Jedem Sportfan leuchtet ein, dass hier die konstruktivistische Perspektive – der dritte Schiedsrichter – die Realität am zutreffendsten wiedergibt.

der Soziologie sozialer Probleme (Albrecht/Groenemeyer/Stallberg 1999) scheint inzwischen Konsens darüber zu bestehen, dass soziale Probleme und Definitionsprozesse eng miteinander verbunden sind: „Hauptaspekt der Bestimmung sozialer Probleme ist die kollektive Definition, darüber besteht weitgehend Einigkeit. Strittig hingegen ist, ob und in welcher Weise diese Definitionen auf konkrete gesellschaftliche Bedingungen aufbauen oder ob soziale Probleme unabhängig davon sozial konstruiert werden" (Groenemeyer 1999: 19). Schetsche schlägt zur Lösung dieses Problems ein „Kokonmodell" vor, das zwischen sozialen Sachverhalten, deren Deutung als Problem und der gesellschaftlichen Anerkennung der Problemwahrnehmung in einem diskursiven Prozess, den er Problemkarriere nennt (Schetsche 1996: 12), differenziert.

Den Prozess der Problematisierung beschreiben Spector und Kitsuse idealtypisch in einem Vier-Phasen-Modell. In der ersten Phase („Group(s) attempt to assert the existence of some condition, define it as offensive, harmful, or otherwise undesirable, publicize these assertions, stimulate controversy, and create a public or political issue over the matter" (ebd.: 142)) entscheidet sich, ob es der ein bestimmtes Phänomen skandalisierenden Gruppe gelingt, Gehör für ihr Anliegen zu finden. Das ist abhängig von der Art des Phänomens, der Macht der Agierenden, der Art des Skandalisierens und dem Zugang zu relevanten Medien. Andere kollektive Akteure können in dieser Situation die Bühne betreten und das ursprüngliche Anliegen unterstützen, verändern oder bekämpfen. Im Erfolgsfall ist damit eine öffentliche Kontroverse entfacht, während anderenfalls das Interesse der Öffentlichkeit erlahmt und die Kampagne in sich zusammenzubrechen droht.

Wenn die öffentliche Kontroverse die ersten einflussreichen staatlichen oder nichtstaatlichen Organisationen erreicht hat, ist für Spector und Kitsuse die zweite Phase erreicht. Während sie in den Akteuren der ersten Phase hauptsächlich Gruppen von Personen vermuten, die nicht über gesellschaftliche Autorität verfügen, nehmen sich in der zweiten Phase staatliche oder über sonstige Autorität verfügende Agenturen des jetzt als soziales Problem benannten Sachverhalts an. Damit verlieren die bisherigen Akteure allerdings auch die exklusiven Ansprüche auf das Problem. Offizielle Agenturen können jetzt erheblichen Einfluss auf die Art der Definition nehmen, Untersuchungskommissionen einrichten, die ersten Maßnahmen planen und damit das Thema an sich ziehen. Diese Phase ist zudem gekennzeichnet durch eine Verbreiterung der inhaltlichen Basis, indem sich andere Gruppen an die erfolgreich verlaufende Kampagne anhängen. Diese Veränderungen hinsichtlich der Akteure der „Claims-Making Activities" kann zu zwei unterschiedlichen Ergebnissen führen: Zum einen kann zum Beispiel durch staatliche Untersuchungsberichte und langwierige Gesetzgebungsverfahren die Dynamik aus dem Geschehen herausgenommen werden und das gerade erst konstruierte soziale Problem sich dahinter verflüchtigen, während die Energien der ursprünglichen „Eigentümer" des Problems nachlassen. Aber auch ein entgegengesetzter Verlauf ist denkbar. Von entscheidender Bedeutung an dieser Stelle ist die Institutionalisierung des Problems:

„An institution must be created to deal with the claims and complaints concerning the condition in question, or some existing institution must be mandated to expand its jurisdiction to include this responsibility. When institutions are created, the social problem cannot disappear so easily" (Spector/Kitsuse 1987: 150).

Zur Errichtung solcher Institutionen werden Geld und Personal benötigt. Geschaffen zur Bewältigung eines bestimmten Problems, entwickeln diese Institutionen allerdings schnell ein Eigenleben, das unter Umständen mehr an dem Problem als an dessen Bewältigung interessiert ist:

„When agencies lobby for larger budgets, they emphasize that they are doing their job of dealing with complaints about the condition, but also claim that the extent of the condition is increasing and they need more money" (ebd.: 151).

Am Ende der zweiten Phase sind jedenfalls Prozeduren und Institutionen etabliert, die mit dem Problem befasst sind und ein eigenes Interesse daran entwickeln, ohne allerdings auch notwendigerweise zu den Lösungen zu führen, die die Akteure der ersten Phase im Sinn hatten. Dies kann das Ende für die Karriere eines sozialen Problems bedeuten. Spector und Kitsuse sehen dann einen Übergang in Phase drei als gegeben an, wenn sich erneut Gruppen engagieren, die die installierten Prozeduren kritisieren. Diese Gruppen können sich aus den ursprünglichen Akteuren zusammensetzen oder sich als Reaktion auf die als unpassend empfundenen Arbeitsweisen und Tätigkeiten der in Phase zwei entstanden Institutionen neu bilden. Der wichtige Unterschied zum bisherigen Verlauf besteht darin, dass jetzt nicht mehr über die zunächst skandalisierten Gegebenheiten (wie Armut, Rassendiskriminierung oder Alkoholkonsum) debattiert wird, sondern um die Organisationen, Prozeduren und Methoden, mit denen auf diese reagiert wird. Da mit der Gründung von Institutionen eine Dynamik bürokratischer Prozesse in Gang gesetzt wird, sind die Chancen groß, dass es zu solchen Beschwerden „zweiter Ordnung" kommt. Typische Vorwürfe in dieser Phase beziehen sich denn auch auf den bürokratischen Charakter der Verfahrenweise der Institutionen, hinter denen der Einzelfall oftmals als „bloße Nummer" zurückbleibe.

Das Ergebnis von Phase drei kann entweder in einer Reform der Institutionen und entsprechend veränderten Verfahrensweisen oder in einem anwachsenden Konflikt zwischen zuständigen Institutionen und „Claims-Making Groups" bestehen. Im letzteren Fall deutet sich der Übergang in die vierte und letzte Phase an:

„A new stage in the development of social problems occurs when groups base their activities on the contention that it is no longer possible to ,work within the system'. Their focus shifts from complaints and protests against the establishment procedures to creating and developing alternative solutions for their perceived problems" (ebd.: 153).

Wiederum werden bestimmte Zustände skandalisiert und Lösungsvorschläge diskutiert. Somit können die Beschwerden „zweiter Ordnung" aus der dritten Phase jetzt zur Gründung von Institutionen „zweiter Ordnung" führen. Wenn es diesen alternativen Institutionen gelingt, praktikable und erfolgreiche Methoden und Verfahrensweisen zu entwickeln und genügend Unterstützung zu mobilisieren, werden auch die Vertreter der etablierten Institutionen die neue Konkurrenz zur Kenntnis nehmen und sich mit ihr auseinandersetzen. Übernahme- und Abwerbeversuche, aber auch substantielle Veränderungen bei den etablierten Institutionen sind typische Ergebnisse der Aktivitäten der vierten Phase.

Spector und Kitsuse weisen mehrfach darauf hin, dass sie ihr Vier-Phasen-Modell nicht als zwangsläufiges Ablaufschema begreifen. Die in der amerikanischen Soziologie sozialer Probleme diskutierte Frage nach einer „Natural History of Social Problems" bezeichnen sie als teilweise falsch gestellt und teilweise mangels vorliegender empirischer Studien noch nicht beantwortbar („Many activities have no natural histories, but only histories"). Selbst für den Fall, dass entsprechende empirisch untersuchte Fallbeispiele das hier präsentierte Ablaufmodell nicht bestätigen und ein verbessertes Modells wegen fehlender Generalisierbarkeit realer Problematisierungsvorgänge nicht realisierbar ist, sollten sie dennoch dem Verständnis der Autoren zufolge elaboriertere theoretische Einsicht in solche Prozesse ermöglichen. Insofern verstehen sie ihre eher hypothetische Naturgeschichte als „temporary procedural manual, a checklist of things to attend to, and a first order to business" (ebd.: 158).

Das hier vorgestellte vierstufige Modell betont besonders deutlich die initiative Rolle von „grass-roots movements" wie sozialen Bewegungen und lokalen Gruppierungen und weist offiziellen Institutionen, Kommissionen und Regierungen eher den reaktiven Part zu. Dennoch sind für die Autoren sowohl andere Akteure als auch eine andere Rollenverteilung denkbar.

In der amerikanischen Literatur immer wieder zitierte historische Beispiele für „Moralunternehmer" und ihre „symbolischen Kreuzzüge" sind die Abolisten, die in den USA gegen die Sklaverei kämpften, und die Abstinenzbewegung des 19. Jahrhunderts (vgl. Gusfield 1963; Becker 1973). Insbesondere letzterem Beispiel geschuldet ist das Image der Moralunternehmer als ländlichen Kleinbürgern, die ihre Lebensform gegen sozialen Wandel, Urbanisierung und Modernisierung mit strafrechtlichen Verboten gegen alle als lasterhaft empfundenen Lebensstile absichern wollten, ohne sich letztlich dauerhaft durchsetzen zu können. Beheimatet im mittleren Westen der USA – so das gängige Klischee der amerikanischen Moralunternehmer –, kämpften puritanisch-protestantische Farmer gegen die Sitten der Einwanderer aus katholischen (alkoholtrinkenden) Ländern Europas, die die verschiedenen

Migrationswellen im Zuge der Industrialisierung auch in die kleinstädtischen Milieus Amerikas brachten und die dort als Bedrohung empfunden wurden.

In den achtziger Jahren wurde in der Bundesrepublik Deutschland der Begriff des Moralunternehmers um die atypischen Moralunternehmer erweitert. Im Mittelpunkt standen dabei die neuen sozialen Bewegungen, die sich nach dem Zerfall der Studentenbewegung entwickelt hatten und verstärkte akademische Aufmerksamkeit auf sich zogen (Raschke 1985; Brand 1982; Roth/Rucht 1987). Scheerer (1986) hebt hervor, dass den unterschiedlichen Protestgruppen, die unter dem Begriff „neue soziale Bewegung" subsumiert wurden, zunächst der Bezug zur antiautoritären Revolte und eine Vorliebe für außerinstitutionelle Politikformen gemeinsam waren.

Für die achtziger Jahre konstatiert er dann aber einen „institutionellen Umschlag", als dessen sensiblen Indikator er die geänderte Haltung der neuen sozialen Bewegungen zum Strafrecht interpretiert. Auf mehreren Feldern – zum Beispiel Umweltschutz, Pornographie, Vergewaltigung – wurden Vertreter der neuen sozialen Bewegungen und ihrer parlamentarischen Repräsentanz, der Partei Die Grünen, als atypische Moralunternehmer tätig und versuchten, ihre Moralvorstellungen durch strafbewehrte Gesetze allgemeinverbindlich durchzusetzen (vgl. Scheerer 1985, 1986).

Moralunternehmer als Akteure von Problematisierungsprozessen können demnach aus recht verschiedenen Milieus stammen. So sind z.B. Sozialwissenschaftler oftmals als Moralunternehmer aktiv: Sie skandalisieren durch ihre Untersuchungen bestimmte gesellschaftliche Situationen, und unabhängig davon, ob sie die Lebenssituation von Strafgefangenen oder von Kriminalitätsopfern, die Probleme von Heroinabhängigen oder die durch diese bewirkte Kriminalitätsbelastung beschreiben, liefern sie die Vorlagen für Moralunternehmungen der verschiedensten Arten.

In dieser Arbeit soll der Begriff des Moralunternehmers lediglich in dem Sinne verstanden werden, dass damit versucht wird, einen (kollektiven) Akteur, den seiner Handlung zugrunde liegenden subjektiven Sinn und seinen Anteil an einem mehrere Akteure umfassenden Konstruktionsprozess zu beschreiben.

Spector und Kitsuse erwähnen auch die Variante, dass Regierungen und staatliche Institutionen nicht als Ansprechpartner für solche Prozesse, sondern selbst als Akteure tätig werden. Die Frage nach der einen moralischen Kreuzzug tragenden Gruppe kann nur empirisch beantwortet werden: „If we show that the antiwar movement was a grass-roots effort, that tells us nothing about the sources of the environmental movement" (ebd.: 156).

Darin liegt eine der Stärken des hypothetischen Modells von Spector und Kitsuse: Es betont die Bedeutung kollektiver Akteure und zeigt beispielhaft, wie diese einen Problematisierungsprozess in ihrem Sinn vorantreiben, bleibt aber offen hinsichtlich der Frage, wie sich im konkreten Einzelfall diese Gruppen zusammensetzen.

Schetsche diskutiert – neben den Moralunternehmern – noch sieben weitere Akteurtypen: Betroffene, Advokaten, Experten, Problemnutzer, soziale Bewegungen, die Massenmedien und den Wohlfahrtsstaat (Schetsche 1996: 39 f.).

Ein hypothetisches Modell zur Entstehung und Entwicklung von Hilfesystemen

Aus den bisherigen Erörterungen kann jetzt ein Modell herausgearbeitet werden, das hypothetisch (im Sinne von Spector und Kitsuse) die Entstehung und weitere Entwicklung von organisierter Hilfe und Hilfesystemen beschreibt. Dabei ist nicht beabsichtigt, konkurrierende Theorien wie etwa die Systemtheorie und den social constructionism (und gar den dahinterliegenden symbolischen Interaktionismus) miteinander zu verbinden. Vielmehr wird der Versuch unternommen, verschiedene mögliche „Anschlussstellen" zwischen den unterschiedlichen Ansätzen zu finden und so für Teilaspekte die jeweils passende theoretische Erklärungsvariante auszunutzen.

Unterschieden werden muss zwischen einer funktionalen Definition von helfenden Institutionen, die – wenn überhaupt – erst ex post möglich ist, und einer auf die Genese bezogenen Analyse, die Funktionsbestimmungen nur auf der Ebene der Selbst- und Fremddefinitionen der verschiedenen kollektiven Akteure zulässt. Das folgende Modell, das die empirische Untersuchung realer Ausdifferenzierungsprozesse neuer Hilfesysteme – hier des Drogenhilfesystems – theoretisch anleiten soll, ist deshalb weniger mit abstrakten Funktionszuschreibungen als vielmehr mit dem prozesshaften Verlauf der Ausdifferenzierung befasst.

Drei zentrale sozialwissenschaftliche Begriffe wurden bisher eingeführt, die für dieses Modell verwandt werden sollen: Struktur, System und Handlung. Somit können in der Analyse verschiedene gesellschaftliche Ebenen berücksichtigt werden. Wird im Folgenden der Begriff „System" verwandt, so geschieht dies mit Bezug auf das von Mayntz und Mitarbeitern entwickelte Modell zur Ausdifferenzierung gesellschaftlicher Teilsysteme. Als wichtiges Strukturelement wurde die spezifisch deutsche Form des „welfare mix" mit der starken Stellung der freien Wohlfahrtspflege diskutiert. In sozialstruktureller Hinsicht ist darüber hinaus für die Bundesrepublik der gewaltige ökonomische Wachstumsprozess zu berücksichtigen, der im 20. Jahrhundert die Lebensbedingungen radikal verändert hat. Ökonomischer Prosperität und Pluralisierung von Lebenslagen haben eine Umwelt geschaffen, in der die Problematisierung anderer sozialer Sachverhalte – und damit auch andere soziale Hilfen – möglich werden, als dies in durch Armut und klassenmäßig festgelegten Lebensstilen charakterisierten, vertikal differenzierten Gesellschaften vorstellbar ist. Auf der Ebene der Handlungen wird schließlich an die Akteurkonzepte von Mayntz und Mitarbeitern angeknüpft, die diese im Rahmen ihres differenzierungstheoretischen Ansatzes erarbeitet und die Mayntz und Scharpf zum „akteurzentrierten Institutionalismus" weiterentwickelt haben. Gleichermaßen wird auf Spector und Kitsuse und deren Überlegungen zur Konstruktion sozialer Probleme Bezug genommen, der als Spezialfall eines akteurzentrierten Institutionalismus – im Falle der Konstruktion sozialer Probleme – betrachtet wird.

Die im Folgenden vorgeschlagene hypothetische Modellkonstruktion zur Entstehung und Entwicklung von helfenden Organisationen und Systemen organisierter Hilfe teilt diesen Prozess aus analytischen Gründen in sechs Stufen auf. Dabei geht es darum, einen analytischen Rahmen zu erstellen, der die empirische Untersuchung – hier des Drogenhilfesystems, prinzipiell aber auch anderer Hilfeorganisationen und Hilfesysteme – leiten kann.

Ein Problem wird „entdeckt"

Bevor eine helfende Organisation entstehen kann, muss zunächst einmal ein Problem entdeckt werden, das die neue Institution adressieren kann. Die Sprachwahl ist hier besonders schwierig: Das Verb „entdecken" impliziert, dass das Problem bereits vor seiner Entdeckung existiert hat, jedoch nicht wahrgenommen wurde. Dagegen haben Spector und Kitsuse betont, dass Probleme erst in einem gesellschaftlichen Definitionsprozess konstruiert werden und sie somit vorher nicht existieren können. Um sich an dieser Stelle nicht in erkenntnistheoretische Debatten zu verlieren, wird eine Unterscheidung vorgeschlagen, die auch schon Spector und Kitsuse angewandt haben. Zu differenzieren ist zwischen bestimmten problematisierbaren Verhältnissen und ihrer Thematisierung als Problem. Verhältnisse sind existent unabhängig von ihrer möglichen gesellschaftlichen Definition, aber ohne diese Definition sind keine gesellschaftlichen Reaktionen darauf vorstellbar.

Problematisierungsvorgänge, denen es an einem materiellen Substrat mangelt, sind durchaus vorstellbar. Allerdings werden es die Problematisierer schwer haben, erfolgreich ihre Definition durchzusetzen, wenn ihnen andere Akteure gegenüberstehen, die gegen die Problematisierungskampagne argumentieren. In offenen Gesellschaften mit freien Medien ist zu erwarten, dass solche substanzlosen Kampagnen Außenseiterphänomene bleiben wie etwa die Existenz von Gruppen, die fest davon überzeugt sind, dass Ufos die Erde bedrohen, und Schutzmaßnahmen dagegen fordern. In totalitären Gesellschaften mit einer monopolistisch strukturierten Öffentlichkeit ist hingegen mit entsprechender Propaganda auch die Durchsetzung substanzloser Definitionsprozesse vorstellbar.

Problematisierbare Verhältnisse ohne Problematisierung sind eine in der Realität wahrscheinlich häufig vorkommende Situation, da den meisten erfolgreichen Problematisierungsprozessen zeitlich vorgelagert bereits die zu diesen Problematisierungen führenden Verhältnisse bestanden. Für das hier zu konstruierende Modell von Interesse ist schließlich besonders die Variante, in der bestimmte Verhältnisse vorliegen, die als Problem gesellschaftlich definiert werden.

Damit ist keine Aussage darüber getroffen, ob die Art der Problematisierung den zugrunde liegenden Verhältnissen gegenüber angemessen ist, aber der Ausgangspunkt des zu erarbeitenden Modells ist benannt: die Existenz bestimmter Verhältnisse, die von mindestens einem Akteur als Probleme skandalisiert werden. Für die empirische Untersuchung realer Problematisierungsprozesse ist es folglich notwendig, die Verhältnisse getrennt von den Problematisierungen zu beschreiben.

Solange es bei vereinzelten individuellen Akteuren bleibt, sind die Chancen für eine erfolgreiche Problematisierung eher gering. Allerdings können sehr machtvolle individuelle Akteure rasch Unterstützung finden. Quasi-Gruppen (Mayntz/Scharpf 1995a: 51) können die Wirkung individueller Akteure verstärken. Erst wenn kollektive und insbesondere korporative Akteure, die über geeignete Ressourcen verfügen, sich an dem Problematisierungsprozess beteiligen, steigen diese Chancen. Als geeignete Ressourcen sind Macht, Geld, Zugang zu den Medien, Zahl der Mitglieder/Anhänger und Mobilisierungspotential in Betracht zu ziehen. Dabei sind sehr verschiedene Arten von kollektiven Akteuren vorstellbar. So können zum Beispiel die Medien selbst entsprechende Kampagnen beginnen, sei es aus einer Art moralischer Verpflichtung heraus, wegen der erhofften Auflagensteigerung oder aus einer Kombination dieser Motive. Spector und Kitsuse haben ihr Augenmerk vor allem auf informelle Gruppierungen gerichtet, die sich über die Skandalisierung bestimmter Verhältnisse als soziale Bewegungen und Moralunternehmer formieren. Eine dritte Möglichkeit liegt darin, dass aus dem politischen System heraus Problematisierungsprozesse initiiert werden, gehört es doch zu den Aufgaben der Politik, auf die Verhältnisse zu reagieren. Zudem zwingt die Konkurrenz zwischen Parteien, Regierung und Opposition diese dazu, auf der Ebene der Problemkonstruktion miteinander zu konkurrieren. Und schließlich ist die Variante zu berücksichtigen, dass professionelle Gruppen aus bereits vorhandenen gesellschaftlichen Teilsystemen neue Probleme im hier skizzierten Sinn „entdecken". Dabei ist auch zu bedenken, dass kollektive Akteure oder korporative Akteure intern wiederum von individuellen Akteuren zum Handeln angetrieben werden können – oder auch am Handeln gehindert werden können.

Bei erfolgreich verlaufenden Problematisierungsprozessen werden stets mehrere kollektive Akteure beteiligt sein, die teils miteinander, teils gegeneinander den Definitionsprozess vorantreiben. Wenn sich die ersten kollektiven Akteure als Unternehmer in diesem Sinn konstituieren, hat das Problem die erste Hürde genommen: Es wird öffentlich thematisiert. Stehen sich dabei mehrere kollektive Akteure gegenüber, so kann erwartet werden, dass das Problem darüber hinaus kontrovers thematisiert wird. Streit kann es dabei auf mindestens zwei Ebenen geben: Hinsichtlich des Schweregrades des Problems kann abgewiegelt oder dramatisiert werden, und die Art, in der das Problem konstruiert wird, kann kontrovers sein. Je nach Herkunft der Akteure und ihrer Analyse können die gleichen Verhältnisse als politisches, individuelles, gesundheitliches, moralisches, rechtliches, soziales oder andersartig gelagertes Problem definiert werden.

Die Motive, die diesen verschiedenen Akteuren zu eigen sind, können sehr unterschiedlich sein. Prinzipiell können drei Triebkräfte unterschieden werden. Zum einen ist an diejenigen zu denken, die unter den entsprechenden Verhältnissen leiden, da sie von ihnen direkt betroffen sind. Davon zu unterscheiden sind die Motive derjenigen, die nicht selbst betroffen sind, aber aus ethisch-moralischen Gründen Verhältnisse thematisieren, unter denen ihrer Auffassung zufolge andere leiden. Und drittens schließlich gibt es vielfältige Arten professioneller Betroffenheiten. Diese dritte Möglichkeit führt zur Theorie der Ausdifferenzierung gesellschaftlicher Teilsysteme und zu den dort beschriebenen Triebkräften für Ausdifferenzierungsprozesse. Wie dargelegt, entwickeln Teilsysteme durchaus eigene Interessen an einer Ausweitung ihrer Zuständigkeiten. Wenn sich der Problematisierungsprozess nicht nur in der Alltagswelt, sondern auch in der Welt der Systeme und Teilsysteme ereignet, hat er nicht nur die Skandalisierung bestimmter Verhältnisse, sondern auch die Auseinandersetzung um die Zuständigkeiten für das neue Problem zum Inhalt.

Erste Bewältigungsversuche

Damit ist der Übergang zur zweiten Stufe markiert. Jetzt führt die Skandalisierung des Problems dazu, dass der Ruf danach, dass etwas getan werden muss, lauter wird. Dabei werden die unterschiedlichen Problemunternehmer je nach ihrer Problemdefinition verschiedene Aktionen fordern. Wer die Sicherheit bedroht sieht, wird möglicherweise mehr Polizei und schärfere Gesetze fordern. Eine mögliche andere Forderung kann in dem Ruf nach personenbezogener Hilfe bestehen.

Für die verschiedenen Akteure hat dies unterschiedliche Konsequenzen. Alltagsweltliche Akteure können an die Politik oder an andere Systeme wie zum Beispiel das Gesundheitswesen allgemeine oder konkrete Forderungen nach entsprechenden Aktionen stellen, oder sie können selbst in Form von Selbsthilfe oder Laienhilfe aktiv werden. Für bestehende gesellschaftliche Funktionssysteme stellt sich die Frage nach der eigenen Zuständigkeit. Die Zuständigkeit für das gerade konstruierte Problem kann von der Systemumwelt an das System herangetragen werden, sie kann dem System geradezu aufgedrängt werden (etwa durch die Politik in Form von Gesetzen oder über Finanzierungsauflagen), sie kann aber auch aus dem System heraus formuliert werden. Wie funktionale Teilsysteme auf neue Probleme reagieren, für die sie potentiell zuständig sein könnten, wird beeinflusst von der Attraktivität des Problems und dem inneren Zustand des Teilsystems. Während alltagsweltliche Hilfeformen wie Laien- und Selbsthilfe zumindest für eine begrenzte Zeit die benötigten Ressourcen aus ihrem alltagsweltlichen Hintergrund beziehen, werden funktionale Teilsysteme jede Aufgabenerweiterung sehr schnell mit der Forderung nach zusätzlichen finanziellen Mitteln verbinden.

Die weitere Entwicklung des Ausdifferenzierungsprozesses hängt unter anderem davon ab, wie diese ersten Bewältigungsversuche verlaufen und – noch stärker – wie dies im Rahmen der jeweiligen Akteurkonstellationen bewertet wird. Gelingt es einem der existierenden Teilsysteme, Anerkennung für seine Bewältigungsversuche zu erlangen, so hat dieses Teilsystem große Chancen, die allgemeine Zuständigkeit für das zugrundeliegende Problem zu erlangen. Daraufhin kann es zu Binnendifferenzierungen im jetzt zuständigen Teilsystem kommen. Gelingt es keinem der etablierten Teilsysteme, das Problem anerkanntermaßen zu bearbeiten, so steigen die Chancen zur Entstehung neuer Hilfeformen, oft angeregt aus den informellen und alltagsweltlichen Interventionen der „Problemunternehmer", die das jeweilige Problem bereits erfolgreich skandalisiert haben.

Wenn das öffentliche Interesse an dem Problem nachlässt, kann auch der Entstehungsprozess neuer helfender Institutionen zum Stillstand kommen. Gelingt es aber den alltagsweltlichen und systemischen Akteuren, das öffentliche Interesse aufrecht zu erhalten oder gar zu steigern, werden sich auf dieser Stufe die ersten helfenden Interaktionszusammenhänge und damit auch die ersten, noch unscharfen Funktionsrollen herausbilden. Konnten sich im Verlauf des Definitionsprozesses Definitionen durchsetzen, die eine Bearbeitung des Problems in der Form von „Hilfe" nahe legen, so handelt es sich dabei um Interaktionszusammenhänge, bei denen es um „Hilfe" geht. Denkbar ist auch, dass sich mehrere Problemdefinitionen erfolgreich etablieren konnten und verschiedene Bewältigungsformen parallel zueinander getestet werden. Interdependenzen zwischen den verschiedenen Interaktionszusammenhängen können die Folge sein, wenn etwa polizeiliche, medizinische und sozialarbeiterische Interaktionen gleichzeitig implementiert werden.

Die Entstehung helfender Organisationen

In der dritten Phase verdichten sich diese Handlungsabläufe und Rollen zu (helfenden) Organisationen. Es kann sein, dass die Leistung „personenbezogene Hilfe" vollständig in die Zuständigkeit eines bestehenden Systems übernommen wird. In diesem Fall sind keine neuen helfenden Organisationen entstanden, aber das jetzt zuständige Teilsystem erlebt eine Veränderung in Form eines Wachstumsschubes. Das andere Extrem ist die Genese völlig neuer Organisationen außerhalb der bestehenden Teilsysteme. Zwischen diesen beiden Extremen angesiedelt liegen Mischformen, bei denen neue Institutionen und bestehende Elemente aus Teilsystemen neu zusammengesetzt werden. Zu unterscheiden sind darüber hinaus die Möglichkeiten, dass die ursprünglichen Problemunternehmer die neu entstehenden Organisationen dominieren, zumindest in ihnen vertreten sind oder aber auch gänzlich von ihnen ausgeschlossen sind. Je nachdem, wie groß die Anzahl kollektiver Akteure war, die an der Problemdefinition beteiligt waren, und wie konfliktreich dieser Prozess war, wird auch die Phase der Institutionalisierung von Konflikten begleitet sein. Konkurrierende Unternehmer können konkurrierende Institutionen gründen und die Konkurrenz von der Ebene der Problemkonstruktion auf die Ebene der institutionalisierten Bearbeitungsformen verlagern. Spätestens aber dann, wenn aus informellen alltagsweltlichen Laien- und Selbsthilfegruppen formale Organisationen werden, konkurrieren diese miteinander um finanzielle Ressourcen.

Die Entstehung formaler Organisationen führt darüber hinaus dazu, dass sich die Rollen stärker ausdifferenzieren. Leistungsanbieter und Leistungsempfänger sind jetzt deutlich voneinander abgegrenzt. Der Übergang von der ehrenamtlichen zur bezahlten Leistungserbringung schließlich schafft Berufsrollen, die Geld für ihre Tätigkeit erhalten, und Publikumsrollen, die entweder selbst oder über eine Umlagefinanzierung für die Inanspruchnahme der Leistung bezahlen. Die Transformation vom ethisch-moralisch angetriebenen Problemunternehmer zum bezahlten Dienstleister wird nicht ohne Auswirkungen auf Selbstverständnis, Art der Problemdefinition und Konstruktion der Problembearbeitungsvorstellungen bleiben. Zudem führt die Notwendigkeit der Erschließung finanzieller Ressourcen dazu, dass die neu entstehenden Institutionen sich auf die in ihrem jeweiligen Bereich vorhandenen Organisationsstrukturen einlassen müssen. Für neue Initiativen im Gesundheitsbereich kann dies zum Beispiel bedeuten, mit den Krankenkassen in Verhandlungen zu treten, während Institutionen, die sich der Sozialen Arbeit zurechnen, spätestens jetzt mit den Wohlfahrtsverbänden und der komplexen öffentlichen Sozialbürokratie konfrontiert werden. Ohne eine zumindest partielle Assimilierung an die jeweiligen Organisationsstrukturen ist eine dauerhafte Erschließung von Ressourcen kaum vorstellbar. Das Vorhandensein solcher Ressourcen und die Fähigkeiten, diese zu erschließen, werden entscheidenden Einfluss darauf haben, ob in nennenswertem Ausmaß die Gründung neuer Institutionen gelingt.

Es ist nahe liegend, zu vermuten, dass in Zeiten, in denen die öffentlichen Kassen gefüllt sind, die Chancen für die Entstehung neuer helfender Institutionen größer sind als in finanziell defizitären Zeiten. Allerdings ist bei der Ressource Geld prinzipiell von Knappheit auszugehen, da auch bei vollen Kassen mehrere Leistungsanbieter (und mehrere Problemkonstruktionen) darum konkurrieren. Wie dargelegt, sind es mehrere Einflussfaktoren, die die Gründung von Institutionen begünstigen oder erschweren können. Zusätzlich zur Ressourcenfrage und zum Handlungspotential der Akteure, die an der Institutionenentstehung interessiert sind, kommt hier der Steuerungsfähigkeit der Finanzierer – also etwa den Krankenkassen, dem politischen System oder bei vom Leistungsempfänger direkt finanzierten Leistungen den Kunden – eine entscheidende Bedeutung zu.

Bei Hilfeformen, die aus alltagsweltlichen Zusammenhängen heraus entstanden sind und den beschriebenen Prozess der Institutionalisierung und Assimilierung an die bestehende Struktur der Hilfe durchlaufen haben, bedeutet dies auch die Transformation in die Systemwelt. Wenn bezahlte Berufsrollenträger in formalen Organisationen eine personenbezogene helfende Dienstleistung anbieten und dabei im Auftrag anderer gesellschaftlicher Teilsysteme agieren, die sich davon bestimmte Wirkungen versprechen, dann hat die Hilfe ihren Ausgangspunkt von der Alltags- in die Systemwelt verlagert.

In dieser Modellkonstruktion wurde die Entstehung neuer helfender Organisationen als ein komplexer Prozess beschrieben, bei dem am Anfang problematisierbare Verhältnisse und mindestens ein Akteur, der diese Verhältnisse als Problem definiert, stehen. Damit es zur Gründung helfender Institutionen kommt, muss sich eine Problemdefinition gesellschaftlich durchsetzen, die Leistungserbringung in Form von personenbezogener Hilfe als eine (unter Umständen von mehreren) Bearbeitungsmöglichkeit begründen lässt. Dabei werden mehrere kollektive Akteure mit unterschiedlichen Problemdefinitionen und Lösungsvorschlägen miteinander konkurrieren, die auch unterschiedliche Interessen verfolgen. Bei vorhandenen Ressourcen und erfolgreicher Erschließung dieser Ressourcen kann es schließlich zur Entstehung neuer helfender Organisationen kommen. Diese werden sich aber möglicherweise von dem, was die Problemunternehmer der Anfangsphase und die einzelnen später dazukommenden kollektiven Akteure jeweils im Sinn hatten, mehr oder weniger stark unterscheiden, da sie das Ergebnis eines potentiell konfliktorischen Handlungsprozesses und auch struktureller Gegebenheiten sind. Je nach Akteurkonstellationen wird sich der Verlauf dieser Prozesse unterscheiden. Wenn aber erst einmal formale Organisationen existieren, entwickeln diese eigene Triebkräfte, die nicht nur mit dem die Organisationsgenese bewirkenden Problem, sondern auch mit eigenen Interessen der neuen Organisationen erklärt werden müssen.

Von helfenden Organisationen zu Hilfesystemen

Der Systembegriff wurde in dieser Arbeit bislang unterschiedlich definiert und mit unterschiedlich hohen Hürden versehen. Um den Übergang von helfenden Institutionen zu Hilfesystemen charakterisieren zu können, soll wiederum auf die Begrifflichkeit von Mayntz zurückgegriffen werden. Mayntz schlägt vor, den Begriff „gesellschaftliches Teilsystem" dann zu verwenden, wenn sich in einem abgestuften Prozess mit einem speziellen Sinn ausgestattete Interaktionen herausgebildet haben, zur Durchführung dieser Interaktionen Funktionsrollen entstanden sind und sich daraus „spezialisierte größere soziale Gebilde" entwickeln, die „in sozialstruktureller Hinsicht über die Stufe der Ausdifferenzierung spezieller Funktionsrollen hinaus eine institutionelle Verfestigung erfahren haben" (Mayntz 1988: 20). Diese institutionelle Verfestigung in sozialstruktureller Hinsicht ist für Mayntz gekennzeichnet durch die Existenz formaler Institutionen, die organisatorische Zusammenfassung mehrerer Kategorien von Rolleninhabern, die Entstehung korporativer Akteure, die Selbstregulierungskompetenz nach innen und Interessenvertretungsbefugnis nach außen beanspruchen, die Entwicklung von Ausbildungsinstitutionen und das Erreichen einer möglichst exklusiven primären Zuständigkeit für die jeweiligen Interaktionen.

Daraus ergibt sich, dass keineswegs alle helfenden Organisationen, deren Entstehungsprozess hier hypothetisch beschrieben wurde, das Niveau von Hilfesystemen erreichen. Wenn aber erst einmal die Hürde der Entwicklung formaler Institutionen genommen ist, werden diese die Dynamik zu einer sozialstrukturellen Verfestigung weiter vorantreiben. Gelingt es, das gesellschaftliche Interesse an dem jeweiligen Problem aufrecht zu erhalten (wozu die jetzt vorhandenen Organisationen über andere Mittel verfügen!), und kann weiterhin der Ressourcenzufluss gesteigert oder zumindest auf erreichtem Niveau stabilisiert werden, so stehen die Chancen gut, dass über die Ebene der einzelnen Organisationen ein Vernetzungsprozess in Gang kommt. Die Funktionsrolleninhaber werden sich treffen, um Erfahrungen auszutauschen, und diese Kooperationsebene institutionalisieren. Damit ist der Anfang zur Herausbildung korporativer Akteure gemacht. Das Assimilieren an die jeweilige Organisationsstruktur – man denke an den Bereich der Wohlfahrtsverbände – begünstigt diesen Prozess ohnehin. Nimmt die Zahl der auf die jeweilige Interaktion spezialisierten formalen Organisationen weiter zu, steigen die Chancen für eine Ausdifferenzierung nach innen (Binnendifferenzierung), indem zum Beispiel das Problem in einzelne Segmente zerlegt wird und verschiedene Organisationen sich auf die jeweiligen Segmente spezialisieren. Das kann auf der Ebene der Funktionsrollen ebenfalls zu einer Ausdifferenzierung führen. Aus-, Fort- und Weiterbildungsbedarf für diese Rollen wird entdeckt, was wiederum zur Entwicklung darauf spezialisierter Organisationen führen kann. Die steigende Anzahl an informellen wie formellen Organisationen erhöht die Notwendigkeit, die Kooperation zwischen den Organisationen wiederum zu institutionalisieren.

Die Gründung von Fachverbänden, Berufsverbänden, Ausbildungsgängen, Lehrstühlen, regelmäßigen Konferenzen, die Herausgabe eigener Publikationen, zunehmend koordinierte Interessenvertretung und die Herausbildung fester Finanzierungsformen werden den Übergang von der Existenz einzelner helfender Institutionen zu Hilfesystemen kennzeichnen. Am fortgeschrittensten ist der Prozess der Systembildung in Bereichen, in denen es zu einer Verrechtlichung des jeweiligen Institutionenkomplexes gekommen ist wie etwa im Gesundheitswesen oder im Jugendhilfebereich durch die verschiedenen Gesetze. Sind Institutionen erst einmal gesetzlich vorgeschrieben und Leistungen, Ansprüche und Finanzierung gesetzlich geregelt, so ist die sozialstrukturelle Absicherung dieses Institutionentyps weit vorangeschritten und seine Abschaffung ein mindestens ebenso schwieriger Prozess wie seine Etablierung. Aber auch unterhalb der Gesetzesschwelle gilt, dass die dauerhafte Existenz eines Typs helfender Organisation je gesicherter ist, je weiter der Prozess der Systembildung im hier skizzierten sozialstrukturellen Sinn vorangeschritten ist.

Verselbständigungsprobleme

Je fortgeschrittener die sozialstrukturelle Institutionalisierung des neu entstandenen Hilfesystems ist, um so eher drohen sich allerdings auch die für gesellschaftliche Teilsysteme beschriebenen Folgeprobleme zu entwickeln. Wenn in der systemtheoretischen Literatur immer wieder auf die gesteigerte Leistungsfähigkeit eines Gesamtsystems durch die Ausdifferenzierung spezialisierter Subsysteme hingewiesen wird, fehlt meist auch nicht der Hinweis auf die Kehrseite dieses Erfolges, die durch den Partikularismus des Subsystems und dessen mangelnde Fähigkeit, das Gesamtsystem zu reflektieren, gekennzeichnet ist. Gegen diesen Partikularismus wirken die Einflüsse aus der Systemumwelt; wenn es aber einem System zunehmend gelingt, steuernde Umwelteinflüsse zu ignorieren, drohen Verselbständigungsprobleme.

Ein nahe liegendes Verselbständigungsproblem von Hilfesystemen ist zunächst die mangelnde Leistungserbringung. Wie dargelegt entstehen Hilfesysteme, weil sie einen als Erfolg versprechend anerkannten Bearbeitungsvorschlag für als problematisch definierte Verhältnisse anbieten. Bleibt der versprochene Erfolg aus, wird ein inzwischen sozialstrukturell verfestigtes System kaum darauf mit der eigenen Auflösung reagieren. Wahrscheinlichere Varianten sind die Feststellung, dass das Problem noch viel größer als zunächst wahrgenommen ist, und die Forderung, dem Teilsystem mehr Ressourcen zur Verfügung zu stellen. Die Frage der erfolgreichen Leistungserbringung wird noch dadurch verkompliziert, dass im Verlaufe des Problemdefinitions- und Organisationsentstehungsprozesses die Erwartungen an die entstandenen Organisationen sich verändern und unterschiedliche Akteure unterschiedliche Erwartungen und damit auch Erfolgsmessungskriterien haben. Gerade für Organisationen der Sozialen Arbeit gilt oftmals, dass diese unterschiedlichen Akteuren gegenüber unterschiedliche Aufträge haben, die zudem selten klar formuliert sind. Wenn etwa ein Obdachlosenprojekt in einem als sozialen Brennpunkt definierten Stadtteil eingerichtet wird, dann erwarten die Anwohner möglicherweise davon etwas völlig anderes als die Obdachlosen, und die das Projekt bezahlende Stadtregierung hat wiederum andere Erwartungen.

Zunehmende Inklusivität und zunehmende Exklusivität können ebenfalls zu Verselbständigungsproblemen führen. Zunächst ist daran zu denken, dass auch Hilfesysteme ein Interesse daran entwickeln, ihre Tätigkeit auf immer weitere Bereiche auszudehnen (Inklusivität). Das kann zum Beispiel heißen, dass die dem Hilfesystem zugrunde liegende Problemdefinition immer weiter ausgedehnt wird, um mehr Personen und mehr Verhaltensweisen in die Zuständigkeit des Hilfesystems zu bringen. Mit dem Begriff der Exklusivität wurde die Tendenz benannt, dass Teilsysteme die alleinige Zuständigkeit für die entsprechenden Interaktionen anstreben. Bei Hilfesystemen behindert diese Tendenz die aus funktionalen Gesichtspunkten sinnvolle Kooperation mit anderen Teilsystemen, die durch Konkurrenz ersetzt wird. Verstärkt wird dieses Problem dann, wenn bereits der Problemdefinitionsprozess und die Entstehungsphase der helfenden Institutionen von Konkurrenz mit anderen Teilsystemen geprägt waren.

Neben der Frage der Leistungserfüllung können unbeabsichtigte und unerwartete Nebenfolgen eintreten. So kann etwa das erwähnte Obdachlosenprojekt Obdachlose aus anderen Städten anziehen und somit das eigentlich zu bearbeitende Problem noch vergrößern. Eines der am häufigsten zu beobachtenden Folgeprobleme von helfenden Institutionen liegt darin, dass diese zu extensiv Ressourcen – vor allem Geld – verbrauchen.

Diese Auflistung möglicher Folgeprobleme von Hilfesystemen mag wenig Überraschendes enthalten, aber diese Folgeprobleme erlangen ihre Brisanz dadurch, dass im beschriebenen Sinn verselbständigte Systeme nicht in der Lage sind, diese Probleme aus einer anderen als der Systembinnenperspektive zu reflektieren. Als Regulativ notwendig sind deshalb Einflüsse von außerhalb des Systems, die steuernd eingreifen. Bei dienstleistungsproduzierenden Systemen können solche steuernden Einflüsse von den Empfängern der Dienstleistung und den Bezahlern der Dienstleistung kommen. Im Fall der hier skizzierten Hilfesysteme wären also die Einflussmöglichkeiten der Dienstleistungsempfänger und die Steuerungskapazitäten der Systeme, aus denen die Ressourcen fließen[6], zu untersuchen. In der idealen Marktsituation steuern die Käufer durch ihr Kaufverhalten die Produktion. Bei helfenden Institutionen, die über öffentliche Zuschüsse aus den allgemeinen Steuern finanziert werden, ist hingegen sogar eine Situation vorstellbar, in der keine Käufer, Kunden oder Klienten mehr die angebotenen Dienstleistungen in Anspruch nehmen, die Finanzierung aber weiterhin gewährleistet ist. Hier ist es für die empirische Analyse wichtig, genau zu untersuchen, welche Einflussmöglichkeiten die Klienten auf die Dienstleistung haben. Wird die Dienstleistung den Empfängern gar unter Zwang angedient, sind deren Einflussmöglichkeiten minimal.

Nach der Untersuchung der Einflussmöglichkeiten der Dienstleistungsempfänger sind die Steuerungsmöglichkeiten der Systeme zu analysieren, aus denen die Ressourcen kommen. Dabei wurde schon dargelegt, dass Steuerungsansprüche erst einmal gestellt werden müssen, damit von Verselbständigung und entsprechenden Folgeproblemen gesprochen werden kann, und in einem weiteren Schritt die Steuerungskapazitäten bestimmt werden müssen. Ist genügend Geld vorhanden und sind die positiven wie negativen Auswirkungen der Teilsysteme kaum spürbar, so ist auch kaum mit entsprechenden Steuerungsansprüchen zu rechnen. Von Bedeutung sind hier auch der bereits erreichte Exklusivitätsgrad des Teilsystems und die damit einhergehende Definitionssouveränität. Wenn diese so weit entwickelt sind, dass nur den Organisationen des jeweiligen Hilfesystems Kompetenz in Bezug auf das Ursprungsproblem, seine angemessenen Bearbeitungsformen und die die dabei möglichen Erfolge zugestanden wird, dann wird es für die Umwelt des Teilsystems kaum mehr möglich sein, steuernd einzugreifen.

Berücksichtigt man schließlich, dass in modernen Teilsystemen Steuerung nicht nach dem simplifizierenden Modell „A steuert B" stattfindet, sondern komplexe Steuerungsstrukturen („Governance") bestehen, bei denen den Selbststeuerungsfähigkeiten des Subsystems, den Fragmentierungen auf Seiten des steuernden Systems und den Verflechtungen zwischen steuerndem System und zu steuernden Teilsystem besondere Bedeutung zukommen, so sind diese Steuerungsbeziehungen genau zu

---

6 Diese Systeme lassen sich allerdings auch als zweiter Typus von Dienstleistungsempfängern begreifen, da die Leistungen helfender Organisationen, wie gezeigt, oftmals nicht nur den direkten Klienten zugute kommen (z.B. Obdachlose, die ein Bett für die Nacht erhalten), sondern auch den zahlenden Systemen (in diesem Fall etwa der Kommune, deren Innenstadt entlastet wird).

analysieren. Angesichts der für den Wohlfahrtsstaat typischen formellen und informellen Kooperationsbeziehungen und Verflechtungen zwischen Wohlfahrtsverbänden und politischen Akteuren auf kommunaler, Landes- und Bundesebene ist von komplexen Steuerungsbeziehungen auszugehen, in denen die Grenzen zwischen Elementen des zu steuernden Subsystems und des steuernden Systems gelegentlich verwischen und Querkoalitionen entstehen.

Verselbständigungs- und Steuerungsprobleme können sich andererseits dadurch ergeben, dass sich im zeitlichen Verlauf die dem Problem zugrunde liegenden Verhältnisse und/oder die Problemdefinitionen verändern. Diese Definitionsprozesse kommen auch nach der Etablierung eines Hilfesystems und anderer Bearbeitungsansätze nicht automatisch zum Stillstand, sondern gehen – mit veränderten Akteuren – weiter. Allerdings wird sich wahrscheinlich die Bühne, auf der diese Prozesse stattfinden, stärker in Richtung der entstandenen Teilsysteme verlagern. Verändern sich aber die zugrunde liegenden Verhältnisse oder kommt es zu Machtverschiebungen innerhalb der Akteurkonstellationen (z.B. dadurch, dass neue, machtvolle Akteure sich einmischen), dann können die Problemdefinition und damit die Erwartungen an die Teilsysteme auch wiederum aus der Umwelt des Systems heraus verändert werden.

Zu Konflikten innerhalb eines Teilsystems, zwischen den Leistungs- und Publikumsrollen eines Teilsystems oder zwischen verschiedenen Teilsystemen kann es also aus verschiedenen Gründen kommen. Je nach Stärke der Verselbständigung des Teilsystems, der Reflexionsfähigkeit der kollektiven Akteure des Teilsystems, den Einflussmöglichkeiten der Personen, die die Dienstleistung in Anspruch nehmen, den Steuerungsfähigkeiten der mit dem Teilsystem in Austauschbeziehungen stehenden benachbarten Teilsysteme und den entstandenen Governance-Strukturen werden diese Konflikte einen unterschiedlichen Verlauf nehmen.

Reform des Hilfesystems

Bei hoher Verselbständigung und niedrigen Steuerungsmöglichkeiten der personellen und teilsystemischen Dienstleistungsempfänger wachsen die in dem zuvor beschriebenen Stadium benannten Probleme, ohne dass sich an der Struktur des Teilsystems viel ändern wird. Erst wenn die Verselbständigung zurückgeht (z.B. durch eine abnehmende Definitionssouveränität des Teilsystems) und/oder die Steuerungskapazitäten der Systemumwelt zunehmen, wird es zu solchen Veränderungen kommen. Prinzipiell sind dann zwei mögliche Wege zu unterscheiden.

Eine Möglichkeit besteht darin, dass sich das Teilsystem verändert, wobei idealtypisch zwischen inneren und äußeren Reformen zu differenzieren ist. Bei funktionierenden Selbststeuerungsinstanzen wird innerhalb des Hilfesystems auf Veränderungen reagiert werden, so dass die Leistungsstruktur des Teilsystems diesen Veränderungen angepasst werden kann. Ist das Hilfesystem dazu nicht in der Lage, kann es zu äußeren Reformen kommen, die dem Hilfesystem von der Systemumwelt aufgezwungen werden. In der Realität wird man meist Mischformen zwischen inneren und äußeren Reformen vorfinden.

Der zweite Weg besteht darin, dass sich parallel zu dem bestehenden Teilsystem und der ihm zugrunde liegenden Problemdefinition neue Problemkonstruktionen etablieren, aus denen heraus neue Organisationen und möglicherweise ein neues Teilsystem entstehen können. Dabei handelt es sich dann um Probleme zweiter Ordnung und Organisationen zweiter Ordnung, die in der hier vorgelegten Modellkonstruktion wieder an den Anfang zurückverweisen. Das bestehende Teilsystem wird jetzt zu einem potentiellen Ursprungssystem für neue Definitions- und Institutionsbildungsprozesse, die ihrerseits wiederum die verschiedenen Stufen durchlaufen können. Bei unendlich vorhandenen Ressourcen könnte diese Modellkonstruktion somit die Form einer Spirale annehmen. Bei unterstellter Knappheit der Ressourcen sind dem Wachstumsprozess der Probleme und Teilsysteme hingegen Grenzen gesetzt.

Damit ist die Modellkonstruktion an ihr Ende gekommen. In Anlehnung an Überlegungen von Rush (1996) bezüglich der Untersuchung des „community pathway" bei der Entstehung und Weiterentwicklung von „alcohol and drug treatment systems" und der von ihm dafür als notwendig erachteten historischen und kontextuellen Analyse wurden verschiedene sozialwissenschaftliche Theoriestränge diskutiert, und es wurde nach Anschlussstellen zwischen ihnen gesucht, um eine solche Analyse nicht nur beschreibend, sondern angeleitet durch eine theoretische Modellkonstruktion durchführen zu können. Wie alle Theorien und Modelle kann auch das hier vorgelegte Konzept seine Tragfähigkeit nur beweisen, indem es mit Leben gefüllt, also in Bezug zu empirisch gestützten Rekonstruktionen realer Ausdifferenzierungsprozesse gesetzt wird.

Methodik und Datengrundlage

Wenn das hypothetische Modell im Folgenden am Beispiel des Drogenhilfesystems überprüft wird, so geht es dabei weniger um einen Hypothesentest als vielmehr um ein induktives Verfahren, bei dem versucht wird, ähnlich wie bei der „Grounded Theory" (Glaser/Strauss 1968) Theorie und Empirie eng miteinander zu verzahnen und Theorie durch Abgleich mit empirischen Beispielen weiterzuentwickeln.

Mit diesem Konzept wird an einen Vorschlag von Schimank (2000) angeknüpft, der empfohlen hat, akteurtheoretische und systemtheoretische Herangehensweisen zu kombinieren (vgl. auch Nolte 1999) und somit die differenzierungstheoretische Perspektive weiterzuentwickeln. Methodisch sollte hierfür eine Strategie eingeschlagen werden, „die auf ‚Theorien mittlerer Reichweite' abzielt und diese als ‚grounded theories' gewinnt" (Schimank 2000: 267). Anhand empirischer Untersuchungen konkreter Differenzierungsvorgänge lassen sich somit Präzisierungen und Modifikationen der akteur- und systemtheoretisch gestützten differenzierungstheoretischen Modelle erarbeiten. In diesem Sinne schlägt Schimank vor, „sowohl empirisch fundiertes Wissen über konkrete Fälle zu erarbeiten als auch dabei theoriegeleitet vorzugehen und dann keines von beiden gegeneinander auszuspielen, sondern Empirie und Theorie gleichsam ins Gespräch miteinander zu bringen: im wiederholten Wechselspiel empirische Befunde theoretisch aufzuschlüsseln und die theoretischen Konzepte und Modelle empirisch irritiert weiter zu entwickeln" (Schimank 2000: 269). Hierzu will die folgende empirische Untersuchung der Entstehung und Entwicklung des Drogenhilfesystems in Deutschland einen Beitrag leisten.

Dabei ist es von entscheidender Bedeutung, das vorgelegte Modell nicht deterministisch fehl zu interpretieren. Mit diesem Modell soll weder eine „Naturgeschichte" der Entwicklung von Hilfesystemen behauptet noch ein zwangsläufiger Verlauf der Ausdifferenzierung des Drogenhilfesystems gemäß des Sechs-Phasen-Modells postuliert werden. Das Gegenteil ist richtig: Wenn der Verlauf einer solchen Entwicklung vom Handeln verschiedener Akteure beeinflusst wird, dann ist das Ergebnis immer offen und abhängig vom tatsächlichen Verlauf. Der Ausgang von Problematisierungs- und Skandalisierungsprozessen ist stets ungewiss, und das gilt auch für die Entstehung von Hilfesystemen als ein mögliches Ergebnis eines solchen Prozesses.

Albrecht hat in Bezug auf die Erforschung der Konstitution sozialer Probleme von einer „Herausforderung" gesprochen, der sich der „an den klassischen Kanon der Methoden der empirischen Sozialforschung" gewöhnte Forscher gegenübersieht (Albrecht 1999: 772). Albrechts Begründung für diese These trifft unvermindert auch auf die hier beabsichtigte Rekonstruktion der Entstehungsgeschichte des Drogenhilfesystems zu: „Die speziellen methodischen Probleme liegen hier nicht so sehr darin, dass bei dieser Art von Untersuchung eine ganz besonders schwer zu handhabende Methode zur Anwendung kommen muß bzw. darin, daß die Untersuchungsproblematik sich gegenüber der Anwendung der einzusetzenden Methoden als besonders sperrig erweisen würden, sondern sie liegen eher darin, daß der Forscher auf ein ungewöhnlich breites Spektrum von Datenquellen und einen besonders breit angelegten Methodenmix zurückgreifen muß" (ebd.). Die Aufgabe des Sozialforschers besteht darin, „diese Vielzahl von disparaten Datenquellen erstens jeweils kompetent einzeln auszuschöpfen und zweitens diese verschiedenen Datentypen aufeinander zu beziehen und miteinander zu verknüpfen" (ebd.: 774).

Für die empirische Analyse der Entstehung und Entwicklung des Drogenhilfesystems in Deutschland wird auf verschiedene quantitative und qualitative Daten und Quellen zurückgegriffen, die im Folgenden kurz aufgelistet und hinsichtlich der damit verbundenen methodischen Probleme diskutiert werden sollen. Prinzipiell zeigt sich dabei, dass viele einzelne Studien und Datenauswertungen zu Drogenabhängigen vorliegen, nur wenige dieser Daten aber geeignet sind, bundesweite Entwicklungen im Zeitverlauf zu analysieren. Zum Drogenhilfesystem selbst liegen bemerkenswert wenige Informationen vor.

Epidemiologische Daten

Nimmt man die Differenzierung zwischen problematisierbaren Verhältnissen und deren gesellschaftlicher Problematisierung ernst, so ist es erforderlich, neben dem Problematisierungsdiskurs auch so präzise wie möglich die dahinter liegenden Verhältnisse zu analysieren. Mit einer Sekundäranalyse vorhandener epidemiologischer Daten sollen deshalb Art und Umfang des Konsums illegaler Drogen und die damit im Zusammenhang stehenden Folgen im Zeitverlauf rekonstruiert werden. Vergleichend werden auch Daten zu den legalen Drogen Alkohol, Nikotin und Kaffee vorgestellt. Dabei ist bei allen Zeitreihen zu berücksichtigen, dass sich durch den Beitritt der fünf neuen Bundesländer zur Bundesrepublik Deutschland mehrere Bezugsgrößen (z.B. die Einwohnerzahl) stark verändert haben. Die Daten vor 1990 sind mit den Daten nach 1990 deshalb nur bedingt vergleichbar.

Für den Konsum alkoholischer Getränke kann auf die Produktions-, Handels- und Steuerstatistiken des Statistischen Bundesamts zurückgegriffen werden, aus denen der Inlandskonsum nach der Formel „Produktion abzüglich Ausfuhr zuzüglich Einfuhr" berechnet wird. Für die Berechnung des Alkoholgehalts der verschiedenen Getränkesorten hat sich eine Arbeitsgruppe aus Vertretern der Alkoholindustrie und der Deutschen Hauptstelle gegen die Suchtgefahren nach Analyse der aktuellen Durchschnittswerte und der Marktsituation auf Umrechnungsfaktoren geeinigt (Meyer/John 2003: 20). Obgleich auch bei diesem Verfahren Fehler und Abweichungen nicht auszuschließen sind, dürften die Ergebnisse doch die Verbrauchssituation vergleichsweise realistisch abbilden. Ähnlich sieht es bei den Daten zum Zigarettenkonsum aus, die aus den entsprechenden Steuerstatistiken des Statistischen Bundesamtes erstellt werden. Wie bei Alkohol gibt es auch hier Verzerrungen, da zum Beispiel illegal eingeführte Ware nicht in diesen Statistiken erfasst wird. Trotz gelegentlicher spektakulärer Meldungen über Zigarettenschwarzmärkte dürften sich diese Verzerrungen aber in engen Grenzen halten. Die Angaben zum Kaffeeverbrauch beziehen sich auf Produktionsstatistiken des Deutschen Kaffee-Verbandes e.V.

Tabelle 1: Pro-Kopf-Konsum reiner Alkohol, Zigaretten und Kaffee in Deutschland 1950 - 2000

Jahr	Reiner Alkohol (in Litern)	Zigaretten (Anzahl)	Rohkaffee (kg)
1950	3,2	499	1,5 (1953)
1960	7,8	1.273	3,5
1970	11,2	1.936	4,9
1980	12,9	2.081	6,7
1990	12,1	1.910 (1991)	7,1
2000	10,5	1.699	6,7

Quelle: Meyer/John 2003: 23, Hüllinghorst/Lehner 1997: 90; Junge 2003: 40, Deutscher Kaffee-Verband e.V. 2001: 14. Für das Jahr 1950 liegen keine Daten zum pro-Kopf-Konsum Rohkaffee vor. Für das Jahr 1990 liegen keine Daten zum pro-Kopf-Konsum Zigaretten vor.

Vergleichbare Daten liegen zum Konsum illegaler Drogen nicht vor. Ersatzweise werden deshalb Statistiken herangezogen, die vom Bundeskriminalamt (BKA) erstellt werden und als Indikatoren für den Umfang des Konsums illegaler Drogen angesehen werden können. Dabei handelt es sich um die Statistik über sichergestellten Drogen und um die Tatverdächtigenstatistik (Verstöße gegen das BtMG), die regelmäßig vom Bundeskriminalamt veröffentlicht werden (Bundeskriminalamt 2001).

Tabelle 2: Sicherstellungsmengen illegaler Drogen in der Bundesrepublik Deutschland 1960 – 2000

Jahr	Heroin	Kokain	Cannabis	LSD (Trips)	Amphetamine
1960	–	–	1,20 kg	–	–
1965	–	–	45,40 kg	–	–
1970	0,49 kg	0,04 kg	4.331,97 kg	178.925	–
1975	30,96 kg	1,38 kg	6.627,81 kg	50.855	3,57 kg
1980	267,08 kg	22,27 kg	3.200,22 kg	28.881	3,75 kg
1985	207,99 kg	164,78 kg	11.498,04 kg	30.536	28,17 kg
1990	846,78 kg	2.473,75 kg	13.640,67 kg	14.332	85,47 kg
1995	933,35 kg	1.845,77 kg	14.245,49 kg	71.069	137,85 kg
2000	796,02 kg	913,40 kg	14.396,11 kg	43.924	271,20 kg

Quelle: Bundeskriminalamt 2001: 111; http://www.bka.de/pks

Tabelle 3: Polizeiliche Tatverdächtigenstatistik in der Bundesrepublik Deutschland: Verstöße gegen das BtMG

Jahr	Gesamt	Davon unter 21 Jahre	Davon Frauen
1955	1.256	1,4 %	27,3 %
1960	797	2,8 %	26,9 %
1965	797	5,3 %	25,0 %
1970	16.188	67,3 %	13,7 %
1975	27.106	49,9 %	17,7 %
1980	55.447	36,5 %	20,9 %
1985	50.554	29,1 %	17,0 %
1990	80.149	24,4 %	15,2 %
1995	123.895	33,2 %	11,9 %
2000	202.291	43,0 %	12,2 %

Quelle: Ellinger 1974; Bundeskriminalamt 2001

Die Verwendung dieser Daten ist nicht unproblematisch. Als prozessproduzierte Daten unterliegen sie spezifischen Verzerrungen. Daten aus der Kriminalstatistik sind „das Ergebnis eines außerordentlichen komplexen und schwer transparent zu machenden Prozesses der Verarbeitung von Informationen (...), der von vielen unter

Umständen raum-zeitlich variablen Einflußfaktoren abhängt" (Albrecht 1999: 803; vgl. auch Kerner 1989). Da es sich bei Drogenkriminalität um ein typisches Kontrolldelikt handelt, werden sowohl die Menge sichergestellter Drogen als auch die Zahlen der Tatverdächtigenstatistik direkt von der Intensität der polizeilichen Maßnahmen beeinflusst. Drogenkriminalität wird zum allergrößten Teil über Polizeiaktionen (von gezielten Kontrollen in bestimmten Stadtvierteln über verdeckte Ermittlungen bis hin zum Einschleusen von V-Leuten) und nur zu einem sehr geringen Teil über Anzeigen auffällig. Die Anzahl der festgestellten Delikte, Tatverdächtigen und sichergestellten Mengen dokumentiert also eher das Handeln der Polizei als das unabhängig davon bestehende Ausmaß verbotener Handlungen im Zusammenhang mit Drogen. Dies zeigt sich etwa daran, dass rund 95 % aller erfassten Rauschgiftdelikte auch aufgeklärt werden, da in der Regel Erfassung des Deliktes und Feststellung des Tatverdächtigen zusammenfallen (Bundeskriminalamt 2001: 37). Schätzungen über die quantitative Bedeutung des höchst variablen Dunkelfeldes sind kaum möglich.

Die Statistiken sind zum einen anfällig für zufällige Verzerrungen durch spektakuläre Einzelfunde. So zeigt sich z.b. bei den Kokain-Sicherstellungen von 1999 zum Jahr 2000 ein Rückgang um mehr als 50 %. Daraus sollte allerdings kein vorschneller Rückgang des Kokain-Konsums abgeleitet werden. Vielmehr stellt sich heraus, dass fast die Hälfte des 1999 sichergestellten Kokains aus vier Großsicherstellungen stammt, und der Polizei im Jahr 2000 entsprechend große Fahndungserfolge nicht gelungen sind (Bundeskriminalamt 2001: 31). Unklar ist auch, ob die beschlagnahmten Drogen für den Kleinhandel und Konsum im Inland oder für den Transit in andere Länder bestimmt waren. Außerdem unterscheidet sich der Reinhaltsgehalt der sichergestellten Drogen erheblich: Von den im Jahr 1999 ausgewerteten Heroinsicherstellungen wiesen 49 % einen Reinheitsgrad unter 10 % Diacetylmorphins, 6 % hingegen einen Reinheitsgrad über 40 % auf. Bei den Angaben zu den Tatverdächtigen ist zu berücksichtigen, dass diese sich sehr unterschiedlich auf die einzelnen Delikte und Substanzen verteilen. So waren im Jahr 2000 von den rund 200.000 Tatverdächtigen über 60 % im Zusammenhang mit Cannabis und davon wiederum die meisten wegen kleinerer Delikte auffällig geworden.

Gravierender noch sind systematische Probleme. So handelt es sich bei diesen Daten um instanzenbasierte Daten, die mit hoher Wahrscheinlichkeit systematischer Selektivität unterliegen: Nicht jeder Kokainkonsument hat dieselbe Chance, von der Polizei als Tatverdächtiger erfasst zu werden. Hinzu kommt, dass sowohl das Handeln der Polizei als auch das Ausmaß „verbotener" Handlungen von der jeweils gültigen Rechtslage abhängig sind. Die Unterstellung einer neuen Substanz unter den Geltungsbereich des Drogenrechts oder die Ausweitung der Tatbestände, wie sie etwa der Gesetzgeber bei der Neufassung des Betäubungsmittelrechts im Jahr 1971 vorgenommen hat, erhöhen den Umfang kriminalisierter und deshalb von der Polizei zu verfolgender Handlungen. Insofern messen beide Statistiken im Jahr 1990 etwas anderes als im Jahr 1960. Und schließlich ist zu berücksichtigen, dass die Polizei hinsichtlich personeller und materieller Ausstattung und rechtlicher Befugnisse seit Ende der sechziger Jahre enorm vom Drogenproblem profitiert hat und somit selbst als ein wichtiger Akteur betrachtet werden muss.

Bohle hat die Probleme, die sich bei der Verwendung von Daten, die von Kontrollinstanzen gewonnen werden, so zusammengefasst: „Dabei ist zu bedenken, dass die ‚Erhebung' von Daten von sozialen Problemen seitens der Kontrollinstanzen zwangsläufig unter anderen Gesichtspunkten und nach anderen Gesetzmäßigkeiten erfolgt als eine genuin wissenschaftliche Erhebung. Die ‚Erhebung' und ‚Ermittlung' problematischer Sachverhalte ist abhängig von der Kontrollkapazität und –intensität der Instanzen, von ihren spezifischen Diagnosekriterien und Registrierpraktiken, von ihren rechtlichen Rahmenbedingungen, von der faktischen Verteilung ihrer Kontrollaktivitäten, ihren möglichen Sanktionstoleranzen und ihren ‚informellen' Sanktionsmustern, wie sie im Instanzenalltag praktiziert werden" (Bohle 1999: 764).

Dennoch ist die Heranziehung der beiden Statistiken des Bundeskriminalamtes für die Untersuchung der Entstehungs- und Entwicklungsgeschichte des Drogenhilfesystems als Indikator für das Ausmaß des Konsums illegaler Drogen gerechtfertigt. Erstens sind diese Zahlen nur als Indikatoren zu verstehen, die nicht mit dem Anspruch präsentiert werden, das Ausmaß des Konsums illegaler Drogen direkt abzubilden, sondern lediglich Hinweise auf Veränderungen geben können. Zweitens geht es hier um die Beobachtung längerer Zeiträume, so dass kleinere Schwankungen innerhalb weniger Jahre, die in den Medien oft unberechtigt große Aufmerksamkeit erregen, hier unberücksichtigt bleiben können. Drittens wird Drogenhilfe hier beschrieben als Reaktion auf öffentlich registrierten Drogenkonsum. Insofern kann Konsum im Dunkelfeld, der keine oder jedenfalls keine öffentlich diskutierten individuellen oder gesellschaftlichen Problemlagen schafft, durchaus unberücksichtigt bleiben. Dies trifft insbesondere für nichtabhängigen Freizeitkonsum (Kemmesies 2000) zu. Andere Daten zum Drogenkonsum weisen meist noch weit größere Mängel auf. So leiden die regelmäßig durchgeführten Bevölkerungsbefragungen zum Drogenkonsum schon bei Cannabis darunter, dass wegen der sozialen Unerwünschtheit und der Illegalität des Drogenkonsums von systematisch zu niedrigen Angaben über eigenen Drogenkonsum ausgegangen werden muss. Hinzu kommt das Problem der „rare events", deren Vorkommen schon aus statistischen Gründen mit vertretbarem Aufwand nicht zu erforschen sind. Dies gilt erst recht für Zeitreihenanalysen: Eine Zunahme der Zahl der Drogenabhängigen von 50.000 auf 100.000 würde sich bei einer 2.000 Personen umfassenden Stichprobe in einer Steigerung von zwei auf drei Drogenabhängigen niederschlagen. Um solche Schwankungen valide auf tatsächliche

Veränderungen zurückführen zu können, wären erheblich größere Stichproben notwendig. Aber selbst dann wäre noch nicht das Problem der „hidden population" gelöst: Drogenabhängige werden bei den üblichen Befragungstechniken deutlich seltener angetroffen, da sie oft nicht über Telefon, Wohnung, Eintrag im Einwohnerregister etc. verfügen. Schätzungen über die Zahl der Drogenabhängigen, die immer wieder von Bundes- und Länderministerien oder von der Deutschen Hauptstelle gegen die Suchtgefahren veröffentlicht werden, weisen noch größere methodische Probleme auf. Dennoch wurden die – meist im „Jahrbuch Sucht" veröffentlichten – bundesweiten Schätzungen in einer Tabelle zusammengestellt. Diese Daten drücken weniger das Ergebnis empirischer Untersuchungen als vielmehr eine Art Konsens der Fachöffentlichkeit hinsichtlich der Größenordnung des Konsum illegaler Drogen aus. Erst in den letzten Jahren sind ernsthaftere Schätzungen auf der Grundlage verschiedener empirischer Verfahren angestellt worden (Bühringer et al. 1997), die aber ihrerseits wiederum auf Daten der Polizei oder anderer Instanzen aufbauen und somit von den oben beschriebenen Verzerrungs- und Selektionsmechanismen betroffen sind.

Tabelle 4: Schätzungen zur Gesamtzahl der Drogenabhängigen in der Bundesrepublik Deutschland

Bezugsjahr	Schätzzahl	Quelle
1976	40.000	Franke 1976
1979	45.000	Keup 1981
1980	50.000	Keup 1981
1984	50.000 – 60.000	Keup 1984
1989	50.000 – 100.000	Reuband 1989
1997	100.000 – 150.000	Bühringer et al. 1997; DHS 2000: 13

Angaben zu AIDS-Erkrankungen stammen aus dem AIDS-Fallregister im AIDS-Zentrum im Robert-Koch-Institut (2001, 2002). Grundlage dieser Daten sind die anonymen Meldungen der Ärzte. Das Robert-Koch-Institut geht von einem Erfassungsgrad von 85 % aus. Selbst wenn man unterstellt, dass die restlichen 15 % sich anders auf die Infektionsrisiken verteilen als die bekannten 85 %, würde dies dennoch an der Verteilung in dieser Tabelle nichts Wesentliches verändern. Es versteht sich von selbst, dass bei einem sensiblen Thema wie AIDS prinzipiell Zweifel an der Validität dieser Daten angebracht sind. Allerdings wird allgemein davon ausgegangen, dass der Verzicht auf Zwangstest und seuchenrechtliche Registrierung eher zu einer Steigerung der Datenqualität geführt hat. Zu beachten ist, dass in dieser Tabelle

AIDS-Erkrankungen und nicht HIV-Infektionen aufgelistet sind. Seit der Weiterentwicklung der medikamentösen Behandlung in der Mitte der neunziger Jahre, mit der das Auftreten von AIDS-Symptomen sehr weit hinausgeschoben wird, ist deshalb die Zahl der Neuerkrankungen drastisch zurückgegangen. Rückschlüsse auf die Zahl der Neuinfektionen können daraus nicht (mehr) gezogen werden.

Tabelle 5: AIDS-Erkrankungen in Deutschland nach Diagnosejahr und Infektionsrisiko 1982 – 2000

Jahr	Gesamt	Davon i.v. Drogenabhängige	
		absolut	Prozent
vor 1985	165	8	4,8
1985	296	22	7,4
1990	1.511	245	16,2
1995	1.730	287	16,6
2000	219	29	13,2
1982-2000	19.199	2.854	14,9

Quelle: AIDS-Fallregister im AIDS-Zentrum im Robert-Koch-Institut 2002

Zurückgegriffen wird auch auf Daten zu Drogentodesfällen. Die deutsche Polizei arbeitet mit einer sehr weiten Definition des Drogentodesfalles, die sowohl direkte Folgen des Drogenkonsums wie Überdosierungen als auch Spätfolgen, Unfälle und Suizide im Zusammenhang mit Drogenkonsum berücksichtigt. Unklar ist auch hier die Höhe des Dunkelfeldes. Schwankende Obduktionsraten geben Anlass zu der Vermutung, dass der Anteil der gemäß Polizeidefinition als Drogentodesfälle zu charakterisierenden Personen, der unerkannt bleibt, unsystematischen Veränderungen unterliegt. Zudem verhindert gerade die große Breite der Definition eine engmaschige Erfassung: Definitionsbestandteile wie Spätfolgen und Suizide im Zusammenhang mit Drogenkonsum sind schwer zu präzisieren. Dennoch sind die Daten zu Drogentodesfällen eine wichtige Datengrundlage, werden sie doch von der Öffentlichkeit besonders genau registriert und von Teilen der Fachöffentlichkeit gerne als Indikator für erfolgreiche oder weniger erfolgreiche Drogenpolitiken benutzt. Der steile Anstieg der Drogentodesfälle in der zweiten Hälfte der achtziger Jahre ist sicherlich nicht auf Veränderungen bei der Entdeckungsrate zurückzuführen. Aber auch unabhängig von diesem Problem schaffen die Daten zu Drogentodesfällen eine eigene Realität, mit der jeder Drogenpolitiker umgehen muss. Für die Analyse der Entwicklung des Drogenhilfesystems sind diese Statistiken deshalb unverzichtbar.

Tabelle 6: Drogentote in Deutschland 1970 - 2000

Jahr	Drogentote	Durchschnittsalter (Jahre)	Anteil Frauen (%)	Unter 21 Jahren (%)
1970	29	-	-	-
1975	195	-	16,9	45,6
1980	494	-	24,5	20,2
1985	324	27	27,5	7,7
1990	1.491	28	17,7	5,8
1995	1.565	30	16,2	7
2000	2.030	33	15,7	6,1

Quelle: Bundeskriminalamt

Tabelle 7 enthält Daten zu einigen ausgewählten empirischen Studien zu Drogenszenen oder Gruppen von Drogenabhängigen. In dieser Synopse sind wichtige Kennziffern zur Charakterisierung der Population, zeitlicher und räumlicher Bezug, Stichprobengröße sowie die jeweiligen selektiven Zugänge zur Stichprobe angegeben. Grob sind auch die jeweiligen Drogenkonsummuster charakterisiert. Trotz der Unterschiede zwischen den jeweils eingesetzten Erhebungsinstrumenten werden dabei über die lange Zeitperioden zwischen 1969 und dem Jahr 2000 Trends erkennbar. Keine dieser Studien versteht sich als repräsentativ, sondern beschreibt lediglich die je nach Art des Zugangs erreichte Stichprobe. Repräsentative Studien zur Drogenszene gibt es für Deutschland nicht. Angesichts fehlender Kenntnisse über die Grundgesamtheit sind allenfalls Annäherungen durch Schneeballverfahren und ähnliche Methoden möglich. Ein solches Design wurde aber bislang in Deutschland bei Abhängigen von „harten" illegalen Drogen noch nicht eingesetzt.

Daten zur Entwicklung des Drogenhilfesystems

In Tabelle 8 sind umfangreiche Bundesmodellprogramme zwischen 1970 und 2000 aufgelistet. Insgesamt sollen in diesem Zeitraum etwa 200 Millionen DM Bundesmittel in die Modellförderung geflossen sein (Schreiber 1997: 200). Da die meisten Modelle nur eine anteilige Förderung durch den Bund vorsahen, kommen zu dieser Summe weitere 100 bis 200 Millionen DM aus Landesmitteln, kommunalen Zuschüssen oder Eigenleistungen der Träger.

Tabelle 7: Ausgewählte Quantitative Studien zu Drogenabhängigen

Studie	Bezugsjahr	Region	N	Selektivität	Frauen- anteil	Alter (Mittel)	Wichtige Drogen
(1)	1969–1970	Berlin	237	Szene	30,4 %	22-23	Cannabis, LSD, teilweise Opiate
(2)	1975–1979	Hessen	108	Stationäre Therapie	37,0 %	21	vorwiegend Heroin
(3)	1979–1980	Berlin	574	Institutionen, Szene	36,0 %	23	Hauptdroge Heroin
(4)	1985–1986	Hessen	324	Therapie	26,2 %	26	Hauptdroge Heroin
(5)	1988–1993	Berlin, NRW, SH	2.443	Drogenhilfe, Szene	34,5 %	26-28	Heroin, Kokain, Benzodiazepine, Barbiturate, Codein, Methadon
(6)	1989–1992	Deutschland	8.401	Stationäre Therapie	25,5 %	25-27	Heroin (89 %), Kokain (63 %)
(7)	1991	Frankfurt	237	Drogenszene	30,0 %	28	Heroin, Kokain, Beruhigungsmittel
(8)	1991–1992	Berlin, HB, HH	545	Drogentodesfälle	19,1 %	27-30	Heroin, z.T. in Kombination mit anderen-Substanzen
(9)	1992	Deutschland	580	Kontaktläden	24,4 %	-	Heroin, Kokain, Benzodiazepine, Codein, Barbiturate, Methadon
(10)	1994–1998	Deutschland	2.258	Krankenhaus	35,0 %	28-31	Heroin, Kokain, Benzodiazepine, Methadon
(11)	1995	Frankfurt	100	Drogenszene	25,0 %	31	Heroin, Kokain, Crack
(12)	1999	Hamburg	4.544	Ambulante Drogenhilfe	26,4 %	31-33	Heroin, Methadon, Kokain, Crack

(1) Bschorr 1973, (2) Kampe/Kunz 1983, (3) Projektgruppe Tudrop 1984, (4) Kindermann et al. 1989, (5) Kleiber/Pant 1996, (6) Küfner et al. 1994, (7) Vogt 1992, (8) Heckmann et al. 1993, (9) Hartmann et al. 1994, (10) Arnold/Schmid/Simmedinger 1999, (11) Kemmesies 1995, (12) Schmid/Simmedinger/Vogt 2000

Tabelle 8: Bundesmodellprogramme zu illegalen Drogen 1971 - 2000

Laufzeit	Titel des Bundesmodellprogramms (Veröffentlichung)
1971 – 1978	Großmodell (Bühringer 1981)
1978 – 1983	Psychosoziales Anschlußprogramm (PSAP) (Bühringer et al. 1982)
1984 – 1986	Aufsuchende Sozialarbeit für betäubungsmittelabhängige Straftäter (ASS) Zielgruppe 1: Drogenabhängige im Justizvollzug (Holler/Knahl 1989)
1987 – 1990	Aufsuchende Sozialarbeit für betäubungsmittelabhängige Straftäter (ASS) Zielgruppe 2: langjährig Drogenabhängige (Arnold/ Korndörfer 1993)
1987 – 1990	Ambulante Ganztagsbetreuung Drogenabhängiger (Möller et al. 1993)
1987 – 1991	Drogen und AIDS (Schumann et al. 1993)
1987 – 1992	Stationäre Krisenintervention bei Drogenabhängigen (Küfner et al. 1994)
1989 – 1993	Verstärkung in der Drogenarbeit (Booster) (Hartmann et al. 1994)
1990 – 1995	Kompakttherapie im Verbund der Drogenhilfe (Görgen et al. 1996)
1990 – 1995	Mobile Drogenprävention (Dembach/Hüllinghorst 1997)
1992 – 1994	Betreuung von Drogenabhängigen auf dem Bauernhof (Teil 1) (Vogt et al. 1995)
1992 – 1995	Integrierte Suchthilfe in den neuen Bundesländern (Küfner et al. 1996)
1994 – 1997	Integrative gemeindenahe Hilfe für Suchtkranke (INTHIS) (Hartmann et al. 1998)
1994 – 1998	Drogennotfallprophylaxe/Nachgehende Sozialarbeit (Arnold/Schmid/Simmedinger 1999)
1995 – 2000	Kooperationsmodell nachgehende Sozialarbeit (Oliva et al. 2001a, b)
1996 – 1999	Betreuung von Drogenabhängigen auf dem Bauernhof und im Handwerk (Teil 2) (Küfner et al. 2000)

Seit einigen Jahren gibt es Bestrebungen, eine einheitliche deutsche Suchthilfestatistik zu implementieren. Trotz Einigung auf einen deutschen Kerndatensatz und sogar eine Reihe von europäischen Core Items gibt es allerdings bislang keine einheitliche Statistik, sondern lediglich einige länderspezifische Statistiken und Auswertungen, die aber wiederum untereinander nicht kompatibel sind.

In der folgenden Tabelle wird versucht, Kerndaten zur Entwicklung des ambulanten und stationären Hilfesystems für mehrere Zeitpunkte zwischen 1970 und 2000 zusammenzustellen. Dabei ist zu konstatieren, dass nur wenig Informationen über das Hilfesystem vorlagen und vorliegen und man auf Schätzungen und die Zahl der veröffentlichten Einrichtungsadressen angewiesen ist.

Tabelle 9: Suchthilfeeinrichtungen 1972 – 1999

	1972	1978	1989	1998/99
Substitutionsbehandlungen	Einzelfälle	Einzelfälle	ca. 200	40.000-60.000
Ambulante Einrichtungen	ca. 250 Kontaktadressen bundesweit (Behörden, psychiatrische Krankenhäuser, Einzelpersonen, freie Wohlfahrtspflege, Einzelpersonen, Release)	ca. 750 Kontaktadressen bundesweit für ambulante Einrichtungen; dazu gehören allerdings auch Jugendämter, psychiatrische Kliniken und Alkoholberatungsstellen		
Ambulante Beratungsstellen für Suchtkranke (Alkohol, Medikamente, illegale Drogen)			910	1.390
Davon spezialisierte Drogenberatungsstellen			Anzahl unbekannt	150
Niedrigschwellige Angebote			vereinzelt	395
Stationäre Einrichtungen				
Betten in stationären Entwöhnungseinrichtungen für Drogenabhängige	detaillierte Aufschlüsselung nicht möglich	detaillierte Aufschlüsselung nicht möglich	3.000	4.930
Plätze im betreuten Wohnen für Drogenabhängige			Anzahl unbekannt	1.970
Quellen	Algeier et al. 1972	BZgA 1978	DHS 1989; Pant 2000	DHS 2000

Zeitgeschichtliche Dokumente zur Konstruktion des Drogenproblems und Dokumente zur Entwicklung des Drogenhilfesystems

Hierbei handelt es sich um unterschiedliche Quellen, in denen die Konstruktion des Drogenproblems und die Entwicklung des Drogenhilfesystems ihren zeitgenössischen Niederschlag gefunden haben. Dazu gehören amtliche Dokumente wie zum Beispiel Gesetze, Niederschriften aus Gesetzgebungsverfahren, Bundestagsdrucksachen, Richtlinien und Veröffentlichungen von Ministerien, Kongressdokumentationen, Presseerklärungen, Stellungnahmen, Resolutionen, Jahresberichte etc. In aller Regel handelt es sich dabei um Material, das über Bibliotheken und frei zugängliche Archive erhältlich war. Diese meist qualitativen Materialien wurden im Hinblick auf wichtige Akteursgruppen und zentrale Fragestellungen, die sich aus der Modellkonstruktion ergeben haben, ausgewertet und so für die Rekonstruktion der Entwicklung des Drogenhilfesystems nutzbar gemacht. Albrecht hat darauf hingewiesen, dass zur Analyse solcher Daten der Forscher „ nicht ausschließlich, ja nicht einmal vor allem auf die ‚manifesten' Texte Bezug nehmen" darf, vielmehr solle er „diese ‚kontextualisieren', d.h. in den Gesamtzusammenhang des politischen Geschehens und in die spezifische Organisationskultur des betreffenden Gremiums stellen, er muß die jeweiligen objektiven politischen und persönlichen Funktionen der Handelnden als Inhaber spezifischer Positionen innerhalb einer spezifischen Organisation mit einer spezifischen politischen Tradition und Interessenslage etc. in Rechnung stellen, politische Strategien und Taktiken der Akteure, die sich aufgrund übergreifenden Wissens vermuten oder unterstellen lassen, als Hintergrundfolie im Blick haben, um begründete Vermutungen über die ‚wahren' Motive der Akteure anzustellen" (Albrecht 1999: 774). Das setzt Kenntnis der „formalen und informellen Regeln und Muster" voraus, nach denen die jeweiligen Organisationen arbeiten, „um nicht der Gefahr naiver Fehlschlüsse zu erliegen" (ebd.).

Um der geforderten Kontextualisierung nachkommen zu können, werden auch Datenquellen wie Massenmedien und Meinungsumfragen berücksichtigt. Dokumente aus einzelnen Bundesländern oder Kommunen werden nur insoweit behandelt, als dort bundesweit relevante Ereignisse geschildert sind oder Ereignisse, die die bundesweite Entwicklung besonders illustrieren. Detaillierte Analysen auf Landes- oder regionaler Ebene oder in Bezug auf einzelne korporative Akteure bleiben weiteren Studien vorbehalten. Das gilt auch für vertiefende Analysen zu Einzelaspekten mit z.b. inhaltsanalytischem oder soziolinguistischem Forschungsansatz.

Die deutsche Sekundärliteratur zur Drogenhilfe aus den Jahren 1968 bis 2000 wurde durchgearbeitet, soweit sie über Bibliotheken zugänglich ist. Dabei ist zu berücksichtigen, das die wissenschaftliche Bearbeitung des Drogenproblems in all seinen Facetten und in den einzelnen Disziplinen inzwischen einen solchen Umfang angenommen hat, dass ein vollständiger Überblick heute kaum mehr möglich ist. Ausgewählt wurden primär solche Arbeiten, die sich auf der Bundesebene mit dem entstehenden Hilfesystem befassten. Ausländische Sekundärliteratur wurde nur insoweit berücksichtigt, wie sie sich explizit auf das deutsche Hilfesystem bezog. Gelegentlich und unsystematisch wurden Studien aus dem Ausland aufgenommen, die sich mit Phänomenen befassen, die der deutschen Entwicklung eng verwandt sind. Der ganze Bereich der Prävention wurde ausgeklammert.

Zu einem kritischen Umgang mit Sekundärliteratur gehört auch die Reflektion der Wissenschaft als Akteur in dem zu untersuchenden Ausdifferenzierungsprozess. Für den Sozialwissenschaftler nicht verwunderlich zeigt sich dabei, dass Texte, die in der Vergangenheit als Sekundärliteratur verfasst wurden, aus heutiger Sicht als Dokumente begriffen werden müssen, die an der Konstruktion der jeweils aktuellen Sicht auf Drogenabhängigkeit, Drogenabhängige und Drogenhilfe beteiligt waren. Wissenschaftliche Texte konstruieren – insbesondere wenn sie auch außerhalb des Wissenschaftssystems gelesen werden – die soziale Realität mit. Drittmittelfinanzierte Auftragsforschung, und darum handelt es sich beim allergrößten Teil der Forschungsarbeiten auf diesem Gebiet, gehört selbstverständlich zu dieser Art von Texten, die soziale Realität mitkonstruieren. Das gilt insbesondere für die vielen Evaluationsberichte zu Modellprojekten. Aber auch die in großer Nähe zu einzelnen Einrichtungen, zu Klientel, zu Selbsthilfegruppen oder zu sozialen Bewegungen verfassten Arbeiten gehören in diese Kategorie. Insgesamt bleibt verwunderlich, wie nah im Bereich der Suchtforschung gelegentlich Politik, Moral, Organisationsinteressen und Wissenschaft beieinander liegen. Bei der Lektüre vieler Texte aus dreißig Jahren Drogenhilfe hat man über so manche Strecke den Eindruck, Wissenschaft und Abstinenzorganisationen gemeinsam zum „Kampf gegen die Suchtgefahren" ausrücken zu sehen.

Dem im theoretischen Teil der Arbeit entwickelten Modell zur Entstehung und Entwicklung von Hilfesystemen folgend werden all diese verschiedenen Quellen im zeitlichen Ablauf zueinander in Bezug gesetzt, um somit eine angemessen komplexe Analyse des Ausdifferenzierungsprozesses, der zur Entstehung des Drogenhilfesystems geführt hat, und der weiteren Entwicklung des Hilfesystems erstellen zu können. Wenn möglich, werden zur Validierung einzelner Befunde jeweils mehrere Datenquellen herangezogen.

Eine systematische Geschichte der Entstehung und Entwicklung des Drogenhilfesystems in der Bundesrepublik Deutschland, auf die zur Anwendung des zuvor ausgearbeiteten Modells zurückgegriffen werden könnte, liegt bislang nicht vor (für eine grobe Übersicht vgl. Schmid/Vogt 1998; Vogt/Schmid 1998). In den folgenden Kapiteln wird versucht, diese Entstehungsgeschichte zu skizzieren und dabei einerseits dem zeitlichen Ablauf, andererseits aber auch den durch das theoretisch abgeleitete Modell aufgeworfenen Fragestellungen zu folgen.

Aus: M. Schmid (2003): Drogenhilfe in Deutschland, Frankfurt / New York

Die Ausgangslage: Drogenkonsum im Nachkriegsdeutschland

In den ersten Jahren nach dem Ende des Zweiten Weltkrieges hatten die meisten Deutschen ganz andere Sorgen, als Drogen zu konsumieren. Aus den Trümmern der zerbombten Städte krochen Menschen, denen es an Nahrung, Unterkunft, Medikamenten und Kleidung fehlte. Die große Zahl der Vertriebenen und Flüchtlinge, die nach 1945 in die westlichen Besatzungszonen kamen, besaß meist noch weniger. Wenn auch die materielle, emotionale und moralische Notlage möglicherweise viele Gründe zum Drogenkonsum geliefert hätte, so fehlte es an einem entsprechenden Angebot und an Kaufkraft.

Der Alkoholkonsum war in Deutschland auf den niedrigsten Stand im 20. Jahrhundert gefallen. Zu Beginn des Jahrhunderts hatte jeder Deutsche im statistischen Durchschnitt noch 125 Liter Bier oder umgerechnet gut 10 Liter reinen Alkohol im Jahr getrunken. In der gerade gegründeten Bundesrepublik tranken die Deutschen im Jahr 1950 im Jahresdurchschnitt 35,6 Liter Bier, 4,7 Liter Wein und 2,5 Liter Spirituosen. Nach dem Umrechnungsindex der Deutschen Hauptstelle gegen die Suchtgefahren ergibt sich aus diesen Zahlen zum Verbrauch alkoholischer Getränke ein Pro-Kopf-Konsum reinen Alkohols von 3,2 Litern im Jahr 1950. Innerhalb von nur zehn Jahren stieg der Pro-Kopf-Konsum reinen Alkohols dann um mehr als 100 % auf 7,8 Liter im Jahr 1960. Weitere zehn Jahre später tranken die Deutschen dann rund 11 Liter reinen Alkohols pro Einwohner und übertrafen somit die Konsummenge zu Beginn des Jahrhunderts.

Dieser steile Anstieg wird im Allgemeinen – angesichts der Konsummengen zu Beginn des 20. Jahrhunderts – als eine Art „Konsumnormalisierung in Zeiten wirtschaftlicher Prosperität" (Vogt 1989: 66) interpretiert. Interessant ist, dass dieser Anstieg sowohl in der damaligen Bundesrepublik als auch in der DDR zu beobachten war. Zwar nahm der Alkoholkonsum im Osten zunächst deutlich langsamer als im Westen zu, aber mit steigendem Wohlstand wurde der Abstand zum Westen immer geringer. Kurz vor der Vereinigung der beiden deutschen Staaten hatte die DDR die Bundesrepublik schließlich sogar knapp überholt (Junge 1993).

Abbildung 1: Pro-Kopf-Konsum reinen Alkohols 1950 – 2000

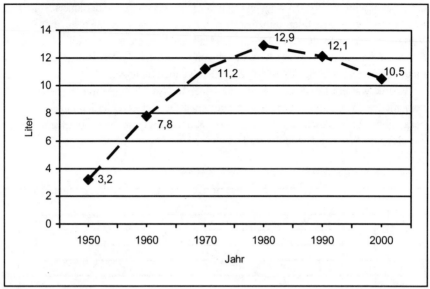

Quelle: Meyer/John 2003: 23

Abbildung 2: Pro-Kopf-Konsum Zigaretten 1950 – 2000

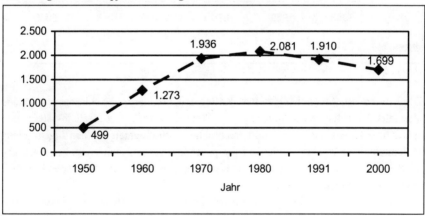

Quelle: Hüllinghorst/Lehner 1997: 90; Junge 2003: 40. Für das Jahr 1990 liegen keine Daten zum pro-Kopf-Konsum vor.

Zigaretten waren in der Nachkriegszeit Mangelware und als Ersatzwährung für den Schwarzmarkt begehrt (Hess 1987: 164-168; Knöß 1994: 32 f.). Versuche, Tabak in den heimischen Gärten anzupflanzen, waren weit verbreitet. Viele Raucher waren darauf angewiesen, aus den weggeworfenen Zigarettenstummeln der amerikanischen, russischen, britischen oder französischen Soldaten neue Zigaretten zu drehen, ein Verfahren, das man heute in Deutschland allenfalls noch in Strafvollzugsanstalten findet. In der Phase des Wirtschaftsaufschwungs rauchten die Deutschen auch immer mehr Zigaretten, wie die Abbildung auf der folgenden Seite zeigt.

Kaffee war ein Luxusprodukt, das in den ersten Nachkriegsjahren zunächst durch verschiedene Substitute – vor allem Zichorienkaffee – ersetzt werden musste (Teuteberg 1999: 112). Auch der Konsum von Kaffee stieg im Nachkriegsdeutschland parallel zum Wirtschaftswunder steil an.

Abbildung 3: Rohkaffee-Konsum pro Kopf 1953 – 1999

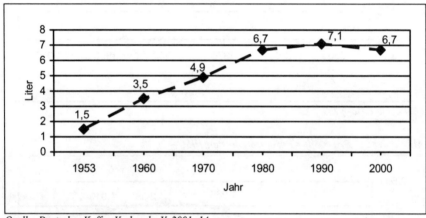

Quelle: Deutscher Kaffee-Verband e.V. 2001: 14

Der Erwerb von Alkohol, Zigaretten, Kaffee und Tee war im Nachkriegsdeutschland allenfalls durch fehlendes Angebot, mangelnde Kaufkraft, Bezugsscheinsysteme und später über lebens- und genussmittelrechtliche Bestimmungen und den Jugendschutz reglementiert. Für eine Reihe anderer psychoaktiver Substanzen galten hingegen auch im Nachkriegsdeutschland die Bestimmungen des in der Weimarer Republik verabschiedeten Opiumgesetzes.

Während in Deutschland prohibitiven Strömungen in Bezug auf Alkohol auch dann kein Erfolg beschieden war, als in anderen Ländern entsprechende Gesetze verabschiedet worden waren (so z.B. 1919 in den USA), ist die Verbots- und Kontrollpolitik gegenüber Opiaten, Kokain und Cannabis in etwa parallel zu anderen Staaten verlaufen. Allerdings war das Deutsche Reich erst nach dem verlorenen Ersten Weltkrieg bereit, ein dem ersten internationalen Opiumabkommen von 1912 entsprechendes Drogengesetz zu verabschieden (Scheerer 1982a: 38 ff.). Das 1920 in Kraft getretene und bereits 1924 verschärfte erste deutsche Opiumgesetz schuf ein Regelsystem für Produktion, Import, Export und Abgabe von Rohopium, Opium, Morphium, Kokain, Heroin und mehrere Zubereitungen aus diesen Substanzen. Der blühenden deutschen Alkaloid-Wirtschaft schadete dieses Gesetz offenbar wenig: So wurden noch 1928 mehr als 19 Tonnen Morphium, Heroin und andere Opiate und Opioide und fast vier Tonnen Kokain im Deutschen Reich produziert (vgl. Scheerer 1982a: 56 ff.; Körner 1994a: 3; Ridder 2000: 127-135).

Das Genfer Opiumabkommen von 1925 und die Drogenszene der zwanziger Jahre (Scheerer 1982a: 59 ff.) führten 1929 zu einem neuen Opiumgesetz, das bis auf wenige Änderungen bis 1971 gültig blieb. Darin wurde auch der Indische Hanf dem Regelwerk des Opiumgesetzes unterstellt. Hinzu kam die neu eingeführte Möglichkeit, durch Rechtsverordnung der Regierung die Liste der zu kontrollierenden Substanzen jederzeit zu erweitern. Das Gesetz enthielt Regelungen bezüglich der Einfuhr, Durchfuhr, Ausfuhr, Gewinnung, Herstellung, Verarbeitung, Abgabe und Veräußerung der genannten Stoffe. Alle diese Tätigkeiten wurden nicht grundsätzlich verboten, aber der Aufsicht des Reichsgesundheitsamtes unterstellt. Hierzu wurde ein System von Erlaubnissen, Bezugsscheinen, Ausnahmeregelungen und Kontrollmöglichkeiten eingeführt. Zur Regelung der Einzelheiten der Verschreibung durch Ärzte, Zahnärzte, Tierärzte und der Abgabe durch Apotheker wurde die Regierung ermächtigt, mit Zustimmung des Reichsrates eine „Verordnung über das Verschreiben Betäubungsmittel enthaltender Arzneimittel und ihrer Abgabe in den Apotheken" zu erlassen. Einfuhr und Herstellung von „zubereitetem Opium" und vom Harz des Indischen Hanfes (Haschisch und andere Zubereitungsarten) wurde verboten. Die Höchststrafe lag bei drei Jahren und einer Geldstrafe.

Das Opiumgesetz von 1929 überstand den Zweiten Weltkrieg und die Nachkriegszeit ohne nennenswerte Veränderungen. 1933 und 1934 waren kleinere Korrekturen vorgenommen worden. In der Nachkriegszeit wurden mehrfach durch so genannte Betäubungsmittelgleichstellungsverordnungen weitere synthetische Substanzen dem Opiumgesetz unterstellt. Darüber hinaus blieb das Opiumgesetz aber weitgehend unverändert.

Tatsächlich bedeutete die Opiumgesetzgebung, dass seit den zwanziger Jahren Drogen in Deutschland in zwei rechtlich getrennte Sphären eingeteilt waren: auf der einen Seite Alkohol, Nikotin und andere Genussmittel, die zwar hochgradig rechtlich reglementiert waren, bei denen aber lediglich in Teilbereichen wie etwa dem Jugendschutz Verbote dominierten, während ansonsten alle rechtlichen Bestimmungen den Konsum dieser Stoffe nicht unterbinden, sondern regulieren sollten. In Bezug auf Opiate, Kokain, Cannabis und die anderen im Opiumgesetz aufgeführten Substanzen war vom Gesetzgeber hingegen nur ein medizinischer, nicht aber ein freizeitgemäßer

Gebrauch vorgesehen. Seither kann man die im Opiumgesetz aufgeführten Substanzen als „illegale Drogen" bezeichnen, da jeder nicht therapeutisch begründete Versuch, in den Besitz dieser Substanzen zu gelangen, verboten war. Allerdings war die Strafdrohung und das tatsächliche Kontrollrisiko wesentlich niedriger als heute. Einen Unterschied zwischen den Substanzen – etwa nach dem Risikopotential – kannte das Opiumgesetz nicht. Angesichts der vielen Substanzen, die vom Opiumgesetz reguliert wurden (neben Cannabis und Kokain z.B. auch Amphetamine), war der Name des Gesetzes schon damals irreführend.

Der legale Verbrauch an Opiaten lag in den Nachkriegsjahren zunächst deutlich unter den Vorkriegsmengen. Allerdings finden sich einige Hinweise auf eine erhöhte Zahl Opiatabhängiger in der ersten Nachkriegszeit. Aus den Jahren 1949 bis 1954 liegen mehrere kleinere klinische Studien und Berichte vor, in denen von einer steigenden Zahl von opiatabhängigen Patienten und Patientinnen gesprochen wird. Die vorhandenen Daten zeigen aber, dass es sich dabei nur um Einzelfälle, nicht aber um ein Phänomen größeren Ausmaßes handelte.

Bei der „Commission on Narcotic Drugs" der Vereinten Nationen war im Jahr 1954 mit 5.228 Personen der höchste Stand an „Rauschgiftsüchtigen" in der Bundesrepublik in den fünfziger Jahren verzeichnet. Bis zum Jahr 1959 sank diese Zahl wieder auf 4.558.

Mindestens ein Viertel dieser „Rauschgiftsüchtigen" waren Ärzte, Pfleger oder Angehörige anderer medizinischer Berufe. Der Frauenanteil an den Opiatabhängigen lag zwischen 1953 und 1959 um die 40 %. 60 % der Opiatabhängigen waren zu Beginn des „Alkaloidabusus" zwischen 31 und 50 Jahre alt. Jugendliche Opiatkonsumenten kommen in dieser Statistik so gut wie gar nicht vor. Zeitgenössische Studien kamen deshalb zu dem Ergebnis: „Von einer Gefährdung der Jugend kann nicht gesprochen werden" (Dinkel 1962: 19).

Neben Opium, Morphium, Dolantin und dem erst 1953 dem Opiumgesetz unterstellten Polamidon konsumierten die „Rauschgiftsüchtigen" der fünfziger Jahre noch eine Vielzahl sonstiger im Opiumgesetz erwähnter Stoffe wie etwa Pervitin, Dilaudid und Codein. Das Amphetamin Pervitin war 1941 dem Opiumgesetz unterstellt worden war. So verwundert auch nicht die zeitgenössische Warnung vor den sich wandelnden Konsummustern weg vom reinen Morphinkonsumenten hin zu „polytrop Süchtigen". Das aus den Drogenszenen der zwanziger Jahre bekannte Kokain spielte praktisch keinerlei Rolle mehr, und auch Heroin und Cannabis wurden in den Statistiken aus den fünfziger Jahren nicht erwähnt. Zwischen 60 und 70 % der registrierten Opiatabhängigen erhielten ihre Opiate durch ordentliche Verschreibungen, der Rest durch unerlaubte Handlungen.

Der Tatverdächtigenstatistik des Bundeskriminalamtes zufolge wurden im Jahr 1955 mit 1.536 die meisten Tatverdächtigen wegen Verstößen gegen das Opiumgesetz ermittelt. Bis zum Jahr 1959 sank die Zahl der Tatverdächtigen auf 895. Der Anteil der unter 21 Jahre alten Tatverdächtigen war nahezu bedeutungslos und schwankte zwischen 0,4 und 3,3 %. 1951 kam es zu 339 rechtskräftigen Verurteilungen wegen Verstößen gegen das Opiumgesetz. In den folgenden acht Jahren sank diese Zahl kontinuierlich auf 144 im Jahr 1959 (Ellinger 1974: 27 ff.).

Nach dem Abklingen der Nachwirkungen des Krieges deuteten alle Indikatoren darauf hin, dass der Konsum illegaler Drogen in der Bundesrepublik Ende der fünfziger und Anfang der sechziger Jahre nur noch ein Randphänomen war. So findet sich in einem unter dem Titel „Sucht und Mißbrauch" im Jahr 1964 erschienen Sammelband folgende Einschätzung:

„Wir können uns bezüglich des Opiatmissbrauchs erfreulicherweise kurz fassen, denn das ausgezeichnete Gesetz über den Verkehr mit Betäubungsmitteln vom 10. Dezember 1929 (meist kurz ‚Opiumgesetz' genannt) hat sich als recht wirksam erwiesen. Es hat nicht nur die Opiate so schwer zugänglich gemacht, daß der suchtmäßige Missbrauch fortab in erträglichen Grenzen blieb, sondern über mehrere Änderungsgesetze und eine ganze Anzahl von Verordnungen über die Unterstellung weiterer Betäubungsmittel unter das Gesetz dem Rauschgiftmissbrauch überhaupt wirksame Schranken gesetzt" (Panse 1964: 186).

Und weiter zu Kokain:

„Der Kokainismus, der in den Jahren nach dem Ersten Weltkrieg als Spritz- und Schnupfkokainismus eine beachtliche Rolle spielte, ist aus Deutschland praktisch verschwunden. Es gibt nur noch Einzelfälle, hauptsächlich aus Hafenstädten, die der ausländische Schleichhandel erreicht" (Panse 1964: 187).

Cannabis wurde in diesem Artikel nicht einmal erwähnt, und auch aus den benachbarten europäischen Ländern kamen vergleichbare Berichte. Zusammenfassend lässt sich der Konsum illegaler Drogen in den fünfziger und frühen sechziger Jahren folgendermaßen charakterisieren: Nach einem kurzfristigen Anstieg des Opiatkonsums als direkte Kriegsfolge pendelte sich der Konsum von Opiaten und Opioiden auf sehr niedrigen Werten ein. Cannabis- und Kokainkonsum waren völlig bedeutungslos. Die Gruppe der Opiatabhängigen bestand zu einem großen Teil aus Ärzten und Angehörigen anderer medizinischer Berufe sowie aus Kriegsverletzten und anderen Patienten, die in der Folge längerer Schmerzbehandlung mit Opiaten Abhängigkeitssymptome entwickelt hatten. Nahezu alle Opiatabhängigen waren Erwachsene. Trotz vereinzelter dramatischer Schicksale und warnender Stimmen nahm die bundesdeutsche Gesellschaft diese Phänomene nicht als großes Problem wahr. Der stark ansteigende, an die Trinkmengen zu Beginn des 20. Jahrhunderts wieder anknüpfende Alkoholkonsum und die Zunahme des Zigarettenrauchens waren die wichtigsten Veränderungen der Drogenkonsumgewohnheiten.

Der Anfang: (Wieder-) Entdeckung illegaler Drogen und erste Hilfeversuche (1965 – 1972)

Der Konsum illegaler Drogen stieg erst einige Jahre später, dafür aber um so steiler an. Noch wichtiger ist, dass sich die Konsumentengruppe radikal veränderte: An die Stelle der alten Morphinisten, abhängigen Ärzte und Kriegsverletzten traten auf einmal Jugendliche, die mit in Vergessenheit geratenen Substanzen wie Cannabis und vergleichsweise neuen Stoffen wie LSD zu experimentieren begannen. Die Polizeistatistiken zeigen eindeutig, welch rasante Entwicklung beim Konsum illegaler Drogen in der zweiten Hälfte der sechziger Jahre zu beobachten ist. In der folgenden Grafik ist zunächst der Anstieg der beschlagnahmten Menge Cannabis zwischen 1960 und 1970 dargestellt.

Abbildung 4: Sichergestellte Mengen Cannabis 1960 – 1970 in kg

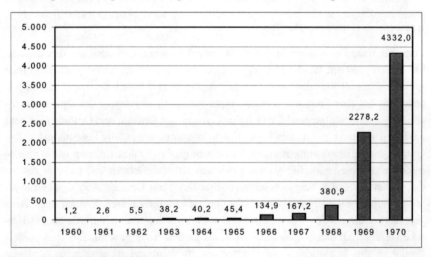

Quelle: Bundeskriminalamt 2001: 111

Zwischen 1960 und 1962 verdoppelten sich die sichergestellten Mengen Cannabis jeweils jährlich. Im Jahr 1963 wurde bereits die sechsfache Menge sichergestellt.

1966 kam es zu einer weiteren Verdreifachung, und in den Folgejahren stieg die beschlagnahmte Menge Cannabis exponential an.

In der folgenden Grafik ist die Anzahl der Tatverdächtigen, gegen die die Polizei wegen Verstößen gegen das Opiumgesetz zwischen 1960 und 1970 ermittelt hat, in Balkenform dargestellt. Gleichzeitig zeigt die Linie den Anteil der unter 21 Jahre alten Tatverdächtigen an der Gesamtgruppe. Beide Indikatoren steigen in der zweiten Hälfte des Jahrzehnts deutlich an. Damit haben sich innerhalb von wenigen Jahren sowohl das Ausmaß des Konsums illegaler Drogen als auch die Art der Drogen (von Morphium und Opioiden zu Cannabis) und vor allem auch die Gruppe der Konsumenten erheblich verändert.

Abbildung 5: Tatverdächtige 1960 – 1970 und Anteil der unter 21-Jährigen

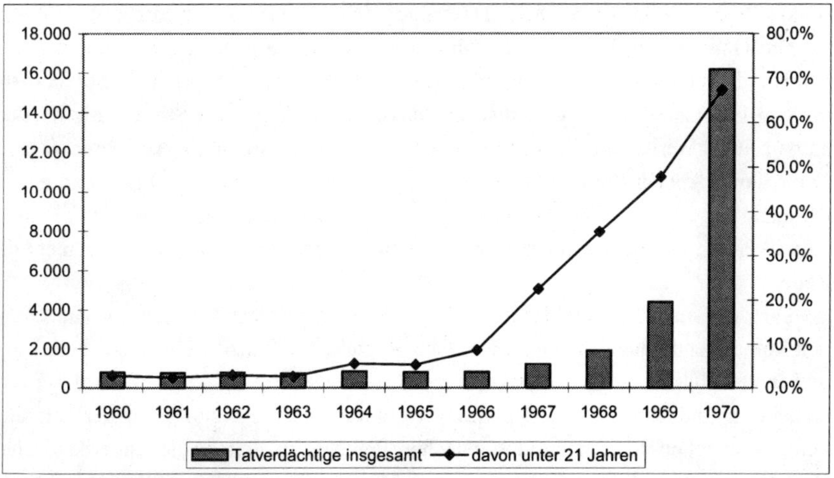

Quelle: Bundeskriminalamt 2001

Hinter diesen Zahlen wird der explosionsartige Veränderungsprozess sichtbar, der ab der Mitte der sechziger Jahre die deutsche Gesellschaft ebenso wie alle anderen westlichen Gesellschaften beschäftigte. Von den USA war die Jugendprotestbewegung in ihren vielfältigen Ausdrucksformen nach Europa und auch nach Deutschland übergeschwappt. Zu diesen Ausdrucksformen gehörten auch neue Formen des Drogenkonsums.

93

Jugendprotest und die Wiederentdeckung illegaler Drogen

In der zeitgenössischen wie auch in der aktuelleren Literatur besteht Einigkeit über den Zusammenhang zwischen der Jugendprotestbewegung und dem Entstehen der modernen Drogenszenen. Beides traf die bundesrepublikanische Gesellschaft unvorbereitet.

Zwar gab es seit 1945 (und auch schon davor) eine Jugenddiskussion in Deutschland, in der Jugend stets als bedrohliches und bedrohtes Element und als Objekt der Fürsorge thematisiert wurde. In der ersten Nachkriegszeit war es die befürchtete „Verwahrlosung" einer „umhervagabundierenden Jugend" (Hafeneger 1994: 102 ff.), die die pädagogische Diskussion beherrschte. In der Mitte der fünfziger Jahre beschäftigten dann die „Halbstarkenkrawalle" die Öffentlichkeit (Kaiser 1959; Wensierski 1985; Baacke 1993: 28 ff.; Hafeneger 1994: 109 ff.; Siegfried 2000).

Die Halbstarken der fünfziger Jahre waren wohl die erste Jugendkultur der jungen Bundesrepublik, die mit ihrem aggressiven Auftreten und ihrem durch Übernahme von Elementen der amerikanischen Massenkultur geprägten Stil die mit Wiederaufbau und Wirtschaftswachstum beschäftigte Bundesrepublik verschreckte und provozierte. Aber insgesamt beteiligte sich nur ein kleiner Teil der Jugend an diesen Cliquen, und ab 1958 ließ die Berichterstattung über die Halbstarken deutlich nach. Von illegalen Drogen ist in den Berichten und Studien über die Halbstarken nicht die Rede.

Dies gilt auch für zur Mittelschicht gehörende, weniger klar abgrenzbare Gruppen von Jugendlichen, die sich nach dem Vorbild der französischen Existentialisten und in Anlehnung an die amerikanische Beat-Bewegung in Jazz-Kellern, Diskussionszirkeln und Kunstakademien trafen (Krüger 1985). Es gibt es in der Literatur keine Anzeichen für ein bundesdeutsches Pendant zu dem in der amerikanischen Beat-Bewegung verbreiteten Konsum von Marihuana und anderen illegalen Drogen. Ohnehin waren in der Bundesrepublik die kulturellen Voraussetzungen für eine künstlerische und philosophische Boheme wesentlich ungünstiger als in den USA und in Frankreich. Alle Ansätze hierzu aus Literatur, Philosophie, Musik und Kunst waren im Nationalsozialismus aus Deutschland vertrieben worden.

Halbstarke und von den französischen Existentialisten geprägte Gruppen sind frühe Beispiele für Jugendkulturen (vgl. Baacke 1993; Schäfers 1994: 177 ff.) in der Bundesrepublik. Schätzungen über die Anzahl an Jugendlichen, die sich zu diesen Szenen zugehörig fühlen, sind schwierig. Insgesamt war sicherlich nur eine Minderheit der Jugendlichen in den fünfziger Jahren in solche Gruppen involviert. So spricht Kaiser von 5 bis 10 % der Jugend, die sich den Halbstarken zurechnen lassen (Kaiser 1959). Krüger (1985) zufolge waren es „allenfalls einige tausend Jugendliche", die zu den ‚Existentialisten' gehörten. Selbst wenn man in Rechnung stellt, dass diese

Jugendkulturen über den Kreis der im engeren Sinn dazugehörenden eine gewisse Ausstrahlung in die gesellschaftliche Breite hatten, so war doch die Mehrheit der Jugend in den fünfziger Jahren von solchen Phänomenen unberührt geblieben.

Schelsky hatte 1957 das bekannte Schlagwort von der „skeptischen Generation" für die Jugend der fünfziger Jahre geprägt, die er durch „Entpolitisierung und Entideologisierung des jugendlichen Bewusstseins" (Schelsky 1957: 84) und durch die Maxime der Anpassung an die „sozialen Handlungsnotwendigkeiten der modernen Gesellschaftsstruktur" geprägt sah.

Knapp zehn Jahre später gab Viggo Graf Blücher der damaligen Jugend das Etikett der „Generation der Unbefangenen" (Blücher 1966). Darin beschrieb er die von ihm untersuchte Jugend zusammenfassend so: „Man ist bemüht, sich dieser Gesellschaft möglichst früh zu integrieren, um an ihren Möglichkeiten voll teilhaben zu können. Anpassung ist das dominante Verhaltensmuster" (Blücher 1966: 403). In eine ähnliche Richtung ging die Analyse Ludwig von Friedeburgs: „Überall erscheint die Welt ohne Alternativen, passt man sich den jeweiligen Gegebenheiten an, ohne sich zu engagieren, und sucht sein persönliches Glück im Familienleben und der Berufskarriere. In der modernen Gesellschaft bilden Studenten kaum ein Ferment produktiver Unruhe. Es geht nicht mehr darum, sein Leben oder gar die Welt zu verändern, sondern deren Angebote bereitwillig aufzunehmen und sich in ihr, so wie sie nun einmal ist, angemessen und distanziert einzurichten" (Friedeburg 1965: 18).

Die Jugendsoziologie der frühen sechziger Jahre sah offensichtlich keine Anzeichen für sich abzeichnende Jugendproteste. „Eine jugendliche Subkultur findet in Deutschland nicht statt" (Blücher 1966: 396). Dem Namen nach schien es sie dennoch zu geben, denn über die „Gammler", deren Erscheinungsbild gleichzeitig bereits die Öffentlichkeit erregte, schrieb Blücher: „‚Gammler' sind Außenseiter" (ebd.: 397). Und weiter: „Auch die Bevorzugung des Jazz-Kellers ist ein Minderheitenproblem – wie denn überhaupt der Jazz im eigentlichen Sinne eine intellektuelle Angelegenheit ist".

Wenige Jahre später warnte der Vorsitzende der Aktion Jugendschutz vor dem zunehmenden Drogenkonsum der „Gammler":

„Wie bei allen Zivilisations-Schädigungen ist besonders die anfällige Jugend in Gefahr, die teils aus Neugier, teils aus Haltlosigkeit Rauschgift zu sich nimmt. Die Gammler, eine internationale Erscheinung, scheinen hier am meisten gefährdet zu sein. Wenn auch unter dieser Bezeichnung verschiedene Gruppen von Jugendlichen zu begreifen sind, kennzeichnet die meisten eine erhebliche Labilität. In undifferenzierter Weise lehnen sie sich gegen die Normen der bürgerlichen Gesellschaft auf, aber mit einer deutlichen Willensschwäche, gewissermaßen saft- und kraftlos. Es sind nicht echte Rebellen, die man packen und zu neuen Zielen führen könnte, sondern müde Meuterer, die mehr resignieren als protestieren. In ihren Kreisen greift man zur Marihuana-Zigarette, zu den braunen Päckchen oder – in letzter Zeit – zu LSD-25!" (Becker 1968: 14).

Der Bruch zwischen den fünfziger Jahren und den jugendsoziologischen Befunden Blüchers und Friedeburgs und der nachfolgenden Protestbewegung hätte nicht größer sein können. Die Literatur über die Jugend- und Protestbewegung der späten sechziger Jahre füllt inzwischen ganze Bibliotheken, und zu jedem Jahrestag des legendären Jahres 1968 erscheinen weitere Bücher und Zeitschriften zu diesem Thema. Dabei steht meist der politische Teil der Revolte – vor allem die Studentenbewegung und die Frauenbewegung – im Zentrum des Interesses. Weit weniger umfassend ist der (sub)kulturelle Teil der Protestbewegung dokumentiert (Tanner 1998).

Wieder einmal waren die Vorläufer in Amerika zu finden. Auf die Beatniks der fünfziger Jahre, zu deren Lebensstil neben ihrer Literatur, Jazz-Musik und dem Mythos des „on the road"-Lebens auch illegale Drogen gehört hatten, folgten in den sechziger Jahren die Hippies, von denen zeitweise der Konsum von Haschisch und LSD zur Lebensphilosophie erklärt wurde. Im Kontext der amerikanischen Studentenbewegung und der Hippies wurden LSD und Cannabis zunehmend beliebt. Bereits 1963 war der Psychologieprofessor Timothy Leary von der Harvard-Universität wegen seiner LSD-Versuche, an denen er immer mehr Studenten beteiligt hatte, entlassen worden. LSD war 1938 von Albert Hofmann erstmals synthetisiert worden, der 1943 durch einen zufälligen Selbstversuch auch dessen psychische Wirkung entdeckte (Hofmann 1993). Seither war dieser sehr potenten Substanz zugetraut worden, ein bedeutsames Medikament im Rahmen psychotherapeutischer Behandlung zu werden.

In diese Richtung gingen zunächst auch Learys Versuche, die sich aber immer mehr zu einer ritualisierten Form des Drogenkonsums wandelten. Nach seiner Entlassung führte Leary seine Experimente in Mexiko und Kalifornien weiter und wurde schnell zu einer Leitfigur für Studenten und Intellektuelle, die seine Lehre von der bewusstseinsverändernden Kraft des LSD übernahmen. Leary verstand es, seine Botschaften auf griffige Formulierungen zu bringen: „Ich rate den Menschen in Amerika heute folgendes: Wenn ihr das Lebensspiel ernst nehmt, wenn ihr euer Nervensystem ernst nehmt, wenn ihr eure Sinnesorgane ernst nehmt, wenn ihr den Energieprozess ernst nehmt, müsst ihr dies tun: Turn on, tune in, drop out" (Leary 1970: 114).

Unter „turn on" verstand Leary, sich durch den Konsum von Marihuana und vor allem von LSD neue Formen des Bewusstseins zu erschließen („Sucht zunächst einmal Fühlung mit euren Sinnesorganen (...). Sucht Fühlung mit eurer zellularen Weisheit. Sucht Fühlung mit dem inneren Universum. (...) Um die innere Weisheit zu finden, muss man sich anturnen" (ebd.: 114). „Tune in" meinte, in die psychedelische Gemeinschaft einzutauchen, dort zu leben und zu arbeiten („Die Hippie-Bewegung, der psychedelische Stil bedeuten eine Revolution in unseren Vorstellungen von Kunst und dem Schöpferischen, die sich direkt vor unseren Augen abspielt. Die neue

Musik, die neue Dichtung, die neue visuelle Kunst, der neue Film ..." (ebd.: 115). „Drop out" schließlich hieß, aus der Mittelstandsgesellschaft auszusteigen („Zieh dich vor allem zurück. Löse dich von dem Ehrgeiz und der symbolischen Triebkraft und den verstandesmäßigen Bindungen, die dich an das momentane Stammesspiel binden (...)" (ebd.: 116). Die – später zurückgenommene – Verurteilung Learys zu 30 Jahren Haft tat der Faszination seiner Botschaften auf seine Anhänger keinen Abbruch, schien sie doch nur zu bestätigen, was Leary selbst ausgeführt hatte: „Alles, was das Bewusstsein verändert, ist eine Bedrohung der etablierten Ordnung" (ebd.: 103).

Die Hippies breiteten sich schnell über die ganze USA aus, wobei Schwerpunkte Kalifornien und die Universitätsstädte blieben. Der Lebensstil der Hippies, die in der Mehrzahl weißen Mittelschichtfamilien entstammten, bestand aus einer Mischung aus Kommunitarismus, freier Sexualität, Folk- und Rockmusik und Drogenkonsum. Mehrere 100.000 Menschen gehörten zwischen 1965 und 1969 in den USA zur Hippie-Bewegung (Yablonsky 1968: 36). Zu der Studentenbewegung in Amerika gab es Überschneidungen, aber auch Differenzen. Von der Bürgerrechtsbewegung über das Free Speech Movement in Berkley im Jahr 1964 und die Aktionen gegen den Vietnamkrieg hatte sich in den USA eine politische Bewegung entwickelt, die mit den Students for a Democratic Society über starke Bastionen an den Universitätsstädten verfügte. Bindeglieder zwischen den politisch aktiven Studenten und der "Counter culture" waren Gruppen wie die Diggers, das Living Theatre oder die Yippies. Drogenkonsum war auch bei den politisch argumentierenden Studenten weit verbreitet. Gitlin hat die Studenten, der in der zweiten Hälfte der sechziger Jahre an die Universitäten kamen, so charakterisiert: „Letztere rauchten Marihuana seit der Mitte der sechziger Jahre, nahmen psychedelische Drogen, fühlten sich der Subkultur wie in San Francisco der Haight Ashbury oder in New York der Lower East Side verbunden und stießen nicht nur zu der Bewegung aus Opposition gegen die politischen Strukturen, sondern auch aus Protest gegen den Rationalismus und die Leistungsgesellschaft" (Gitlin 1998: 59, vgl. auch Schmidtke 1998).

Als Höhepunkt der Hippiebewegung wird üblicherweise das Jahr 1967 mit dem „Summer of Love" angegeben, zu dem die Hippies aus San Francisco aufgerufen hatten (Farrell 1997, Gitlin 1993). Im Sommer 1967 waren die Hippies weltweit bekannt, und immer mehr amerikanische Jugendliche – teilweise ihr Elternhaus verlassende Drop-outs, teilweise nur auf der Suche nach einem abenteuerlichen Sommertrip – strömten in die Zentren. Die Infrastruktur der Hippies brach unter diesem Ansturm zusammen, und insbesondere das brüchige Netzwerk von Unterstützungsinstitutionen wie der berühmten Free Clinic und den „Diggers" schaffte es nicht, mit den durch steigenden Drogenkonsum – statt Marihuana und LSD jetzt auch Amphetamine und Heroin – und zunehmende Gewalt hervorgerufenen Problemen fertig zu werden, so dass der Höhepunkt der Hippiebewegung auch gleichzeitig der Beginn ihres Untergangs war.

Die Attraktivität dieses Modells ging indes weit darüber hinaus. Die kommerzielle Ausnutzung der Hippie-Ästhetik setzte schon ein, als die Bewegung ihren Höhepunkt noch nicht erreicht hatte. „Die Massenmedien – allen voran das Fernsehen, das Radio, Illustrierte, Tageszeitungen, aber auch die seriell und massenhaft produzierten Tonträger selbst – standen im Dienst einer Multiplikation und Ausbreitung jener Ereignisse, in denen ‚counterculture' sich äußerte" (Tanner 1998: 2123). Dadurch kam es zu einer „massenmedialen Proliferation" (ebd.). Stilelemente der Hippiebewegung gingen direkt in den Mainstream der Popkultur der späten sechziger Jahre ein. Studiert man Plattencover aus der zweiten Hälfte der sechziger Jahre, so dominiert die Hippie-Ästhetik, und eine reichhaltige Bezugnahme auf psychedelische Drogen wird erkennbar. Dies gilt nicht nur für direkt den Hippies verbundene Musikgruppen wie etwa Grateful Dead oder Jefferson Airplane, sondern auch für Massenphänomene wie zum Beispiel die Beatles. Nicht anders verhielt es sich mit der Musik selbst, mit den Texten[7], mit der Kleidung und weiteren Accessoires. Der frühe Drogentod einiger Rockidole wie etwa Jimmi Hendrix, Janis Joplin oder Jim Morrisson verminderte den Erfolg der Musik keineswegs, sondern schuf vielmehr einen eigenen Mythos.

Der Export der Rockmusik, der Stilelemente, Ideen und damit auch der Drogen der Hippies verbreitete diese nicht nur in den USA, sondern in der ganzen westlichen Welt. Auch in der Bundesrepublik hatte man von den Hippies gehört, wurden die Schallplatten der amerikanischen und englischen Rock- und Popmusik gekauft und die neuen Botschaften – von „make love not war" bis hin zu „turn on, tune in, drop out" vernommen. Gegenkulturelle Jugendkulturen wurden in mehreren Staaten Westeuropas sichtbar. Von ihren Vorgängern in Europa, den Gammlern, unterschieden sich diese gegenkulturellen Strömungen dadurch, dass sich lebensstilbezogene Elemente mit politischen Forderungen mischten. Mit der Subkultur (Schwendter 1971) breitete sich gleichzeitig der politische Protest aus.

In Deutschland wurde die Protestbewegung der zweiten Hälfte der sechziger Jahre durch die Studentenbewegung und die Außerparlamentarische Opposition (APO) geprägt, deren politische Dynamik die junge Republik nachhaltig erschütterte. Angefacht wurde dieser Protest zusätzlich durch den Vietnam-Krieg und die Berichte aus

---

7 Um nur einige Beispiele für Musikstücke mit einem klaren Drogenbezug zu nennen: „Mother's Little Helper" von den Rolling Stones von 1966, Jefferson Airplane mit „White Rabbit" aus dem Jahr 1967, „The Wind Cries Mary" von Jimi Hendrix, „Pictures of Matchstick Men" von 1968, mit dem Status Quo in England den „psychedelic pop" begründete, oder „Lucy in the Sky with Diamonds" von den Beatles aus dem Jahr 1967 (vgl. Faulstich 1985, Tanner 1998).

den USA und anderen Ländern über dortige Studentenbewegungen. Angeführt wurde der Protest in Deutschland vor allem von dem theoriegeschulten Sozialistischen Deutschen Studentenbund (SDS) (vgl. Fichter/Lönnendonker 1979; Brand/Büsser/ Rucht 1986: 54-74; Scheerer 1988).

Bereits in der ersten Hälfte der sechziger Jahre gab es Protestaktionen in einzelnen Universitäten. Den Beginn der heißen Phase der APO markierten 1964 die Demonstrationen gegen den Tschombé-Besuch in Berlin und inneruniversitäre Auseinandersetzungen im Jahr 1965. Die Demonstrationen gegen den Besuch des Schah von Persien, bei denen der Demonstrant Benno Ohnesorg von einem Polizisten erschossen wurde, führten zu einer Mobilisierung weit über die Berliner Universität und den SDS hinaus. Auf das Attentat auf Rudi Dutschke, des von der Presse zum Bürgerschreck stilisierten Anführers des antiautoritären Protestes, folgten 1968 die bis dahin größten Unruhen in Deutschland. Die Osterunruhen 1968 mit den gewalttätigen Demonstrationen gegen den Springer-Konzern waren einerseits Höhepunkt, andererseits aber auch die Bruchstelle der Revolte: Zu einer einheitlichen Vorgehensweise fand die Studentenbewegung nach 1968 nicht mehr, vielmehr löste sie sich in mehrere unterschiedliche Fraktionen auf. 1970 beschloss der SDS bei seiner letzten Versammlung in der Universität in Frankfurt am Main seine Selbstauflösung.

Mit diesen knappen Fakten ist die Geschichte der Außerparlamentarischen Opposition umschrieben. Der Veränderungsprozess, der zwischen diesen Jahreszahlen die Bundesrepublik erfasste, ging allerdings weit über eine zeitweilige Mobilisierung linker Studenten hinaus. Der Seminarmarxismus des SDS, die Beschäftigung mit der Kritischen Theorie und der Streit um die Organisationsstrukturen der Revolte blieben auf eine vergleichsweise kleine Gruppe von Studenten und Intellektuellen beschränkt. In der zweiten Hälfte der sechziger Jahre vollzog sich ein tiefgreifender Wandel auf nahezu allen gesellschaftlichen Ebenen, der zunächst als Jugendphänomen wahrgenommen wurde:

„Beat- und Rockmusik, nicht zu vergessen die Pille, setzen auch hierzulande eine kulturelle und sexuelle Revolution in Gang. Die traditionellen Geschlechtsrollen verwischen sich, nicht nur bei den Jugendlichen der Mittelschicht. Der Kampf um die langen Haare, um Jeans und Gammellock, wird zum Vehikel der Emanzipation von autoritärer Kontrolle in Familie, Schule, Betrieb und Öffentlichkeit. Hedonistische Werte treten in den Vordergrund, verstärkt durch einen Freizeit- und Konsummarkt, der sich die Jugendlichen, über die Kommerzialisierung jugendspezifischer Attribute und Stile, in zunehmenden Maße als Käuferschicht erschließt" (Brand/Büsser/Rucht 1986, 59).

Die subkulturellen Aspekte der Revolte wie etwa die Kommunebewegung, sexuelle Freizügigkeit, die neuen Agitationsformen wie Happenings, Teach-ins, Straßentheater und Demonstrationen mit einkalkulierten Regelverletzungen und symbolischen Provokationen fügten sich in einen gesellschaftlichen Transformationsprozess, der die studentische Avantgarde einerseits beflügelte und den sie andererseits vorantrieb.

Im Rahmen dieses Transformationsprozesses veränderte sich auch die Einstellung weiter Teile der protestierenden Jugend zu Drogen:

„Zwischen 1965 und 1969 erfreut sich Haschisch in der antiautoritären Protestbewegung wachsender Beliebtheit. ‚Kiffen' ist zunächst eine Art Geheimtip für Eingeweihte. (...) Haschisch gilt als entkonditionierende Droge, die den Abstand zwischen der vom ‚System' manipulierten Alltagserfahrung und der möglichen Fülle freier, befriedigender Kommunikation sichtbar macht. Systemveränderung, so die ambitionierte Zielvorstellung, setzt Bewusstseinsveränderung voraus und verlangt insofern nach konkreten Utopien, die den angestrebten Zustand bereits ‚hier und jetzt' sichtbar machen: Entwicklung der schöpferischen Fähigkeiten des Menschen, Solidarität, Genussfähigkeit" (Wolffersdorff-Ehlert 1989: 376).

Für einen kurzen Moment schien alles eins zu sein: die Auflehnung gegen das Elternhaus, die Suche nach neuen Lebensformen, der Protest an den Hochschulen, fernöstliche Meditationstechniken, Musikfestivals, politische Theorie, politisches Engagement und die Suche nach privatem Genuss: „Selbst zwischen Haschisch und Vietnam machte sich eine Querverbindung bemerkbar – das Gift unterhöhlte den ‚Leistungswillen' der GI's" (Siepmann 1986: 648).

Mit dem Zerfallen der Studentenbewegung war dieser kurze Moment aber auch schon wieder vorbei. Die Fraktionierung in viele unterschiedliche Lager, die sich bereits im Sommer 1968 andeutete, kam zu einem Zeitpunkt, als „mehr Menschen denn je zur APO stießen, mit ihr zu sympathisieren begannen oder überhaupt erst (in der Provinz) von ihr hörten" (Scheerer 1988: 278). Gleichzeitig kamen im Rahmen mehrerer „Randgruppenkampagnen" wie etwa der „Heimkampagne" auch Menschen mit den Resten der Protestbewegung in Kontakt, die aus völlig anderen Schichten stammten und für die es keine Möglichkeit zu einer Rückkehr in die akademisch-bürgerliche Welt gab.

Ein Teil der vormals antiautoritären Studenten entdeckte die Arbeiterklasse neu und schloss sich kaderförmig geführten marxistischen Parteien wie der KPD/ML, der KPD/AO oder der DKP an.. Andere reihten sich in die SPD ein, die seit Oktober 1969 erstmals im Nachkriegsdeutschland die Regierung anführte und mit Willy Brandt den Kanzler stellte. Viele Frauen engagierten sich in der Folgezeit in der neuen Frauenbewegung. Ein weiteres Zerfallsprodukt der Studentenbewegung war der bewaffnete Kampf, den die Bewegung 2. Juni und vor allem die Rote Armee Fraktion (RAF) begannen und der die Bundesrepublik in den siebziger und achtziger Jahren in Atem hielt (vgl. Scheerer 1988). Für einen anderen Teil folgten auf den Straßenkampf der APO mystische und esoterische Erfahrungen in Indien, bei verschiedenen Sekten und Religionen. Andere Gruppierungen wie etwa der Revolutionäre Kampf (RK), aus dem später die Spontis hervorgingen, arbeiteten – nach dem Scheitern der Politisierung der Arbeiterklasse – am Aufbau eines gegenkulturellen Milieus, aus dem später die Alternativbewegung hervorging (Koenen 2001).

Ein weiteres Zerfallsprodukt der Jugend- und Protestbewegung der zweiten Hälfte der sechziger Jahre war das Entstehen von Szenen, in denen der Konsum von Drogen immer mehr in den Vordergrund trat und allmählich Cannabis, LSD und Amphetamine durch härtere Substanzen wie Opium, Morphium, diverse Arzneimittel, die berühmt gewordene „Berliner Tinke" (ein Gebräu, das vor allem aus Morphiumbase und Essigsäure bestand) und dann auch durch Heroin ersetzt wurden.

Für die meisten theoretischen Köpfe der Revolte war mit der Gründung diverser „proletarischer" Parteien die Suche nach Bewusstseinsveränderung durch psychotrope Substanzen zu Ende. Jetzt war es wichtiger, pünktlich zur Frühschicht am Fabriktor zu stehen, um die Arbeiter agitieren zu können. Auch die Aktivisten, die zu dem von Dutschke geforderten „langen Marsch" durch die Institutionen aufbrachen, ließen ihre Drogenexperimente hinter sich. Viele, die sich in das Privatleben zurückzogen, nahmen ihre Haschischpfeife mit in ein öffentlich nicht weiter auffälliges Leben.

Dieser Rückzug war insbesondere denjenigen versperrt, die im Zuge der „Heimkampagnen" und anderer Formen der „Randgruppenarbeit" kurzfristig von Teilen der Protestbewegung als neues revolutionäres Subjekt entdeckt und danach meist ebenso schnell wieder aufgegeben worden waren. „Diese fluktuierenden und ohne den Hintergrund einer gesicherten bürgerlichen Auffangexistenz in die Protestbewegung hineingeratenen Gruppen sind es, die schließlich zum wichtigsten Reservoir der zu diesem Zeitpunkt aufkommenden ‚harten Drogensubkultur' wurden" (Gerdes/Wolffersdorff-Ehlert 1974: 50).

Die Verbindung zwischen Revolte und ansteigendem Drogenkonsum wurde am deutlichsten aufrechterhalten im „Berliner Blues", einer losen Gruppierung von radikalisierten Jugendlichen aus der Berliner Politik- und Drogenszene, die militante Politik mit wilden Drogenexzessen kombinierten. Michael („Bommi") Baumann berichtet in seinem Buch „Wie alles anfing", wie seit 1968 der Drogenkonsum in seinem Umfeld zunahm:

„Ich habe vorher schon mal einen Joint durchgezogen, aber es war eben echt wenig da, oder mal einen Trip genommen oder so – und denn in der Zeit wurde immer mehr Dope genommen. Da waren auch bei uns in der Wielandkommune Leute drin, die gesagt haben, nur noch Dope nehmen und dann kommunizieren lernen. Die haben dann im Kreis gesessen und zusammen geraucht und gesagt, wie toll wir sind. Wir haben gesagt, auch noch das Dope in die Praxis integrieren, keine separaten Geschichten mehr, sondern eine totale Zusammenfassung, also über diese Sache, daß der neue Mensch im Kampf entsteht" (Baumann 1975: 50).

1969 tauchten in Berlin die ersten Flugblätter auf, die vom „Zentralrat der umherschweifenden Haschrebellen" unterschrieben waren („Haschisch, Opium, Heroin für das schwarze Westberlin!") und zu öffentlichen Smoke-in's aufriefen.

„War ja 'ne gute Zeit, der ganze Sommer 69 bis Anfang 70, fast ein Jahr sind wir denn durch Berlin gezogen. Du hattest denn nur noch ein Stückchen Shit in der Tasche, und einen Dietrich und ein bißchen Geld und hattest ein paar bunte Sachen an, und so ist immer ein Trupp von Leuten herumgezogen" (ebd.: 55). Eine der Haupteinkommensquellen war der Verkauf von Drogen: „(...) wir haben selbst auch gedealt, von irgendwas mußt Du ja leben; wie haben zich Leute gekannt, an die wir Shit verkauft haben, das war ja das einzige, was wir überhaupt noch hatten."

In der Geschichte des „Berliner Blues" deutet sich das Entstehen „harter" Drogenszenen, die wenige Jahre später die Diskussion beherrschen sollten, bereits deutlich an. Insgesamt wird der Zusammenhang von Jugend- und Protestbewegung und dem Entstehen der ersten Drogenszenen heute im Rückblick gelegentlich unter- und manchmal auch überschätzt. Vogt verweist darauf, dass sich weder in amerikanischen noch in deutschen Befragungen drogenkonsumierender Jugendlicher aus dieser Zeit eine explizit politische Begründung für den Drogenkonsum finden ließ und sich vielmehr zeigte, dass diese „mehr oder weniger durch Zufall" an die neuen Drogen geraten waren und keine rationale Erklärung dafür geben konnten (Vogt 1975: 11).

Zu diesem Ergebnis kam auch eine der ersten empirischen Studien über Drogenkonsumenten, die zwischen 1969 und 1970 vom Institut für gerichtliche und soziale Medizin der Freien Universität Berlin mit 237 Konsumenten illegaler Drogen – darunter 72 Frauen und 165 Männer – durchgeführt wurde (Bschorr 1973). Das Durchschnittsalter lag bei den Männern bei 22,7 und bei den Frauen bei 22,1 Jahren. Zum ersten Mal hatten die männlichen Drogenkonsumenten im Alter von 20,0 Jahren und die Frauen im Alter von 19,2 Jahren illegale Drogen probiert.

Gut 60 % der Befragten waren Schüler und Studenten und ganze 13,5 % Arbeiter oder Lehrlinge. Der Rest bestand aus Angestellten und anderen Berufsgruppen. Jeder Sechste hatte die angegebene Beschäftigung – Beruf oder Ausbildung – inzwischen aufgegeben und lebte vom Kleinhandel mit Drogen oder von fremder Unterstützung.

Hinsichtlich der konsumierten Drogen dominierten eindeutig Cannabisprodukte, die von 99 % der männlichen und 97 % der weiblichen Befragten angegeben wurden, und LSD und andere Halluzinogene wie DOM und Mescalin, die von 51 % der Männer und 42 % der Frauen genannt wurden. Zwischen 16 und 17 % hatten Opiate probiert, wobei sich diese Erfahrungen in den meisten Fällen auf Rohopium beschränkten. Ganze 12 der 237 befragten Drogenkonsumenten – neun Männer und drei Frauen – hatten schon einmal Heroin genommen. Dies entspricht einem Anteil von 5 % der Gesamtstudie. Das Spektrum der konsumierten Drogen wurde ergänzt durch verschiedene Arzneimittel wie das verschreibungspflichtige Captagon und das in Apotheken frei verkäufliche AN1, ein Amphetaminprodukt.

Auf die Frage nach den Motiven des Drogenkonsums wurde in der Reihenfolge der Häufigkeit die „Freude an Erlebnis- und Genußsteigerung", „emanzipatorische Motive", „Selbstbehandlung eigener seelischer Schwierigkeiten", „Angleichen an das Verhalten von Freunden und Bekannten" und schließlich – auf dem fünften Rang – „Protest" genannt (Bschorr 1973: 32). Zur letzten Motivgruppe schreibt Bschorr:

„Wenn man die Antworten und ihre Hintergründe genauer prüft, stellt sich meist heraus, daß diese Protesthaltung allgemeiner Ausdruck eines phasenabhängigen Verhaltensmusters ist, das insbesondere die Ablehnung von Autoritäten wie Eltern, Lehrer und Vertretern der Obrigkeit einschließt. Diesen Autoritäten wird zum Beispiel der Vorwurf gemacht, daß sie bei Diskussionen über Rauschmittel nicht in der Lage seien, mit konkreten Sachargumenten zu arbeiten, sich vielmehr bei ihren Verboten allein auf ihre Autorität und auf veraltete Gesetze und Ideale berufen. Es zeigte sich bei der Auswertung der Fragebogen, daß Protestmotive als Anlass zum Rauschmittel-Konsum keineswegs die ihnen häufig zugeschriebene Bedeutung haben. Allerdings ist ebenso unverkennbar, daß die überwiegende Zahl der Konsumenten mit den herrschenden gesellschaftlichen Verhältnissen unzufrieden ist, ohne jedoch auf konkrete Alternativprogramme festgelegt zu sein" (Bschorr 1973: 34 ff.).

Offensichtlich waren es nicht die politischen Anführer der Studentenbewegung, die die entstehenden Drogenszenen dominierten. Allenfalls eine vage Nähe zu den Zielen und Methoden der außerparlamentarischen Opposition und ein allgemeines Aufbegehren gegen die Autoritäten im Elternhaus, in der Schule und in der Universität zeichneten die sich verfestigenden Drogenszenen Ende der sechziger Jahre aus.

Kreuzer hatte es bei seinen 1972 in Hamburg durchgeführten Interviews mit Drogenabhängigen schon leichter, heroinerfahrene Fixer zu finden. 29 der 40 von ihm befragten intravenösen Drogenkonsumenten hatten bereits Erfahrungen mit Heroin gemacht. Allerdings war Heroin auch in seiner Stichprobe nicht das bevorzugte Opiat. Dominierend waren die diversen Opioide, die aus Apothekeneinbrüchen stammten. Bundesweit hatte es 1971 mehr als 2.700 Apothekeneinbrüche gegeben. In der Folge wurden die Sicherheitsbestimmungen für Apotheken deutlich verschärft. 1973 war die Zahl der Apothekeneinbrüche auf weniger als die Hälfte zurückgegangen (Kreuzer 1975: 249).

Um das Jahr 1973 wurde Heroin zur dominierenden Droge[8] auf den bundesdeutschen Drogenszenen. So berichtete zum Beispiel die Polizei in Bezug auf Frankfurt am Main:

„Während Anfang des Jahres in Frankfurt noch Morphinsulphat-Tabletten üblichster Suchtstoff waren, hat Heroin innerhalb der letzten zwei Monate allen Abhängigkeiten erzeugenden Drogen den Rang abgelaufen. (...) Pharmazeutische Betäubungsmittel sind fast überhaupt nicht mehr zu finden, was mit der bisher rückgehenden Zahl an Apothekeneinbrüchen in Einklang steht. Der Markt ist offenbar mit Heroin gesättigt, so daß für Pharmaka – abgesehen von einigen Betrügereien mit Beruhigungsmitteln – kaum noch Bedarf besteht" (Loos 1973).

Jedenfalls hatte sich innerhalb weniger Jahre ein fundamentaler Wandel in Bezug auf den Konsum illegaler Drogen vollzogen. An die Stelle der klassischen Morphinisten waren in der zweiten Hälfte der sechziger Jahre junge Schüler, Studenten und dann

---

8   Cannabis ist bei diesem Umstellungsprozess nicht etwa verschwunden, sondern es hat lediglich seine Bindung an die großstädtischen Drogenszenen verloren und ist statt dessen in immer weitere Bereiche der Jugendkultur eingedrungen.

auch die ersten Lehrlinge getreten, die zudem ihre verbotenen Drogen nicht heimlich konsumierten und daneben versuchten, ein bürgerliches Leben aufrechtzuerhalten, sondern die sich öffentlich zu ihrem Konsum bekannten und sich teilweise als Dropouts aus der Leistungsgesellschaft verabschiedeten. Diese neue Art des Drogenkonsums, zu der eine neue Gruppe von Konsumenten mit veränderten Drogenkonsummustern und für die Bundesrepublik neuartigen Selbstdeutungen gehörte, weist durchaus auf „problematisierbare Verhältnisse" hin, die dann als modernes Drogenproblem in einer ganz besonderen Form konstruiert wurden.

Die Reaktion der Öffentlichkeit

Parallel zum Anstieg des Konsums illegaler Drogen in Deutschland stieg auch das Interesse der Öffentlichkeit an diesem neuartigen Phänomen. Die Zahl der Veröffentlichungen zu illegalen Drogen nahm in der zweiten Hälfte der sechziger Jahre sprunghaft zu, wie die folgende Abbildung[9] zeigt.

Abbildung 6: Deutschsprachige Veröffentlichungen zu illegalen Drogen 1950 – 1975

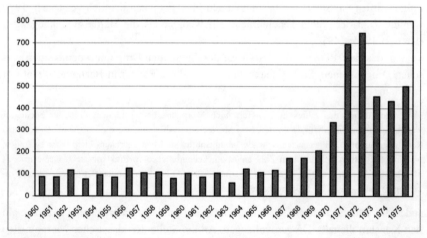

Quelle: Hefele 1988: XXXI

---

9 Die Daten, die dieser Grafik zugrunde liegen, stammen aus einer umfangreichen Bibliographie zu illegalen Drogen und umfassen alle deutschsprachigen Publikationen zwischen 1950 und 1975.

104

Sucht man nach Akteuren, die an der Konstruktion des modernen Drogenproblems beteiligt waren, so lohnt bereits ein Blick in die Tagespresse der damaligen Zeit. Bühringer beschrieb die Flut der Presseveröffentlichungen zum Thema Drogenkonsum folgendermaßen: „Betrachtet man heute die Berichterstattung der Tageszeitungen im Zeitraum um 1970, muß man den Eindruck gewinnen, daß die BRD von einer Rauschgiftwelle ‚dramatischen‘ Ausmaßes überrollt wurde. Auch seriöse Zeitungen übernahmen diesen Tenor" (Bühringer 1981: 49). Nun mag man darüber streiten, ob der Anstieg des Konsums illegaler Drogen dramatisch war oder nicht, aber die zunehmenden Veröffentlichungen in der Fachliteratur und in den Massenmedien zeigen, dass das Thema in der Öffentlichkeit spätestens ab 1969 breit dargestellt, diskutiert und kommentiert wurde.

Vor allem in den Massenmedien und in der Boulevardpresse überwog dabei eine sensationsheischende Art der Berichterstattung. Titel wie „Sex-Raserei in der Rauschgift-Hölle", „Lustfeten der Hasch-Apostel", „Eine Rauschgiftlawine bedroht Deutschland" und „Erklärt dem Rauschgift den Krieg" erschienen zwischen 1969 und 1971 in der Bild-Zeitung und in der Neuen Revue und sind nur ein kleiner Ausschnitt aus dem medialen Echo, das die entstehenden Drogenszenen fanden. Der Spiegel brachte zum Beispiel 1969 unter der Überschrift „Tibet ist überall" eine Titelgeschichte über den zunehmenden Haschischkonsum, in der auch eine mit Fotos unterlegte Anleitung zum Drehen von Joints enthalten war (Tibet 1969). Nach dem Höhepunkt der Studentenunruhen schien Haschisch zum medialen Schreckgespenst zu avancieren. So hieß es etwa in dem Spiegel-Bericht von 1969:

„Die jungen Rebellen ‚kiffen‘, ‚koksen‘, ‚dröhnen‘, ‚turnen on‘. Sie erschrecken die Eltern-Generation, die sich eben erst vom Schock des Studenten-Aufruhrs zu erholen beginnt, neuerdings mit einem uralten ‚Freudenspender‘, wie die Orientalen ihn einst nannten – und er kommt den Bürgern dieses Landes fast noch unheimlicher vor als Straßenschlachten und Molotow-Cocktails: Haschisch, von den Eingeweihten ‚Hasch‘ oder ‚Shit‘ genannt, oder einfach nur ‚Stoff‘" (ebd.: 76).

In Bezug auf die Struktur der Berichterstattung in der Tagespresse liegen Untersuchungen für die Jahre 1970 (Gaedt/Gaedt/Reuband 1976) und 1971 (Wormser 1976) vor. So kommen Gaedt/Gaedt/Reuband nach der Inhaltsanalyse von 2.001 Zeitungsartikeln aus dem Jahr 1970 zu dem Ergebnis, dass „der Leser nur mit einem Ausschnitt des Phänomens" konfrontiert wird:

„Dieser Ausschnitt ist keineswegs repräsentativ, sensationelle Fälle mit relativ extrem abweichendem Verhalten sind in den Meldungen überrepräsentiert. Wo eine Wertung manifest ist, wird der Konsument von Rauschmitteln fast ausschließlich mit negativen Attributen belegt und die benutzten Rauschmitteln in undifferenzierter, wiederum fast ausschließlich negativer Weise dargestellt. Das Phänomen des Rauschmittelkonsums wird dem Leser somit in einer Weise präsentiert, die ihn – sofern er der Berichterstattung vertraut – zu einer negativen Reaktion auf dieses Phänomen hin prädestiniert" (Gaedt/Gaedt/Reuband 1976: 104).

In ihrer Analyse weisen Gaedt/Gaedt/Reuband auch darauf hin, dass in der Tagespresse oft Fachleute befragt und zitiert wurden, die als „Experten" zu dem neuartigen Phänomen Stellung nahmen. Ein Drittel dieser Experten waren Politiker, ein weiteres Drittel Mediziner und 14 % Polizisten. Davon ausgehend, dass diese Experten ihre Definition des Drogenkonsums vermittelten, kommen die Verfasser zu dem Schluss: „Diese Experten setzen sich in erster Linie aus Politikern, Polizeibeamten und Medizinern zusammen, deren Definition des Konsums dürfte zwischen einer Kriminalisierung und Pathologisierung des Phänomens liegen" (Gaedt/Gaedt/Reu-band 1976: 104; vgl. auch Wormser 1976). Die Studie von Gaedt/Gaedt/Reuband enthält somit erste Hinweise auf weitere Akteure, die für die Konstruktion des modernen Drogenproblems bedeutsam waren.

Boulevard-Presse und seriösere Presse unterschieden sich hinsichtlich der Ernsthaftigkeit und Genauigkeit, nicht aber hinsichtlich des besonderen Interesses, das sie dem neuen Drogenkonsum unter Deutschlands Jugendlichen entgegenbrachten. Betrachtet man heute rückblickend die Artikel, die damals erschienen sind, so muss man überrascht zur Kenntnis nehmen, dass ein Großteil der Argumente des drogenpolitischen Streites, der gelegentlich bis heute immer wieder aufflackert, bereits 1970 benannt war. Während in der Tagespresse übertriebene Horrorszenarien bezüglich der Wirkung einzelner Drogen – genau genommen ging es eigentlich zu dieser Zeit immer um Cannabis und ansatzweise um LSD – beschrieben wurden, zu denen sowohl körperliche und psychische Folgeschäden, Kriminalität und der Umstieg auf andere Drogen gehörten, wurden in der liberalen Wochenpresse Ansätze diskutiert, die auch heutige drogenpolitische Debatten prägen: differenzierte Vergleiche der Gefährlichkeit von Alkohol und Cannabis, die Unterschiede zwischen so genannten weichen und harten Drogen und Ideen zur Freigabe zumindest der weichen Drogen.

Für Aufsehen sorgte eine Artikelserie von Leonhardt, die 1969 in der „Zeit" erschien und in der der Autor für einen gelassenen Umgang mit dem Phänomen des jugendlichen Haschischkonsums und für Legalisierungskonzepte eintrat. Kontrovers diskutiert wurde auch der von Leonhardt (1970) herausgegebene „Haschischreport". Lennertz veröffentlichte 1970 Forschungsergebnisse, denen zufolge Haschischkonsumenten weniger für Vorurteile anfällig waren als altersgleiche Jugendliche, die kein Cannabis konsumierten (Lennertz 1970). Schließlich erschienen 1970 mehrere Veröffentlichungen aus dem akademischen Bereich, die in eher feuilletonistischer Art zum Cannabiskonsum Stellung beziehen.

So versuchte der Hannoveraner Psychologieprofessor Brückner, den „gesellschaftlichen Stellenwert des Haschisch-Konsums zu bestimmen" (Neumann 1970: 10; Brückner 1970). Dabei analysierte er vor allem positive Aspekte des Cannabis („Gerade Haschisch kann hier den gesellschaftlich produzierten Zustand der Unruhe, Haltschwäche, Zerstreuung, Frustration wohltuend unterbrechen – im Sinne etwa der schöpferischen Regression der Psychoanalyse" (Brückner 1970: 167)) und versuchte somit, den in der „Neuen Linken" aufkommenden Eskapismus-Vorwurf zu entkräften. Die negativen Folgen von Haschisch und LSD sah er vor allem in der Kriminalisierbarkeit: „Solange der Handel mit Haschisch und sein Konsum kriminalisierbar bleiben, drückt das System der Dealer, der selbst kriminellen Importeure, der Polizisten, Staatsanwälte und potentiellen Rechtsbrecher den Raucher mit Gewalt in Gegengesellschaft: Ein Druck, dem sich zu entziehen nicht leicht ist. Erst als Kriminelle werden aus kleinen Gruppen, die Haschisch bei sozialen Anlässen befriedigt rauchen wollten, Sekten, die sich gegen jedermann abschließen müssen, der ihre Gebräuche nicht teilt" (Brückner 1970: 168).

Während Brückner hier in Übereinstimmung mit dem Drogen konsumierenden Teile der Protestbewegung argumentierte, erschien 1970 eine weitere Veröffentlichung aus dem akademischen Bereich, die einen klaren Trennungsstrich zur Protestbewegung formulierte. Erwin K. Scheuchs Pamphlet über „Haschisch und LSD als Modedrogen" war eine Kampfschrift gegen den vom Autor so genannten „Pop-&-Porno-Sozialismus", wozu laut Scheuch neben Drogenkonsum auch der Westdeutsche Rundfunk, die Zeitschriften „Zeit", „Konkret" und „Pardon", die Anerkennung der DDR, die Drittelparität an den Hochschulen, Pornographie und antiautoritäre Kinderläden gehörten (Scheuch 1970: 7). Seine Aussagen über Haschisch und LSD waren ebenso einfach wie drastisch: „In einfachem Deutsch: Dauerbenutzer von Haschisch scheinen faul, stumpf und unterwürfig zu werden" (ebd.: 47). Er bestätigte alle negativen Urteile, die seit den sechziger Jahren bis heute über Cannabis im Umlauf sind: Haschisch führe zur Hasch-Psychose, mache aggressiv, begünstige Umsteige-Effekte auf Heroin, führe zu irreversiblen Nervenschädigungen und vor allem zur Lethargie. Demgegenüber ignorierte er die Risiken des Alkoholkonsums fast völlig. Über Heroin berichtete Scheuch aus den USA: „Nach etwa dreiwöchigem Konsum der Droge dürfte bei unserem heutigen Wissen Heroinsucht unheilbar sein" (ebd.: 66).

Interessant dabei ist, wie Scheuch und Brückner die Frage nach den möglichen Risiken des Konsums von Haschisch zu einer ideologischen Frage machten. Scheuch benutzte selbst mehrfach den Begriff „Kulturkampf". Zwar forderte er einerseits eine „nüchterne Bestandsaufnahme", da nur so die Chance bestehe, „in einer emotional stark angeheizten Situation noch durch die gegenseitigen Voreingenommenheiten durchzudringen" (ebd.: 9). Dabei wurde er aber andererseits selbst zum Kulturkämpfer, für den sich alle Streitfragen der sechziger und siebziger Jahre verquickten und die Drogenfrage zum Katalysator wurde.

Die öffentliche Debatte um Haschisch und andere illegale Drogen war bereits 1970 durch extreme Polarisierung gekennzeichnet: Auf der einen Seite standen Journalisten und Wissenschaftler, die vor Dramatisierung und Kriminalisierung warnten und Verständnis für diese neue Form des jugendlichen Drogenkonsums zeigten. Auf der anderen Seite hingegen standen all diejenigen, die auf die Gefahren der neuen Drogen hinwiesen. Zwischen diesen Fraktionen entwickelte sich schnell eine öffentliche Auseinandersetzung, die durch Polemik, Verallgemeinerungen und Ideologie gekennzeichnet war. Die frühe Debatte über Haschisch, deren Bedeutung für die Konstruktion des modernen Drogenproblems nicht zu unterschätzen ist, fand in einer Akteurskonstellation statt, die an die sonstigen ideologischen Auseinandersetzungen der späten sechziger und früher siebziger Jahre nach dem Ende der Studentenbewegung anschloss.

Während Scheuch und Leonhardt ihre Positionen in einem eher feuilletonistisch geprägten Umfeld vortrugen, erreichte die Debatte eine größere praktische Bedeutung durch die Beschäftigung der deutschen Ärzteschaft mit dem Thema. So warnte vor allem der Berliner Nervenarzt Kleiner seit 1969 in mehreren Artikeln vor dem zunehmenden Rauschgiftmissbrauch bei Jugendlichen (Kleiner 1969a, 1969b, 1971; vgl. auch Wanke 1971a, 1971b; Täschner/Wanke 1972). Dabei berief Kleiner sich auf „etwa 50 in unterschiedlichem Grade drogenkranke oder rauschgiftsüchtige Jugendliche bzw. Heranwachsende", zu denen er im Rahmen seiner Arbeit in einer Kinder- und Jugendpsychiatrischen Beratungsstelle und in Jugendgerichtsverfahren Kontakt gehabt hatte, sowie auf Zahlen der Berliner Polizei, die einen Anstieg der Verstöße gegen das Opiumgesetz und eine Verschiebung der Konsumentengruppe andeuteten. Zur Interpretation dieser Zahlen machte er sich die Metapher von der „Rauschgiftwelle" zu eigen: „Es ist schwer zu sagen, ob sie von den USA ausgegangen ist, deren Rauschgiftsituation man mit ‚katastrophal' kaum besonders dramatisch apostrophiert, oder ob wenigstens der Gebrauch bestimmter Stoffe (der Amphetamine) von der schwedischen Jugend ‚erfunden' worden ist. Sicher ist, daß diese Welle England und Skandinavien längst überrollt und schwerwiegende Probleme mit sich gebracht hat, und sicher ist, daß sie auch die Bundesrepublik erreicht hat, die ja auf dem Importweg des Haschisch aus dem Orient nach Norden liegt" (Kleiner 1969a: 207).

Zwar beschränkte auch Kleiner die „Rauschgiftwelle" zum damaligen Zeitpunkt auf Haschisch, aber dessen Risiken schilderte er um so gravierender. Zu diesen Risiken gehörten laut Kleiner eine „soziale Infektiosität und Weiterverbreitung in Gruppen, speziell in Kreisen und Subkulturen Jugendlicher" (ebd.: 209), massiv und schnell fortschreitende psychische Depravation (von Kleiner beschrieben als „psychischen und sozialen Niveauverlust") und die „Schrittmacherfunktion", also der Übergang zum Konsum weiterer und gefährlicherer Drogen inklusive Heroin. Mediziner wie Kleiner führten auch die aktuellen Definitionsversuche der WHO für psychische und physische Abhängigkeit in die deutsche Debatte ein (vgl. den Überblick bei Scheerer/Vogt 1989: 14 ff.), wobei Kleiner die besondere Gefährlichkeit von

Haschisch gerade darin zu erkennen glaubte, dass Cannabis nicht zur physischen, sondern zur psychischen Abhängigkeit führe, für ihn das „Kernproblem jeder Suchtbehandlung" (Kleiner 1971).

Mit der Übernahme und Kommentierung eines Berichts aus der Neuen Züricher Zeitung vom 5.1.1969 unter dem Titel „Flucht nach Indien – der Pilgerweg der Gammler" trieb Kleiner schließlich seine dramatische Schilderung der Lage auf den Höhepunkt: „Zur Stunde wankt über Indien und Nepals Straßen eine noch unbekannte Zahl von ‚Blumenkindern' in Haschpsychose und Tropenkrankheiten. (...) Noch können wir vieles tun, die Zahl der Todesfälle, der durch Drogen zerstörten Persönlichkeiten und später der suchtkranken Anstaltsinsassen zu begrenzen" (Kleiner 1969a: 219).

Damit wurde erstmals ein Grundthema offenkundig, das die Drogen-Debatte fortan prägte: Kleiner wies auf konkrete Handlungsbedürfnisse hin. „Wir haben die Verpflichtung, durch Vermittlung von Sachkenntnis zu warnen und die sich ausbreitende Seuche nach Möglichkeit einzudämmen sowie angemessene Behandlungsmöglichkeiten zu schaffen" (Kleiner 1969a: 214).

Folgt man Scheerer und seiner Analyse der Entstehung des Betäubungsmittelgesetzes, so wurde Kleiner zu einem der Hauptakteure der sich immer stärker Gehör verschaffenden moralunternehmerischen Bewegung, die sich dem Kampf gegen die drohende „Rauschgiftwelle" verschrieben hatte (Scheerer 1982a: 97 ff.). Kleiner regte erste parlamentarische Anfragen an, gab diverse Interviews, veranstaltete Tagungen und Symposien, gründete Arbeitskreise und Vereine und war maßgeblich an einer Stellungnahme der Bundesärztekammer beteiligt, die gleichermaßen vor den Gefahren von Opiaten und Cannabis warnte (Bundesärztekammer 1970). Immer stärker betraten damit machtvolle kollektive Akteure die Bühne. Die Politik nahm sich zunehmend des Themas an, was sich in mehreren Anfragen und schließlich der Vorbereitung gesetzgeberischer Aktivitäten und der Erarbeitung eines Aktionsprogrammes ausdrückte.

Ergebnisse von Bevölkerungsbefragungen illustrieren, dass der öffentliche Diskurs zum steigenden Drogenkonsum nicht ohne Wirkungen geblieben war. So zeigte eine der ersten Befragungen, die zu diesem Thema 1972 durchgeführt wurden, dass die Öffentlichkeit „von den Rauschgiftgefahren alarmiert" war (Institut für Demoskopie Allensbach 1972). Neun Prozent der 2000 befragten Personen gaben an, jemanden unter 25 Jahren zu kennen, der „Rauschgift genommen hat und dadurch krank oder süchtig geworden ist, also unfähig zu einem normalen Leben und Arbeiten" (ebd.).[10] Die Befragten waren sich „darin einig, dass die bisherigen Maßnahmen

---

10 Rechnet man dies auf die Bevölkerung hoch, so hieße das, dass mehrere Millionen Deutsche bereits 1972 Drogenabhängige kannten, die „unfähig zu normalen Leben und Arbeiten" waren.

zum Schutz der Jugendlichen nicht ausreichen" und forderten folglich, dass „die Bekämpfung des Drogenmissbrauchs und der Schutz der Jugendlichen verstärkt werden." (ebd.). In den folgenden Jahren ergaben Wiederholungsbefragungen vergleichbare Ergebnisse.

Tatsächlich dauerte es nicht lange, bis die ersten Jugendlichen Drop-outs erhebliche Probleme im Zusammenhang mit ihrem Drogenkonsum bekamen. Die Einrichtungen, an die sie oder ihre Eltern sich wandten, waren zunächst Arztpraxen, (psychiatrische) Krankenhäuser, Suchtberatungsstellen und die Jugendämter. Schließlich existierte schon Ende der sechziger Jahre ein verzweigtes Netzwerk von Institutionen und Organisationen, die sich die Bekämpfung der Suchtgefahren zur Aufgabe gemacht hatten. Allerdings hatten die bestehenden Institutionen zunächst große Schwierigkeiten, sich auf die neuartigen Abhängigen einzustellen und wirksame Konzepte zur Behandlung der Abhängigkeit zu finden. Es dauerte nicht lange, und allgemein wurde von einem „Versagen der offiziellen Institutionen" (Schulz 1974b: 141-195) gesprochen.

Suchtkrankenhilfe, Medizin und Psychiatrie

Zunächst einmal waren es Ärzte, Psychiater, Kliniken und Gesundheitsämter, die sich berufen fühlten, Ende der sechziger und Anfang der siebziger Jahre Stellung zum Rauschgiftkonsum der Jugendlichen zu nehmen und Behandlungsmaßnahmen anzubieten. Neben den Institutionen des Gesundheitssystems im engeren Sinn gab es aber auch noch die aus der Trinkerfürsorge hervorgegangene Suchtkrankenhilfe. Zur Beschreibung dieser Institutionen und Organisationen ist es erforderlich, den Blick etwas weiter zurück zu richten.

Exkurs: Die „Bekämpfung der Suchtgefahren"

Die Anfänge zur Entwicklung eines gesellschaftlichen Teilsystems, das Hilfe für Menschen mit Suchtproblemen anbietet, reichen in das 19. Jahrhundert zurück. Dabei lassen sich zwei sehr unterschiedliche Entstehungszusammenhänge analysieren, die bis heute die Wahrnehmung von Menschen mit Suchtproblemen und auch deren Behandlung prägen. Eine Wurzel der Suchtkrankenhilfe findet sich in der Abstinenz-

---

Schätzungen zur Zahl der Drogenabhängigen liegen für 1972 noch nicht vor, aber zwischen 1976 und 1978 gingen Experten von 30.000 bis 40.000 Abhängigen aus (Franke 1976).

und Mäßigungsbewegung, eine andere in der Psychiatrie, die zwar die theoretische und professionelle Kompetenz für Suchterkrankungen beanspruchte, gegenüber der Behandlung aber eine gewisse Reserviertheit (Schlösser 1990: 27) zeigte und diese zum Teil den Laien aus der Abstinenzbewegung überließ.

Die ersten deutschen Gruppierungen, die sich für Mäßigung im Umgang mit Alkohol aussprachen, wurden bereits in der ersten Hälfte des 19. Jahrhunderts gegründet. Ihr Kampf galt vor allem dem Branntwein und anderen Spirituosen, während Bier und Wein toleriert wurden. Diese erste deutsche Mäßigungsbewegung ging in den Revolutionsjahren um 1848 unter, in denen die öffentliche Besorgnis um die „Branntweinplage" stark nachließ. Parallel zur immer mehr Raum einnehmenden Diskussion um die schädlichen Auswirkungen des Alkoholkonsums insbesondere auf die Arbeiterklasse (Vogt 1989) entstand dann in der zweiten Hälfte des 19. Jahrhunderts in Deutschland die zweite Generation der Abstinenz- und Mäßigungsbewegung. Antialkoholorganisationen wie das Blaue Kreuz (1877), der Guttemplerorden (1883) und der Kreuzbund (1896) wurden gegründet. Während diese Organisationen für völlige Abstinenz von Alkohol eintraten, organisierten sich im 1883 gegründeten Deutschen Verein gegen den Missbrauch alkoholischer Getränke (DVMG) Honoratioren, die für eine Mäßigung im Umgang mit Alkohol eintraten. Aus einer Statistik des Jahres 1913 geht hervor, dass mehr als 300.000 Deutsche einem Abstinenzverband angehörten (Rudeck/Schmidt 1997: 19). Nach dem Ersten Weltkrieg schlossen sich die verschiedenen Organisationen der Abstinenz- und Mäßigungsbewegung 1921 zur Reichshauptstelle gegen den Alkoholismus zusammen. Anders als in Skandinavien oder den USA blieb die deutsche Abstinenz- und Mäßigungsbewegung aber stets in einer Minderheitenposition. Eine Alkohol reduzierende oder gar verbietende Politik stand in Deutschland nie ernsthaft zur Debatte.

Parallel zu dieser Entwicklung beschäftigte sich die Medizin und insbesondere die Psychiatrie seit Beginn des 19. Jahrhunderts zunehmend mit Suchtproblemen im Zusammenhang mit Alkohol. Zwar erschienen bereits Anfang des 19. Jahrhunderts erste Schriften von Hufeland, Trotter und von Brühl-Cramer, in denen die „Trunksucht" als Krankheit und nicht mehr als Laster oder Sünde beschrieben wurde, aber diese Ansätze blieben eine Minderheitenposition (Spode 1993). Im Verlauf des 19. Jahrhunderts wurden immer mehr naturwissenschaftliche Erkenntnisse über Alkohol und seine Folgen diskutiert, ohne dass allerdings die Vorstellung einer durch moralisches Fehlverhalten entstandenen Krankheit ganz überwunden werden konnte. Schlösser beschreibt die psychiatrische Alkoholismustheorie dieser Zeit so: „Das Erklärungsmodell für Alkoholabhängigkeit bzw. Trunksucht entwickelte sich aus moralisch-religiösen Vorstellungen heraus zu einem naturwissenschaftlich geprägten Verständnis von Krankheit. Doch blieb die Zuordnung widersprüchlich bei einem Mittelzustand zwischen Krankheit und Laster" (Schlösser 1990: 27; vgl. auch Spode

1993). Schlösser illustriert diese Bewertung mit einem Zitat aus der Anstaltschronik des Psychiatrischen Landeskrankenhauses Düsseldorf-Grafenberg aus dem Jahr 1885, in der es in Bezug auf alkoholabhängige Patienten heißt: „Wir haben eine gewisse Anzahl von ihnen aufgenommen, aber wir sollten es nicht tun, sie können nicht geheilt werden. Sie sind die unangenehmsten Patienten. Der Psychiater braucht viel Zeit und Beherrschung, um Gleichmut zu bewahren gegenüber solcher Mischung aus Eitelkeit, Charakterschwäche, Lügen und Widerstand" (ebd.: 28).

Um die Jahrhundertwende deutete sich eine weitere Verschiebung in der medizinisch-psychiatrischen Diskussion über Alkohol an. Kraepelin, Forel und andere Psychiater forschten über Alkohol und verbreiteten das Konzept des Alkoholismus als einer Krankheit, die nicht mit moralischen, sondern mit medizinisch-psychiatrischen Kategorien zu beschreiben sei. Dieser Sieg des Krankheitskonzeptes des Alkoholismus vollzog sich allerdings bereits vor dem Hintergrund immer stärker werdender „rassenhygienischer" und erbbiologischer Vorstellungen in der Wissenschaft. Rassenhygieniker wie Ploetz und Schallmayer sahen die Zukunft der „nordischen Rasse" bedroht, da durch zivilisatorische Errungenschaften wie Medizin und Sozialversicherung der sozialdarwinistische Ausleseprozess in sein Gegenteil verkehrt worden sei und somit die „Degeneration" der zivilisierten Völker unausweichlich sei, falls nicht geeignete Gegenmaßnahmen getroffen würden. In dieses Konzept, das erstaunlich schnell von einer unbedeutenden Minderheitenposition zu einer Leitvorstellung in der Wissenschaft wurde, fügte sich die Vorstellung von (erb)kranken Alkoholikern, die ihre Sucht an die jeweils nächste Generation weitergaben, scheinbar mühelos ein (Finzen 1985; Hammerschmidt 1999: 33 ff.). Die zuvor immer wieder diskutierten sozialen Ursachen der Trunksucht traten in der öffentlichen Debatte und in Veröffentlichungen zurück, die sich zunehmend mit dem befürchteten Verlust „wertvollen Erbgutes" durch Alkoholismus beschäftigten.

In dieser Gemengelage aus Laien und Professionellen, aus Moral und Wissenschaft, aus Bösem, Krankheit und „Rassenhygiene" entwickelten sich Vorstellungen von der „Modellsucht Alkoholismus" (Fahrenkrug 1985) und Behandlungsansätze, die später auch auf andere durch psychotrope Substanzen erzeugte Probleme übertragen wurden.

Die Initiative zur Gründung der ersten stationären Trinkerheilanstalten ging nicht von Psychiatern und anderen Ärzten, sondern von den Moralunternehmern der Abstinenz- und Mäßigungsbewegung aus. Viele dieser alkoholgegnerischen Vereinigungen waren eng verbunden mit den Wohlfahrtsverbänden, die bereits über große Erfahrungen bei der Trägerschaft von ambulanten und stationären Einrichtungen verfügten (Knischewski 1997). Daneben entstanden seit der Jahrhundertwende in mehreren deutschen Großstädten ambulante „Trinkerfürsorgestellen".

Das Ziel der Behandlung war die völlige Abstinenz, wenn nicht sogar weiterreichende Intentionen verfolgt wurden wie zum Beispiel die Hinwendung zum jeweiligen rechten Glauben (Rudeck/Schmidt 1997: 15). 1903 wurde in Berlin der Verband von Trinkerheilanstalten des deutschen Sprachgebietes gegründet. 1908 gab es im Deutschen Reich bereits 50 Trinkerheilanstalten mit mehr als 200 Betten für Frauen und über 1.200 Betten für Männer (Martius 1908: 70 ff.) In einigen dieser Trinkerheilanstalten wurden auch Morphinisten und Kokainisten behandelt. Einen Wachstumsschub für die Trinkerheilanstalten erhoffte sich die Trinkerfürsorge durch die Einführung des Bürgerlichen Gesetzbuches, das die von der Trinkerfürsorge schon seit längerem geforderte Möglichkeit zur Entmündigung für Trinker bot (ebd.: 14). Allerdings kamen über diesen Paragraphen in der Folge weit weniger Trinker in die Heilstätten als erwartet, so dass die Diskussion über ein geeignetes „Bewahrgesetz" oder gar ein „Trinkerfürsorgegesetz" nicht aufhörte.

In der Weimarer Republik entwickelte sich aus Trinkerfürsorgestellen, Trinkerheilanstalten, staatlicher Fürsorge und psychiatrischen Anstalten ein differenziertes, sich langsam professionalisierendes System der Trinkerfürsorge. Der Kampf der Abstinenz- und Mäßigungsbewegung gegen den Alkoholkonsum in Deutschland war zwar weitgehend erfolglos geblieben, aber in Zusammenarbeit zwischen Abstinenzverbänden, Wohlfahrtsverbänden und staatlicher Fürsorge war recht erfolgreich ein „völlig vom medizinischen Versorgungssystem unabhängiges" (Helas 1997) neues Beratungs- und Behandlungssystem für Menschen mit Alkoholproblemen etabliert worden. Mehrere Trinkerheilanstalten boten auch Behandlung bei opiat- oder kokainbedingten Problemen an.

Damit war allerdings auch der Weg hin zum „Zweiklassensystem der Abhängigenversorgung" (Schlösser 1990) vorgezeichnet. Der größere Teil der Alkoholabhängigen wurde in den Irrenhäusern, Psychiatrien und Strafanstalten verwahrt, wo man kaum über Behandlungskonzepte verfügte, während ein sehr viel kleinerer Teil in den Trinkerheilanstalten einer – nach wie vor eher moralischen als medizinischen – Behandlung unterzogen wurde. Dass dieses zweigleisige Vorgehen die Anwendung von Zwangsmitteln durchaus einschloss, zeigt das folgende Zitat aus der Stuttgarter Trinkerfürsorge aus dem Jahr 1927: „Die Trinkerfürsorgestellen haben die Aufgabe, sich mit dem Trinker und seiner Familie zu befassen, dem Trunksüchtigen zur Rettung zu verhelfen, ihn seiner Familie und der menschlichen Gesellschaft wiederzugeben oder aber in unheilbaren, aussichtslosen Fällen den Trinker wenigstens unschädlich zu machen und die trostlose Lage der Familie zu verbessern" (zit. nach Hauschildt 1995: 60).

Hauschildt (1995) hat detailliert nachgezeichnet, dass damit eine Differenzierung in „heilbare" und „unheilbare" Trinker einherging, die sich später ohne größere Widerstände in die erbbiologisch-rassenhygienischen Vorstellungen der Nationalsozialisten einpassen ließ, die zwischen „minderwertigen" und „nicht minderwertigen" Trinkern unterschieden. Hammerschmidt hat als zentrales Merkmal der Wohlfahrtspflege im Dritten Reich die „rassenhygienisch begründete ‚Sozialtriage', die praktizierte ‚differenzierte Fürsorge'" beschrieben, „bei der sich die Art und das Maß der Fürsorgeaufwendungen (und der Repression) nach dem abgeschätzten, erbbiologisch determiniert gedachten Wert der Individuen für die ‚Volksgemeinschaft' richtete" (Hammerschmidt 1999: 553). Die Trinkerfürsorge machte dabei keine Ausnahme.

Die zarten Ansätze zu einem Krankheitskonzept von Sucht, die sich bis 1933 herausgebildet hatten, verloren an Bedeutung. Trunksucht galt im Nationalsozialismus weder als Krankheit noch als Laster, sondern als „Verbrechen an der Volksgesundheit". Die Trinkerfürsorge wurde in die „Asozialenfürsorge" eingegliedert. Die verbliebenen Reste der nichtstaatlichen Trinkerfürsorge waren für die nicht als „minderwertig" eingestuften Trinker zuständig, während sich der staatliche Fürsorge- und Zwangsapparat gegen die „minderwertigen" Trinker wandte. Mit Widerstand durch die Organisationen der Abstinenz- oder Mäßigungsbewegungen oder die freie Wohlfahrtspflege musste er dabei nicht rechnen.

„Rassenhygiene" und Eugenik hatten sich schon vor dem Nationalsozialismus in Deutschland und auch in anderen Ländern immer stärker etablieren können, aber nur im NS-Staat wurden sie zu einer wichtigen Grundlage praktischer Politik. Mit dem Gesetz zur Verhütung erbkranken Nachwuchses (GzVeN), das im Januar 1934 in Kraft trat, wurde die gesetzliche Grundlage für die Zwangssterilisierungen geschaffen. In § 1 dieses Gesetzes wurde schwerer Alkoholismus als Grund für eine Zwangssterilisierung genannt. Während bei allen anderen in diesem Gesetz aufgezählten Krankheiten, die zur Zwangssterilisierung führen konnten, auf deren erblichen Charakter hingewiesen wurde, fehlte ein solcher Bezug beim Alkoholismus. Im Kommentar zum GzVeN war nicht von einer biologischen Vererbung des Alkoholismus die Rede. Vielmehr hieß es: „Von einem erblichen schweren Alkoholismus ist denn auch deshalb im Gesetz nicht gesprochen worden, weil nach den Erfahrungen der ärztlichen Wissenschaft schwerer, hartnäckiger Alkoholmißbrauch fast ausnahmslos auf konstitutionell erblicher psychopathischer Basis entsteht und daher Nachkommen aus diesem Grund nicht erwünscht sind. (...) Die auf diesem Gebiete überreiche Erfahrung sowohl der Ärzte als auch der Erbbiologen und in der sozialen Fürsorge tätigen Menschen lehrt überzeugend und übereinstimmend, daß die schweren Trinker mit den nervösen und psychischen Störungen der verschiedensten Art bei Blutsverwandten belastet sind. So stellen sie nicht nur selbst verschiedenartige, uneinheitliche nervöse und psychisch abnorme Erbtypen dar, sondern sie stammen auch von erb- und erscheinungsbildlich oft verschiedenen, aber in der Regel recht deutlich krankhaften Erbtypen, sei es Psychopathen, Schwachsinnigen, Geisteskranken oder Asozialen und dergl. ab" (Gütt/Rüdin/Ruttke 1934: 128).

Von der Trinkerfürsorge wurde das Gesetz zur Verhütung erbkranken Nachwuchses durchaus als hilfreich für ihren Kampf gegen die Alkoholgefahren angesehen. So schrieb etwa der damalige Vorsitzende des Guttemplerordens Gläß: „Wir begrüßen das Sterilisationsgesetz, das auch auf dem Gebiet der Alkoholnot Segen stiften wird. Aber die Arbeit an den Alkoholkranken, die nicht stark erblich belastet sind, bleibt immer noch notwendig" (Gläß 1941: 30).[11]

Über die Zahl der Menschen, die wegen „schweren Alkoholismus" Opfer von Zwangssterilisierungen wurden, liegen nur wenige verlässliche Schätzungen vor. Im Nachrichtendienst des Deutschen Vereins für öffentliche und private Fürsorge wurde 1935 eine Statistik zu 572 Sterilisierungsverfahren, die 1935 vor dem Frankfurter Erbgesundheitsgericht verhandelt wurden, veröffentlicht. Dieser Statistik zufolge entfielen 12,9 % auf die Diagnose „Schwere Trunksucht". Über diese Fälle heißt es im Text: „Die Mehrheit der Fälle von schwerer Trunksucht kommt zur Meldung durch die Zusammenarbeit mit der Abteilung Trinkerhilfe des Fürsorgeamtes" (NDV 2/1935: 54). Die stichprobenartige Auswertung von Akten des Frankfurter Gesundheitsamtes ergab einen Anteil von 9,9 % für die Diagnose „chronischer Alkoholismus" an den in Frankfurt durchgeführten Zwangssterilisationen (Daum/Deppe 1991: 110). Geht man von insgesamt 300.000 bis 400.000 Zwangssterilisationen im Einzugsgebiet des Deutschen Reiches zwischen 1939 und 1945 aus (Kramer 1999: 99 ff.; Klee 2001: 62-72), so hieße das, dass rund 30.000 bis 40.000 Menschen mit vermeintlichen oder tatsächlichen Alkoholproblemen Opfer von Zwangssterilisation geworden sind (vgl. auch Fahrenkrug 1991).

Die verbliebenen Einrichtungen der Trinkerfürsorge leisteten jeweils ihren Beitrag, indem sie Sterilisationsanträge stellten und Stellungnahmen verfassten. Noch schwerer ist es, das Ausmaß abzuschätzen, in dem Menschen mit Alkoholproblemen, die in psychiatrischen Krankenhäusern untergebracht waren, Opfer der Tötungsaktionen im Rahmen der „Euthanasie"-Morde wurden. Je mehr die ehemalige „Trinkerfürsorge" in die „Asozialenfürsorge" (Sachße/Tennstedt 1992; Ayaß 1995) integriert wurde, um so mehr waren auch Trinker von der Inhaftierung in Arbeitszwangslagern wie zum Beispiel dem Lager Teufelsmoor bei Bremen (Ayaß 1995: 68 ff.) und in Konzentrationslagern betroffen (Hauschildt 1995: 160 ff.). Kramer vermutet, dass der in den Statistiken sich abzeichnende Rückgang der Zwangssterilisationen ab 1939 insbesondere bei der Diagnose „schwerer Alkoholismus" nicht nur mit dem Kriegsbeginn, sondern auch mit der seit 1938 möglichen Verhängung von Vorbeuge-

---

11 Theo Gläß war von 1924 bis 1937 Generalsekretär des Deutschen Guttemplerordens und von 1937 bis 1946 Vorsitzender. Zwischen 1954 und 1965 war er Stadtrat und Schuldezernent in Frankfurt am Main. Zweimal war er Vorsitzender der DHS, zunächst von 1957 bis 1959 und nochmals von 1963 bis 1965 (DHS 1997: 336).

haft bei „asozialem Verhalten" zusammenhängt: „All dies legt den Schluss nahe, daß die Kriminalpolizei mit dem Vollzug der Vorbeugehaft an Alkoholikern seit 1939 den Erbgesundheitsverfahren zuvor kam" (Kramer 1999: 199). Eine systematische Untersuchung der Verstrickung der Trinkerfürsorge in den nationalsozialistischen Zwangsapparat fehlt bis heute.

Nach dem Krieg fanden sich die Alkoholgegner rasch wieder in ihren Logen, Vereinen und Verbänden zusammen. Zwar litten die Abstinenzvereine nach dem Krieg unter sinkenden Mitgliederzahlen, aber den katholischen und evangelischen Organisationen war es ebenso wie dem überkonfessionellen Guttemplerorden bald nach dem Krieg gelungen, ihre Vereinsstrukturen wieder aufzubauen, ihre wöchentlichen Meetings abzuhalten und diverse alkoholgegnerische Publikationen herauszugeben. Lediglich der im Nationalsozialismus verbotene Arbeiter-Abstinenten-Bund hinterließ eine Leerstelle: Eine vergleichbare Organisation entstand nach dem Krieg nicht mehr. Bereits 1947 wurde die Deutsche Hauptstelle gegen die Suchtgefahren (DHS) – zunächst nur als Büro, 1955 dann als e.V. – gegründet.[12]

Auch die Organisationen der Ärzte meldeten in den fünfziger Jahren ihren Anspruch an, für die Behandlung Süchtiger zuständig zu sein. 1955 verabschiedete das Präsidium der Bundesärztekammer Leitsätze über die „Gefahren der Rauschgiftsucht und ihre Bekämpfung" (Arbeitsgemeinschaft der Westdeutschen Ärztekammern 1956). Hierin wurde der Anstieg der „Rauschgiftsuchten" seit Kriegsende beklagt und die Suchtbekämpfung als eine vordringliche Aufgabe der Ärzte benannt. Hervorgehoben wurde die Bedeutung der verschiedenen länderspezifischen Regelungen zur Unterbringung „geisteskranker, alkohol- und rauschgiftsüchtiger Personen": „Der Arzt muss diese Bestimmungen nicht nur kennen, er darf auch vor ihrer Anwendung im Einzelfall nicht zurückschrecken."

Die Behandlung von Rauschgiftsüchtigen wurde in diesen Leitsätzen unterteilt in „rasche" Entziehung und in die in der Regel sechs Monate andauernde Entwöhnung, zu der auch Arbeits- und Psychotherapie gehörten. Beide Behandlungsabschnitte sollten in geschlossenen psychiatrischen Abteilungen durchgeführt werden. „Ambulante Behandlung ist erfahrungsgemäß erfolglos und verstößt daher gegen die ärztlichen Berufspflichten". Schließlich sollte sich der erfolgreich behandelte Rauschgiftsüchtige im Anschluss an seine stationäre Behandlung noch einer zweijährigen „laufenden Überwachung" mit überraschend durchgeführten Urinkontrollen unterziehen. Generell sollte der Arzt den Rauschgiftsüchtigen zwar als Kranken und nicht als Kriminellen oder „Lasterhaften" behandeln, diese Haltung durfte aber den Arzt nicht

---

12 Dieser kämpferische Name bliebt in der zweiten Hälfte des 20. Jahrhunderts unverändert. Erst im Jahr 2002 hat sich die DHS – unter Beibehaltung ihres Kürzels – umbenannt. DHS steht jetzt für „Deutsche Hauptstelle für Suchtfragen".

bei der „Anwendung ärztlich notwendiger und gesetzlich statthafter Maßnahmen der Suchtbekämpfung" hindern.

An diese allgemeinen Leitsätze schlossen sich „Richtlinien zur Behandlung von rauschgiftgefährdeten und rauschgiftsüchtigen Ärzten" an. Inhalt dieser Richtlinien waren standesrechtliche Regelungen, mit denen versucht werden sollte, das Problem des Drogenkonsums innerhalb der Ärzteschaft selbständig zu kontrollieren.

Mit dem in den fünfziger und sechziger Jahren steigenden Alkoholkonsum wuchs auch der Bedarf nach ambulanten und stationären Hilfeeinrichtungen für Menschen mit Alkoholproblemen. Der rasche Wiederaufbau der Organisationsstrukturen der Abstinenzverbände und bald auch der wohlfahrtsverbandlichen ambulanten und stationären Trinkerfürsorge war nur möglich über personelle Kontinuitäten. Damit einher ging ein Wiederanknüpfen an den konzeptionellen und methodischen Grundlagen der Arbeitsweise während des Krieges. Parallel zu der steigenden Bedeutung des Krankheitskonzeptes von Sucht (die sich etwa in der Antabus-Therapie manifestierte) hielten sich hartnäckig rassenhygienische Theorien und generell die Vorstellung von Sucht als einer „Volksseuche", die mit sozialhygienischen Maßnahmen zu bekämpfen sei. Die ersten wiedereröffneten stationären Behandlungseinrichtungen waren Bewahranstalten, in denen die Insassen bis 1960 zum Beispiel Anstaltskleidung tragen mussten (Hauschildt 1995: 221).

Die mit dem Grundgesetz neu eingeführte richterliche Kontrolle bei jeder Art der Entziehung der persönlichen Freiheit erschwerte das seit der Weimarer Republik eingeübte System von Vormundschaft und Entmündung. So ist etwa in einer 1967 von der Deutschen Hauptstelle gegen die Suchtgefahren herausgegebenen Broschüre zu lesen:

„Die Unterbringung und Entziehung auf freiwilliger Basis ist eine fragwürdige Angelegenheit, weil der Süchtige jederzeit weglaufen kann und wegläuft, wenn es ihm aus irgendwelchen Gründen zu unbequem wird oder wenn er selbst, seine Angehörigen bzw. sein Rechtsanwalt der Meinung sind, er sei ‚geheilt' und keiner weiteren Behandlung oder Überwachung bedürftig. Manche Kliniker lehnen deshalb die Durchführung einer Entziehung ohne richterliche Einweisung ab" (Erhardt 1967: 27).

Wortreich bedauerte Erhardt deshalb auch, dass die vorhandenen Möglichkeiten zur zwangsweisen Behandlung unzureichend seien:

„Bedauerliche Tatsache ist, daß in der Praxis (...) die Unterbringung von Süchtigen, wie von Alkoholikern, immer noch auf erhebliche Schwierigkeiten stößt und im Bundesgebiet ziemlich uneinheitlich gehandhabt wird. *Die bei uns verbreitete Scheu vor Eingriffen in die Persönlichkeitsrechte aus einem überzogenen oder falsch verstandenen Bemühen um Rechtsstaatlichkeit ‚schützt' den Süchtigen nicht selten vor der notwendigen und vor allem vor der rechtzeitigen Behandlung.* (...) Süchtige, Gefährdete und psychopathologisch ähnlich strukturierte Personen sind aber nicht ‚normal'. Ihre Persönlichkeitsrechte haben sie mißbraucht bzw. sich in signifikanter Weise als unfähig erwiesen, den rechten Gebrauch davon zu machen. Sie sollen mit staatlicher Hilfe zu einer verantwortlichen Lebensführung in der Gemeinschaft und damit erst zu einer freien Verfügbarkeit über ihre Persönlichkeitsrechte geleitet werden. Der Weg dahin führt nun einmal in vielen Fällen und nach jahrzehntelanger Erfahrung nur über eine klare Einschränkung der Persönlichkeitsrechte des abnormen oder kranken Menschen" (Erhardt 1967: 30 ff., Hervorhebungen im Original).

1964 zählte der damalige Präsident der Deutschen Hauptstelle gegen die Suchtgefahren, Msgr. Baumeister, 17 stationäre Heilstätten für Alkoholkranke in der Bundesrepublik mit insgesamt 1.017 Betten. Mehr als die Hälfte der Betten befand sich in „geschlossenen Einrichtungen", die Baumeister so charakterisierte: „Diese sind vor allem für solche bestimmt, die noch nicht jene innere Bereitschaft zur Umkehr gefunden haben, die zu einer freiwilligen Kur in den Heilstätten notwendig wäre. In den Heilanstalten befinden sich deshalb vor allem Entmündigte und solche, die auf Grund von § 43 StGB gerichtlich eingewiesen werden" (Baumeister 1964: 434). Die Behandlung in den offenen Heilstätten bestand nach Baumeister vor allem aus „körperlicher Sanierung", Arbeitstherapie, Kneippanwendungen, Sport, geistigen Einzelbesprechungen und Vorträgen, Charakterkunde, sinnvoller Freizeitgestaltung und religiösen Anregungen. Hinzu kamen eine „gut durchdachte Hausordnung", ausreichender Schlaf und eine gesunde Ernährung. In den geschlossenen Heilanstalten stand die Arbeitstherapie im Vordergrund.

Von einer professionellen Behandlung konnte demnach weder in den geschlossenen noch in den offenen stationären Einrichtungen gesprochen werden. Die Organisationen, die sich in den fünfziger und frühen sechziger Jahren der „Bekämpfung der Suchtgefahren" verschrieben hatten, glichen immer noch eher Moralunternehmern als Behandlern. Liest man heute in den zeitgenössischen Publikationen, so zeigt sich immer wieder eine befremdende Mischung aus moralisierenden Ermahnungen, Bedrohungsgefühlen angesichts der Modernisierungsschübe in Wirtschaft und Gesellschaft, medizinischen Erläuterungen und religiöser Deutungsversuche. Die Vorstellung einer zwangsweise angeordneten Behandlung war für die Trinkerfürsorge in der jungen Bundesrepublik eine solche Selbstverständlichkeit, dass sie die im Grundgesetz verbrieften hohen Hürden vor einer Einschränkung der persönlichen Freiheit nur schwer akzeptieren konnte. „Trunksucht" wurde noch immer eher als Laster und persönliche Fehlleistung denn als Krankheit betrachtet. Erst in der zweiten Hälfte der sechziger Jahre wurden die Konzepte Jellineks in Deutschland wahrgenommen und diskutiert, und erst allmählich wurden professionelle Behandlungskonzepte für Alkoholabhängigkeit aufgenommen. Die Definitionsversuche der WHO von 1952 und 1957 rückten die Konzepte der körperlichen und psychischen Abhängigkeit in das Zentrum des Suchtbegriffes und arbeiteten somit dem Krankheitskonzept zu. Die stärkere Betonung psychologischer Faktoren bei der Entstehung von Abhängigkeit führte schließlich zu einer größeren Berücksichtigung von psychotherapeutischen Methoden wie der Verhaltenstherapie in der Behandlung (Helas 1997: 154 f.).

Im Jahr 1968 kam schließlich das Bundessozialgericht in Kassel in einem Grundsatzurteil zu der Überzeugung, dass nicht nur die Folgekrankheiten des Alkoholismus als sozialrechtlich relevante Krankheit anzusehen seien, sondern der Kontrollverlust beim Trinken bereits Ausdruck eines eigenen Krankheitsbildes sei (Bundessozialgericht 1968; Krasney 1997). Damit wurde abhängiger Alkoholkonsum zum ersten Mal von einem hohen Gericht als eigenständige Krankheit eingestuft. Das Krankheitskonzept des Alkoholismus hatte somit vor Gericht über die Vorstellung der Alkoholsucht als „Laster" gesiegt. Neben diesen das Suchtkonzept beeinflussenden Wirkungen hatte diese Grundsatzentscheidung aber auch ganz praktische Folgen. Ab sofort mussten die Renten- und Krankenversicherungen die Kosten der Behandlung des Alkoholismus – und nicht nur die Kosten der Therapie der somatischen Folgen – übernehmen. Dieses Urteil führte mittelfristig zu einem Wachstumsschub auf der Angebotsseite, aber auch zu einer umfassenden Modernisierung des Angebotes. Analog zu anderen Behandlungseinrichtungen, die von den Krankenkassen oder den Rentenversicherungen finanziert wurden, wuchs der Einfluss der Medizin. Die Pfarrer, die bislang noch häufig die Rolle des „Hausvaters" übernommen hatten, wurden abgelöst durch ärztliche Leiter. Aus der Trinkerfürsorge wurde die Suchtkrankenhilfe, und aus Trinkerheilstätten wurden Fachkliniken.

In der folgenden Tabelle ist dargestellt, wie die Anzahl der Einrichtungen und der Betten in den folgenden Jahren zugenommen hat. Während 1965 noch mehr als die Hälfte der Betten in geschlossenen Einrichtungen stand, kehrte sich dieses Verhältnis in den folgenden Jahren um.

Tabelle 10: Trinkerheilstätten/Fachklinken 1965 – 1980:
Anzahl der Einrichtungen und Betten

	Offene Heilstätten		Geschlossene Heilstätten		Heilstätten insgesamt	
	Anzahl	Betten	Anzahl	Betten	Anzahl	Betten
1965	13	519	7	593	20	1.112
1970	22	1.015	6	923	28	1.938
1975	27	1.475	6	719	33	2.194
1980	38	Ca. 2.400	5	782	43	ca. 3.190

Quellen: Biel 1965, 1970, 1975; Schmidt 1980

In dieser Aufstellung noch nicht berücksichtigt sind die Betten, die in psychiatrischen Krankenhäusern für Alkoholabhängige zur Verfügung standen. Im Bericht der Psychiatrie-Enquete von 1975 wird von 46 Suchtstationen an psychiatrischen Krankenhäusern mit 3.327 Betten gesprochen (Deutscher Bundestag 1975: 14).

Neben diesen stationären Angeboten waren nach dem Krieg auch wieder ambulante Beratungsstellen für Menschen mit Alkoholproblemen entstanden. Teilweise waren solche Suchtberatungsstellen an die Gesundheitsämter angegliedert, teilweise wurden sie von den Wohlfahrtsverbänden betrieben. Vor allem die Caritas, das Diakonische Werk und zunehmend auch der DPWV übernahmen – oft in Kooperation mit Selbsthilfegruppen – die Trägerschaft für solche Einrichtungen. Diese Suchtberatungsstellen standen prinzipiell auch den jugendlichen Drogenabhängigen offen. Von den rund 250 Adressen, die in einem der ersten Beratungsstellenführer aufgeführt waren, entfiel denn auch der größte Teil auf solche Suchtberatungsstellen. Von den Drogenkonsumenten neuen Typs wurden diese Beratungsstellen allerdings eher selten frequentiert – die Kluft zwischen den aus der Abstinenzbewegung stammenden Suchtberatern, die gegen die „Suchtgefahren" kämpften, und den hedonistischen, an der amerikanischen Popkultur und der Protestbewegung orientierten Jugendlichen war wohl einfach zu groß.

Die Psychiatrie in Deutschland vor der Enquete

Parallel zu der zunehmenden Bedeutungsverschiebung im Verständnis von Sucht als einem Laster hin zu einer Krankheit fühlte sich die Psychiatrie durchaus zuständig für die Behandlung von Süchtigen. Allerdings war die Psychiatrie in Deutschland in den sechziger Jahren nicht nur in Bezug auf die Behandlung von Süchtigen, sondern generell in einem desolaten Zustand.

Sucht man nach Gründen für die insgesamt katastrophale Lage der Psychiatrie in Deutschland Anfang der siebziger Jahre, so kommt man an der Rolle der Psychiatrie im Nationalsozialismus nicht vorbei. Die Psychiatrie war zwischen 1933 und 1945 noch wesentlich stärker als die Trinkerfürsorge in die nationalsozialistische Schreckensherrschaft verwickelt (vgl. z.B. Klee 1983, 2001). Neben den schon erwähnten Zwangssterilisationen im Rahmen des Gesetzes zur Verhütung erbkranken Nachwuchses, bei denen in vielerlei Hinsicht Psychiater beteiligt waren, ist dabei vor allem an die Tötungsaktionen im Rahmen der T4-Maßnahmen („Euthanasie") zu denken.

Dabei ist zu berücksichtigen, dass die hinter diesen Verbrechen stehenden Ideologien nicht erst 1933 von den Nationalsozialisten erfunden wurden, sondern zu Beginn des Jahrhunderts weit verbreitet waren. Die Singularität des Nationalsozialismus bestand darin, diese Ideen in staatliches Handeln umzusetzen. Moderne Strömungen in der Psychiatrie wie etwa sozialtherapeutische Ansätze, die sich in den zwanziger Jahren ebenfalls in Deutschland entwickelt hatten, wurden hingegen unterdrückt, verfolgt, und deren Protagonisten wurden eingesperrt, ermordet oder außer Landes getrieben.

Das gilt in ganz besonderem Maße für die als „jüdische Wissenschaft" verbotene Psychoanalyse, aber auch für andere psychotherapeutische Ansätze. Während Psychoanalyse und Psychotherapie in anderen Ländern in eine Wechselwirkung mit der psychiatrischen Lehrmeinung treten konnten und diese wechselseitige Durchdringung eine Dynamik in der Entwicklung neuer Konzepte im Umgang mit psychischen, psychosozialen und psychiatrischen Störungen zur Folge hatte, wurde eine solche Entwicklung im Nazi-Deutschland verhindert. Die aus dem deutschen Einflussgebiet vertriebenen Psychoanalytiker und Therapeuten bereicherten die Methodenentwicklung vor allem in den USA und Großbritannien während des Zweiten Weltkrieges und in der Zeit danach, während in Deutschland selbst die Entwicklung moderner therapeutischer Ansätze für lange Zeit zum Stillstand gekommen war. Denn auch nach 1945 dominierten für viele Jahre Psychiater die Lehrstühle und Krankenhäuser, die während der Nazizeit in Deutschland geblieben waren und entweder selbst beteiligt waren an den Verbrechen der Nazis oder sich zumindest damit arrangiert hatten.

Erst Ende der fünfziger Jahre wurden von den zuständigen psychiatrischen Fachgremien die Zusatzbezeichnung „Psychotherapie" und Richtlinien für eine entsprechende Weiterbildung geschaffen. In den sechziger Jahren wurden Neurosen von den gesetzlichen Krankenkassen als Krankheit anerkannt. 1967 kam die Anerkennung für analytisch orientierte Einzel- und Gruppenpsychotherapie als Pflichtleistung durch die gesetzlichen Krankenkassen hinzu. 1969 wurden im Rahmen einer neuen Approbationsordnung medizinische Psychologie und Psychotherapie/Psychosomatik erstmals zu Studienpflichtfächern. Etwa zur selben Zeit wurden psychotherapeutische Themen allmählich in die psychiatrische Weiterbildung integriert.

Ende der sechziger Jahre nahm die Diskussion über die Reform der Psychiatrie an Intensität zu. 1971 forderte der Bundestag die Bundesregierung auf, eine Enquete über die Lage der Psychiatrie in Deutschland erstellen zu lassen. Die Bundesregierung beauftragte damit eine Sachverständigen-Kommission, die 1975 ihren Bericht vorlegte (Deutscher Bundestag 1975). In diesem Bericht wird deutlich, dass die Psychiatrie zu dem Zeitpunkt, als die ersten jugendlichen Cannabis- und LSD-Konsumenten nach helfenden Institutionen suchten, mit ganz anderen Problemen beschäftigt war.

In der Zusammenfassung des Berichts der Sachverständigenkommission steht gleich am Anfang die nüchterne Feststellung: „Die Versorgung psychisch Kranker und Behinderter in der Bundesrepublik Deutschland ist dringend verbesserungsbedürftig." Der Bericht beschreibt „beträchtliche Lücken in der Versorgung auf allen

Gebieten", kritisiert die „weitgehende Ausklammerung der Versorgung psychisch Kranker aus der allgemeinen Medizin und damit deren Benachteiligung gegenüber körperlich Kranken" und den „Mangel an qualifiziertem Personal in allen Diensten und Berufsgruppen" (Deutscher Bundestag 1975: 6).

Mehrere besonders unzureichend versorgte Patientengruppen wurden hervorgehoben: „Psychisch auffällige, gestörte und behinderte Kinder und Jugendliche, Suchtkranke und chronisch psychisch Kranke, psychisch kranke alte Menschen und erwachsene geistig Behinderte". In den 241 an der psychiatrischen Versorgung beteiligten Krankenhäusern hatten fast 60 % der Patientinnen und Patienten mehr als zwei Jahre in den jeweiligen Abteilungen verbracht. Ein Drittel war seit mehr als zehn Jahren stationär untergebracht. Nur die Hälfte der Zimmer hatte – wie in somatischen Abteilungen üblich – ein bis drei Betten. Schlafsäle mit 10 oder sogar 20 Betten waren durchaus noch üblich. Betont wurde der hohe Anteil von „Fehlplazierten". Geistig Behinderte und chronisch Kranke waren mangels fehlender Alternativen fehlplaziert in den großen psychiatrischen Krankenhäusern, Alkoholabhängige und psychosomatisch Kranke waren fehlplaziert in den Allgemeinkrankenhäusern.

Ganze 374 Psychologen arbeiteten am Stichtag in der stationären psychiatrischen Versorgung. In den psychiatrischen Krankenhäusern mit mehr als 1.000 Betten war ein Psychologe für 550 Betten zuständig, in den spezialisierten Suchtfachkliniken immerhin noch für 106 Betten. Beim Pflegepersonal wurde vor allem die mangelnde Ausbildung kritisiert. So hatten in den Fachkrankenhäusern für Psychiatrie und Psychiatrie/Neurologie nur 42 % des Pflegepersonals eine staatliche Anerkennung als Pfleger, eine psychiatrische Zusatzausbildung gab es sogar nur bei 6 % des Pflegepersonals. Insgesamt waren 457 Sozialarbeiter beschäftigt, davon 183 in den Großkrankenhäusern mit 68 % der Betten. Die 22 Suchtfachkliniken hatten insgesamt 43 Sozialarbeiterstellen.

Fasst man die Situation der Suchtkrankenhilfe und der Psychiatrie Ende der sechziger Jahre zusammen, so wird deutlich, dass beide Hilfesysteme nicht sonderlich gut gerüstet für die ersten jugendlichen Drogenkonsumentinnen und -konsumenten waren, die bald nach Hilfe und Behandlung nachfragen sollten. Ende der sechziger Jahre hatte der Umwandlungsprozess von Bewahranstalten und moralischen Besserungsanstalten zu professionellen Behandlungseinrichtungen gerade erst angefangen (vgl. z.B. Hemprich/Kisker 1968, Hoffmann-Richter/Finzen 1997). Auch ohne die neue Zielgruppe hatten beide Systeme gewaltige Wachstumschancen, galt es doch, für die große Zahl der Alkoholabhängigen und der psychisch Kranken ein adäquates Behandlungsangebot einzurichten.

In den ersten Jahren nach Entstehung der neuen Drogenszenen kam es zu mehreren interessanten Versuchen in einzelnen psychiatrischen und anderen Krankenhäusern, spezifische Behandlungsangebote zu entwickeln. Zu erwähnen sind zum Beispiel in Hamburg das Krankenhaus Ochsenzoll und in Berlin die Bestrebungen von Bschorr et al., im Anschluss an die zitierte Studie zum Drogenkonsum ein ambulantes Beratungsangebot zu realisieren. Bekannt geworden ist auch die erlebnispädagogisch orientierte „Abenteuerreise" nach Algerien, die Bschorr und sein Team mit einer Gruppe von Drogenabhängigen unternommen haben (Bschorr 1972). Eine der ersten ambulanten Beratungsstellen entstand unter Leitung des Oberarztes Dr. Wanke 1970 in Frankfurt in Form einer Kooperation zwischen dem Stadtgesundheitsamt und der Nervenklinik des Universitätsklinikums (Wanke 1971a, 1971b; Jost 1971). Das Angebot war allerdings begrenzt: Einmal wöchentlich gab es eine vierstündige Sprechstunde.

In den meisten psychiatrischen Krankenhäusern gab es keine Konzepte, wie die neuen Patienten, die mit den oben geschilderten Symptomen aufgenommen wurden, behandelt werden sollten. Meist wurden Drogenabhängige, wenn sie denn überhaupt aufgenommen wurden, auf die Stationen verteilt, um eine Ansammlung mehrerer Drogenabhängiger auf einer Station zu verhindern.

Angesichts der Geschichte der Psychiatrie und der Suchtkrankenhilfe verwundert es nicht, dass gerade in den ersten Jahren vielerorts versucht wurde, die ersten intravenösen Drogenkonsumenten zwangsweise zu behandeln. Richter konnten auf der Grundlage der jeweiligen Landesunterbringungsgesetze die Unterbringung in einer psychiatrischen Klinik anordnen. In Berlin wurden beispielsweise Anfang der siebziger Jahre viele Drogenabhängige in die Karl-Bonhoeffer-Nervenklinik („Bonnies Ranch") eingewiesen. Auch hier hatte man allerdings kein Konzept, wie mit den neuen Patienten umzugehen sei. Erschwerend kam noch hinzu, dass diese nicht freiwillig hier waren. Eine eigene Station für die Drogenabhängigen gab es nicht, so dass diese gemeinsam mit den anderen Patientinnen und Patienten auf die Zimmer der geschlossenen Abteilungen verteilt wurden. Der Opiatentzug wurde als „kalter Entzug" ohne Medikamentenunterstützung durchgeführt, und nur bei gravierenden Entzugserscheinungen wurden Beruhigungsmittel verabreicht. Nach der Phase der körperlichen Entgiftung gab es – bis auf die Teilnahme am Stationsalltag – kein spezielles Behandlungsprogramm.

1972 berichtete eine Ärztin aus der Bonhoeffer-Nervenklinik: „Die psychische Abhängigkeit (...), das ist das enorme Problem. Das dauert Jahre, und dazu müsste man viel mehr tun, als wir tun können. Man müsste nämlich nachbetreuen und Gruppenbehandlung, Psychotherapie machen, mindestens zwei Jahre. Aber das scheitert einmal am Personal. Man müsste viel mehr Leute haben, die etwas davon verstehen. Die zu finden ist ungeheuer schwierig. Genug Geld zur Verfügung zu stellen, stelle ich mir mittlerweile schon am einfachsten vor, nur geeignete Leute zu finden, die das machen, das wird sehr schwer. (...) Wir machen in dieser Richtung z.Z. überhaupt nichts" (Barth 1972a: 93 f.).

Offensichtlich waren diese Erlebnisse für alle Beteiligten sehr frustrierend: „Wir haben alle Illusionen gehabt, zu Beginn der Behandlung von jugendlichen Drogenabhängigen, diese Illusionen sind verschwunden. Ich bin meistens sogar deprimiert über das, was wir machen können, und über die geringen Erfolge, die wir haben. Allgemeine Depressivität auf der ganzen Linie, durch die hohen Rückfallquoten, die wir zu verzeichnen haben. Ich kenne wirklich keinen, der nicht rückfällig geworden wäre" (Barth 1972a: 92, vgl. auch Sollmann 1974). An anderer Stelle schreibt sie von „90 oder noch mehr Prozent Rückfälle" (Barth 1972b: 90). Versuche, Drogenabhängige zusammen unterzubringen, waren alle gescheitert: „Wir haben immer wieder versucht, Zimmer nur mit Abhängigen zu belegen, es ging immer wieder ins Auge. Zum Teil sind sie gemeinsam abgehauen, zum Teil haben sie sich hier Mittel besorgt und haben dann gemeinsam weitergefixt (...). Wir finden immer wieder Spritzen, auch Stoff. Und wir erwischen immer wieder jemanden, der fixt. Eine unserer ganz großen Schwierigkeiten, weil kaum jemand, außer einigen wenigen Freiwilligen, wirklich sagt, ich will frei werden von diesen Mitteln. (...) Dann stellt sich nachher ja auch die Frage, hat es Sinn, überhaupt mit Zwang zu arbeiten" (Barth 1972a: 94).

Zwangsbehandlung bei gleichzeitigem Fehlen eines Behandlungskonzeptes – damit ließen sich die frühen Behandlungsversuche der Psychiatrie größtenteils überschreiben. Die Psychiatrie konnte in der Folgezeit ihren Behandlungsanspruch bei Opiatabhängigen lediglich für die zweiwöchige Entgiftungsphase durchsetzen. Für sich daran anschließende Behandlungen musste nach Alternativen gesucht werden.

Die Jugendhilfe

Neben der aus Trinkerfürsorge und Psychiatrie entstandenen Suchtkrankenhilfe gab es Ende der sechziger Jahre mit der Jugendhilfe ein weiteres gesellschaftliches Subsystem, das prinzipiell Zuständigkeit für den als „Jugendproblem" wahrgenommen Drogenkonsum beanspruchen konnte. Anders als bei der Suchtkrankenhilfe war in diesem Subsystem der Prozess der Verrechtlichung viel weiter fortgeschritten.

Seit 1922 war das Reichsjugendwohlfahrtsgesetz (RJWG) die rechtliche Grundlage der Jugendhilfe. In der Institution des Jugendamtes sollten die zuvor deutlich voneinander getrennten Bereiche der Jugendfürsorge (also alle fürsorgerischen Aktivitäten, die sich an bereits auffällige Kinder und Jugendliche richteten) und der Jugendpflege (die die Förderung der nicht auffälligen Kinder und Jugendlichen zum Ziele hatte) unter dem Oberbegriff der Jugendhilfe miteinander verbunden werden. Diese Integration gelang allerdings nur ansatzweise. Der Tätigkeitskatalog der Jugendämter blieb im wesentlichen geprägt durch die klassischen Funktionen der Jugendfürsorge wie etwa dem Pflegekinderschutz, der Vormundschaft und der Fürsorgeerziehung. Die Jugendpflege wurde zu einem großen Teil von freien Trägern wahrgenommen, denen das RJWG in Anlehnung an das Subsidiaritätsprinzip eine bevorzugte Stellung einräumte. Vor allem konfessionelle Träger wussten diese Stellung zu nutzen (Jordan 1987).

Nach 1933 blieb der materielle Teil des RJWG zunächst weitgehend unangetastet. Die Aufgaben und Institutionen der Jugendpflege wurden zunehmend von der Hitlerjugend übernommen (Klönne 1982: 15 ff.). Für die Jugendfürsorge wurde die Nationalsozialistische Volkswohlfahrt zuständig. Münder zufolge unterschied die Jugendfürsorge im Nationalsozialismus drei Gruppen: Die „erbgesunden" und lediglich erziehungsgefährdeten Jugendlichen wurden in offenen Heimen erzogen und sollten wieder in die Volksgemeinschaft zurückgeführt werden, während „erbminderwertige" und schwererziehbare Jugendliche in den Einrichtungen der im RJWG vorgesehenen Fürsorgeerziehung (FE) lebten. Davon kann nochmals eine dritte Gruppe unterschieden werden, die als „schwersterziehbare", „asoziale" oder „verwahrloste" Jugendliche bezeichnet wurde.

Für die zweite und dritte Gruppe wurden ab 1940 „polizeiliche Jugendschutzlager" genannte Konzentrationslager – für Jungen in Moringen[13], für Mädchen in der Uckermark (Hepp 1987; Ayaß 1995: 180 ff.; Guse 1992; Hammerschmidt 1999: 538 ff.) – eingerichtet, in denen etwa 1.400 Jungen und junge Männer und etwa 1.200 Mädchen und junge Frauen inhaftiert wurden. Noch hoffnungsloser war die Lage indes für diejenigen Jugendlichen und zum Teil auch Kinder, für die die Kinder- und Jugendpsychiatrie zuständig war (Klee 2001: 112 ff.). Parallel hierzu begannen die Vorarbeiten zu dem – kriegsbedingt nie in Kraft getretenen – „Gemeinschaftsfremdengesetz", mit dem zwischen „gemeinschaftsfähigen" und „gemeinschaftsfremden" Personen differenziert und die KZ-Haft für die letztere Gruppe legitimiert werden sollte (Sachße/Tennstedt 1992: 261 ff.; Ayaß 1995: 202 ff.).

---

13 Die Geschichte des „Jugendschutzlagers Moringen" macht befremdende Kontinuitäten bei der Verwahrung von gesellschaftlichen Außenseitern zwischen der Weimarer Republik, dem Nationalsozialismus und der Bundesrepublik sichtbar. Bereits im 18. Jahrhundert wurde auf dem Gelände des späteren Jugendkonzentrationslagers ein Waisenhaus errichtet. Seit dem 19. Jahrhundert diente dieses Gebäude als Straf- und Korrektionsanstalt und „polizeiliches Werkhaus", in dem Trunksüchtige, Bettler, Prostituierte und Landstreicher eingesperrt waren. 1933 wurde auf dem Gelände zunächst ein Männer-KZ und wenig später dann ein Frauen-KZ eingerichtet. 1938 wurde dieses Frauenlager aufgelöst und 1940 als Jugend-KZ für männliche Jugendliche wieder eröffnet. Im Jahr 2000 befindet sich auf dem Gelände das forensisch-psychiatrische Landeskrankenhaus Moringen, eine Einrichtung des Maßregelvollzuges nach §§ 63, 64 StGB mit etwa 310 Betten, davon 25 für Patienten mit Suchtproblemen, die nach § 64 StGB zwangsweise untergebracht sind.

Mit der Einrichtung von Lagern für „unerziehbare" Jugendliche folgten die Nationalsozialisten indes Forderungen nach einem Bewahrungsgesetz, die gerade aus Kreisen der Jugendfürsorge (und wie erwähnt der Trinkerfürsorge) seit den zwanziger Jahren immer wieder erhoben worden waren (Sachße/Tennstedt 1992: 263 ff.; Ayaß 1995: 14 ff.; Hauschildt 1995: 160 ff.). Folgerichtig gab es auch keinen nennenswerten Widerstand aus den Reihen der Wohlfahrtspflege, sondern eher breite Unterstützung. So war etwa der Deutsche Verein für öffentliche und private Fürsorge durch Hans Muthesius, der im Nachkriegsdeutschland eine wichtige Rolle in der Wohlfahrtspolitik einnahm, an der Vorbereitung der Einweisungsvorschriften beteiligt. An dem tief verwurzelten Wunsch der Sozialpolitiker und Wohlfahrtsexperten nach einer zwangsweisen „Bewahrung" änderten indes auch die Erfahrungen des Nationalsozialismus nur wenig: Bereits 1951 debattierte der Deutsche Bundestag erneut über ein angeblich dringend benötigtes „Bewahrungsgesetz" (Ebbinghaus 1987: 152).

Das RJWG wurde 1953 dahingehend modifiziert, dass die Notverordnungen der Weimarer Republik und die Veränderungen der Nationalsozialisten rückgängig gemacht wurden. Das Jugendwohlfahrtsgesetz (JWG) von 1961 war eher eine Novelle des RJWG als ein tatsächlich neues Gesetz (vgl. Jordan/Sengling 1977: 60 ff.; Schrapper 1987). In der zeitgenössischen Kritik der Fachöffentlichkeit am JWG wurden vor allem das Festhalten an dem Ordnungs- und Eingriffscharakter der Jugendhilfe und die fehlende Ausrichtung auf ein Leistungsrecht bemängelt (Schneider 1964). Zu einer ähnlichen Einschätzung kommt auch der 1972 vorgestellte Dritte Jugendbericht der Bundesregierung: „Noch in seiner jetzigen Herkunft ist das JWG völlig durch seine Herkunft aus dem Polizeirecht (...) und Strafrecht (...) und durch obrigkeitliche Vorstellungen einer eingreifenden Verwaltung geprägt" (BMJFG 1972b: 31). Trotz aller Reformbemühungen und mehrerer Gesetzesinitiativen gelang es aber dem Bundestag erst 1990, mit dem Kinder- und Jugendhilfegesetz (KJHG) ein neues Gesetz zu verabschieden.

Will man sich ein Bild von der Situation der Jugendhilfe Ende der sechziger Jahre machen, so ist schon der Blick auf die Organisationsstruktur der zentralen Institution, des Jugendamtes, aufschlussreich. Kennzeichnend hierfür war die übliche Aufteilung in einen Innen- und einen Außendienst. Im Innendienst waren Sachbearbeiter mit Verwaltungsausbildung für die Bearbeitung der Fälle zuständig, während im Außendienst meist Sozialarbeiter den Kontakt zu den Fällen unterhielten. Der Kontakt zwischen Innen- und Außendienst wird im Dritten Jugendbericht so beschrieben: „Die Zusammenarbeit zwischen Innen- und Außendienst beschränkt sich demnach im wesentlichen auf den Austausch schriftlicher Berichte und Anträge. Seltener finden persönliche Besprechungen oder regelmäßige Diskussionen statt" (BMJFG 1972b: 39).

Im Dritten Jugendbericht wurde die Trennung von Innen- und Außendienst und das Fehlen eines jugendamtspezifischen Außendienstes in vielen Großstädten kritisiert und als Hindernis bei der Weiterentwicklung der Jugendämter zu einer sozialpädagogischen Fachbehörde verstanden. Nach den Datenerhebungen der Kommission, die den Dritten Jugendbericht erarbeitete, hatten weniger als 45 % der in der Jugendfürsorge beschäftigten Jugendamtsmitarbeiterinnen und -mitarbeiter eine sozialarbeiterische oder sozialpädagogische Ausbildung. Ein Drittel verfügte lediglich über eine Verwaltungsausbildung, und die restlichen Mitarbeiter und Mitarbeiterinnen besaßen keinerlei einschlägige Ausbildung.

Das JWG von 1961 unterschied deutlich zwischen den Aufgaben der Jugendfürsorge, die als Pflichtaufgaben angesehen wurden, und dem Feld der Jugendpflege, die als vorbeugende Jugendfürsorge verstanden wurde. Träger der Jugendhilfe sind neben den öffentlichen Trägern (Kommunen und Länder) die freien Träger und damit insbesondere die Wohlfahrtsverbände und die Jugendverbände. Vor allem im Bereich der Jugendpflege dominierte Ende der sechziger Jahre die verbandliche Jugendarbeit, während die nach Kriegsende von den Amerikanern eingeführten „Häuser der offenen Tür" und andere Formen offener Jugendarbeit vielerorts an Attraktivität und Bedeutung verloren hatten. Im Dritten Jugendbericht wurde bemängelt, dass es in vielen Regionen noch an Angeboten fehlt, die „an den Interessen und Bedürfnissen junger Leute anknüpfen, ihrem Verständnis entsprechen und Konflikte nicht ausklammern" (ebd.: 71). Verschärft wurde diese Kritik noch durch die Feststellung, „daß in den meisten Jugendämtern kaum gesicherte Erkenntnisse über die Situation der Jugendlichen in ihrem Bereich (sozialstrukturelle Bedingungen, Freizeiterwartungen etc.) vorliegen" (ebd.: 72). Offensichtlich hatte die Jugendhilfe Ende der sechziger Jahre im Bereich der Jugendpflege nur wenig Kontakt zu Jugendlichen unterhalb der Schwelle der Abweichung.

Im Aufgabenkatalog des JWG wird ausdrücklich die „Beratung in Fragen der Erziehung" aufgeführt. Auch hier spart der Dritte Jugendbericht von 1972 indes nicht an Kritik: „ Beratung in Fragen der Erziehung ist eine der wichtigsten Aufgaben der öffentlichen Jugendhilfe geworden. Die hieraus resultierende Verpflichtung der Jugendämter ist allerdings erst viel zu spät verwirklicht und der Aufbau einer ausreichenden Zahl von Erziehungsberatungsstellen dadurch ungebührlich verzögert worden" (ebd.: 67). Die nötigen Ressourcen für kompetente Erziehungsberatung waren Ende der sechziger und auch noch zu Beginn der siebziger Jahre nur in Ausnahmefällen im erforderlichen Umfang vorhanden.

Die direkte Beratung von Jugendlichen durch Mitarbeiterinnen und Mitarbeiter des Jugendamtes ist aus dem JWG nur indirekt abzuleiten. Im Dritten Jugendbericht heißt es hierzu: „Erst in jüngerer Zeit haben einige Jugendämter begonnen, sich im Rahmen ihrer Beratungstätigkeit auch an Jugendliche direkt zu wenden. Zum Teil wurden für diesen Zweck eigene Jugendberatungsstellen eingerichtet, in denen Jugendliche, die mit häuslichen, schulischen oder anderen persönlichen Problemen nicht fertig werden, Rat suchen können. Für die Aufgabe der Jugendberatung gibt es bisher noch keine erprobten und bewährten Verfahren. Das Aufgabengebiet befindet sich im Stadium des Experimentierens mit verschiedenen Formen" (ebd.: 72).

Das Instrumentarium des Jugendamtes im Rahmen der Fürsorge für sich bereits abweichend verhaltende Jugendliche bestand im wesentlichen aus der Jugendgerichtshilfe, der formlosen erzieherischen Betreuung, der (ambulanten) Erziehungsbeistandschaft, der (stationären) Freiwilligen Erziehungshilfe und der – ebenfalls stationären – Fürsorgeerziehung. Vor allem die zwangsweise angeordnete Fürsorgeerziehung wurde Ende der sechziger Jahre stark kritisiert. 1969 waren rund 21.500 Minderjährige aufgrund des § 64 („weil der Minderjährige zu verwahrlosen droht oder verwahrlost ist") zwangsweise in einem Erziehungsheim oder in anderen Institutionen untergebracht. Dabei ist zu bedenken, dass die Volljährigkeit damals erst mit 21 Jahren begann, so dass ein großer Teil dieser zwangsweise Untergebrachten über 18 Jahre alt war. In den Heimen fehlte es an Ausbildungsplätzen für die untergebrachten Jugendlichen, an ausgebildetem Fachpersonal und an zeitgemäßen pädagogischen und therapeutischen Konzepten, so dass sie eher Verwahranstalten als Erziehungseinrichtungen glichen. So kam auch der Dritte Jugendbericht zu einem vernichtenden Urteil: „Ein nachhaltig positives Ergebnis der Heimerziehung ist bei dieser Lage kaum zu erwarten" (ebd.: 65).[14]

Von einer sozialpädagogischen Fachbehörde war das Jugendamt Ende der sechziger Jahre noch weit entfernt. Der dafür notwendige Modernisierungsprozess hatte gerade erst begonnen. So gesehen kamen drogenkonsumierende Jugendliche für die Jugendhilfe zu früh: Das Jugendamt hatte 1969 ganz andere Sorgen, als sich auch noch um den zunehmenden Drogenkonsum zu kümmern. Immerhin wird die Beratung von Drogenabhängigen im Dritten Jugendbericht ausdrücklich erwähnt: „Einen Schwerpunkt der Jugendberatung bilden in jüngerer Zeit die Maßnahmen für drogengefährdete und drogenabhängige Jugendliche". Nach Erhebungen der Expertenkommission betrieben ganze 30 der insgesamt rund 640 Jugendämter eine eigene Drogenberatungsstelle. 54 Jugendämter unterstützten Drogenberatungsstellen, die von anderen (Gesundheitsämtern oder freien Trägern) betrieben wurden, und weitere 33 Jugendämter planten die Einrichtung einer Drogenberatungsstelle.

Diese vorsichtige Haltung der meisten Jugendämter wurde im Dritten Jugendbericht so begründet: „Häufig scheuen Jugendämter davor zurück, eigene Beratungsstellen einzurichten, weil sie die Wirksamkeit behördlicher Maßnahmen auf diesem

---

14 Bei diesen Defiziten setzte die Heimkampagne der Protestbewegung an, die sich den Unmut vieler Kinder und Jugendlicher in den Erziehungsheimen zunutze machte.

Gebiet bezweifeln und sich von der Aktivität privater Gruppen mehr versprechen. (...) Generell scheint bei den Jugendämtern (besonders im Haupteinzugsgebiet der Großstädte) die Tendenz vorzuherrschen, Drogenberatungsstellen in unbürokratischer und unkonventioneller Weise einzurichten. Die Jugendämter vermeiden es dabei in der Regel, als ‚Behörde' in den Vordergrund zu treten. Sie bemühen sich statt dessen in erheblichem Umfang darum, private Initiativen in Form von Vereinsgründungen zu fördern und notwendige Hilfestellungen zu geben." (BMJFG 1972b: 72).

Die Haltung der Jugendämter war insgesamt gesehen recht ambivalent. Immerhin ist es der Jugendhilfe und ihren Kritikern gelungen, die „Rauschgiftwelle" der späten sechziger und frühen siebziger Jahre zumindest auch als Jugendthema zu etablieren und es nicht vollständig dem gesundheitlichen Teilsystem zu überlassen. Als primärer Träger hielten sich die Jugendämter allerdings eher zurück. Zwar gab es Städte, in denen das Jugendamt oder auch das Gesundheitsamt direkt eine Drogenberatungsstelle betrieb. In den meisten Städten wurde indes versucht, die Gründung von Einrichtungen außerhalb der Stadtverwaltung anzuregen und zu unterstützen. So wurde beispielsweise in Frankfurt am Main auf den stadtnahen Verein für Arbeits- und Erziehungshilfen (VAE) zurückgegriffen, der sich bereits bei der Trägerschaft der Jugendwohnkollektive der aus dem Fürsorgeheim Staffelberg entlaufenen Jugendlichen bewährt hatte. In Trägerschaft des VAE eröffnete 1971 die – sieht man von dem oben erwähnten Kooperationsmodell zwischen Nervenklinik und Stadtgesundheitsamt einmal ab – erste Drogenberatungsstelle in Frankfurt unter dem Namen Drop Inn (Berger/Zeitel 1976). Wenig später folgte mit der Therapeutischen Wohngemeinschaft „Kanne" die erste stationäre Einrichtung des VAE.

Ende der sechziger und Anfang der siebziger Jahre wurden immer stärker Konzepte für ambulante Beratungsstellen insbesondere für Kinder und Jugendliche diskutiert. Auch von den Wohlfahrtsverbänden wurden zunehmend Jugendberatungsstellen eingerichtet, die dann auch zur Anlaufstelle für Jugendliche wurden, die Drogen konsumierten. So entwickelte sich zum Beispiel in Frankfurt am Main in der (katholischen) „Jugendberatungsstelle im Haus der Volksarbeit" immer stärker ein Arbeitsschwerpunkt Drogenberatung, der schließlich zur Gründung eigener Beratungsstellen, einer Schule für Drogenabhängige und eines eigenen Trägers – dem mit der Caritas verbundenen Verein Jugendberatung und Jugendhilfe e.V. – führte (Menzemer 1974). Vereinzelt differenzierte sich auch innerhalb von klassischen Suchtberatungsstellen ein Schwerpunkt Drogenberatung heraus, der dann aber meist zur Gründung eigener Organisationen führte, die sich von den Ursprungsorganisationen stark unterschieden (für die Caritas Berlin vgl. z.B. Heckmann 1979b, Kretschmer 1979).

Mitarbeiter aus Hamburger Jugendhilfeeinrichtungen gründeten bereits 1970 das Projekt Reitbrook, eine sozialtherapeutische Wohngemeinschaft für Drogenabhängi-

Aus: M. Schmid (2003):
Drogenhilfe in Deutsch-
land. Entstehung und
Entwicklung 1970-2000,
Frankfurt / New York

g... ... ihre
E... ...eines
v... ...1974:
1... ...deut-
s... ...icher-
te...

Release und andere private Initiativen

Viele Versuche aus Krankenhäusern, Behörden und auch aus den Wohlfahrtsverbänden, Einrichtungen für die mit Drogen experimentierenden Jugendlichen zu betreiben, scheiterten an der großen kulturellen Distanz zwischen Betreibern und Klienten
oder Patienten, die kurzfristig kaum zu überbrücken war. Diese Probleme hatten die
Release-Gruppen, die in zahlreichen Städten Deutschlands und Europas in dieser Zeit
entstanden, nicht. Die Entstehung der Release-Bewegung wird allgemein auf das Jahr
1967 zurückgeführt, als Mick Jagger, der Sänger der Rolling Stones, in Großbritannien wegen kleinerer Drogendelikte vor Gericht stand und dank eines Staranwaltes
freigesprochen wurde. Mehrere Studenten schlossen sich daraufhin in London unter
dem Namen „Release" zusammen, da sie es als ungerecht empfanden, dass ein pro-
minenter Rocksänger mit Geld für gute Anwälte freigesprochen wurde, während
viele Jugendliche für vergleichbare Delikte bestraft wurden. Zunächst bot „Release
London" Rechtshilfe an, weitete dieses Angebot aber bald zu einem umfassenden
Telefon- und Beratungsdienst und schließlich zu einem umfassenden alternativen
Kommunikations-, Therapie- und Lebensangebot aus.

Die Release-Idee strahlte schnell über die Grenzen Großbritanniens hinaus. Vergleichbare Initiativen in anderen europäischen Ländern übernahmen den Namen
Release oder wurden mit dem unscharfen Begriff der Release-Bewegung identifi-
ziert. Auch in Deutschland entstanden ab 1970 Gruppen, die konkrete Hilfen für
jugendliche Drogenkonsumenten leisten wollten und deren Mitglieder zum Teil
selbst den neuen Drogenszenen entstammten. Neben Release dienten die Free Clinic
aus San Francisco und andere amerikanische Projekte als Vorbild.

Der 1970 in Hamburg gegründete „Verein zur Bekämpfung der Rauschgiftgefahr
e.V." eröffnete in der Karolinenstraße in der Nähe von St. Pauli das erste Release-
Zentrum, zu dem ein Hostel für Übernachtungen, ein makrobiotisches Restaurant und
eine Druckerei gehörten. Im zweiten Stock, dem „Release-Office", fanden Beratung,
Rechtshilfe, Telefondienst und Büroarbeit statt. In der „Boutique Mescal" wurden
selbstgefertigte Schmuck- und Lederwaren verkauft. Bauernhöfe außerhalb von

Hamburg dienten als „Therapiehöfe" oder „Landkollektive" und Wohngemeinschaft. Trotz aller Anfeindungen gelang es zunächst, finanzielle Unterstützung durch die Senatsverwaltung zu erhalten.

Vergleichbare Initiativen entstanden in Heidelberg, Berlin, München, Bremen, Frankfurt und anderen Städten. Nicht alle diese Gruppen nannten sich Release, zeichneten sich aber dennoch durch eine Nähe zur Drogenszene und zur Jugendkultur und durch die Ablehnung der institutionellen Behandlungsversuche der Kliniken und Behörden aus.

Fasst man die vorliegenden Berichte zur Release-Bewegung in Deutschland zusammen (Heuer at al. 1971; Joite 1972; Parow/Witecka/Prignan 1972; Wiegand 1972; Schulz 1974a; Schulz 1974b; Sollmann 1974), so lassen sich drei charakteristische Schwerpunkte beschreiben. Dazu gehören sicherlich zunächst eine kritische Einstellung insgesamt zu den gesellschaftlichen Institutionen, zweitens eine differenzierte Haltung zum Drogenkonsum sowie drittens die Ablehnung professioneller Behandlung und das Gegenmodell der Selbsthilfe und des Ex-Users. Diese Punkte sollen kurz erläutert werden.

Ausgangspunkt der politischen Vorstellungen der Release-Bewegung war die Kriminalisierung der Drogenkonsumenten. „Dieser soeben ausbrechende Krieg zwischen Dienstrevolver und Injektionsspritze macht klar: Die zuständigen Stellen sind nicht in der Lage, die drogensüchtigen Jugendlichen zu verstehen, geschweige denn sie zu heilen. Da Fixer sich nicht zu ehrenwerten Staatsbürgern entwickeln wollen, sollen sie wenigstens in staatlichen Gefängnissen zu fertig angepaßten Kriminellen erzogen werden" (Heuer et al. 1971: 39). Dagegen wurde das Konzept Release gesetzt: „Release heißt Befreiung. Befreiung heißt Gefangenenbefreiung. Heißt Kampf gegen ein System, das in unserer Psyche uns gefangen hält" (ebd.: 147).

Ganz im Stil der auseinanderdriftenden Studentenbewegung wurde mit einer Mischung aus Marxismus und psychoanalytischen Vorstellungen die Ursache für Drogenkonsum in der Entfremdung der kapitalistischen Gesellschaften und den daraus resultierenden psychischen Deformationsprozessen gesehen. Der Konsum illegaler Drogen konnte dabei zweierlei bedeuten: Zum einen wurde er immer noch als ein Weg zur Bewusstseinserweiterung gesehen. Andererseits aber galt insbesondere der Konsum von Opiaten als falscher Ausweg aus der gesellschaftlich bedingten Notlage einzelner Jugendlicher. „Sucht hat somit, wie jedes von der (bürgerlichen) Gesellschaft erzeugte Symptom, zwei Momente in sich: ein positives, das darin besteht, daß eine Konfliktlösung gewisser Probleme überhaupt angestrebt wurde, die von den Normalen einfach stillschweigend übergangen werden; ein negatives, das sich in der Zwanghaftigkeit des Lösungsversuchs äußert" (Parow/Witecka/ Prignan 1972: 136).

In diesem Sinn bedeutete Heilung, die Energie von der Autoaggression und Selbstschädigung des Drogenkonsums auf die Ursachen des individuellen und gesellschaftlichen Leidens umzulenken. In der Sprache von Release Heidelberg klang das so: „Release – fight for peace: befreie Dich selbst, kämpfe für den Frieden! D.h.: direkte Mobilisierung der scene, der Jugendlichen in Gefängnissen, Heimen und psychiatrischen Anstalten, in Schulen und in der Ausbildung, richtet sich an die, denen es am dreckigsten geht, zielt auf spontanes Verständnis, ist die Aufforderung zum aktiven Widerstand (...)" (Heuer et al. 1971: 124).

Was hier recht militant nach direkten politischen Aktionen klingt, findet sich an anderer Stelle eher als Begründung für einen neuen therapeutischen Ansatz:

„Release bemüht sich um Solidarität mit und unter den Randgruppen-Jugendlichen. Die therapeutische Solidarisierung, die Release-Politik mit diesen Jugendlichen anstrebte, bezieht ihre theoretischen Grundlagen aus einer konsequent zu Ende gedachten Reflexion der progressiven Ansätze bürgerlicher Therapie (...); dennoch versteht sie sich als qualitative Überwindung der bürgerlichen Therapie und Sozialarbeit. Die letzte Konsequenz der geschilderten progressiven Ansätze ist ohne Zweifel die Kollektivierung. Sie ist die spezifische Form der Solidarisierung mit Abhängigen (...)" (Parow/Witecka/Prignan 1972: 142).

Die Haltung der Release-Bewegung zum Konsum illegaler Drogen war sehr ambivalent. Deutlich wird dies am Beispiel der Leitfigur des „Cool user", der in den Flugblättern von Release propagiert wurde. So heißt es etwa in der „Release Information Nr. 1" des Hamburger Vereins zur Bekämpfung der Rauschgiftgefahr:

„The cool user (...) injiziert nicht (und wenn er es tut, achtet er darauf, daß sein Werkzeug sauber und daß keine Luft innerhalb der Pumpe ist). Macht keine Experimente mit unbekannten Drogen. Stellt hohe Anforderungen an die Qualität der Drogen sowie an die Vertrauenswürdigkeit des Dealers. Gebraucht nicht irgendeine Kombination von Drogen (lebensgefährlich: Schlaftabletten und Alkohol oder Amphetamin). Raucht und trippt nur in vertrauenswürdiger Gesellschaft und entspannter Umgebung. Gönnt sich selbst mindestens einen Tag für den Trip" (Heuer et al. 1971: 85).

Der „intelligente" Gebrauch von Marihuana und Haschisch wurde als harmlos betrachtet, auf Risiken vor allem bei Opiaten, Tabletten und Amphetamin aber ausdrücklich hingewiesen. Was sich aus heutiger Sicht teilweise wie eine Broschüre zum Thema „Safer Use" liest, war damals programmatisch für die Arbeit von Release. In manchen Release-Wohngemeinschaften wurde der lockere Umgang mit Haschisch – ganz im Gegensatz zu der damals überall diskutierten These vom Umsteigeeffekt – geradezu als geeignetes Mittel betrachtet, um Opiatkonsum vorzubeugen.

Die Therapie wurde in erster Linie als Selbsthilfeprozess begriffen:

„Dabei sind Fixer heilbar. Mit den von Release vorgeschlagenen Mitteln. (...) Wohngemeinschaften in einem Haus an der Stadtperipherie oder auf dem Land sollen auf der Basis kreativer Produktion therapeutische Arbeit leisten. Sie bestehen aus einer Gruppe stabiler Jugendlicher, die ein Arbeitskollektiv bilden und direkt zur Releasegruppe gehören. In diese Gruppe kommen gefährdete Jugendliche und werden in Lernprozesse einbezogen, mit dem Ziel, Eigeninitiative zu entwickeln. (...) Nicht

Krankenhäuser und Gefängnisse: Nur Selbstorganisation des Underground gibt den Fixern die Chance, sich zu stabilisieren" (ebd.: 41 ff.).

Release versuchte eine Therapie zu realisieren, die ohne professionelle Therapeuten auskam, die vielmehr „die Abhängigkeit und damit überhaupt den Unterschied zwischen dem Therapeuten und dem zu Therapierenden aufhebt" (Parow/Witecka/ Prignan 1972: 142).

Eine besondere Bedeutung kam in diesen Vorstellungen ehemaligen Drogenkonsumenten zu. Schulz beschrieb dies folgendermaßen:

„Im Modell Release-Karolinenstraße soll der Unterschied zwischen Therapeuten und Probanden dadurch abgebaut werden, dass Exuser die Gruppenprozesse in Gang setzen. Exuser meint ehemalige Schießer, die von der Droge freigekommen sind. Ihr Erscheinungsbild ist meistens so, dass sie trotz Drogenfreiheit in ihrem äußeren Aufzug weiterhin bewußt nicht bürgerlich auftreten, also mit langen Haaren, mit salopper Kleidung, ohne festen Beruf. Auch sind ihre Lebensbedürfnisse weiterhin stark von der Scene her geprägt, vor allem ihr Bedürfnis nach Kommunikation in großen Gruppen. (...) Für den Therapieprozeß liegen im Erfahrungsschatz der Exuser positive Möglichkeiten. Ihre Erfahrungen in der eigenen Drogenabhängigkeit schaffen eine wesensmäßige Beziehung zu den Usern: Der Exuser weiß ganz genau, wie sich jemand innerhalb der verschiedenen Phasen seiner Drogenabhängigkeit fühlt, wo besondere Krisenpunkte liegen, wie Veränderungen anzusetzen sind. Eben weil der Exuser die Situation des Users nachempfinden kann, wird er vom User erkannt als jemand, der ihm helfen kann" (Schulz 1974a: 55 f.).

Wenn die eigentliche Kompetenz zur Behandlung von Süchtigen entweder bei diesen selbst oder bei ehemaligen Drogenkonsumenten lag, dann waren alle professionellen Behandlungseinrichtungen zum Scheitern verurteilt. Nicht auf Universitäten und in psychotherapeutischen Einrichtungen konnten die Fähigkeiten zur Behandlung von Drogenabhängigen erlernt werden, sondern nur in der Drogenszene selbst. So war es nur folgerichtig, dass den institutionalisierten Behandlungsmodellen Rückfallquoten von 98 bis 99 %, den eigenen Bemühungen hingegen eine Erfolgsquote von 85 % zugeschrieben wurde (Heuer et al. 1971: 39).

Mit der Betonung von Selbsthilfe und Ex-Usern sollte die „traditionelle Distanz zwischen Arzt und Patient" aufgehoben und durch das Prinzip der Solidarisierung ersetzt werden. „Solidarisierung als therapeutisches Modell besitzt den unleugbaren Vorteil, sich sowohl auf den Patienten als auch auf den Therapeuten ‚therapeutisch' auszuwirken, d.h. Bewußtseins- und Verhaltensänderungen nicht nur einseitig zu fördern" (Parow/Witecka/Prignan 1972: 141). Die Release-Arbeit sollte sowohl den Drogenabhängigen als auch den Mitarbeitern Lernprozesse und Schritte hin zu einem selbstbestimmten Leben ermöglichen. In ihrer therapeutischen Vorstellung knüpften die Protagonisten der Release-Bewegung damit an die Antipsychiatriebewegung an.

Therapie im Sinne von Release war in erster Linie Gruppentherapie. Nicht der einzelne Drogenkonsument oder -abhängige hatte Probleme, die im Kontakt mit einem Therapeuten behandelt werden sollten, sondern alle Jugendlichen litten unter der Entfremdung in der kapitalistischen Gesellschaft. In der Sprache von Release hieß das: „Die kapitalistische Produktionsweise hat uns abgefuckt" (Parow/Witecka/ Prignan 1972: 144). Der Ausweg daraus bestand in der Gruppe, oder wie man Anfang der siebziger Jahre sagte: im „Lebens- und Produktionskollektiv. Die Alternative besteht in der gemeinsamen Organisation des Alltags" (ebd.). Die Produktionskollektive bestanden im wesentlichen aus Entrümplungsaktionen, etwas Landwirtschaft, Kunstgewerbe und ähnlichen Ansätzen zur Subsistenzwirtschaft, mit denen Erfahrungen der späteren Alternativbetriebe vorweggenommen wurden.

Aus heutiger Sicht wirken die Texte von Release anachronistisch und fast unverständlich. Irritierend ist, wie mit wenigen Sätzen „sozialistische Therapien" erfunden wurden, die ärztliche Profession abgeschafft und der kapitalistischen Gesellschaft die Schuld am sich allmählich abzeichnenden Drogenelend zugeschrieben wurde. Einerseits wurde der bürgerlichen Gesellschaft die Verantwortung für den Drogenkonsum einer zunehmenden Zahl von Jugendlichen aufgebürdet. Andererseits wurden alle Versuche eben dieser bürgerlichen Gesellschaft, Drogenkonsum zu unterbinden und die Folgen zu behandeln, zurückgewiesen. Der eigene Anspruch, die besseren Behandlungsmöglichkeiten anzubieten und gleichzeitig zur Überwindung der bestehenden Gesellschaftsordnung beizutragen, wurde mit einem immensen Selbstbewusstsein vorgetragen.

In den Release-Gruppen und Wohngemeinschaften ging es oft chaotisch zu. Auseinandersetzungen und Flügelkämpfe waren an der Tagesordnung. Gruppen spalteten sich, stellten ihre Arbeit ein und wurden neu gegründet. Nach Flügelkämpfen innerhalb der Heidelberger Relase-Gruppe und Streit über die Frage des Drogenkonsums in den Räumen von Release Heidelberg setzte sich eine Gruppe um den Ex-User Ingo Warnke nach Berlin ab. Diese Gruppe hatte sich in Heidelberg mit ihrer Forderung nach einem strengen Drogenverbot nicht durchsetzen können. In Berlin gründete die Gruppe unter dem Namen Release I ein eigenes Kollektiv, das auf strikte Drogenfreiheit achtete und sich an den Methoden der amerikanischen Synanon-Bewegung orientierte (Yablonsky 1965, 1975). Wenige Jahre später nannte sich Release I in Synanon International um (Joite 1972; Schmejkal 1978; Heckmann 1993; Fredersdorf 1994). Die in Heidelberg verbliebenen Release-Aktivisten benannten ihr nächstes Projekt nach dem berühmten Vorbild aus San Francisco Free Clinic (Geck 1974).

Ein längst vergessenes Phänomen waren die Jesus-Center, die im Umfeld der Jesus-People-Bewegung mit anfänglichen Erfolgen jugendliche Drogenkonsumenten für Jesus zu begeistern versuchten und dazu ambulante Treffpunkte und ebenfalls Wohnkollektive einrichteten (Schulz 1974a: 64 ff.; Sollmann 1974: 133 ff.).

Insgesamt blieb die Zahl der Release-Gruppen in Deutschland eher bescheiden. Die Bedeutung der Release-Bewegung ging indes weit über die Release-Gruppen hinaus. Auch viele andere Projekte, die Anfang der siebziger Jahre entstanden, wurden von den Release-Vorstellungen beeinflusst. Das gilt zum Beispiel für das 1970 gegründete Makarenko-Kollektiv in Hamburg. Dort wurde versucht, nach dem Vorbild des russischen Pädagogen Makarenko, der damals von Pädagogikstudenten begeistert rezipiert wurde, mit einer harten Arbeitsdisziplin Drogenabhängige zu therapieren. Im Unterschied zum Release-Modell gab es im Makarenko-Kollektiv ausgebildete Sozialpädagogen, die für die Therapie verantwortlich waren (Schulz 1974a: 60 f.).

Die meisten neu entstehenden Initiativen und Projekte teilten die Vorstellung, im Rahmen von Wohn- und Lebensgemeinschaften jugendlichen Drogenkonsumenten bei der Erarbeitung einer neuen Lebensperspektive helfen zu können. Dies trifft vor allem auf die in den Jahren 1971/72 neu gegründeten Therapeutischen Wohngemeinschaften (TWG) zu (Heckmann 1993). Aus einigen dieser Einrichtungen gingen später Drogenhilfeträger hervor, die bis heute das Drogenhilfesystem prägen.

1971 zählte das Bundesministerium für Jugend, Familie und Gesundheit (BMJFG) 118 Einrichtungen, die Hilfen für Drogenabhängige anboten. Dazu gehörten 57 ambulante Beratungsstellen, fünf Entzugskliniken, zehn den Trinkerheilstätten nachempfundene stationäre Therapieeinrichtungen und 46 Therapeutische Wohngemeinschaften und ähnliche Gruppierungen. In der folgenden Tabelle ist die Verteilung der Träger dieser Einrichtungen dargestellt.

Tabelle 11:   Trägerstruktur der Drogenhilfe 1971

	Anzahl	Prozent
Neue örtliche Vereinsgründungen	33	54 %
Freie Wohlfahrtspflege	11	18 %
Ärztlich geleitete Institutionen	9	15 %
Behörden	8	13 %
Summe	61	100 %

Quelle: BMJFG 1972a

Der größte Teil der Drogenhilfeträger Anfang der siebziger Jahre waren neue Initiativen, die in den Städten mit Drogenszenen entstanden waren und nach neuen Behandlungs- und Hilfemöglichkeiten suchten. Man sieht, dass es dem bestehenden System der Suchtkrankenhilfe nur zu einem kleinen Teil gelungen war, sein Arbeitsgebiet auch auf die neuen Drogenkonsumenten auszudehnen.

In dieser Tabelle nicht enthalten sind die psychiatrischen Kliniken und psychiatrischen Stationen von Allgemeinkrankenhäusern, die nach wie vor zur Entgiftung genutzt wurden, größtenteils aber von Patientinnen und Patienten mit Alkoholproblemen belegt wurden. Alles in allem wird deutlich, dass die Bedeutung der Psychiatrie und ganz allgemein der Medizin auf der Ebene der Versorgungs- und Behandlungsstrukturen 1971 eher gering war. Obgleich die Medizin Drogenabhängigkeit als psychiatrisch behandlungsbedürftiges Krankheitsbild verstand, überließ sie – nach kurzen und insgesamt eher vereinzelten Versuchen – die tatsächliche Behandlung offensichtlich anderen. Die zurückhaltende Haltung der Behörden bei der Entwicklung von Hilfeangeboten zeigt sich in diesen Zahlen ebenfalls nachdrücklich.

Die Drogenhilfe entstand demnach Anfang der siebziger Jahre nicht als Subsystem des Gesundheitssystems und auch nicht als Teilsystem eines umfassenderen Suchthilfesystems. Drogenabhängigkeit wurde in erster Linie als Jugendproblem wahrgenommen, mit dessen Bewältigung die klassischen Strukturen der Jugendhilfe aber offensichtlich überfordert waren. Release-Gruppen und andere private Initiativen mit einer deutlichen Nähe zu den Überresten der Protestbewegung waren diejenigen, die als erste in nennenswertem Umfang Unterstützung für Drogenabhängige organisierten und somit zur Basis der entstehenden Drogenhilfe wurden.

Dazu war allerdings noch ein immenser Professionalisierungsschub nötig. Als politische Bewegung konnte sich Release nicht lange halten:

„Die Release-Bewegung ist allerorts in die Krise geraten. Viele freie Stationen haben schließen müssen (...). Hauptgründe für diesen Verfall sind zumeist finanzielle Verschuldung oder akuter Geldmangel der Trägergruppe. Aber auch menschliche, sachliche oder ideologische Differenzen innerhalb der Beratungsteams haben zum Zusammenbruch der Release-Stationen geführt" (Schulz 1974a: 107).

Den meisten Release-Gruppen ist es nie gelungen, eine dauerhafte Finanzierungsbasis für ihre Arbeit zu erlangen. Zwar galt Abhängigkeit seit dem erwähnten Gerichtsurteil aus dem Jahr 1967 als Krankheit, für deren Behandlung eigentlich die Krankenkassen aufkommen mussten. Aber gerade Release hatte den Krankheitscharakter von Drogenabhängigkeit stets bestritten, und die Konzepte von Release passten nicht in ein medizinisches Krankheitsverständnis von Drogenabhängigkeit. Da Release Drogenabhängigkeit eher als ein soziales Problem betrachtete, war nach der Meinung von Release die Jugend- und Sozialpolitik für die Übernahme der dadurch verursachten Kosten verantwortlich. Entsprechend versuchten Release-Gruppen, pauschale Zuschüsse und/oder einzelfallbezogene Kostenübernahmen bei den jeweils zuständigen Behörden zu erreichen. Erschwerend kam hinzu, dass die chaotische Struktur der meisten Release-Gruppen kaum kompatibel zu den Abrechnungsverfahren der deutschen Sozial- und Jugendverwaltungen waren.

Nicht minder problematisch für den Fortbestand von Release waren Streitereien um Drogenkonsum in den Release-Einrichtungen. Die Gruppen, die weiterhin mehr oder weniger massiven Drogenkonsum duldeten, überlebten die sich abzeichnenden

Transformationsprozesse hin zu professionellen Hilfeinstitutionen nicht. Zunehmend wurden amerikanische Therapiemethoden wie das amerikanische Synanon-Modell (Yablonsky 1975) oder die Daytop-Häuser studiert und auf deutsche Verhältnisse übertragen (Petzold 1974). Aus den Wohn- und Arbeitskollektiven wurden immer deutlicher drogenfreie Therapeutische Gemeinschaften, für die die Beschäftigung mit neuen Therapieformen wichtiger als politische Fragen wurde. Damit einher ging aber auch der Verlust der Szenenähe und der kulturellen Identität vieler Gruppen.

Parallel zu diesem beginnenden Professionalisierungsprozess wurde die Verbindung zwischen Drogen und Politik immer brüchiger. Zu den Anfangszeiten der Studentenbewegung war Drogenkonsum noch als eine Chance zur Bewusstseinserweiterung und Abgrenzung vom Alkohol trinkenden Establishment verstanden worden. Brückner gestand Cannabis zumindest zu, einen Zustand der „schöpferischen Regression" herbeizuführen, und über LSD schrieb er: „Der LSD-Trip kann neue Dimensionen erotischer Fülle und Sensibilität erschließen, die man so leicht nicht wieder vergißt" (Brückner 1970: 167). In der Subkultur-Debatte der frühen siebziger Jahre wurden Haschisch und andere Drogen zwar nicht mehr glorifiziert, aber immerhin Regeln für den risikoarmen Gebrauch diskutiert (so z.B. Schwendter 1971). In dieser Anfangszeit verkörperte Release eine Mischung aus Selbsthilfe und Randgruppenstrategie. Doch die Jugendlichen, die aus den Fürsorgeheimen entlaufen und in den Randgruppenprojekten der Linken gelandet waren, hielten den politischen Erwartungen nicht stand und konsumierten im Zweifelsfall eben doch lieber Drogen, als gegen die kapitalistischen Strukturen der Bundesrepublik zu kämpfen.

Im zunehmend dogmatischer werdenden Klima der K-Gruppen-Zeit wurde der Randgruppenansatz abgelöst durch nicht minder erfolglose Versuche, sich mit den Fabrikarbeitern zu verbünden. Jetzt mussten die Revolutionäre frühmorgens pünktlich an der Werkbank oder zumindest am Fabriktor zum Flugblattverteilen stehen. Auch das akribisch betriebene Studium der politischen Theorie vertrug sich nicht mit der drogenbedingten „schöpferischen Regression". Jetzt war Disziplin gefragt, und wer Drogen konsumierte, stand fortan im Verdacht des Eskapismus.

1971 veröffentlichte Klaus Rainer Röhl in der Zeitschrift „Konkret" einen Leitartikel unter der Überschrift „Genossen, wir haben Scheiße gebaut", in dem er die Haltung der Linken zum Drogenkonsum revidierte. Im März 1972 fand in Hamburg unter dem Motto „Flucht ist Sucht" ein „linker Anti-Drogen-Kongress" statt, der der „Vermischung von Unvereinbarem – linker politischer Gesinnung und Drogenkonsum" (Zamory 1972: 7) entgegentreten sollte. Die „infantile Identifizierung sozialistischer Ideale, wie Gleichheit, Freiheit und Solidarität, mit der romantischen und mystischen Ideologie der Haschpropheten" wurde für beendet erklärt: „Wenn man die Gesellschaft nach den Interessen der abhängig Beschäftigten verändern will, dann bedarf es exakter Analyse, nüchterner Strategie und mutiger Taktik" (Steffen 1972: 11). Röhl selbst führte in seiner Ansprache aus:

„Die Vision von einem Siemens-Arbeiter, der eines Tages bei abnehmendem Lebensstandard nicht mehr zum Streik und politischen Kampf bereit ist, sondern gemütlich zum ‚Aggressionen abbauenden' Joint greift, muß uns alle abschrecken. Es sind nicht die Herren Thurn und Taxis, Flick, Abs und die Großaktionäre von Siemens und AEG, die sich anturnen und outdropen, sondern unserer eigenen Leute, die potentiellen Mitglieder und Mitkämpfer der Linken" (Röhl 1972: 17).

Der Gegensatz zwischen linken Strategen und Release-Aktivisten wurde deutlich im Bericht aus der Arbeitsgruppe, in der das Release-Konzept diskutiert werden sollte:

„Bei der Diskussion haben sich idealtypisch drei verschiedene Gruppen herausgebildet. Einerseits die Gruppe, die ich jetzt mal ‚Release' nenne, die gesagt hat (...), wir haben hier unsere Fixer, wir haben die Leute, die ausgeflippt sind, und denen müssen wir jetzt helfen; denn sonst ist das Resultat, daß die einfach sterben. Die andere, die Gegenposition, ist die: Wir müssen erst die politische Perspektive entwickeln, möglichst eine politisch fundierte Analyse machen, und dann können wir überhaupt das Problem angehen, weil sonst immer die Gefahr besteht, daß wir die Betroffenen nur an die Gesellschaft wieder anpassen, an der sie ausgeflippt sind." (Schätzle 1972: 146).

Die Überreste der APO, die sich mit der Arbeiterbewegung verbünden wollten, warfen der Release-Bewegung „fehlende Klassenanalyse" und den „Verzicht auf gesamtgesellschaftliche Analyse" vor (Amendt/Stiehler 1972: 179 ff.). Drogen konsumierende Jugendliche waren in Zukunft bei den meisten linken Organisationen nicht mehr gefragt. Für manche Drogenabhängige, die über die Protestbewegung zum Drogenkonsum gekommen waren, hatte dies fatale Konsequenzen, zerbrachen doch so die letzten Kontakte außerhalb der Drogenszene.

Je mehr Opiate auf den Drogenszenen Cannabis und Marihuana verdrängten, um so deutlicher wurden die individuellen Auswirkungen der Drogenmythen der späten sechziger Jahre sichtbar. „Die Drogenideologie scheiterte an ihrer eigenen Praxis, das heißt, die gesellschaftskritische Theorie brach in zigtausend erbarmungswürdige Einzelschicksale auseinander" (Schulz 1974b: 139). Soweit Release für die Idee stand, direkte Hilfe für Drogenkonsumenten mit der politischen Organisation von (ehemaligen) Drogenkonsumenten zu verbinden, war Release bereits nach wenigen Jahren gescheitert. Sieht man in Release aber die Anfänge eines eigenständigen, sich allmählich professionalisierenden Hilfesystems für Drogenabhängige, ging es jetzt erst richtig los.

Die Entstehung und Konsolidierung der Drogenhilfe in den siebziger Jahren (1972 – 1980)

Die Release-Gruppen machten der Gesellschaft einen doppelten Vorwurf: Zunächst wurde die Gesellschaft beschuldigt, für den Drogenkonsum und die Drogenprobleme der jugendlichen Drogenabhängigen verantwortlich zu sein. Verschärfend hinzu kam dann der Vorwurf, dass eben diese Gesellschaft sich als unfähig erwies, Hilfe und Behandlung für die Drop-outs der Leistungsgesellschaft zu organisieren. Diese Klagen ergänzten die Skandalisierungsbestrebungen in den Medien, in denen die Drogenkonsumenten allmählich die demonstrierenden Studenten als Feindbild ablösten.

Zunächst waren es einzelne Kommunen, die in dieser Situation aktiv wurden und Release-Initiativen oder anderen Gruppen finanzielle Unterstützung in Aussicht stellten. 1970 setzte sich auch in der Bundespolitik die Ansicht durch, dass Handlungsbedarf bestand.

Die Bundesregierung tat dies in Form eines breit angelegten Programms, das den Titel „Aktionsprogramm zur Bekämpfung des Drogen- und Rauschmittelmißbrauchs" trug und am 12. November 1970 beschlossen wurde (BMJFG 1972a). Dieses Aktionsprogramm bestand im wesentlichen aus drei Maßnahmen. Zum einen erklärte die Bundesregierung ihre Absicht, das aus den zwanziger Jahren stammende Opiumgesetz umfassend zu novellieren und der veränderten Situation anzupassen und somit mit den Mitteln der Polizei und Justiz gegen den zunehmenden Drogenkonsum vorzugehen. Zweitens sollten massive Aufklärungskampagnen vorbereitet und entsprechende Präventionsmaterialien erstellt werden. Da ein großer Bedarf an örtlichen Beratungs-, Betreuungs- und ambulanten Behandlungsstellen gesehen wurde, kündigte die Bundesregierung drittens Modelle und Empfehlungen für therapeutische Hilfen für Drogenabhängige an. Hierzu sollte eine Expertenkommission Vorschläge unterbreiten.

Das neue Betäubungsmittelgesetz von 1971/72

Am 6. April 1971 strich die Bundesopiumstelle Heroin aus der Betäubungsmittelverschreibungsverordnung und hob damit die Verkehrs- und Verschreibungsfähigkeit von Heroin für medizinische Zwecke auf. Damit endete in Deutschland – zumindest für die nächsten drei Jahrzehnte – die Karriere von Diacetylmorphin als zugelassenes Arzneimittel (Ridder 2000: 152 f.).

Am 25. Dezember 1971 trat das Gesetz über den Verkehr mit Betäubungsmitteln (BtMG) in Kraft. Am 10. Januar 1972 wurde es nach redaktionellen Korrekturen im Bundesgesetzblatt veröffentlicht. Damit wurde das Opiumgesetz von 1929, das bis auf kleinere Änderungen 42 Jahre lang gültig gewesen war, durch ein Gesetz abgelöst, das seinerseits bereits zehn Jahre später wiederum grundsätzlich überarbeitet und verändert werden sollte. Im Namen des Gesetzes wurde der Bezug auf Opium fallengelassen und durch die – wissenschaftlich unpassende – Bezeichnung Betäubungsmittel ersetzt.

In der Grundstruktur lehnte sich das BtMG von 1971/72 noch immer an das Opiumgesetz an. Der Umgang mit den im Gesetz eigens benannten Stoffen und Zubereitungen wurde wie bereits in den zwanziger Jahren unter einen Erlaubnisvorbehalt gestellt. Für verschiedenen Formen des Umgangs mit den Betäubungsmitteln ohne Erlaubnis wurden differenzierte Strafen angedroht. Schwerpunkte der Novelle von 1971/72 waren zum einen die erweiterte Liste der Substanzen und Zubereitungen, die den Regelungen des BtMG unterstellt wurden, zweitens die Ausdifferenzierung und Ausweitung der strafbewehrten Handlungen und drittens eine Differenzierung des Strafrahmens nach oben und unten für bestimmte Tätergruppen.

Mit der Unterstellung weiterer Substanzen unter das Betäubungsmittelrecht wurde den aktuellen Konsumgewohnheiten auf der Drogenszene und der gestiegenen Zahl von Apothekeneinbrüchen Rechnung getragen. Bedeutsamer waren die Ausdifferenzierung und Erweiterung der verbotenen Handlungen, die erstmals auch den Besitz von Betäubungsmitteln als eigenständige Tathandlung umfassten. Eine Freiheitsstrafe bis zu drei Jahren wurde jetzt auch demjenigen angedroht, der „Betäubungsmittel einem anderen verabreicht oder zum Genuss überlässt" oder „eine Gelegenheit zum Genuss, zum Erwerb oder zur Abgabe von Betäubungsmitteln öffentlich oder eigennützig mitteilt oder eine solche Gelegenheit einem anderen verschafft oder gewährt". Diese neuen Straftaten machen deutlich, dass bei der Reform von 1971/72 nicht mehr die rechtliche Regulierung der medizinischen und industriellen Verwendung inklusive Einfuhr, Handel und Lagerung im Mittelpunkt stand, sondern dass es jetzt vielmehr darum ging, möglichst lückenlos alle Handlungen zu unterbinden, die im Zusammenhang mit Drogenkonsum stehen. Unter Strafandrohung wurde jetzt auch die Verschreibungen oder Abgabe von Betäubungsmitteln durch Ärzte gestellt, sofern dies nicht „ärztlich begründet" war. Mit dieser Vorschrift konnte für viele Jahre gegen Ärzte vorgegangen werden, die gegen die Lehrmeinung der Schulmedizin Methadon bzw. L-Polamidon zur Substitution an Opiatabhängige verschrieben.

Die Ausdifferenzierung des Strafrahmens wurde dadurch erreicht, dass für „besonders schwere Fälle" eine Freiheitsstrafe von einem Jahr bis zu zehn Jahren angedroht wurde, während es bei den nicht besonders schweren Fällen wie im Opiumgesetz bei einer Freiheitsstrafe bis zu drei Jahren oder Geldstrafen blieb. Als besonders schwere Fälle wurden unter anderem Betäubungsmitteldelikte aufgeführt, bei denen die Gesundheit mehrerer Menschen gefährdet wurde oder Betäubungsmittel an Personen unter 18 Jahren abgegeben wurden. Der besonders schwere Fall sollte in der Regel auch dann gelten, wenn Betäubungsmitteldelikte gewerbsmäßig oder „als Mitglied einer Bande" begangen wurden. Auch der Besitz, die Einfuhr oder die Abgabe von nicht geringen Mengen an Betäubungsmitteln galt mit der Novelle von 1971 als besonders schwerer Fall. Hingegen sollte das Gericht von einer Bestrafung absehen können, wenn ein Täter Drogen lediglich zum Eigenverbrauch in geringen Mengen besaß oder erwarb.

Mit diesen Bestimmungen sollten drei Gruppen von Tätern unterschiedlich sanktioniert werden. Bei Konsumenten, die geringe Mengen zum Eigenkonsum besaßen, sollte von der Bestrafung abgesehen werden können. Drogendealern und Schmugglern drohten drei Jahre Freiheitsstrafen. Dealer und Schmuggler von nicht geringen Mengen, Mitglieder von „Banden" und andere als besonders gefährlich empfundene Täter sollten hingegen mit der Ausweitung des Strafrahmens auf zehn Jahre abgeschreckt werden. Was allerdings unter einer geringen oder einer nicht geringen Menge zu verstehen war, darüber schwieg das BtMG von 1971 sich aus. In den folgenden Jahren wurde die Diskussion über die unterschiedlichen Mengenbegriffe des BtMG zu einem Spezialgebiet der Rechtsprechung und Kommentierung.

Die BtMG-Novelle von 1971/72 machte keinen Unterschied zwischen verschiedenen Drogen. Haschisch und Heroin wurden im Gesetz völlig gleich behandelt. Die Diskussion über eine differenzierte Betrachtung von „harten" und „weichen" Drogen, die damals in der Öffentlichkeit durchaus geführt wurde, fand keinen Niederschlag im Gesetzgebungsverfahren. Forderungen nach einer differenzierten Bewertung des Risikopotentials aller Drogen inklusive Alkohol und Medikamente und einer darauf gestützten Drogenpolitik und Drogengesetzgebung (Vogt 1975) fanden ebenfalls kein Gehör.

Immer wieder betonte die Bundesregierung, dass sie sich bei der Ausarbeitung des Gesetzes von den neuesten wissenschaftlichen Erkenntnissen habe leiten lassen. Empirisch abgesicherte Fakten finden sich allerdings in der Begründung des Gesetzes nur wenige; hingegen dominieren moralisierende Betrachtungen, die man eher dem Bereich der Vorurteile als dem der Wissenschaft zuordnen würde. So wies Vogt darauf hin, dass „die Begründung zum Betäubungsmittelgesetz von 1972 sich aller möglichen irrationalen Argumente bedient, deren Fadenscheinigkeit gelegentlich geradezu ärgerlich ist. Der Gesetzgeber ist eben auch nur so kenntnisreich, wie die ihn beratenden Fachleute und Interessenten" (Vogt 1975: 8).

In Rahmen des parlamentarischen Verfahrens überboten sich Regierung und Opposition in der Dramatisierung der Gefahren der Rauschgiftwelle (Scheerer 1982a: 118 ff.). Debattiert wurde über Leonhards Artikelserie in der „Zeit", über das „Heer von Frühinvaliden" oder „Jungrentnern", zu dem die Rauschgiftwelle bisher geführt habe, über gewaltsame Heroininjektionen und über „rosa Zeiten für Rauschgifthändler", die bevorstünden, wenn es bei den geplanten und als zu gering befundenen Mindeststrafen von einem Jahr bliebe. Die Debatten im Parlament wurden begleitet von nicht minder heftigen Auseinandersetzungen in den Medien, die bis in Fernsehsendungen wie „Aktenzeichen xy – ... ungelöst" hineinreichten (ebd.: 129 f.). Folgt man der Analyse von Scheerer, so überwog in der Zeit nach der Novellierung des BtMG in den Medien immer deutlicher eine ablehnende Haltung zu Haschisch. Auch der „Spiegel" und die „Zeit" gaben ihre zunächst liberalen Positionen zu Haschisch auf („Und Haschisch schadet doch", DIE ZEIT am 30. August 1974). Allmählich verflüchtigten sich die Stimmen, die für einen offenen Umgang zumindest mit weichen Drogen plädierten.

Im sich abzeichnenden Kampf gegen den Drogenkonsum blieb es indes nicht bei Rhetorik. Mit der Novelle des BKA-Gesetzes von 1973 wurden die Ermittlungszuständigkeiten für den internationalen Rauschgifthandel dem Bundeskriminalamt übertragen. Der polizeiliche Bekämpfungsapparat wurde parallel zur Gesetzesnovellierung erheblich modernisiert, zentralisiert und ausgebaut (Scheerer 1982a: 200 f.; Schmidt-Semisch 1990: 25).

Das Großmodell

Im „Aktionsprogramm zur Bekämpfung des Drogen- und Rauschmittelmißbrauchs" vom November 1970 hatte die Bundesregierung neben einer Novelle des Betäubungsmittelrechts Empfehlungen für Beratungs- und Behandlungskonzepte für jugendliche Drogenkonsumenten versprochen und hierzu eine Expertenkommission eingerichtet. Im Aktionsprogramm wurde lapidar festgehalten: „Die Heilungsaussichten für Drogensüchtige sind gegenwärtig, zum Teil wegen des Fehlens geeigneter Einrichtungen, gering" (BMJFG 1972a: 108). Diese Einschätzung wurde für den stationären Bereich bekräftigt: „Die Zusammenlegung von Drogensüchtigen mit Alkoholsüchtigen oder mit Geisteskranken in den psychiatrischen Kliniken ist vom therapeutischen Standpunkt her abzulehnen. Der Mangel an eigenen Einrichtungen und Sonderabteilungen in Kliniken für diese Gruppe ist besorgniserregend" (ebd.). Aber auch im ambulanten Bereich fehlten geeignete Einrichtungen: „Benötigt werden in größerer Zahl als bisher – besonders dringend in Großstädten – örtliche Beratungs-, Betreuungs- und ambulante Behandlungsstellen, in denen geeignete Fachleute (zum Beispiel Arzt, Psychotherapeut, Psychologe und Sozialarbeiter) zur Verfügung stehen. Die Expertenkommission beim Bundesminister für Jugend, Familie und Gesundheit arbeitet an Modellvorschlägen für kombinierte Einrichtungen dieser Art" (ebd.).

Im November 1971 kündigte die Bundesministerin für Jugend, Familie und Gesundheit, Käte Strobel, auf der jährlichen Fachkonferenz der Deutschen Hauptstelle gegen die Suchtgefahren in Stuttgart, bei der erstmals illegale Drogen im Mittelpunkt standen (DHS 1972), ein umfassendes Förderprogramm für ambulante Suchthilfeeinrichtungen an (Strobel 1972). Angesichts des ungesicherten Kenntnisstandes hatte sich die Expertenkommission nicht in der Lage gesehen, die versprochenen Empfehlungen zu liefern. Vielmehr sollten jetzt mit einem breit angelegten Modellprogramm mit wissenschaftlicher Begleitung Erkenntnisse und Erfahrungen erst einmal geschaffen werden.

Mit dem „Großmodell zur Beratung und Behandlung drogen- und alkoholgefährdeter und -abhängiger junger Menschen" (im Folgenden nur noch Großmodell genannt) begann die Geschichte der Bundesmodellprogramme, von denen zwischen 1971 und dem Jahr 2000 etwa 15 mit dem Schwerpunkt auf illegalem Drogenkonsum durchgeführt wurden. Die rechtliche Grundlage für das Instrument der Modellförderung ergibt sich aus der Aufgaben- und Kompetenzverteilung zwischen Bund und Ländern, die im Grundgesetz festgeschrieben ist. Demnach hat der Bund in der Jugendhilfe und im Gesundheitssystem nicht die Kompetenz, Einrichtungen zu betreiben oder zu finanzieren. Dies ist vielmehr Aufgabe der Länder. Ausnahmen hiervon lassen sich nur dann begründen, wenn es um die Lösung von Aufgaben geht, die gemeinsames Handeln von Bund und Ländern notwendig machen, oder wenn der Bund Erkenntnisse für die Gesetzgebung im Rahmen von Forschungsvorhaben sammeln will.

Üblicherweise hat ein Bundesmodellprogramm deshalb die Aufgabe, in einem zeitlich befristeten Rahmen ein bestimmtes Ziel – zum Beispiel Erkenntnisgewinn in Bezug auf festgelegte Fragestellungen – zu erreichen. Hierzu wird das Modell ganz oder anteilig vom Bund finanziert. Ein wissenschaftliches Institut begleitet und evaluiert das Modell und fertigt einen Bericht über die Ergebnisse an. Nach Abschluss des Projektes übergibt der Bund diese Ergebnisse dann an die Länder, die für die Regelversorgung zuständig sind.

Gelegentlich wurde der Vorwurf erhoben, dass Bundesministerien mit diesem Instrument eine heimliche Kompetenzerweiterung betreiben (Kaufmann/Schneider 1975). So ist in den Jahren nach 1969 – dem Antritt der sozialliberalen Regierungskoalition – die Zahl der Bundesmodellvorhaben insgesamt stark angestiegen. Für den Bereich der Drogenhilfe zeichnete sich bereits bei diesem ersten Modellprogramm ab, dass es nicht nur um die modellhafte Erprobung und Erforschung eines neuen Ansatzes ging. Im Rückblick schreibt eine Mitarbeiterin des zuständigen Ministeriums: „Die bundesweite Ausrichtung der Modelle hat (...) auch stets zu einer ersten Bedarfsdeckung geführt bzw. Bedarf besonders deutlich gemacht. Modellprogramme sind häufig die erste Möglichkeit zur Versorgung einer bestimmten Gruppe von Abhängigen oder die ersten innovativen Hilfeansätze. Modelle bilden sozusagen den Kern, um den sich dann weitere Einrichtungen entwickeln, bis schließlich dieses neue Angebot im günstigsten Fall ein Standardangebot in der Suchtkrankenhilfe wird" (Schreiber 1997: 195).

Gegen Ende des Jahres 1971 muss der Handlungsdruck im Bereich der Drogenpolitik beim Bund beträchtlich gewesen sein, denn jetzt musste auf einmal alles sehr schnell gehen. Obwohl die Diskussionen in der Expertengruppe noch nicht abgeschlossen waren und weder ein Konzept für die zu fördernden Einrichtungen noch für die wissenschaftliche Forschung vorlag, wurden noch im laufenden Jahr vier Millionen DM zur Verfügung gestellt. Gelegenheiten zur Abstimmung zwischen Bund und Ländern boten mehrere Bund-Länder-Konferenzen der Jugendminister und der Innenminister Gelegenheit, bei denen man sich auch auf die Benennung von Drogenbeauftragten bei den Ländern und beim Bund verständigte, die sich dann regelmäßig im Rahmen des so genannten Ständigen Arbeitskreises der Drogenbeauftragten des Bundes und der Länder (STAK) trafen. Eine der Hauptaufgaben dieses Ständigen Arbeitskreises war in den vergangenen 30 Jahren die Koordination von Bundesmodellprogrammen zwischen dem Bund und den Ländern.

Ende 1971 wurden die ersten Fördermittel an Einrichtungen vergeben, ohne dass inhaltliche Überlegungen oder gar ein wissenschaftliches Design vorlagen. „Das Interesse der Universitäten und traditionellen Forschungsinstitutionen am Thema Drogen war viele Jahre nicht existent. Die Begleitforschung von Modellprojekten galt aber in der traditionellen Forschung nicht gerade als wissenschaftliche Arbeit. Entsprechend schwierig war es auch, Forscher für die wissenschaftliche Begleitung der ersten Bundesmodellprogramme zu finden. Mehrere Universitäten lehnten die wissenschaftliche Betreuung des ‚Großmodells' ab" (Schreiber 1997: 195). Fündig wurde das BMJFG schließlich bei Prof. Dr. Brengelmann von der Abteilung für Psychologie vom Max-Planck-Institut für Psychiatrie in München, mit dem die Gründung und Finanzierung einer „Projektgruppe Rauschmittelabhängigkeit" diskutiert wurde.

Folgt man den Erinnerungen von Bühringer, so basierte die Beauftragung der neu gegründeten Projektgruppe Rauschmittelabhängigkeit auf einem Konzept, das er noch als Student beim BMJFG eingereicht hatte (Bühringer 1999a, 1999c). 1974 wurden die beim Max-Planck-Institut für Psychiatrie angesiedelte Projektgruppe Rauschmittelabhängigkeit und das Institut für Therapieforschung (IFT) gegründet. Während das IFT zunächst mehrere Aufträge der Bundeszentrale für gesundheitliche Aufklärung (BzgA) im Bereich der Raucherentwöhnung, Gewichtskontrolle und allgemeinen Gesundheitsförderung erhielt, wurde die Projektgruppe Rauschmittelabhängigkeit vom BMJFG mit der wissenschaftlichen Begleitung des Großmodells beauftragt. Hinzu kam ein Auftrag zur „Entwicklung und Erprobung einer umfassenden stationären Behandlung für junge Drogenabhängige" (Jong/Bühringer 1978).

Die Ausgangsbedingungen für das Großmodell waren alles andere als einfach: Es gab zu Beginn des Modells weder ein inhaltliches Konzept noch ein wissenschaftliches Forschungsdesign, und während die ersten Einrichtungen bereits 1971 in das Modell aufgenommen wurden, kam die wissenschaftliche Begleitung erst 18 Monate später Anfang 1973 dazu. Die Idee des BMJFG bestand darin, in einer ersten Phase die einzelnen Projekte auflagenfrei zu finanzieren. „Da Beurteilungskriterien nicht bekannt sind, werden keine Bedingungen für die Aufnahme in die Förderung gestellt, die Empfehlung des zuständigen Landesministeriums genügt. Fast jede der wenigen damals bestehenden Einrichtungen wird finanziell unterstützt" (Bühringer 1981: 58). In der zweiten Phase sollte dann die wissenschaftliche Begleitung hinzukommen, die erarbeiteten Beratungs- und Behandlungsprogramme überprüfen und die besten zusammenstellen.

Der größte Teil der 1971 bestehenden und im Rahmen des Großmodells geförderten Einrichtungen fühlte sich in der einen oder anderen Form zu Release gehörig, kämpfte damals noch um eine klare Position zum Drogenkonsum von Klientel und Mitarbeitern, verfügte, wenn überhaupt, nur über chaotische Organisationsstrukturen und schwankte in seiner Aufgabenbestimmung zwischen politischer Aktion und einzelfallorientierter Beratung und Behandlung. Die Aufnahme in das Großmodell bedeutete für die Einrichtungen zunächst einen unerwarteten Geldsegen, ohne dass damit irgendwelche Restriktionen, erkennbare Erwartungen oder sonstige Bedingungen verbunden waren. 1973 trat diesen Initiativen und Projekten dann die Projektgruppe Rauschmittelfragen des Max-Planck-Instituts für Psychiatrie gegenüber. Wie zu erwarten, war das Verhältnis zwischen Einrichtungen und Forschergruppe von Anfang an sehr schwierig.

Die Projektgruppe Rauschmittelfragen war von der Verhaltenstherapie geprägt und wollte solche Ansätze auch in der Bundesrepublik etablieren. Rückblickend beschreibt Bühringer, dass sein Wissen zu Abhängigkeitsproblemen damals vor allem in der Erkenntnis bestand, „daß andere Wege notwendig waren als die damals versuchten ersten Hilfeansätze, entweder der als Selbsthilfe verbrämte politische Kampf nach dem Randgruppenkonzept von Bader/Meinhof oder der etwas hilflos-professionelle therapeutische Ansatz in München, der Drogenabhängige zwar ebenfalls als Opfer der kapitalistischen Gesellschaft sah, daraus aber nicht politische Schlußfolgerungen zog, sondern versuchte, lediglich mit gutem Zureden und tiefem Verständnis der Probleme zu handeln" (Bühringer 1999a: 58). Diese anderen Wege lagen für die Projektgruppe Rauschmittelfragen in stationären verhaltenstherapeutischen Stufenprogrammen, die sie in den USA kennengelernt hatten und in den nächsten Jahren dann auch in der Bundesrepublik entwickelten (z.b. für die stationäre Therapieeinrichtung der Münchener Prop Alternative e.V., vgl. Jong/Bühringer 1978).

Bühringer selbst schreibt über den damaligen Erfolg bzw. Misserfolg seiner verhaltenstherapeutischen Programme und Manuale:

„Das Interesse der Verbände und der Mitarbeiter im Bereich der deutschen Suchtkrankenhilfe war nahezu null. (...) Während heute im Bereich der Forschung nahezu ausschließlich verhaltenstherapeutische Maßnahmen untersucht werden, (...) entsprach dieses Konzept nicht dem damaligen Zeitgeist. ‚Rattenpsychologie' war häufig noch eine freundliche Bezeichnung. Rationale Überlegungen wie eine möglichst kurze stationäre Behandlungsdauer, möglichst gute Ergebnisse oder möglichst geringe Kosten waren nicht gefragt, Geld floß nahezu im Überfluß und weitgehend ohne fachliche Prüfung. Dazu einte große Teile der Suchtkrankenhilfe damals eine herzliche und intensive Abneigung gegen alles, was aus der Forschung kam" (Bühringer 1999b: 94).

Auch bei der wissenschaftlichen Begleitung des Großmodells erlebten die Forscher aus München wenig Akzeptanz seitens der zu erforschenden Projekte: „Die naheliegende Idee, in der Anfangszeit der Behandlung von Drogenabhängigen zunächst einmal therapeutische Konzepte, Strukturen von Einrichtungen, die Zahl der Mitarbeiter und Klienten sowie die Charakteristika der Klienten zu dokumentieren, wurde als abwegig bis reaktionär betrachtet" (ebd.: 94).

Die Schwierigkeiten für die Projektgruppe Rauschmittelfragen begannen damit, dass die beabsichtigte „vergleichende Therapiebeurteilung" (Bühringer 1981: 59) nicht durchgeführt werden konnte, weil die einzelnen Projekte viel zu unterschiedlich waren und bereits Basisdaten nur schwer zu erfassen waren. Das Ziel der Projektgruppe musste deshalb umformuliert werden. Die vergleichende Therapiebeurteilung wurde zurückgestellt; zunächst einmal sollte der Stand der Entwicklung in den einzelnen Projekten systematisch dokumentiert werden.

Ein schriftlich ausgearbeitetes Konzept gab es in keiner der Einrichtungen. Ihren Behandlungsstil bezeichneten die meisten Mitarbeiter als „völlig individuell". Die Angebote und Aufgaben der Beratungsstellen unterschieden sich deutlich. Bei manchen Einrichtungen gehörten medizinische Untersuchungen zum Angebot, bei anderen wiederum nicht. Ähnlich verhielt es sich in Bezug auf psychiatrische und psychologische Untersuchungen, Einzeltherapien, Gruppentherapien, Nachsorgeangebote und Angehörigenberatung. Fallbesprechungen fanden nur unregelmäßig statt. Daten zu Anamnese und Verlauf der Behandlung wurden – wenn überhaupt – je nach Einzelfall nur unsystematisch erhoben und dokumentiert. Nur gut die Hälfte der Mitarbeiter kam aus einer der vorgesehenen Berufsgruppen (Arzt, Diplom-Psychologe, Sozialarbeiter, Pädagoge). Rund die Hälfte der Mitarbeiter gab an, häufig oder ausschließlich mit organisatorischen Aufgaben befasst zu sein. Große Unterschiede ergaben sich auch bei den Antworten auf Fragen nach den Ursachen der Abhängigkeit, den behandlungsbedürftigen Störungen, den Therapiezielen, den therapeutischen Maßnahmen und den Sanktionskriterien (ebd.: 68 ff.). Entgegen der ersten Planung des Modells wurden nicht nur ambulante, sondern auch stationäre Einrichtungen (Therapeutische Wohngemeinschaften) im Rahmen des Großmodells gefördert. Sogar einige Entgiftungsstationen in Krankenhäusern wurden in der Anfangsphase des Modells gefördert. Noch Jahre nach dem Beginn des Modellprogramms war mehreren Mitarbeitern nicht bekannt, dass sie in einer Modelleinrichtung arbeiteten (ebd.: 114). Mehrfach „entdeckten" die Forscher im Verlauf des Programms mehr oder weniger zufällig neue Einrichtungen, die zu dem Modell gehörten. Jedes Jahr schied ein Teil der Einrichtungen aus der Förderung aus, kamen neue hinzu und wechselten Träger Namen, Personal und Konzeptionen der Einrichtungen (z.B. von ambulanter Beratungsstelle auf Wohngemeinschaft).

Dieser chaotischen Situation bei den Einrichtungen stand eine Forschergruppe gegenüber, die eine vergleichende Beurteilung von Therapiekonzepten anstrebte. Unterschiedlicher hätten die Voraussetzungen nicht sein können: dort die Release-Sympathisanten mit mehr oder weniger großer Nähe zur Studentenbewegung, die Drogenkonsum eher in politischen, höchstens in pädagogischen oder sozialpädagogischen Kontexten begriffen, und auf der anderen Seite die verhaltenstherapeutisch orientierten Forscher des Max-Planck-Instituts, die vergleichende Therapieforschung in einem Umfeld durchführen wollten, in dem es keine „Therapien" gab.

Angesichts der schwierigen Situation erstellte die Projektgruppe eine Liste der dringend zu optimierenden Bereiche. Die naheliegende Option, zunächst einmal geeignete Konzepte zur Beratung und Behandlung zu entwickeln, wurde indes nicht gewählt:

„Direkte Maßnahmen zur Therapieverbesserung, wie zum Beispiel die Ausbildung in Therapietechniken oder die Ausarbeitung von Programmen, schieden von vornherein aus. Die angestrebte Vielfalt der Ansätze konnte nicht von einer Arbeitsgruppe vermittelt werden, die methodisch-statistische Themen als Schwerpunkt bearbeitete. Dazu kam, daß es nach der damaligen Meinung vieler Einrichtungsmitarbeiter keine Experten gab bzw. keiner bedurfte, um ihre therapeutischen Maßnahmen zu verbessern" (Bühringer 1981: 83).

Statt die Arbeitskonzepte der Einrichtungen zu verbessern und psychotherapeutische Programme zu implementieren, legte die Projektgruppe für die nächste Phase den Schwerpunkt auf die Verbesserung der Organisation und Dokumentation. Im Detail bedeutete dies die Einführung eines Einrichtungs- und Klientendokumentationssystems und die Erstellung von „Mindestkriterien" für die künftige Projektförderung. Damit wurden Maßstäbe gesetzt, die zum Teil bis heute Gültigkeit behalten haben. Beides war von Anfang an heftig umstritten.

Grundlage des Dokumentationssystems war eine Karteikarte mit zunächst 20 Fragen, die erstmals 1974 eingesetzt wurden. 1976 einigten sich zwei Wohlfahrtsverbände und die Projektgruppe Rauschmittelabhängigkeit auf ein umfassendes Verfahren, um mit diesem System einrichtungsübergreifend Klientendaten zu sammeln und auszuwerten. Damit war die Grundlage für die EBIS-Dokumentation (Einrichtungsbezogenes Informationssystem) gelegt, der wenig später SEDOS als Stationäres Einrichtungsdokumentationssystem folgte. Der DPWV, in dem sich viele der aus Release-Gruppen hervorgegangenen Einrichtungen im Verlauf der siebziger Jahre organisierten, war allerdings nie Mitglied der EBIS- bzw. SEDOS-Arbeitsgruppe.[15]

Von den Einrichtungen wurden nur aggregierte Daten weitergegeben, so dass mit EBIS nur einfache aggregierte Häufigkeitsauszählungen möglich waren. Auch gab es keinen eindeutigen Personencode, so dass es nicht möglich war, Doppelnennungen aufzuspüren. Zeitreihenanalysen waren ebenfalls nur auf der Ebene der aggregierten Daten möglich, individuelle Verläufe konnten nicht analysiert werden. Nicht einmal Aussagen zur Gesamtzahl der Klientinnen und Klienten in einer Stadt oder Region waren möglich.

Immerhin konnten mit dem EBIS-System gegen Ende der Modellförderung zum ersten Mal vergleichbare klientenbezogene Daten in der Mehrzahl der Einrichtungen erhoben werden. 1977 lagen Daten aus zehn stationären Einrichtungen zu 329 Klientinnen und Klienten vor. In Bezug auf die stationären Einrichtungen kam Bühringer zu folgender Bewertung:

„Als erstes Ergebnis kann festgehalten werden, daß für die stationäre Entwöhnungsbehandlung für Drogenabhängige ‚harter' Drogen nach einer ersten, als chaotisch zu charakterisierenden Phase ab etwa 1973/74 eine Reihe von verschiedenen Therapieprogrammen entwickelt wurden, die erheblich bessere Ergebnisse zeigen, als um 1970 erwartet wurden. Mit mindestens 20-25 % Erfolg zwei bis drei Monate nach Behandlungsende (...) sind von einer Gruppe von Einrichtungen gute Ergebnisse erreicht worden, die sich auch durch eine exemplarische Katamneseuntersuchung (...) in ihrer Größenordnung bestätigen lassen" (Bühringer 1981: 177).

---

15 Vom DPWV wurde mit DESTAS ein eigenes Dokumentationssystem entwickelt, das zunächst nicht mit EBIS kompatibel war.

Die angewandten Therapieprogramme beschrieb Bühringer so:

„Allen Programmen gemeinsam ist, daß es sich um eine abgestimmte Kombination psychotherapeutischer Maßnahmen handelt: Im Gegensatz zur ‚klassischen' Psychotherapie, die sich weitgehend auf Einzel- und teilweise auf Gruppentherapie beschränkt, sind in diesen Programmen das Zusammenleben mit anderen Klienten, die Arbeits- und Freizeitgestaltung und die Zukunftsplanung unter therapeutischen Gesichtspunkten miteinbezogen. Die Programme sind in den letzten Jahren zunehmend strukturierter und professionalisierter geworden (...). Alle Programme haben in irgendeiner Form eine gestufte Intensität der Programme entwickelt (ebd.: 178).

Insgesamt bewertete Bühringer diese Ergebnisse für den stationären Bereich durchaus positiv:

„Die Kombination von psychosozialen Maßnahmen zeigt erheblich bessere Ergebnisse als etwa die um 1970 zeitweilig versuchten ‚klassischen' Maßnahmen der Psychiatrie (Medikation, Gespräche, Arbeits- und Beschäftigungstherapie sowie Verwahrung)" (ebd.: 178).

In Bezug auf ambulante Behandlung stellte er hingegen fest, „daß hierzu im Rahmen des Modells nur wenig übertragbare Erfahrungen entwickelt worden sind." (ebd.: 179). 1977 lagen aus 29 ambulanten Einrichtungen Daten zu insgesamt 4.488 Klientinnen und Klienten vor. In 37 % aller Fälle war die Maßnahme planmäßig abgeschlossen worden. Weitere 18 % waren planmäßig an andere Einrichtungen vermittelt worden. In 45 % der Fälle endete die ambulante Maßnahme unplanmäßig, meist durch vorzeitigen Abbruch durch die Klientinnen und Klienten. Nur 34 % der Klientinnen und Klienten der ambulanten Einrichtungen, also etwa ein Drittel, hatten Probleme mit „harten illegalen Drogen". Weitere 15 % suchten die ambulanten Einrichtungen wegen Cannabis auf, 26 % wegen Alkohol, 10 % wegen Medikamenten und 16 % wegen anderer Probleme, die keinen Zusammenhang mit psychotropen Substanzen hatten. Demnach kamen gerade einmal 49 % aller Klientinnen und Klienten wegen des Konsums illegaler Drogen in die Einrichtungen. Der vermutete große Hilfebedarf bei illegalem Drogenkonsum war aber gerade der Grund für die Förderung des gesamten Modellprogramms gewesen.

Bei genauer Betrachtung heißt das, dass es im Großmodell nicht gelungen war, für ambulante Einrichtungen übertragbare Konzepte für die Arbeit mit Konsumentinnen und Konsumenten illegaler Drogen zu entwickeln. Insgesamt muss sogar in Frage gestellt werden, ob diese Zielgruppe überhaupt in hinreichendem Ausmaß erreicht wurde. Überzeugende psychotherapeutische Programme im ambulanten Bereich, nach denen die Projektgruppe wohl gesucht hatte, wurden nicht gefunden. Insgesamt lag aber der Schwerpunkt der wissenschaftlichen Begleitung dieses ersten großen Modellprogramms nicht auf den Inhalten und Methoden der geförderten Einrichtungen. Noch einmal Bühringer hierzu:

„Ein wichtiger Bereich ihrer Arbeit wurde dabei konsequent nicht beeinflusst: Die Auswahl und inhaltliche Durchführung der Maßnahmen. Dies blieb bis zuletzt ohne Regelung und führte in Ausnahmen zur Duldung höchst skurriler Maßnahmen und fragwürdigen Ergebnissen und zur unsachgemäßen Anwendung von herkömmlichen Therapietechniken, doch wurde übereinstimmend das Prinzip der freien Entwicklung neuer Maßnahmen als wichtiger beurteilt" (ebd.: 150).

Auch mit den im Verlauf des Großmodells entwickelten Mindestkriterien wurde nicht direkt in die inhaltliche Arbeit der Einrichtungen eingegriffen. Allerdings wurden in organisatorischer Hinsicht sehr klare Vorgaben gemacht, die durchaus Auswirkungen auf die Inhalte der Arbeit hatten. Im Falle der Nichteinhaltung dieser später dann Mindestkriterien genannten Standards drohte der Ausschluss von der weiteren Förderung.

Die mehrfach modifizierten Mindestkriterien umfassten zu Ende des Großmodells drei Bereiche. Im ersten Bereich (Schriftliche Unterlagen) wurde vorgeschrieben, dass alle Einrichtungen eine schriftliche Konzeption mit Angaben zu den Zielgruppen, Aufgabenbereichen, Mitarbeitern und kooperierenden Einrichtungen vorlegen mussten. Die Arbeitsmethoden sollten schriftlich beschrieben und begründet werden. Ferner sollten Jahres- und Halbjahresberichte erstellt werden. Der zweite Bereich (Dokumentation der Maßnahmen) verpflichtete die Einrichtungen auf die Beteiligung am Klientendokumentationssystem. In einem dritten Bereich (Ausstattungsanforderungen) wurden schließlich Vorgaben für die personelle und sachliche Einrichtung gemacht. So sollte eine ambulante Beratungsstelle mindestens einen Therapieraum haben, der nicht als Büro genutzt wurde, und mindestens zwei festangestellte Mitarbeiter haben, von denen einer als Sozialarbeiter, Arzt oder Psychologe ausgebildet sein sollte. Ferner sollte es feste Öffnungszeiten, regelmäßige Fallbesprechungen, Supervision und kollegiale Therapieüberwachung geben (Bühringer 1981: 240 ff.).

Aus heutiger Sicht ist die Aufregung, die es damals um diese Mindestkriterien gab, nicht ohne weiteres verständlich. Selbst in der nüchternen Sprache des Forschungsberichts kommt zum Ausdruck, wie gereizt die Einrichtungen auf die Mindestkriterien reagiert hatten:

„Insgesamt herrschte ein gespanntes Klima zwischen den Vertretern der Modelleinrichtungen und der Projektgruppe, wobei bei den Modelleinrichtungen neben objektiven Fehlinformationen emotionale Argumente eine erhebliche Rolle spielten (z.B. Nichtbeteiligung an der Erarbeitung, Einführung einer Kontrolle nach jahrelanger völlig unkontrollierter Finanzierung und therapeutischer Arbeit mit Klienten)" (Bühringer 1981: 121).

Das Bundesgesundheitsministerium machte nach dem Ende des Großmodells 1978 eine leicht modifizierte Fassung der Mindestkriterien zur Grundlage der Förderung für das „Psychosoziale Anschlussprogramm". Unter dieser Überschrift wurde das nächste Bundesmodellprogramm aufgelegt. Die Mindestkriterien wurden darüber hinaus aber auch von vielen Landesministerien in die jeweiligen Förderrichtlinien für die Finanzierung von Drogenhilfeeinrichtungen aufgenommen. Somit entstand allmählich eine sich verfestigende Form der Finanzierung für den immer noch jungen Einrichtungstyp der Jugend- und Drogenberatung.

Trotz der heftigen Kritik an den Mindestkriterien waren die meisten Einrichtungen bereit, diesen Preis zu zahlen. Sayer beschreibt in seiner Studie über die Arbeit der ambulanten Drogenberatung diesen Prozess so: „Die Einbindung der Mindestkriterien in die Praxis der Drogenberatungsstellen vollzog sich nur unter anfänglichem Protest. Sie war innerhalb weniger Monate vollzogen" (Sayer 1986: 33).

Ein Teil der Einrichtungen, die im Rahmen des Großmodells gefördert wurden, wurde parallel zur wissenschaftlichen Begleitung durch die Arbeitsgruppe Rauschmittelfragen des Max-Planck-Instituts für Psychiatrie noch aus einer anderen Perspektive zum Ziel wissenschaftlicher Forschung. Innerhalb des Forschungsverbundes „Bürgernahe Gestaltung der sozialen Umwelt", der zwischen 1975 und 1979 vom Bundesministerium für Forschung und Technologie gefördert wurde (Kaufmann 1979), gab es eine Bielefelder Arbeitsgruppe, die sich mit dem „Instrument der Modelleinrichtungen" befasste und sich hierfür das Großmodell des BMJFG ausgesucht hatte. Die Studiengruppe konzentrierte sich auf die Modelleinrichtungen in den Ländern Baden-Württemberg und Nordrhein-Westfalen und führte dort umfangreiche quantitative und qualitative Dokumentenanalysen, Aktenanalysen und Mitarbeiterbefragungen durch (Raschke/Schliehe 1979; Raschke/Schliehe/Schneider 1979; Schliehe 1985).

Die Bielefelder Forscher gingen von der Überlegung aus, dass es sich bei den Modelleinrichtungen um örtliche Initiativen handelte, die zunächst sehr klientennah bzw. – in der Diktion des Forschungsverbundes – bürgernah entstanden waren und sich durch Distanz zur kommunalen oder gar staatlichen Verwaltung und etablierten Formen der Hilfeerbringung auszeichneten.

„Gerade die mangelnde Inanspruchnahme und der ausbleibende Erfolg traditioneller Beratungsstellen im Gesundheits- und Sozialbereich zeigte, daß weder die bisherigen professionellen Techniken der Sozialarbeiter und Psychologen ausreichten noch die organisatorischen Bedingungen – tendenzielle Trennung von Jugend- und Gesundheitsberatung sowie deren bürokratische Organisationsweise – geeignet waren, Barrieren, die Beratung überhaupt in Anspruch zu nehmen, abzubauen. Die konzeptionelle Grundtendenz bestimmte sich bei den Modelleinrichtungen daher eher in der Umkehrung der negativ eingeschätzten bürokratisierten und professionalisierten Formen der Hilfe. Obwohl die meisten Mitarbeiter eine Ausbildung als Sozialarbeiter, Sozialpädagoge und Psychologe durchlaufen hatten, zielten sie nicht auf die Anwendung erlernter Techniken, sondern zeichneten sich durch eine besonders betonte Offenheit und Lernbereitschaft gegenüber der ‚neuen Klientel' aus. Diese Offenheit äußerte sich auch in ihrer äußeren Erscheinung und in ihren Handlungen, in denen sie sich als unkonventionell, unbürokratisch und jederzeit ansprechbar präsentierten" (Raschke/Schliehe/Schneider 1979: 463).

Vermutet wurde, dass diese Ausgangssituation und der Auftrag, erfolgreiche Behandlungsformen zu finden, zu konzeptionellen und organisatorischen Transformationen führen mussten. Eine Ebene, auf der sich diese Transformationsprozesse analysieren lassen, ist der Bereich der Organisationsformen der Einrichtungen. Zu Beginn des Großmodells gehörte nur eine Minderheit der Modelleinrichtungen zu etablierten Trägern der freien oder kommunalen Wohlfahrtspflege. Die meisten örtlichen Initiativen waren in Form von kleinen Vereinen organisiert.

„Im Laufe der Förderung jedoch zeichnete sich bei den ‚überlebenden‘ kleinen Trägervereinen eine Tendenz zur ‚Konventionalisierung‘ ab, indem sie sich durch engere Anlehnung an größere Trägerorganisationen oder durch die Integration in Therapieketten besser gegen die finanziellen Risiken abzusichern suchten" (Raschke/Schliehe 1979: 164).

Grund hierfür war insbesondere das langwierige Förderungsverfahren, das sich durch mehrstufige Bürokratie, lange Wartefristen und geringe Planungssicherheit auszeichnete. „Besondere Schwierigkeiten sowohl mit den bürokratischen Anforderungen als auch der jährlich sie existentiell berührenden finanziellen Unsicherheit hatten solche Trägervereine, die nicht in kommunale Ämter oder große Verbände eingebunden waren" (ebd.: 157). Aus dieser Perspektive ist es nicht verwunderlich, dass von den Release-Initiativen nur diejenigen überlebten, die sich etablierten Wohlfahrtsverbänden anschlossen.

Für die Bielefelder Studiengruppe steht dieses mehrstufige bürokratische Förderverfahren in einem engen Zusammenhang mit der von ihnen herausgearbeiteten „vertikalen Politikverflechtung", die sie in der Drogenhilfepolitik der siebziger Jahre zu erkennen meinen. Dabei wird unter einer vertikalen Differenzierung in der Politik die Verteilung von Aufgaben und Kompetenzen auf verschiedenen Ebenen (Bund, Länder, Regierungspräsidien, Kommunen) verstanden, während die horizontale Differenzierung innerhalb der einzelnen Ebenen die Aufteilung auf verschiedene Ressorts, Abteilungen, Dezernate oder Referate bezeichnet. Horizontale und vertikale Ausdifferenzierung zusammen ermöglichen einerseits eine dezentrale und situativ angemessene Form der Leistungserbringung, begünstigen aber auch eine Parzellierung der Problemlage und erschweren dadurch wiederum eine effektive Leistungserbringung. Daraus entsteht Kooperationsbedarf, mit dem die fragmentierten Kompetenzen und Strukturen wieder zusammengebracht werden sollen:

„Während die horizontale Differenzierung wesentlich die Parzellierung von Politikbereichen und Problemlagen betrifft und in diesem Zusammenhang zum Beispiel eine fachübergreifende Planung und Organisation erfordert, wirft die vertikale Differenzierung vor allem Fragen einer ebenenübergreifenden und integrierten Problembearbeitung auf. Zur Integration von unterschiedlichen Organisationsprinzipien zwischen fachorientierter vertikaler Verflechtung und fachübergreifender horizontaler Koordination bedarf es besonderer Verbundsysteme, da vertikale Verflechtungen häufig zu einer ‚sektoralen Versäulung‘ führen, die eine horizontale Koordination behindert" (ebd.: 143).

Genau diesen Fall sah die Bielefelder Forschergruppe bei der Drogenhilfepolitik der siebziger Jahre: eine vertikale Verflechtung zwischen Bund und Ländern, die sich gegenüber der kommunalen Ebene und der dort erforderlichen horizontalen Koordination verselbständigte.

Auf Bundesebene gab es durchaus ein gemeinsames und abgestimmtes Vorgehen zwischen den Ressorts: Das Aktionsprogramm enthielt einen Plan zur Reform des Opiumgesetzes, Planungen für den Aufbau spezieller Polizeikräfte beim BKA und bei den Ländern, die Ankündigung für das Großmodell und breit angelegte Präventionskampagnen. Im Verlauf der siebziger Jahre und durchaus in engem Zusammenhang mit dem Großmodell entstand mit dem Ständigen Ausschuss der Drogenbeauftragten des Bundes und der Länder das zentrale Gremium, das der vertikalen Koordination zwischen Bund und Ländern diente. Weitere solcher Gremien waren zum Beispiel die Arbeitsgemeinschaft der Leitenden Medizinalbeamten der Länder, die Arbeitsgemeinschaft der obersten Jugendbehörden der Länder, die Gesundheitsministerkonferenz, die Kultusministerkonferenz und die Innenministerkonferenz. Zusätzliche Beratungen erfolgten auf Bundesebene zum Beispiel mit den Spitzenverbänden der freien Wohlfahrtspflege und mit dem Bundesjugendring. Auf Länderebene wiederholte sich dieser Kooperationsaufwand teilweise.

Auf der untersten Ebene, auf der Ebene der Kommunen, Träger und Einrichtungen, gab es hingegen den niedrigsten Kooperationsaufwand. Zwar bildeten sich in vielen Städten örtliche Arbeitsgemeinschaften, deren Einfluss auf die Programmgestaltung aber sehr bescheiden war. Kommunale Drogenpolitik oder Drogenhilfepolitik fand kaum statt und wurde durch das Großmodell eher zurückgedrängt. Während auf Bundes- und Landesebene der zunehmende Drogenkonsum Jugendlicher seine Spuren in Politik und Verwaltung insofern hinterließ, dass eigene Abteilungen, Ämter und Gremien zur Bewältigung dieses Problems entstanden, war dies bei den Kommunen nicht der Fall. Die heute in vielen Großstädten anzutreffenden Drogenreferate, Drogenkoordinatoren oder ähnlich benannte Spezialinstitutionen sind alle erst sehr viel später entstanden. In den siebziger Jahren dominierten Bund und Länder dieses Feld, obgleich die Kommunen von den entstehenden Drogenszenen, neuen Formen der Kriminalität und auch durch die Entwicklung eines neuen Hilfesystems wesentlich direkter betroffen waren als Bund und Länder.

Das Fehlen kommunaler Institutionen und kommunaler Koordination machte sich vor Ort vor allem durch die Spannungen zwischen den Hilfeeinrichtungen und der Polizei bemerkbar. In einzelnen Fällen kam es zu Durchsuchungen von Drogenhilfeeinrichtungen durch die Polizei, und generell herrschte großes Misstrauen zwischen Polizei und entstehender Drogenhilfe. Ohne Koordination und Kooperation konnten sich die einzelnen Bereiche nur in ihrer jeweiligen Handlungslogik entwickeln.

Steuerungsansprüche auf kommunaler Ebene scheint es in diesem Prozess kaum gegeben zu haben. Die Steuerungsansprüche des Bundes und der Länder, an denen angesichts der beschriebenen Förderverfahren und Berichtspflichten nicht gezweifelt werden kann, bezogen sich offensichtlich stärker auf verwaltungstechnisch korrekte Abläufe als auf inhaltliche Steuerung im Sinne einer Präzisierung und Effektivierung der Hilfeerbringung. Dazu passt, dass sich die wissenschaftliche Begleitung durch die Projektgruppe Rauschmittelfragen des Münchner Max-Planck-Instituts für Psychiatrie zwar auf unterschiedlichen Ebenen mit den Dokumentations- und Berichtspflichten der Einrichtungen befasst hatte, nicht aber mit den einzelnen Hilfeangeboten, die in den Projekten durchgeführt wurden. Den Veröffentlichungen der Bielefelder Forscher lassen sich zumindest einige Hinweise entnehmen, welche Transformationsprozesse dabei zu beobachten waren.

Die Autoren unterscheiden dabei zwischen einer Orientierungsphase (1971 bis 1972), einer Differenzierungsphase (1973 bis 1974) und einer Professionalisierungsphase (ab 1974). In der Orientierungsphase wurden die klientenbezogenen Tätigkeiten nach der Methode des „trial and error" ausgewählt und verworfen, da keine abgesicherten Handlungsmuster zur Verfügung standen. Ganz allgemein wurde von Beratung gesprochen, ohne sich dabei auf bestimmte Methoden, Formen oder Inhalte zu beziehen. In der Differenzierungsphase entstanden dann langsam einzelne Ansätze und Methoden.

„Aus vagen Konzepten von Beratung differenzierten sich unterschiedliche Therapieformen und Tätigkeiten heraus. Die Beratungsstellen hatten festgestellt, daß bloß informative und beratende Hilfsangebote den Betroffenen wenig halfen. Darum mussten sie ihre Tätigkeiten ausweiten und differenzieren, um der Situation der Betroffenen besser gerecht zu werden. Das Leistungsspektrum umfasste Vermittlungen in Langzeittherapien, begleitende Betreuung bei Entzug, Durchführung ambulanter Therapien und Aufstellung von Behandlungsplänen, prophylaktische Arbeit, medizinische Betreuung, Rechtsberatung, ‚Knastarbeit‘, Gruppenaktivitäten, Streetwork, Führung von Teestuben und Kommunikationszentren, Hilfen in der Nachbetreuung sowie Nachsorge und Unterstützung bei Instanzenkontakten" (Raschke/Schliehe/Schneider 1979: 465).

Der allumfassende Begriff der Beratung, differenzierte sich in dieser Phase in ein ganzes Spektrum an Tätigkeiten aus. Hervorzuheben ist dabei der Bereich der Vermittlung zu anderen – meist stationären therapeutischen – Institutionen. Da diese Institutionen noch nicht in ausreichender Form existierten, kam es vermehrt zu Gründungen aus den Modelleinrichtungen heraus. Kennzeichnend hierfür ist auch, dass sich die Trennung zwischen ambulanten und stationären Einrichtungen, die in der Anfangphase oft noch vermischt waren, durchsetzte. Innerhalb der Einrichtungen entwickelten sich arbeitsteilige Arbeitsformen. Institutionalisierte Teamsitzungen mit verpflichtender Teilnahme wurden zum zentralen Steuerungselement innerhalb der

Einrichtungen. Hierarchische Strukturen waren nach wie vor kaum vorhanden, es dominierte das Teammodell.

Erst in der ab 1974 einsetzenden Professionalisierungsphase erkennen die Bielefelder Forscher „den Beginn eines professionellen Selbstverständnisses der Mitarbeiter von Drogenberatungsstellen. Aufgrund der bisherigen Erfahrungen mit den speziellen Problemen ihrer Klienten beginnen Mitarbeiter sich als ‚Drogenexperten' zu verstehen" (ebd.: 468). Damit einher ging eine weitere Ausdifferenzierung des Beratungsbegriffs, der jetzt allerdings sehr spezifisch mit therapeutischen Konnotationen verbunden wurde. Der Bedarf nach entsprechender Fortbildung stieg.

Interessant ist, dass in dieser Ausdifferenzierung des Beratungsbegriffs eine eindeutige Dominanz therapeutischer Beratungskonzepte zum Ausdruck kommt, wohingegen sozialarbeiterische Methoden völlig fehlen. Diese therapeutische Wende in der frühen Drogenhilfe ist um so erstaunlicher, wenn man bedenkt, dass der weitaus größte Teil der Mitarbeiterinnen und Mitarbeiter Absolventen der neuen Fachhochschulstudiengänge für Sozialarbeit und Sozialpädagogik waren. Mit der Methode der Einzelfallhilfe hätte ja eine der klassischen Methoden der Sozialen Arbeit zur Verfügung gestanden, die zumindest Anschlussmöglichkeiten für Drogenhelfer und -helferinnen geboten hätte.[16]

In der Professionalisierungsphase blieb es bei niedrig ausgeprägten Hierarchiestrukturen, auch wenn jetzt verstärkt die Position eines Leiters geschaffen wurde. Bis auf Finanzierungs- und Personalangelegenheiten blieben aber auch weiterhin große Bereiche der Regelungskompetenz des Teams überlassen. Dies betraf vor allem die interne Organisation, die Aufgabenverteilung und alle die Arbeit mit Klienten betreffenden Fragen.

---

16 Erklären muss man sich den nicht systematisch erfolgenden Rückgriff auf die Methode der Einzelfallhilfe wahrscheinlich mit der mangelhaften Rezeption dieser Methode in der Sozialen Arbeit in Deutschland. Nach frühen methodischen Vorläufern in den zwanziger Jahren in Deutschland war die Methode dann in den folgenden Jahren in den USA als Case Work begründet worden. Case Work war stark mit psychoanalytischen Konzepten des Verstehens verbunden und ist in den USA noch heute eine der grundlegenden Methoden für „Social Work". In Deutschland wurde die Methodenentwicklung durch den Nationalsozialismus unterbrochen und der Stand der Fürsorge um Jahrzehnte zurückgeworfen. Einzelfallhilfe kam erst in den sechziger Jahren als amerikanischer Import wieder nach Deutschland. Bevor sich diese Methode allerdings richtig etablieren konnte, brachte sie die Studentenbewegung in den psychosozialen Fächern in Verruf, die eher das System verändern als den Einzelnen besser an das System anpassen wollte. Gruppenarbeit und Gemeinwesenarbeit wurden in den siebziger Jahren gegenüber der als konservativ und (im besten Falle) als unpolitisch betrachteten Einzelfallhilfe bevorzugt. Erst später änderte sich dies allmählich – da war in der Drogenhilfe aber der Zug in Richtung Therapie längst abgefahren.

Von der Therapeutischen Gemeinschaft zur Langzeittherapie

Parallel zum beschriebenen Professionalisierungsprozess in der ambulanten Drogenhilfe veränderte sich auch die stationäre Drogenhilfe im Verlauf der siebziger Jahre. Und so wie sich gegen Ende der siebziger Jahre die Jugend- und Drogenberatungstelle als Musterinstitution im ambulanten Bereich herausgebildet hatte, kam eine vergleichbare Rolle der Langzeittherapieeinrichtung im stationären Bereich zu, die sich aus den Therapeutischen Gemeinschaften (TG) oder Therapeutischen Wohngemeinschaften (TWG) entwickelt hatte.

Diese Entwicklung vollzog sich in mehreren Phasen, von denen die erste Phase den Transformationsprozess von der Release-Wohngruppe zur Therapeutischen Gemeinschaft beinhaltete. Daran schloss sich die Umwandlung von den Therapeutischen Gemeinschaften, die noch stark von der Selbsthilfeidee beeinflusst waren, zu den Langzeittherapeutischen Einrichtungen an, in denen zwar noch einige Ex-User beschäftigt waren und immer noch Elemente der TWG-Ideologie beibehalten wurde, die nun aber alle von professionell Beschäftigten dominiert wurden.

Während in der stationären Entwöhnungsbehandlung für Menschen mit Alkoholproblemen in dieser Zeit der Übergang von der kirchlich geprägten und durch einen Pfarrer geleiteten Heilstätte zur ärztlich geleiteten Fachklinik stattfand, orientierten sich die Wohnkollektive aus der Release-Zeit bei ihrer Suche nach wirksamen Konzepten an anderen Vorbildern. Den größten Einfluss hatte dabei das aus den USA stammende Modell der Therapeutic Community für Drogenabhängige.

Dort hatte bereits 1958 Charles Dederich, ein arbeitsloser ehemaliger Alkoholabhängiger und Anhänger der Alcoholics Anonymous (AA), die erste Synanon genannte Selbsthilfegruppe für Opiatabhängige gegründet, die sich bald zu einer alternativen Lebens- und Produktionsgemeinschaft entwickelte, später aber immer mehr sektenhafte Züge annahm.[17] Im Umfeld von Synanon entstanden die Konzepte zu Daytop (1964), Phoenix House (1967) und einer Reihe anderer Therapeutischer Gemeinschaften, die Aspekte des Selbsthilfegedankens von Synanon übernahmen und mit professionellen Behandlungstechniken kombinierten (Yablonsky 1965, 1975, 1990; Petzold 1974; Heckmann 1993). Nicht nur amerikanische, sondern auch europäische Psychiater, Psychologen und sonstige Interessenten besuchten und studierten diese Projekte. Vom boomenden Therapiemarkt der USA in den siebziger Jahre brachten

---

17 Ende der sechziger Jahre genoss Synanon in den USA als Therapeutische Gemeinschaft für Drogenabhängige noch hohes Ansehen. In den Siebzigern erklärte sich die Gruppe zur Kirche, deren primäres Ziel die Religionsausübung sei. Obskure Regeln, zunehmende Konflikte mit dem Gesetz und eine immer stärkere Abschottung zur Außenwelt beschleunigten den Niedergang der amerikanischen Synanon-Bewegung.

diese Experten das Modell der Therapeutischen Gemeinschaft und viele Einzeltechniken mit nach Europa.

Zentrales Element der amerikanischen Therapeutischen Gemeinschaften war die totale Atmosphäre der Lebens-, Arbeits- und Therapiegemeinschaft, die sich daraus ergab, dass Abhängige und (soweit vorhanden) Professionelle zusammen wohnten, die anfallenden Arbeiten wie Essenszubereitung, Putzen, oft auch Renovierungs- und Gartenarbeiten etc. gemeinsam erledigten und die im engeren Sinn therapeutischen Elemente in dieses Gemeinschaftsleben integriert waren. Abhängige agierten wechselseitig als Ko-Therapeuten, „weil sie die Begründungen und Verfahren durchschauen können, die sie einst selbst benutzt haben. Das Ergebnis ist eine Kommunikation, die mehr therapeutische Wirkung hat, als sie gewöhnlich durch ‚Berufstherapeuten' erreicht wird" (Yablonsky 1990: 47). In den Therapeutischen Gemeinschaften fand kaum Einzeltherapie statt; vielmehr dominierten Gruppenmethoden. Zum einen wurde bereits dem Zusammenleben selbst und den dazu notwendigen Organisationsleistungen ein gruppentherapeutischer Wert zugesprochen. Heckmann bezeichnete dies als „das umfassende Therapeutikum der Lebensgemeinschaft" (Heckmann 1980a: 17).

Noch wichtiger indes war eine besondere Form der Gruppentherapie, die in den verschiedenen Therapeutischen Gemeinschaften in unterschiedlichen Variationen eingesetzt wurde: die Encounter-Gruppe, bei Synanon schlicht „Spiel" genannt. Dabei handelte es sich um ein äußerst konfrontatives Verfahren, bei dem ausgewählte Gruppenmitglieder von den anderen verbal angegriffen und gedemütigt wurden. Hinzu kamen konfrontative Techniken bei der Aufnahme, Sanktion wie etwa der berüchtigte „Haircut" (ein erzwungener Haarschnitt, der je nach Stärke der Sanktion bis zur Glatze reichen konnte) und meist ausgefeilte hierarchische Stufenkonzepte mit differenzierten Über- und Unterordnungen und Rechten und Pflichten.

Im Rückblick ist schwer zu erkennen, weshalb diese merkwürdige Kombination aus Selbsthilfe, intensivem Gemeinschaftsleben, harter Konfrontation und Über- und Unterordnung auf dermaßen großes Interesse, Wohlwollen und Nachahmungsbereitschaft stieß. Aus den ersten deutschen Berichten über die Encounter-Gruppen klang durchaus Faszination heraus, so zum Beispiel bei Schulz: „Encounters sind eine Form der Gruppentherapie, durch die individuelle und zwischenmenschliche Schwierigkeiten behandelt werden. Sie bestehen jeweils aus acht bis zwölf Teilnehmern, die eine Art von ‚verbalem Straßenkampf' veranstalten: Das jeweilige Gegenüber wird mit scharfen Vorwürfen angegriffen. Um die Gefühlsintensität zu erhöhen, werden sie zum Schreien, Schimpfen oder sogar zum Fluchen ermuntert. Leidenschaftliche Äußerungen, Lachen, Wut und Tränen brechen hervor. (...) Antisoziale, sinnlose und unreife Verhaltensweisen werden als ‚dumm' bezeichnet, und dieser Standpunkt wird während des Encounters häufig und scharf ausgedrückt. Ziel ist es, Fassaden aus

Prahlerei, Selbstgerechtigkeit und Rechthaberei zusammenbrechen zu lassen. Die ‚Maske' soll fallen gelassen werden, damit Bereitschaft entsteht, richtiges Verhalten und Reagieren zu lernen" (Schulz 1974a: 140).

Bei Petzold finden sich mehrere Protokollabschriften aus Encounter-Sitzungen aus amerikanischen Therapeutischen Gemeinschaften, die voller verbaler Verletzungen („Hau ab, Rotznase! – Sag das nicht noch einmal, du Schwein! – Rotzlümmel! – Du gottverdammte Sau! Dich bring ich um! Du ekelhafte, verfickte, widerliche Sau! Du Sau ... du Sau ... (weint), du Dreckschwein!" (Petzold 1974: 74)) sind. Dazu Petzold: „Es gibt hinsichtlich des Ausdrucks keinerlei Beschränkung. Nur physische Gewalt ist verboten, und es ist auffällig, daß das emotionale Klima sich verdichtet, je rauher, ja vulgärer die Sprache wird" (ebd.: 75).

Analysiert man die frühen Protokolle von stationären Einrichtungen in Deutschland, die Elemente der Therapeutic Communities übernommen haben und sich selbst Therapeutische Gemeinschaften nannten, so fallen in erster Linie die autoritären, stark auf Konfrontation, Hierarchisierung und Machtausübung ausgerichteten Elemente auf. Für die Klientinnen und Klienten war es wohl besonders reizvoll, die jeweiligen Machtpositionen einnehmen zu können. So schrieben etwa Klienten des Four-Steps-Hauses in Nürnberg: „AVD ist die Abkürzung für ‚Arschtreter vom Dienst'. Diese Bezeichnung beschreibt schon ziemlich umfassend seine Funktion. Frühestens beim Eintritt in die 2. Stufe kann auch der Antrag auf Übernahme des AVD-Dienstes gestellt werden. Für je 3 Tage hat das Gruppenmitglied, das dieses Amt übernimmt, die volle Verantwortung für die im und außerhalb des Hauses ausgeführten Arbeiten. Er muss dafür sorgen, daß der Tagesablauf pünktlich eingehalten wird, so z.B. daß pünktlich gegessen wird oder daß um 11 Uhr alle im Bett sind und das Licht gelöscht wird. Als Druckmittel, um seine Befehle auch wirklich durchzusetzen, ist er sanktionsberechtigt" (Klienten des Landeshauses 1974: 388).

Wie solche Sanktionen aussehen können, sei am Beispiel der Daytop-Einrichtung Fridolfing exemplarisch beschrieben:

„Beim Abendessen, gestern Abend, kam es zu einem Zwischenfall. Aufgrund dieses Zwischenfalls bekam ich die Sanktion, die Haare einen Zentimeter abgeschnitten zu bekommen. Da ich damit nicht einverstanden war, motzte ich den Sanktionsminister an. Daraufhin erhöhte dieser die Sanktion auf 10 cm. Da der Druck, den ich schon seit einiger Zeit aushalten muss, sowieso sehr stark ist, kam es bei mir zu einer Kurzschlussreaktion. Ich rannte nach oben, holte meine Koffer vom Speicher und fing an zu packen. (...) Nach einigen Minuten wurde ich plötzlich ganz ruhig. Auf einmal wusste ich, was ich zu tun hatte. Ich ging runter in den Gruppenraum, wo Peter und Sylvia saßen. Als ich Ihnen meine Entscheidung mitteilte, freuten sie sich sehr und das beseitigte meine letzten Zweifel. Ich setzte mich in die Mitte auf einen Stuhl, die anderen kamen auch runter. Das Ritual begann: Ich erlebte es in einer Art Euphorie, und als es vorbei war, fühlte ich mich mehr als Gruppenmitglied denn je. Ich hatte endlich eine Mauer überwunden, die mich auf dem Weg zum endgültigen Wegkommen vom Junk behinderte" (Mitarbeiter des Daytop-Programms Fridolfing 1974: 420).

Rasch etablierten sich in den Therapeutischen Gemeinschaften feste Regeln, deren Nichtbeachtung, wie oben beschrieben, oder mit der Entlassung bestraft wurde. Stellvertretend wird hier das Regelwerk des Take It-Hauses aus Hannover aufgeführt:

„1. Wer Drogen nimmt, fliegt raus,
2. Drogengespräche sind verboten,
3. alles, was mit Drogen oder Szene zu tun hat, ist schlecht, also auch Underground-Musik etc.,
4. die Gruppe bestimmt, was für den Einzelnen gut ist,
5. die Gruppe hat das Recht, vom Einzelnen Offenheit und Verhaltensänderung zu fordern" (Sturm/Meyer 1974: 225).

Vereinzelt sind Fälle dokumentiert, in denen zur Durchsetzung von Sanktionen auch vor Gewaltanwendung nicht zurückgeschreckt wurde (Baer 2000: 138).

Zweites wichtiges formales Regelungswerk war das Stufenmodell. Petzolds Rat folgend, führten viele Therapeutische Gemeinschaften ein vierstufiges Modell ein. Neuaufnahmen kamen generell in Stufe 1, mussten dafür aber oftmals Motivationsprüfungen und Aufnahmerituale über sich ergehen lassen. Typischerweise gab es in der ersten Stufe ein absolutes Ausgangsverbot, Telefonverbot, Kontaktsperre zur Außenwelt (auch gegenüber Verwandten) und Postkontrolle. Nach einem bestimmten Zeitraum konnte dann bei der Gruppe ein Antrag auf Versetzung in Stufe 2 gestellt werden. Wurde diesem Antrag zugestimmt, gab es Ausgang in Begleitung von anderen und weitere Vergünstigungen. Damit einher ging auch die Übernahme von Verantwortung den Neuaufnahmen gegenüber. Stufe 3 brachte wiederum mehr Rechte. Stufe 4 sollte dann meist der Vorbereitung der Entlassung und der Reintegration in die Außenwelt dienen.

Die einzige Therapeutische Gemeinschaft, die als Selbsthilfeorganisation die frühen siebziger Jahre überlebt hat, war die von Heidelberg nach Berlin gezogene Gruppe um Ingo Warnke, die sich zunächst Release I, dann aber bald Synanon nannte. Neben diesem deutschen Synanon-Ableger, der sich bis heute gehalten hat, gingen alle anderen TWGs dazu über, mehr oder weniger gut ausgebildetes Personal einzustellen und diesen „Therapeuten" genannten Professionellen eine nahezu unbeschränkte Machtposition einzuräumen.

In der zweiten Hälfte der siebziger Jahre setzte sich der Psychologe und spätere Berliner Drogenbeauftragte Wolfgang Heckmann massiv für den weiteren Aufbau Therapeutischer Gemeinschaften in Deutschland ein. Bei ihm tritt deutlich ein pädagogischer Aspekt der Therapeutischen Gemeinschaften in den Vordergrund:

„Bei den TWGs handelt es sich also um Einrichtungen, die im echten Sinn Nachsozialisation leisten. Dabei wird die strukturierende Kraft der Drogenscene, die die Persönlichkeit zuvor bestimmt hat, die sie entweder ‚cool' oder ‚hilfsbedürftig' hat erscheinen lassen, ersetzt durch die strukturierende Kraft der Wohngruppe. Über einen langen Zeitraum hin wird an die Stelle der Abhängigkeit von Drogen die Abhängigkeit von der neuen sozialen Gruppe treten. Die gemeinsame Bearbeitung individueller Probleme, Ängste, Frustrationen, die Erkenntnis der Allgemeinheit der Probleme, die sinnliche Erfahrung der aktiven, gegeneinander verantwortlichen Tätigkeit und Zuverlässigkeit, lassen das Gefühl individueller Ohnmacht und Nutzlosigkeit dem Bewußtsein sozial notwendiger Funktionen weichen" (Heckmann 1980a: 18)

Am konfrontativen Charakter lässt auch Heckmann keine Zweifel:

„Gleichzeitig wird die Maske, die eingeübte Rolle, mit allen nur denkbaren Mitteln zerstört. Der Demaskierungsprozeß wirkt oft brutal und ist (...) oft kaum verständlich. Er ist jedoch notwendig, um dem Aufbau der Persönlichkeit, der Nachsozialisation ein stabiles Fundament zu geben" (ebd.: 18).

Einen aufschlussreichen Einblick in das autoritäre und konfrontative Geschehen in den TWGs bieten zwei Tagebücher, die Heckmann 1977 bei Aufenthalten in Therapeutischen Gemeinschaften – in Hamburg in einer gestalttherapeutischen Wohngemeinschaft des Trägervereins „Therapiehilfe Hamburg e.V." und in Schloss Bettenburg, einer Einrichtung der Therapiehilfe Tübingen e.V. – verfasst und veröffentlicht hat (Heckmann 1980b, 1980c). Bereits am zweiten Tag seines Aufenthaltes in Schloss Bettenburg notierte Heckmann in seinem Tagebuch: „Die Sitzung verläuft von Peters [ein Therapeut, M.S.] Seite her sehr konfrontativ. Er kritisiert die Leute einzeln, treibt sie in die Enge, jeder bekommt sein Fett. Er wird dabei von den anderen Gruppenmitgliedern unterstützt" (Heckmann 1980b: 135). Von einem anderen Klienten wird berichtet: „Er bekommt von Schnulli [ein Therapeut, M.S.] Beziehungsverbot: ,Die Alte ist wieder tabu für Dich!' Beide sind sehr betroffen, und ich muß daran denken, daß mir neulich von jemandem gesagt wurde, daß die Mitarbeiter hier auch Scheidungsrichter seien" (ebd.: 182). Nicht nur die Mitarbeiter üben Macht aus, auch Klientinnen und Klienten werden an der Machtausübung beteiligt: „In der Hierarchie der Einrichtungen liegt folgende Reihenfolge – ausgesprochen oder unausgesprochen – fest: Leiter, Mitarbeiter, Oberkapo, Kapos, ältere und jüngere Bewohner" (ebd.: 193).

Miller und Rollnick kommen in Bezug auf vergleichbare Entwicklungen in den USA – die Vorbilder für Deutschland waren – zu folgendem Urteil: „Derartige Ansätze erscheinen lächerlich und unprofessionell, bedenkt man die Vielzahl der psychischen und medizinischen Probleme, unter denen die Betroffenen leiden" (Miller/Rollnick 1999: 22). Auch in anderen europäischen Ländern war in den siebziger Jahren eine stark auf Konfrontation ausgerichtete Entwicklung innerhalb der stationären Drogentherapie – nach antiautoritären, basisdemokratischen Vorläufern – zu beobachten (vgl. z.B. für die Schweiz Baer 2000). Heute betonen die meisten stationären Drogenhilfeeinrichtungen, dass sie mit diesen autoritären Strukturen der siebziger und achtziger Jahre längst gebrochen haben. Gegen Ende der siebziger und auch noch Anfang der achtziger Jahre war es dieser rigiden Auffassung von Drogentherapie hingegen gelungen, allgemein anerkannt zu werden. Im Rückblick ist diese Anerkennung für offensichtlich abstruse und autoritäre, teilweise brutale Behandlungsmethoden schwer nachzuvollziehen. Dass es damals zumindest auch Ansätze zur Kritik gegeben hat, ist sogar in den Schriften von Heckmann zu erkennen:

> „Von vielen Mitarbeitern in den Drogenberatungsstellen, den Jugendämtern, der Bewährungshilfe usw. wird der Drogenhilfe Tübingen übergroße Härte vorgeworfen. Die Tübinger dagegen nennen das Konsequenz und setzten die Erfahrung dagegen, daß traditionelle Sozialarbeit bezogen auf das Drogenproblem in ihrem Ansatz zu liberal, zu stark geprägt von Laissez-faire-Pädagogik sei" (Heckmann 1980b: 195).

Offensichtlich hatten sich das therapeutische Klima und die Atmosphäre in den Einrichtungen innerhalb weniger Jahre massiv verändert. Aus den liberalen, den Hippies und der Jugendbewegung verbundenen Release-Wohnprojekten waren autoritäre und rigide stationäre Therapieeinrichtungen geworden. „Kennzeichnend für diese Entwicklungsphase der Therapeutischen Wohngemeinschaft war die völlige Kehrtwende von einem liberalen Therapiestil (Release) zu einem autoritären, konfrontativen Therapiestil mit einem hierarchischen Stufenmodell innerhalb der Therapeutischen Gemeinschaft" (Sickinger 1982: 27). Sucht man nach den Gründen für diese Wende, so ist die Antwort nicht einfach. Zunächst einmal fällt auf, dass die Literatur aus den TWGs weitgehend ohne theoretischen Hintergrund auskommt und sich auf Erfahrungen ohne klare empirische Basis bezieht. Gelegentlich wird mit den Begriffen „Motivation" und „Leidensdruck" hantiert, aber auch hierzu fehlen suchttheoretische Erläuterungen. Eher sieht es so aus, dass mit solchen nach Fachwissen klingenden Begriffen die eigenen Konzepte legitimiert werden. So heißt es zum Beispiel in einem Text der Therapiekette Hannover:

> „Es werden Abhängige jeden Drogentyps aufgenommen, sofern sie genügend Leidensdruck aufweisen und motiviert erscheinen, freiwillig starke Einschränkungen ihrer persönlichen Freiheit in Kauf zu nehmen, um engagiert an ihren Konflikten zu arbeiten. Motivation und Ernsthaftigkeit des Anliegens werden vor der Aufnahme in drei Phasen geprüft" (Haindl/Veit 1974: 364).

Dann folgen lange Erläuterungen, wie diese Prüfungen im Einzelnen aussehen. Als schwierigste Motivationsprüfung gilt das Aufnahmeritual in der Gruppe:

> „Dabei wird Unterwerfung unter die Gruppennormen sowie die emotionale Öffnung vor der Gruppe verlangt. Das Ziel ist, das ‚coole' Übersprungverhalten des Süchtigen nieder zu reißen und ihn nach dem break down aufzufangen und warm in die Gruppe aufzunehmen" (ebd.: 365).

Aus den Release-Projekten waren demnach in den siebziger Jahren ambulante Jugend- und Drogenberatungsstellen und stationäre Therapeutische Gemeinschaften oder Langzeittherapieeinrichtungen geworden. Damit hatten sich zwei eigenständige neue Organisationstypen herausgebildet. In den Einrichtungen dominierte ein unprofessioneller konfrontativer Behandlungsstil, der gelegentlich hart an die Grenze der Menschenrechtsverletzung (und in Einzelfällen schon auch mal darüber hinaus) ging. Angaben zum Erfolg oder Misserfolg dieser Maßnahmen blieben vage. All diese Schwächen können aber nicht darüber hinwegtäuschen, dass sich allmählich eine von psychosozialen Fachkräften dominierte Drogenhilfe entwickelt hatte, die sich zunehmend konsolidieren konnte.

Das Desinteresse der Medizin an der Behandlung Drogenabhängiger

Während sich in der psychosozialen Drogenhilfe Interaktionsformen zu Rollenmustern verdichteten und die ersten eigenständigen Organisationsformen sich entwickelten, gab es im Gesundheitssystem noch immer wenig Interesse an den Drogenabhängigen. Das soll im Folgenden an zwei Schwerpunkten – der mangelhaften Umsetzung der Ergebnisse der Psychiatrie-Enquete und der Verhinderung der Substitutionsbehandlung – genauer untersucht werden.

Im „Bericht zur Lage der Psychiatrie in der Bundesrepublik Deutschland" (Deutscher Bundestag 1975) wurde ein integriertes Versorgungssystem konzipiert, das aus Fachambulanzen, Einrichtungen zur kurzfristigen stationären Behandlung, Einrichtungen zur mittelfristigen Behandlung, Einrichtungen zur langfristigen stationären Behandlung und ergänzenden Einrichtungen wie Wohn- oder Übergangsheimen bestehen sollte. Dabei wurde nicht zwischen Alkohol- und anderen Drogenabhängigen unterschieden.

Als zentrale ambulante Institution waren Fachambulanzen vorgesehen, die organisatorisch an die Suchtfachabteilungen der künftigen gemeindenahen psychiatrischen Krankenhäuser oder Suchtkliniken angebunden werden und ambulante psychotherapeutische Behandlung, Vermittlung in stationäre Behandlung und Nachsorge anbieten sollten. Stationäre Einrichtungen zur kurzfristigen Behandlung sollten Entgiftungsbehandlungen und Akutbehandlungen durchführen. Die mittelfristigen stationären Einrichtungen waren für die Entwöhnungsbehandlung vorgesehen. Diese Suchtfachkliniken sollten jeweils über etwa 80 Betten verfügen und entweder in öffentlich-rechtlicher Trägerschaft als eigene Kliniken arbeiten oder als Suchtabteilung eines psychiatrischen Krankenhauses organisiert sein. Daneben sollten auch noch die bestehenden Suchtkliniken in freier Trägerschaft, die ehemaligen Trinkerheilanstalten, weiterarbeiten. Für diejenigen Abhängigen, die „auf längere Sicht behandlungsunwillig" waren (Deutscher Bundestag 1975: 278), waren schließlich

geschlossene Stationen an psychiatrischen Krankenhäusern und geeignete Pflege-
heime vorgesehen.

In der Folgezeit wurden allerdings die Vorstellungen der Psychiatrie-Enquete zur
Versorgung Suchtkranker nur sehr selektiv in die Praxis umgesetzt. Fachambulanzen
entstanden nur sehr vereinzelt. Die ambulante medizinische Versorgung Abhängiger
blieb auch nach 1975 zum allergrößten Teil den niedergelassenen Ärzten überlassen,
die in aller Regel über keine suchtspezifische Ausbildung oder Fortbildung verfügten
und von denen die geforderte psychotherapeutische Versorgung nicht zu erwarten
war. Mehrere Jugend- und Drogenberatungsstellen trafen zwar Kooperationsverein-
barungen mit Ärzten, die dann stundenweise Sprechstunden in den Beratungsstellen
durchführten. Als Fachambulanzen kann man dieses Modell aber nicht bezeichnen.

Erfolgreicher – zumindest im quantitativen Sinn – verlief die Einrichtung von
spezialisierten Suchtstationen in psychiatrischen Krankenhäusern zur Akutbehandlung und Entgiftung. Allerdings ist schwer zu erkennen, worin die eigentliche Behandlung bestand. Die Entzugsmethode der Wahl war der „kalte Entzug", der nur in
Notfällen durch Medikamente erleichtert wurde. Die ausschleichende Vergabe von
Opioiden war – wie überhaupt der Einsatz von Substitutionspräparaten – äußerst
verpönt (s. u.). Ein eigenes psychotherapeutisches Programm für den Heroinentzug
gab es in der Regel nicht, so dass sich die Aktivitäten der Patientinnen und Patienten
auf die mehr oder weniger konflikthafte Beteiligung am Stationsalltag beschränkte.

Schließlich entstanden in den folgenden Jahren mehrere Suchtfachkliniken und
auf Entwöhnungsbehandlung spezialisierte Abteilungen an psychiatrischen Krankenhäusern, die sich allerdings größtenteils entweder auf legale Drogen (Alkohol und
Medikamente) oder auf illegale Drogen spezialisierten. Die in freier Trägerschaft
organisierten ehemaligen Trinkerheilstätten glichen sich diesen Fachkliniken immer
mehr an. Einige größere Fachkliniken, die sich auf illegale Drogen spezialisiert hatten, konkurrierten mit den beschriebenen Therapeutischen Gemeinschaften um die
potentiellen Patientinnen und Patienten und übernahmen dabei teilweise Programm-
elemente und auch Personal aus den Therapeutischen Gemeinschaften.

Besonders interessant am Bericht der Sachverständigenkommission (Psychiatrie-
Enquete) sind die Prognosen, die dort zur Personalentwicklung in der Psychiatrie
erarbeitet wurden. Offensichtlich überstieg in den Entstehungs- und Konsolidierungs-
jahren der Drogenhilfe die Nachfrage nach Psychiatern das Angebot. Das erklärt
zumindest teilweise das auffällige Desinteresse der Psychiater an Drogenabhängigen
auch in den Jahren nach der Enquete. Betrachtet man sich das Ausmaß des von der
Enquete insgesamt für die Psychiatrie geforderten Reformprozesses, so wird verständlich, dass auch ohne Abhängigkeitserkrankungen alle Psychiatrieexperten in den
folgenden Jahren genügend Betätigungsfelder finden konnten. Innerhalb der Suchtdi-
agnosen waren es wiederum die Alkoholabhängigen, die quantitativ die wesentlich

größere Gruppe bildeten und zudem nach allen damals vorliegenden Erkenntnissen eher in den Krankenhausalltag zu integrieren und erfolgreich zu behandeln waren. Ein junger Psychiater musste schon ein ganz besonderes Interesse an Drogenabhängigen haben, um sich ausgerechnet auf diese Gruppe spezialisieren zu wollen.

Die Psychiatrie-Enquete hat somit zwar die Mängel in der Versorgung Drogenabhängiger richtig benannt, zur Veränderung dieser Situation aber nur wenig beigetragen. Ursächlich hierfür war allerdings auch die Weigerung der Medizin im allgemeinen und der Psychiatrie im speziellen, sich mit medikamentösen Behandlungsformen für Heroinabhängige zu beschäftigen. Erschwerend kam hinzu, dass ausgerechnet die wenigen Psychiater, die sich für Drogenabhängige interessierten, zu den größten Gegnern medikamentengestützter Behandlung gehörten.

Während das amerikanische Modell der Therapeutischen Gemeinschaft bereitwillig in Deutschland aufgenommen wurde, wurden die ebenfalls in den USA entwickelten Konzepte zur Methadonsubstitution von Anfang an von der deutschen Ärzteschaft mit großer Skepsis und Ablehnung diskutiert. Bereits in den frühen siebziger Jahren entzündete sich an der Frage der Substitutionsbehandlung ein Streit, der die deutsche Fachöffentlichkeit mehr als zwanzig Jahre lang beschäftigen sollte und zeitweilig mit erheblicher Schärfe geführt wurde. Sehr schnell dominierten die Gegner der Substitution die Auseinandersetzung, denen es gelang, diese Behandlungsform in Deutschland bis Ende der achtziger Jahre zu verhindern.

Methadon ist ein synthetisches Opioid, das 1941 von der Frankfurter Pharmafirma Hoechst entwickelt wurde und je zur Hälfte aus einem rechtsdrehenden und einem linksdrehenden Anteil besteht. Während der rechtsdrehende Anteil weitgehend analgetisch wirkungslos ist, ist der linksdrehende Teil (Levo-Methadon) etwa doppelt so wirksam wie das Gemisch und wesentlich wirksamer in der Schmerztherapie als zum Beispiel Morphium. Mit dem Ende des Zweiten Weltkrieges und der Zerschlagung des IG Farben-Konzerns verlor die Hoechst AG das Patent auf Methadon, das in der Folgezeit weltweit unter verschiedenen Handelsnamen als äußerst potentes Schmerzmittel auf den Markt kam. Die Hoechst AG vertrieb hingegen nur noch die isolierte linksdrehende Teilsubstanz unter dem Namen L-Polamidon. 1953 wurde Methadon dem Opiumgesetz unterstellt. 1974 wurde schließlich in einer Änderung der Betäubungsmittelverschreibungsverordnung (BtMVV) Methadon – also das Racemat aus links- und rechtsdrehenden Bestandteilen – zur nicht verschreibungsfähigen Substanz erklärt und damit völlig vom Arzneimittelmarkt in Deutschland genommen. Fortan stand in Deutschland nur noch das etwa doppelt so starke L-Polamidon als verschreibungsfähiges, aber den Bestimmungen des BtMG und der BtMVV untergeordnetes Medikament zur Verfügung.

In den sechziger Jahren führten Dole und Nyswander in New York die ersten Versuche mit injizierbarem und oral einzunehmendem Morphin und Methadon bei

Heroinabhängigen durch. Da Morphium und Methadon im Gehirn die gleichen Rezeptoren besetzen wie Heroin, gingen der Heroinkonsum und das Verlangen nach Heroin bei ihren Patientinnen und Patienten stark zurück. Bald schon konzentrierten sie sich auf Methadon, das für ihre Zwecke am besten geeignet schien, da es wegen seiner langen Halbwertzeit nur einmal täglich eingenommen werden musste und fast kein Rauscherleben auslöste, so dass die Patientinnen und Patienten ansprechbar und arbeitsfähig blieben. Auf der Grundlage dieser Erfahrungen konzipierten Dole und Nyswander die ersten Substitutionsprogramme für Heroinabhängige mit Methadon, die ab 1965 zunächst in New York durchgeführt wurden und sich nach positiven Ergebnissen in den USA zu Beginn der siebziger Jahre bundesweit etablieren konnten (Dole/Nyswander 1965, 1967). Die klassischen Methadon-Maintenance-Programme nach Dole und Nyswander waren hochstrukturierte Behandlungsformen mit klaren Indikationskriterien (z.B. mehrjährige Heroinabhängigkeit, erfolglose andere Therapieversuche), umfangreichen psychosozialen Begleitmaßnahmen und regelmäßigen Urinkontrollen. Zu den positiven Effekten der Behandlung gehörten der Rückgang des Heroinkonsums und die Distanzierung von der Drogenszene und den damit verbundenen Lebensweisen. Nebenwirkungen wurden nur wenige festgestellt.

Diese im Vergleich zu allen anderen Behandlungsansätzen vielversprechenden Ergebnisse der ersten Erprobungen der Methadonsubstitution wurden in anderen Ländern, in denen es Heroinabhängige gab, mit Interesse aufgenommen. Ein Teil dieser Länder nahm die amerikanischen Erfahrungen zum Anlass, eigene Methadonprogramme zu entwickeln. Hierzu gehörten zum Beispiel die Niederlande. In Großbritannien löste die Methadonverschreibung die zuvor dominierende Heroinverschreibung langsam ab. Andere Länder wie zum Beispiel Frankreich und Norwegen lehnten die Substitution mit Methadon hingegen ab. Zu der letzteren Gruppe gehörte bald auch Deutschland.

Zunächst war man aber auch in Deutschland durchaus noch experimentierfreudig, und so verschrieben einzelne Ärzte – zum Teil mit Unterstützung örtlicher Gesundheitsämter – diverse Opiate und Opioide an Drogenabhängige (Kreuzer 1975: 274 ff.). Bereits im Oktober 1971 startete im Jugend- und Drogenberatungszentrum Hannover eines der ersten deutschen Substitutionsprogramme, das die amerikanischen Erfahrungen aufgriff und über ein ähnlich klar strukturiertes Behandlungssetting verfügte. In Hannover sollte allerdings kein Methadon-Maintenance-Programm wie in New York, sondern ein Maintenance-to-abstinence-Programm durchgeführt werden. Nach 20 Monaten Behandlung, die neben der Medikamentenvergabe aus „Psycho- und Sozialtherapie" bestand (Krach et al. 1978: 289), sollte eine weitreichende psychische und soziale Stabilisierung erreicht werden, um dann mit der schrittweisen Reduktion des Methadons zu beginnen und schließlich völlig darauf zu verzichten.

Die ersten Erfahrungsberichte aus dem Programm klangen recht zuversichtlich (Lotze 1973a). Neben dem Hannoveraner Methadonprogramm gab es in den siebziger Jahren noch einige andere regional begrenzte Versuche mit Methadon in Deutschland (vgl. z.B. Peruzzo 1989; Überblick bei Moll 1990: 127 ff.).

In den Jahren 1972/73 gab es dann einen ersten Höhepunkt in der gerade erst begonnenen öffentlichen Auseinandersetzung um die Methadonsubstitution. Durch Medienberichte, die ein positives Bild der Substitutionsbehandlung gezeichnet hatten, fühlten sich sowohl die Bundesärztekammer als auch die DHS gedrängt, warnende Stellungnahmen zu veröffentlichen. Die DHS nannte die Verabreichung von Methadon schon in der Überschrift ihrer Stellungnahme eine „gefährliche ‚Drogentherapie'" und warnte „vor der hier und dort propagierten Methadon-‚Behandlung' Opiatabhängiger! Es kann keinen Zweifel daran geben, daß Methadon ein echtes Suchtmittel ist und von einer Methadon-‚Behandlung' nicht die Rede sein kann". Dann wurde der Berliner Psychiater Keup mit der Aussage zitiert: „Alle therapeutischen Programme, die Methadon als Entzugsmittel verwenden, werden erfolglos bleiben" (DHS 1973).

Die Arzneimittelkommission und der Ausschuss „Psychohygienische Fragen" der Bundesärztekammer erklärten unter der Überschrift „Warnung vor Methadon-‚Behandlung' Rauschmittelabhängiger" unter anderem: „Wird eine Heroinsucht festgestellt, ist sofortige klinische Behandlung erforderlich. Eine ambulante Behandlung mit oralen Methadongaben ist nur für die kurze Zeit bis zu stationären Aufnahme als Überbrückungsmaßnahme zu verantworten" (Bundesärztekammer 1973). Damit wurde die Substitution zwar nicht generell verurteilt, aber doch auf wenige Ausnahmefälle eingeschränkt. Auch eine Beraterkommission des Bundesgesundheitsamtes kam 1973 zu der Einschätzung, dass „die Anwendung von morphinähnlich wirkenden Stoffen zur Behandlung von Drogenabhängigen ärztlich nicht begründet" sei. 1977 bekräftigte die Beraterkommission diese Haltung. 1974 verabschiedete der 77. Deutsche Ärztetag eine Stellungnahme, die Methadonbehandlung nur unter sehr engen Voraussetzungen für zulässig erklärte (Bschorr 1984: 176).

Angesichts dieser von mehreren Gremien aus Medizin und Suchtkrankenhilfe wiederholt vorgetragenen Absage an die – international in zunehmendem Ausmaß eingesetzte – Methadonbehandlung war das Schicksal der Behandlungsmethode für die nächsten Jahre besiegelt. Der ärztliche Leiter des Methadonprogramms in Hannover wehrte sich zwar noch mit einer betont sachlichen Stellungnahme in den „Suchtgefahren", in der er nochmals auf die positiven Erfahrungen in Hannover hinwies (Lotze 1973b), handelte sich hierfür aber eine belehrende Entgegnung von Keup ein. Keup warf die rhetorische Frage auf: „Kann eine Resozialisierung als erfolgreich angesehen werden, wenn sie den Abhängigen süchtig erhält?", und beantwortete sie folgendermaßen: „Das mag ein Ziel eines Erhaltungsprogrammes sein, gewiß aber kein therapeutisches Ziel. Der Arzt muß sich von einer Umdeutung der Therapie, etwa im Sinne der sozioökonomischen Indikation, im Prinzip fernhalten" (Keup 1973: 123). Immer häufiger erschienen jetzt in medizinischen Fachzeitschriften ablehnende Beiträge zu Methadon, in denen zum Beispiel vor der Methadonbehandlung als „resignierender Therapie" (Schneider 1973) gewarnt wurde, die zudem „jede Arztpraxis hoffnungslos überfordert" (Ebermann 1973).

1974 fasste das Behandlungsteam in der Jugend- und Drogenberatungsstelle Hannover den Beschluss, das Methadonprogramm trotz deutlicher Erfolge (Krach et al. 1978: 293) zu beenden. Die mehrheitlich ablehnende Haltung zur Substitution aus Medizin und Drogenhilfe hatte inzwischen nahezu uneingeschränkte Dominanz erreicht.

Diese Dominanz sollte bis in die zweite Hälfte der achtziger Jahre Bestand haben und bis dahin alle weiteren Experimente mit Methadon blockieren. Während sich in Großbritannien und den Niederlanden zeitgleich eine viel stärker medizinisch geprägte Auffassung zur Drogenabhängigkeit durchsetzte und das Behandlungssystem sich entsprechend anders entwickelte (Vogt 1975: 33-37; Scheerer 1982a), verzichtete die deutsche Ärzteschaft von Anfang an auf einen „medical approach" zur Drogenabhängigkeit.[18]

Allerdings fällt auf, dass die ganze Diskussion um Drogen und Methadon von einer kleinen Gruppe von Ärzten geführt wurde, die in den einschlägigen Gremien saßen und in den entsprechenden Zeitschriften publizierten. Wenigen individuellen Akteuren ist es offensichtlich gelungen, die Handlungsweisen der korporativen Akteure der Ärzteschaft zu steuern. Wahrscheinlich hat den weitaus größeren Teil der Ärzte das ganze Thema kaum interessiert. Ärzte waren nicht auf Drogenabhängige angewiesen, ganz im Gegenteil störten diese den reibungslosen Ablauf in der Praxis oder auf Station. Der Ausbildungsstand in Bezug auf Sucht war in der Regel eher niedrig (Feuerlein 1988). Die organisierte Ärzteschaft überließ das Thema einer kleinen Gruppe von überzeugten Methadongegnern.

Das bedeutet nun allerdings nicht, dass in Arztpraxen keine für Opiatabhängige interessanten Drogen mehr verschrieben wurden. Kreuzer wies 1975 auf die wichtige Funktion der Arztpraxen bei der Versorgung mit Drogen hin: „Die Mehrzahl der

---

18 Die Entwicklung des Suchtverständnisses in der Ärzteschaft in Deutschland wäre sicherlich eine eigene Untersuchung wert. Betrachtet man die Zeitspanne zwischen den frühen psychiatrischen Beschäftigungen mit der Trunksucht im 19. Jahrhundert und den Zwangssterilisierungen in der ersten Hälfte des 20. Jahrhunderts, so ist wenig zu finden, was auf ein Krankheits- und Behandlungsverständnis hindeutet. Jellineks Studien, die in den fünfziger und sechziger Jahren in Nordamerika und Skandinavien entscheidend dazu beigetragen haben, dass sich die Vorstellung von (Alkohol-)Sucht als Krankheit durchsetzte (vgl. z.B. Jellinek 1960), waren nicht ins Deutsche übersetzt und nur ansatzweise rezipiert worden.

Fixer sucht gelegentlich oder regelmäßig Ärzte auf, um Rauschdrogen zu erhalten" (Kreuzer 1975: 261). Aus seinen Interviews berichtete er: „Ein Fixer, der häufig ‚Ärzte abklapperte', schätzte, daß bei wahllosem Aufsuchen von Ärzten etwa jeder fünfte bereit war, einmalig Drogen abzugeben oder zu verordnen. Zuerst versuchten es aber die meisten bei ihrem Hausarzt" (ebd.: 263). Die Motive für die Verschreibungsbereitschaft reichten vom ernsthaften Behandlungsinteresse über die „allgemeine Verschreibungsfreude und die Bereitschaft, sich bei Verschreibungen den Wünschen der Patienten weitgehend anzupassen" (ebd.), Gutmütigkeit und fehlendes Wissen bis hin zu wirtschaftlichen Interessen, wenn etwa Privatrezepte gegen Barzahlung ausgestellt wurden.

Der quantitative Umfang der verschiedenen Substanzen, die in den siebziger Jahren und auch danach über ärztliche Abgabe und Verschreibung in die Drogenszene gelangt sind, ist nicht abschätzbar. Hingegen ist sicher, dass die Qualität der medizinischen Versorgung der Drogenabhängigen unter dieser Situation sehr gelitten hat. Da eine geregelte Substitution mit Methadon oder ersatzweise L-Polamidon nicht möglich und die Verschreibung von Polamidon wegen der betäubungsmittelrechtlichen Bestimmungen riskant war, wurden von vielen Ärzten lieber Codein oder Barbiturate, Benzodiazepine und andere Ausweichstoffe verschrieben, die nicht unter das BtMG und die BtMVV fielen. Die bald beklagte Ausbreitung polytoxer Konsummuster wurde durch diese Verschreibungspraxis der Ärzte begünstigt. Hingegen wurde die Situation für Ärzte, die trotz aller Widerstände Polamidon verordnen wollten, immer schwieriger: Je eindeutiger sich die schulmedizinische Lehrmeinung gegen Substitution aussprach, um so eher war es für die Justiz möglich, anders sich verhaltende Ärzte anzuklagen und auch zu verurteilen. Dies führte in einigen Fällen wie zum Beispiel bei dem Münchner Arzt Kapuste zu langwierigen Gerichtsverfahren bis vor den Bundesgerichtshof und endete mit dem Entzug der Approbation und Berufsverbot (Moebius 1978; Körner 1994a: 98; vgl. auch Täschner 1983: 200 ff., der bei dem Verfahren gegen Kapuste gemeinsam mit Wanke als Gutachter auftrat).

Therapeutische Kette und Abstinenzparadigma (1980 – 1987)

Anfang der achtziger Jahre erreichte die Dominanz der psychosozialen Drogenhilfe ihren Höhepunkt mit der Durchsetzung dieses Modells der therapeutischen Kette, das nahezu unangefochten und alternativlos als „Königsweg" der Behandlung Drogenabhängiger angesehen wurde. Die therapeutische Kette begann für einen Abhängigen idealtypisch mit der ambulanten Beratung in einer Jugend- und Drogenberatungsstelle, von der er sich in einer stationären Langzeittherapieeinrichtung bewerben konnte und zur Entgiftung in ein psychiatrisches Krankenhaus vermittelt wurde. Nach erfolgreicher Entgiftung holte ihn sein Drogenberater nach etwa zwei Wochen dort wieder ab und brachte ihn ohne Unterbrechung in die Langzeittherapieeinrichtung. Auf die ein- bis zweijährige[19] stationäre Langzeittherapie folgte eine zunächst stationäre und dann ambulante Nachsorge, die wiederum von der Jugend- und Drogenberatungsstelle übernommen wurde. Aus drogenhilfespezifischen Organisationen war jetzt ein Drogenhilfesystem geworden, in dem viele unterschiedliche Organisationen untereinander vernetzt waren. Die einzelnen Glieder dieser therapeutischen Kette wurden – mit Ausnahme der zweiwöchigen Entgiftung – von der psychosozialen Drogenhilfe dominiert.

Parallel dazu bildeten sich innerhalb der Drogenhilfe Organisationsstrukturen und Institutionen heraus, die der Selbststeuerung dienten und das junge Hilfesystem zusätzlich stabilisierten. Die Ärzteschaft und die einzelnen Zweige des Gesundheitssystems zeigten hingegen auch Anfang der achtziger Jahre kaum Interesse an Drogenabhängigen. Nachdem die Ärzte den Sozialarbeitern weitgehend das Feld überlassen hatten, fehlte es allerdings noch an Klientinnen und Klienten, die sich auf die langwierige Behandlung im Rahmen der therapeutischen Kette einlassen wollte. Diese Motivation sollte schließlich die 1982 in Kraft tretende Reform des Betäubungsmittelrechts erzeugen.

---

19 „Die Therapiezeit sollte sich an den Erfordernissen eines klientenzentrierten Therapieverlaufes orientieren, sollte aber den Zeitraum von 18 Monaten nicht unterschreiten" (FDR 1984).

Weiterer Ausbau und Klärung der Finanzierung

Im ambulanten Bereich folgte 1978 auf das Großmodell unter dem Titel „Psychosoziales Anschlussprogramm (PSAP)" ein weiteres Bundesmodellprogramm. Gefördert
wurden zunächst 18, später insgesamt 32 Modelleinrichtungen. Mit der wissenschaftlichen Begleitung des Modells wurde wieder die Projektgruppe Rauschmittelabhängigkeit des Max-Planck-Instituts für Psychiatrie beauftragt (Bühringer et al. 1982). In
dem neuen Modellprogramm waren nur ambulante Jugend- und Drogenberatungsstellen vertreten, die die Mindestkriterien erfüllten und sich an der EBIS-
Dokumentation beteiligten. Zielgruppen des Modellprogramms waren jetzt nicht
mehr nur Jugendliche, die illegale Drogen konsumierten, sondern auch Jugendliche
mit Alkoholproblemen und generell sonstigen jugendtypischen Problemen, da man
diese als Auslöser für späteren Drogenkonsum verstand und somit sich von einer
allgemeinen Jugendberatung eine präventive Wirung erhoffte. Insgesamt sah das
Modellprogramm acht Schwerpunkte für die Jugend- und Drogenberatungsstellen
vor. Dazu gehörten die Früherfassung von Gefährdeten, allgemeine Beratung, Vermittlung in stationäre Einrichtungen, ambulante psychosoziale Behandlung, Begleitung während des Entzugs, im Krankenhaus und im Strafvollzug, Beratung von Angehörigen und anderen Bezugspersonen, Nachsorge und Krisenintervention. Inhalt
und Verfahren der Beratung und Behandlung blieben weiterhin den Einrichtungen
und Fachkräften überlassen.

Nicht bestimmte psychosoziale Interventionen oder Behandlungsansätze wurden
also ausprobiert, sondern die Entwicklung eines Typs von Organisation mit ziemlich
genauen Organisationsanweisungen (Mindestkriterien) und Zielvorgaben (Abstinenz)
vorangetrieben. Betrachtet man die Behandlung und Betreuung von (jungen) Menschen mit Drogenproblemen, so blieben die diesen Kernbereich betreffenden Arbeitsansätze auch beim PSAP im Dunkeln. Lediglich die Vermittlung in stationäre
Langzeittherapie machte hier eine Ausnahme: Das System der Drogenhilfe war inzwischen schon so komplex geworden, dass man Berater brauchte, um von einem
Segment in das andere zu gelangen. Berücksichtigt man weiterhin noch die sozialversicherungsrechtliche Kostenklärung und die immer wichtiger werdende Hilfe bei
der Abarbeitung gerichtlicher Auflagen, so erweist sich gerade die Vermittlung zwischen Sozialversicherungssystemen, Justiz, einzelnen Drogenhilfeeinrichtungen und
Gesundheitssystem als die wichtigste Aufgabe, die ambulante Drogenberater zu
erfüllen hatten. Drogenberater waren notwendig geworden, um die Klienten durch
das Hilfesystem zu schleusen. Hinzu kam eine Differenzierung der Angebotspalette
durch die Ausweitung der Arbeitsfelder auf präventive Aufgaben wie allgemeine
Jugendberatung. Die Teestuben, die in den Jahren zuvor als eine Möglichkeit der
lockeren Kontaktanbahnung zu Drogenabhängigen genutzt worden waren, wurden zu

präventiven Angeboten für gefährdete Jugendliche umfunktioniert und verloren mehr und mehr ihren Charakter als offenes Angebot für Drogenabhängige.

Parallel zum neuen „Aktionsprogramm der Bundesregierung zur Bekämpfung des Drogen- und Rauschmittelmißbrauchs" von 1980 legten auch mehrere Bundesländer Programme vor, mit denen der weitere Aufbau von ambulanten Jugend- und Drogenberatungsstellen und von stationären Therapieeinrichtungen gefordert und gefördert wurde (vgl. z.B. Hessische Landesregierung 1980). Gleichzeitig wurde auch die Polizei weiter aufgerüstet, in Hessen etwa über ein „Sofortprogramm zum verstärkten polizeilichen Einsatz gegen die Rauschgiftkriminalität in Hessen". Damit wurden mehr Stellen für die „Rauschgiftbekämpfung" geschaffen und in allen Polizeipräsidien eigene Rauschgiftkommissariate eingerichtet. Weiter wurde die Zusammenarbeit zwischen Landeskriminalamt und „Bundeskriminalamt, den Organisationseinheiten des Zolls, mit dem Grenzschutzeinzeldienst, der Bahnpolizei, den US-Stationierungsstreitkräften und der Wasserschutzpolizei" verbessert und „Aktionen zur Überwachung der Flugplätze, Bundesautobahnen und Landstraßen sowie der Binnenwasserstraßen und Häfen abgestimmt" (Hessische Landesregierung 1980: 17). Der „war on drugs" hatte Deutschland erreicht.

Sowohl für die Polizei als auch für die Drogenhilfe wurden nicht unerhebliche zusätzliche Summen in die Landeshaushalte eingestellt. Flächendeckend sollte in jedem hessischen Landkreis und in jeder kreisfreien Stadt mindestens eine Jugend- und Drogenberatungsstelle arbeiten. Insgesamt wurden die jährlichen Kosten für die hessischen Jugend- und Drogenberatungsstellen im Jahr 1980 mit 12,2 Millionen DM veranschlagt. Bundesweit lässt sich daraus ein Betrag von mehr als 100 Millionen DM schätzen, der damals jährlich für Jugend- und Drogenberatungsstellen anfiel.

Die anteilige pauschale Finanzierung durch Land und Kommunen setzte sich bundesweit für die Jugend- und Drogenberatungsstellen durch. Damit konnte sich die ambulante Drogenhilfe eine stetig fließende Einnahmequelle erschließen, die – bis auf einen geringen Anteil an Eigenmitteln, die meist aus Spenden und Geldbußen stammten und höchstens etwa 10 % der Einnahmen ausmachten – alle Ausgaben deckte. Nicht die erbrachten Leistungen waren dafür relevant, sondern die Haushaltspläne. Land und Kommunen bezahlten nicht für Beratungsstunden, Vermittlungen oder sonstige Tätigkeiten, sondern für die Stellen der Fachkräfte und die benötigten Sachmittel. Damit wurde ein Finanzierungsweg gewählt, der bis heute für Diskussionen und Reformversuche sorgt.

Die Finanzierung der stationären Langzeittherapie war 1978 anders geregelt worden. Die Suchtvereinbarung von 1978 legte die Krankenkassen grundsätzlich als primäre Kostenträger der Entgiftungsbehandlung fest, während für die stationäre Entwöhnungsbehandlung primär die Rentenversicherung zuständig war. Die Krankenversicherungen sollten nur dann einspringen, wenn die versicherungsrechtlichen

Voraussetzungen für eine Kostenübernahme durch die Rentenversicherungsträger nicht gegeben waren. Eine stationäre Entwöhnungsbehandlung sollte dann gewährt werden, wenn eine dauerhafte Eingliederung in Arbeit, Beruf und Gesellschaft möglich schien, dieses Ziel ambulant nicht erreicht werden konnte und genügend Motivation für eine Behandlung vorhanden war. Entwöhnungsbehandlungen sollten nur in Einrichtungen durchgeführt werden, die von den Rentenversicherungen dafür anerkannt waren. Zugleich wurde ein Antragsverfahren festgelegt, das ein ärztliches Gutachten und einen Sozialbericht umschloss. Entwöhnungsbehandlung war jetzt eine Maßnahme der medizinischen Rehabilitation mit dem Ziel der Widerherstellung der Arbeitskraft. Da das Bundessozialhilfegesetz Kostenübernahme in dem Ausmaß vorsieht, wie sie von den Krankenkassen gewährt wird, waren auch die Sozialämter von der Suchtvereinbarung betroffen.

Die Auswirkungen der Suchtvereinbarung waren sehr unterschiedlich. Lagen die individuellen Voraussetzungen vor und erfüllte die gewünschte Einrichtung die Voraussetzungen der Suchtvereinbarung, so gab es jetzt – anders als in den Jahren zuvor – einen gesicherten Kostenträger. War dies jedoch nicht der Fall, so gab es kaum noch die Möglichkeit, einen anderen Kostenträger zu finden.

Für die wenigen Fachkliniken war es kein Problem, die Voraussetzungen der Suchtvereinbarung zu erfüllen und somit von den unterschiedlichen Kostenträgern belegt zu werden. Die Therapeutischen Gemeinschaften, die sich bisher je nach Einzelfall um eine Kostenübernahmen nach § 72 (Hilfe zur Überwindung besonderer sozialer Schwierigkeiten) oder §§ 39, 40 (Eingliederungshilfe für Behinderte) bemüht hatten, passten jedoch nicht in die Vorstellungen der RVO von medizinischer Rehabilitation. Drogenabhängigkeit wurde von den Therapeutischen Gemeinschaften nur begrenzt als Krankheit und stärker als psychosoziales oder gesellschaftliches Problem begriffen. Es gab weder Diagnosen noch Behandlungspläne noch Ärzte. Einige Jahre versuchten Einrichtungen vom Stil der Therapeutischen Gemeinschaft, bei ihrer gewohnten Finanzierung über die Sozialämter zu bleiben, aber die Kommunen verweigerten mit zunehmender Konsequenz solche Kostenübernahmen und verwiesen auf die Empfehlungsvereinbarung. Das stellte die Träger vor die Alternative, entweder diesen Bereich aufzugeben oder sich mit den Rentenversicherungsanstalten zu einigen. Der weitaus größte Teil der Träger stationärer Einrichtungen wählte den zweiten Weg, nur wenige gaben ihre Einrichtungen auf, und nur einzelnen Therapeutischen Einrichtungen ist es bis heute gelungen, ohne Kostenübernahmen im Rahmen der Empfehlungsvereinbarung auszukommen. Die bekannteste davon ist Synanon, die sich komplett über Spenden und andere Eigenmittel finanziert.

Die Einigung mit den Rentenversicherungen hatte einige Konsequenzen für die stationären Therapieeinrichtungen. Die Kooperation mit Ärzten nahm zu, und erste

Ansätze an Behandlungskonzepten und Behandlungsplänen setzten sich durch. Die gröbsten Auswüchse aus der Experimentierphase mussten aufgegeben werden. Die Anerkennungspraxis der Rentenversicherungsträger bestärkte den ohnehin vorhandenen Trend zu therapeutischen Zusatzqualifikationen. Der konfrontative Stil in den stationären Einrichtungen wurde ein wenig abgemildert, aber er verschwand noch lange nicht.

Ausdifferenzierung der Organisationsstrukturen

Diese Entwicklung erforderte auf Seiten der noch jungen Drogenhilfe professionelle Organisationsstrukturen, die je nach Träger und Einrichtung mit unterschiedlichem Erfolg jetzt auch geschaffen wurden.

Die Teams in den Einrichtungen waren entsprechend der Herkunft aus der Release-Zeit und der oft anzutreffenden Verwurzelung der Mitarbeiterinnen und Mitarbeiter im links-alternativen Milieu meist basisdemokratisch organisiert und durch wenig Hierarchie geprägt. Das Team war die oberste Entscheidungsinstanz. Hatte es in den siebziger Jahren eine erste Differenzierung zwischen Mitarbeitern und Klientel gegeben, so folgte jetzt die Differenzierung in verschiedene Berufsrollen und Hierarchieebenen. Viele Drogenhilfeeinrichtungen machten Prozesse durch, wie sie im weiten Bereich der Wohlfahrtspflege und der „alternativen Betriebe" in den achtziger Jahren üblich waren. Die zuvor in vielen Projekten gängige Praxis, gegenüber den jeweiligen Kostenträgern zwar gemäß den unterschiedlichen Qualifikationen Stellen analog BAT abzurechnen (also für Diplompädagogen BAT II, für Sozialarbeiter BAT IV etc.), intern aber wieder einen Ausgleich durchzuführen und allen Beschäftigten den gleichen Lohn auszuzahlen, wurde jetzt meist aufgegeben.

Waren in den Initiativen und Projekten der siebziger Jahre die Mitarbeiter meist gleichzeitig die Träger, so differenzierten sich jetzt Arbeitgeber- und Arbeitnehmerrollen heraus. Damit ging eine weitere Differenzierung einher: Nachdem in den ersten Jahren vor allem Sozialarbeiter, Pädagogen und Psychologen eingestellt worden waren, so wurden jetzt Stellen für Geschäftsführer und Verwaltungsmitarbeiter geschaffen. Dadurch entstand nicht nur Bedarf an therapeutischer, sondern auch an betriebswirtschaftlicher Fortbildung. Wie in anderen Bereichen der freien Wohlfahrtspflege stellte sich dabei heraus, dass nach dem deutschen Vereinsrecht die Gründung eines Vereins zwar einfach war, die dadurch geschaffenen Strukturen aber schlecht zu Betrieben mittlerer Größenordnung passten, die mehrere Millionen im Jahr umsetzten und eine steigende Zahl von Angestellten hatten. Durch Fusionierung, Übernahmen und überregionale Ausdehnung waren teilweise große Trägerorganisationen entstanden, die sich frühzeitig nach anderen Rechtsformen umsahen. All diese Veränderungen schufen eine erste Nachfrage nach Organisationsberatung und Managementschulungen für die Wohlfahrtspflege.

Sickinger beschrieb 1982 die Trägersituation in der Drogenhilfe folgendermaßen:

„Es gibt eine stärkere Konzentration mehrerer ambulanter und stationärer Einrichtungen unter nur einem Träger. Ehemals lokale und regionale Initiativen der Drogenhilfe expandieren zu der Organisationsform eines bundesweit arbeitenden Großunternehmens: So hat die Drogenhilfe Tübingen e.V. inzwischen fünf Großeinrichtungen mit einem Angebot von 50 bis 80 Therapieplätzen pro Einrichtung, bzw. es ist der Ausbau zu dieser Größe geplant (Berlin). Dazu kommen Beratungsstellen, Werkstätten und Wohngruppen. Weitere Einrichtungen sind geplant. Die Daytop-Gesellschaft für soziale Planung hat sechs Therapiezentren für Opiatabhängige und vier für Alkoholabhängige in mehreren Bundesländern. (...) Einzelne Trägervereine organisieren ihren eigenen Therapieverbund mit Beratungsstellen, TW, Nachsorgewohngemeinschaft und Schulprogrammen. In Niedersachsen schlossen sich mehrere Trägervereine zu einer Arbeitsgemeinschaft zusammen und bilden die Therapiekette Niedersachsen (dazu gehören sieben TW)" (Sickinger 1982: 62).

Bereits in den siebziger Jahren hatten sich die meisten Projekte, Vereine und Initiativen größeren Wohlfahrtsverbänden angeschlossen. Für viele nichtkonfessionelle Gruppen fiel die Wahl dabei auf den Deutschen Paritätischen Wohlfahrtsverband, der somit zum Sammelbecken eines großen Teils der Drogenhilfeträger wurde.

1978 organisierte der DPWV-Arbeitskreis „Drogen und Rauschmittel" auf Initiative der Drogenhilfe Tübingen e.V. in Stuttgart den ersten Bundesdrogenkongress. Im April 1979 gründeten 13 im DPWV vertretene Drogenhilfeträger den Fachverband Drogen und Rauschmittel e.V., der fortan die Organisation und inhaltliche Ausgestaltung der Bundesdrogenkongresse übernahm. Mit dem FDR stand der Drogenhilfe jetzt ein Verband zur Verfügung, der Interessen bündeln sowie Öffentlichkeits- und Lobbyarbeit betreiben sollte. Die vom FDR veranstalteten Bundesdrogenkongresse waren über mehrere Jahre hinweg über den Kreis der Mitgliedsinstitutionen hinaus ein zentrales Forum, das dem Erfahrungsaustausch und der Positionsbestimmung diente. In den achtziger Jahren nahmen regelmäßig mehrere hundert Fachkräfte aus Drogenhilfeeinrichtungen aus ganz Deutschland an den Bundesdrogenkongressen des FDR teil.[20]

Eines der ersten Projekte, das der neugegründete FDR in Angriff nahm, war eine zweijährige Zusatzqualifikation für Mitarbeiter der Drogenhilfe. Der wachsende

---

20 Die Jahreskongresse der DHS wurden zwar auch von Drogenberatern besucht, wurden aber meist von Einrichtungen und Fragestellungen aus dem Alkoholbereich dominiert und hatten deshalb für die Drogenhilfe eine untergeordnete Bedeutung. Dabei sollte nicht vergessen werden, dass Suchtkrankenhilfe und Drogenhilfe zwei verschiedene Generationen und auch verschiedene Milieus repräsentierten und sich entsprechend im Stil, in der Kleidung, in den Umgangsformen etc. unterschieden.

Bedarf an therapeutischen Zusatzausbildungen sollte nicht nur anderen Anbietern überlassen werden. Jetzt konnte aus der Mitte der Drogenhilfe heraus das künftige Qualifikationsprofil der Drogenhilfe beeinflusst und zusätzlich vom entstehenden Aus- und Weiterbildungsmarkt profitiert werden. Der FDR wurde auch den Erwartungen an seine Lobbyfunktion gerecht, arbeitete in der DHS mit und erreichte Zugang zu Politikern, Gremien und Arbeitskreisen. Finanziell und organisatorisch ging die Drogenhilfe gestärkt in das neue Jahrzehnt.

Therapie statt/als Strafe: Die Reform der Reform

Ende der siebziger Jahre zeigten alle Indikatoren für den Umgang des Drogenproblems nach oben. Die Menge der von der Polizei sichergestellten Drogen stieg kontinuierlich. Die Zahl der Drogentoten hatte 1979 mit 623 einen neuen Höchststand erreicht. Nachdem einige Jahre lang der Eindruck geherrscht hatte, den Höhepunkt der Drogenkrise überwunden zu haben, sprach Keup in Bezug auf die Jahre 1979/80 von „steigender Sorge" und einem „Notruf der Fachleute" und erhöhte seine Schätzungen zur Gesamtzahl der Abhängigen stufenweise auf 50.000 (Keup 1981).

Zehn Jahre nach der Novellierung und Verschärfung des Betäubungsmittelrechts füllten sich zudem die Gefängnisse allmählich mit jungen drogenabhängigen Häftlingen, die wegen Drogendelikten verurteilt worden waren. Das führte zu Problemen in den Strafvollzugs- und Untersuchungshaftanstalten, in denen intramurale Drogenszenen entstanden.. 1980 hatte die Zahl der ermittelten Tatverdächtigen erstmals 50.000 überschritten. Verurteilungen wegen besonders schwerer Fälle waren die Ausnahme, so dass die meisten Insassen wegen kleinerer Straftaten, die im Zusammenhang mit Eigenkonsum und eigener Abhängigkeit standen, inhaftiert worden waren.

Mit dieser Situation konnte nun niemand zufrieden sein. Allgemein wurden Drogenabhängige als behandlungsbedürftig betrachtet, die nicht ins Gefängnis, sondern in Therapie gehörten. Bereits Ende der siebziger Jahre war deshalb nach Wegen gesucht worden, wie die steigende Zahl der inhaftierten Abhängigen vom Strafvollzug in therapeutische Einrichtungen umgeleitet werden konnten.

Stand bei diesen Überlegungen die Frage im Vordergrund, wie Drogenabhängige aus den Haftanstalten heraus in Behandlung gebracht werden konnten, so kam ein zweites Motivbündel hinzu, bei dem Strafe, Verurteilung oder sonstige Arten von staatlichem Zwang als „initiale Motivation" zur Behandlung bei so genannten therapieresistenten Drogenabhängigen gefordert wurden. So forderte zum Beispiel der Kinder- und Jugendpsychiater Kleiner:

„Für eine Mehrzahl von Drogenabhängigen ist eine sekundäre, eine Zusatzmotivierung notwendig durch eine konsequente Forderung der Gesellschaft, ggf. realisiert durch Unterbringungs- oder Vormundschaft- oder auch Strafrichter. (...) In vielen Fällen ist eine zwangsweise Therapieeinleitung, eine Zwangsentgiftung durch Maßnahmen der Justiz unvermeidbar oder auch sinnvoll als Voraussetzung dafür, daß überhaupt ein therapeutisches Gespräch mit dem Betreffenden geführt werden kann mit dem Ziel, seine Therapiewilligkeit zu wecken bzw. zu stärken" (Kleiner 1978: 136).

Beiden Gedanken gemeinsam war die stärkere Verquickung von Strafe und Therapie. In diese Richtung wurden dann auch Ende der siebziger/Anfang der achtziger Jahre viele Versuche unternommen.

Zunächst einmal machten die Gerichte großzügig vom Instrument der Strafaussetzung zur Bewährung bei gleichzeitiger Verhängung einer Therapieauflage Gebrauch. Die Folge war, dass der Anteil der Klientinnen und Klienten mit solchen Auflagen in den stationären Therapieeinrichtungen Ende der siebziger Jahre anstieg. Zweitens wurde versucht, den Maßregelvollzug stärker für die zwangsweise Behandlung von Drogenabhängigen zu nutzen. In einigen Bundesländern wurden dafür Plätze in psychiatrischen Landeskrankenhäusern geschaffen und teilweise sogar eigene Anstalten eingerichtet (Becker 1982; Schaaber 1983). Drittens wurden vereinzelt Versuche zur „intramuralen Therapie" unternommen, indem innerhalb von Strafvollzugsanstalten eigene Therapiestationen eingerichtet wurden (Schlender 1982; Soltau 1982, Hanschmann et al. 1982).

Trotz des enormen personellen und finanziellen Aufwands gelang dies aber nur unzureichend und wurde von den Insassen nicht akzeptiert. Hinzu kam, dass die Drogenhilfe außerhalb des Strafvollzugs weitgehend die Kooperation mit solchen „intramuralen Behandlungen" verweigerte. Eine Weile wurde heftig über solche Experimente diskutiert, bis schließlich mit einer erneuten Novellierung des Betäubungsmittelgesetzes ein anderer Weg zur Überleitung von drogenabhängigen Strafgefangenen in Therapieeinrichtungen eingeschlagen wurde.

Ein erster Entwurf für eine BtMG-Novellierung wurde bereits 1980 im Bundestag unter dem Motto „Therapie statt Strafe" diskutiert. Die 1981 dann vom Bundestag beschlossene Reform des BtMG trat am 1.1.1982 in Kraft, ist in großen Teilen heute noch gültig und brachte einige wesentliche Veränderungen mit sich. Dazu gehörte eine Verschärfung der Sanktionen. Weiterhin wurde erstmals eine Kronzeugenregelung eingeführt, nach der das Gericht die Strafe mildern oder von einer Bestrafung absehen konnte, wenn ein Täter „durch Offenbarung seines Wissens" zur Aufklärung oder Verhinderung von Straftaten beitrug. Außerdem wurde der Katalog der Substanzen erweitert. Alle Substanzen wurden jetzt in drei Anlagen aufgelistet, die nicht verkehrsfähige (Anlage I), verkehrsfähige, aber nicht verschreibungsfähige

(Anlage II) und verkehrsfähige und verschreibungsfähige „Betäubungsmittel" (Anlage III) enthielten.[21]

Die Regelung des BtMG von 1972, nach der Betäubungsmittel nur verschrieben werden durften, wenn dies begründet war, wurde beibehalten und durch eine Ultima-Ratio-Klausel verschärft. In § 13 Absatz 1 hieß es jetzt: „Die Anwendung ist insbesondere dann nicht begründet, wenn der beabsichtigte Zweck auf andere Weise erreicht werden kann". Diese Bestimmung erhöhte die Hürden, die der Gesetzgeber vor der Methadon- bzw. Polamidonsubstitution aufgebaut hatte. Aber Anfang der achtziger Jahre waren ohnehin nur wenige Ärzte bereit, eine Substitutionsbehandlung auch nur in Erwägung zu ziehen, so dass diese Bestimmung Jahre später, als die Front der Methadongegner zu bröckeln begann, interessant wurde. Was hingegen ganz akut die Lage der Drogenabhängigen und auch die Situation der Drogenhilfe betraf, waren die neuen Vorschriften zur Verwirklichung des Therapie-statt-Strafe-Gedankens.

Von zentraler Bedeutung war der neue § 35 BtMG, der vorsah, dass die Strafvollstreckung zurückgestellt werden konnte, wenn ein verurteilter Drogenabhängiger sich in einer anerkannten Behandlungseinrichtung befand oder eine Behandlung in einer solchen Einrichtung beginnen wollte. Voraussetzung war, dass die Tat aufgrund einer Betäubungsmittelabhängigkeit begangen worden war, die Strafe bzw. Reststrafe zwei Jahre nicht überschritt und Staatsanwaltschaft und Gericht zustimmten. Verurteilte Drogenabhängige, die nach diesen Bestimmungen in eine Therapieeinrichtung wechselten, waren verpflichtet, zu bestimmten Zeiten der Staatsanwaltschaft die Aufnahme bzw. Fortführung der Behandlung mitzuteilen. Wurde die Behandlung nicht angetreten oder abgebrochen, so waren ein Widerruf der Zurückstellung der Strafvollstreckung und der Erlass eines Haftbefehls vorgesehen.

§ 36 BtMG sah vor, dass Zeiten, die entsprechend § 35 in Therapieeinrichtungen verbracht worden waren, auf die ursprünglich verhängte Strafe angerechnet werden sollten. Allerdings endete diese Anrechnung bei zwei Drittel der Strafe; die verbleibende Strafe sollte zur Bewährung ausgesetzt werden..

Die Therapie-statt-Strafe-Bestimmungen des neuen BtMG waren von Anfang an äußerst umstritten (Scheerer 1982a, 1982b). Kritiker monierten, dass mit diesem Gesetz Therapie nicht statt Strafe, sondern Therapie als Strafe eingeführt worden sei. Für die Therapieeinrichtungen hatte das BtMG tatsächlich ganz direkte Auswirkungen. Zum einen wurde die „staatliche Anerkennung" interessant, die es ermöglichte, Therapien gemäß § 35 BtMG anzubieten. Vorraussetzung war eine „erhebliche Beschränkungen der Lebensführung" für die Klienten, die aber in den stationären Einrichtungen meist ohnehin gegeben war. Anerkannte Therapieeinrichtungen waren

---

21 Heroin war in Anlage I aufgeführt, Methadon in Anlage II und L-Polamidon in Anlage III.

zudem verpflichtet, Behandlungsabbrüche und disziplinarische Entlassungen der Staatsanwaltschaft mitzuteilen, was in der Regel zur erneuten Inhaftierung führte. Diese Verquickung von Repression und Therapie stellte für viele Mitarbeiter und Mitarbeiterinnen von Langzeittherapieeinrichtungen ein echtes Dilemma dar, waren sie doch von der Freiwilligkeit als Voraussetzung für erfolgreiche Therapie überzeugt. Auf der anderen Seite bescherte das neue BtMG den Therapieeinrichtungen einen stetigen Zufluss an neuen Klientinnen und Klienten und sicherte somit eine nahezu hundertprozentige Belegung der Einrichtungen. Zwischen 1984 und 1986 finanzierte das BMJFFG ein Modellprogramm mit dem Titel „Aufsuchende Sozialarbeit für betäubungsmittelabhängige Straftäter", in dessen Rahmen Drogenberater gezielt Drogenabhängige in Straf- und Untersuchungshaftanstalten aufsuchen und in Therapieprogramme vermitteln sollten (Holler/Knahl 1989). In Hessen und anderen Bundesländern war dieser „externe Drogenberatung" genannte Arbeitsansatz über Landesmodellprogramme vorbereitet und institutionalisiert worden. Nach ersten Anlaufschwierigkeiten wurden immer mehr Drogenabhängige über die „Therapiestatt-Strafe-Bestimmungen" in stationäre Einrichtungen vermittelt.

Das Abstinenzparadigma

Anfang der achtziger Jahre waren die jährlichen Kongresse des Fachverbandes Drogen und Rauschmittel e.V. ein zentraler Treffpunkt für die gesamte Drogenhilfe. Über die Mitgliedsorganisationen hinaus traf man sich dort, um aktuelle Fragen zu diskutieren. Einige Themen sorgten immer wieder für Aufregung und Streit. In erster Linie ging es um das neue BtMG und die darin enthaltenen Bestimmungen zu Therapie statt Strafe, zweitens um Kostenfragen und die drohende Medizinisierung der Drogenhilfe durch zunehmenden Einfluss der Kostenträger, und drittens wurde die Methadon-Debatte immer wieder aufgegriffen.

Die frühen FDR-Kongresse glichen im übrigen eher Veranstaltungen der „Neuen sozialen Bewegungen" oder den ersten Parteitagen der 1980 gegründeten Grünen als berufsständischen Fachtagungen. So wurden Resolutionen am Kongressende mit Zufallsmehrheiten beschlossen, bei Podiumsdiskussionen Stegreifreferate aus dem Publikum gehalten und Arbeitsgruppen gesprengt. Man redete sich mehrheitlich mit „Du" an, wie es auch in den Einrichtungen zwischen Fachkräften und Klientel üblich war. So wie die frühen Release-Gruppen aus der Jugend- und Studentenbewegung hervorgegangen waren, so zeigte sich jetzt eine deutliche Nähe zu den „Neuen sozialen Bewegungen" und dem links-alternativen Milieu.

In Bezug auf Therapie statt Strafe waren sich die Drogenberaterinnen und -berater zunächst einig, dass Therapie grundsätzlich in Freiheit erfolgen sollte. Übereinstimmend wurde „intramurale" Therapie in Justizvollzugsanstalten und geschlossenen Spezialeinrichtungen in psychiatrischen Krankenhäusern abgelehnt. So heißt es zum Beispiel im Ergebnisbericht einer Arbeitsgruppe vom FDR-Kongress 1980:

„Aufgrund der bisherigen Erfahrungen mit dem bestehenden Betäubungsmittelgesetz, das zu einer massenweisen „Verknastung" und Strafandrohung von Abhängigen geführt hat, fordern wir seine Aufhebung. Mit Entschiedenheit wenden wir uns gegen die Novellierung des BtMG. Diese beinhaltet eine Verschärfung der Strafen, eine Erweiterung der Straftatbestände und letztlich eine Einbeziehung therapeutischer Angebote in den repressiven Bereich. (...) Vertrauensvolle Beziehungen – Voraussetzung einer erfolgreichen Arbeit – zwischen Therapeut und Klient werden damit unmöglich gemacht. Wir fordern alle Kollegen und Kolleginnen auf, diese Tätigkeit zu verweigern" (FDR 1981: 60).

Der FDR-Kongress 1981 verabschiedete eine von der AG Nord vorgelegte Resolution gegen die BtMG-Novelle. Darin wurde festgestellt:

„Die klare Trennung von Beratung und Therapie von der Strafverfolgung ist unverzichtbarer Bestandteil unserer Arbeit! Aus diesen Gründen wenden wir uns auch weiterhin gegen die im neuen BtMG vorgesehene Verpflichtung zur Rückmeldung und werden ihr nicht nachkommen" (ebd.: 102).

Stationäre Einrichtungen, die sich tatsächlich weigerten, in der vorgesehenen Form mit der Justiz zu kooperieren, hatten allerdings sehr bald ernsthafte Belegungsprobleme. Alle anderen Langzeittherapien – gleichgültig ob ursprünglich aus einer Therapeutischen Wohngemeinschaft oder aus einer Fachklinik entstanden – profitierten über mehrere Jahre vom „Fließband", das von den Justizvollzugsanstalten aus in Richtung Langzeittherapie in Gang gesetzt wurde. Bereits auf dem Kongress 1981 bemerkte der Drogenbeauftragte von Bremen, Thies Pörksen:

„Im stationären Bereich könnten die Einrichtungen nicht mehr existieren, wenn die Justiz nicht für den Nachschub sorgt. Mir ist keine Einrichtung bekannt, in der nicht in nennenswertem Umfang Abhängige mit einer gerichtlichen Auflage leben" (ebd.: 38 f.).

Nachdem das erneuerte BtMG in Kraft getreten war und die Anfangsschwierigkeiten überwunden waren, entwickelten viele Beratungsstellen unter dem Titel „externe Beratung im Strafvollzug" (im Slang der Drogenhilfe „Knastarbeit" genannt) einen neuen Schwerpunkt, indem sie Drogenberater in die Vollzugsanstalten schickten, die die drogenabhängigen Insassen zum Antritt einer stationären Langzeittherapie „motivierten" und die zum Teil diffizilen straf- und sozialrechtlichen Voraussetzungen klärten. Das „Fließband" von den Justizvollzugsanstalten in die Langzeittherapien wurde an beiden Enden von der Drogenhilfe bedient, und in vielen Bundesländern wie zum Beispiel Hessen übernahm das Justizministerium zusätzlich die Kosten für diese Tätigkeit.

Dennoch blieb die Kritik am Betäubungsmittelgesetz eine Art ceterum censeo der FDR-Kongresse. Immer wieder mündeten konkrete Diskussionen und Erfahrungsberichte in Kritik an der „Repression" und der Forderung nach Abschaffung des BtMG oder zumindest einer klaren Trennung zwischen Therapie und Strafe. Doch die Realität sah zumindest in Bezug auf die stationären Einrichtungen ganz anders aus. 1985 versuchte der FDR-Kongress unter dem Motto „Justiz – Gegner oder Partner der Drogenarbeit?" eine Bilanz der bisherigen Erfahrungen mit dem neuen Gesetz zu ziehen. Günther Famulla von der Drogenhilfe Tübingen stellte fest:

„Fast alle Einrichtungen haben sich, in der Regel aus Klienteninteresse und Gründen der Bestandssicherung, der Anerkennungsprozedur unterzogen. (...) Die erheblichen Beschränkungen der Lebensführung finden statt – allerdings in Form und Umfang so, wie sie schon fast immer (wenn wir ehrlich sind) therapeutisch begründet stattgefunden haben. (...) Die Rückmeldung bei Verlassen findet weitgehend statt, wenn auch mit sehr geringer Überzeugung" (FDR o.J. [1986]: 12).

Die einzelfallfinanzierten und damit auf Auslastung der Belegungskapazität angewiesenen stationären Einrichtungen konnten es sich nicht leisten, die mit den unterschiedlichsten Auflagen sich bewerbenden Abhängigen abzuweisen. Anders war die Situation im pauschal finanzierten ambulanten Bereich: Hier war es viel einfacher, die Zusammenarbeit mit „der Justiz" zu verweigern und nur noch selbstmotivierte Abhängige zu beraten. Das reduzierte zwar auch in den Beratungsstellen die Zahl der opiatabhängigen Klientinnen und Klienten, hatte aber keine finanziellen Auswirkungen und führte höchstens zu einer kompensatorischen Ausdehnung anderer Arbeitsfelder wie Prävention und Angehörigenberatung.

Nicht weniger hartnäckig als der Streit um das BtMG verlief die Auseinandersetzung um die Finanzierungsfrage. Zunächst ging es bei der Frage nach dem zuständigen Kostenträger grundsätzlich um das Verständnis von Drogenabhängigkeit, und da herrschte weitgehende Einigkeit. So schrieben FDR-Vertreter in einem für den Bundesdrogenkongress 1980 verfassten Diskussionsbeitrag:

„Die Ursachen jugendlichen Drogenkonsums wurden unter anderem in unbewältigten Pubertätskrisen gesehen, so daß die Nachreifung und Nacherziehung als Ziel der Rehabilitation an Bedeutung gewannen. Dazu gehört unter anderem das Erlernen von Eigenverantwortung, der Abbau unrealistischer Versorgungshaltung, die Entwicklung von Strategien zur Problemlösung und Konfliktbewältigung, die Erhöhung der Leidens- und Lustfähigkeit ohne Drogen. (...) Die Rehabilitation ist im wesentlichen von nicht-medizinischen Inhalten bestimmt, so daß ärztliche Heilkunst hier weit in den Hintergrund tritt. (...) Eine konsum- und leistungsbesessene Gesellschaft, in der die wahren menschlichen Bedürfnisse immer weiter in den Hintergrund treten, in der viele nicht mehr wissen, wozu sie da sind, in der der Mensch perfekt funktionieren muss, in der er in erster Linie als Konsument gesehen wird, wird immer wieder Süchtige hervorbringen" (FDR 1981: 96 ff.).

Mit solch vagen und sehr allgemeinen Begründungen wurde ein nicht näher bestimmter Zusammenhang zwischen dem Zustand der Gesellschaft und dem Entstehen von Sucht behauptet. Dieser Argumentation hätte wahrscheinlich der größte Teil der psychosozialen Drogenhilfe damals zugestimmt. Unterschiede gab es hinsichtlich der Gewichtung der individuellen und der gesellschaftlichen Anteile an den Suchtursachen und hinsichtlich der Konsequenzen, die sich daraus für Verhandlungen mit potentiellen Kostenträgern ergaben. Bei der radikaleren Fraktion klang das dann so:

„Wir sind der Meinung, daß Drogenabhängigkeit gesellschaftliche Ursachen hat (...) und daß durch diese Sichtweise nur die sozialtherapeutische Arbeitsweise angebracht ist, die neben der beruflichen Wiedereingliederung ein Schwergewicht auf die soziale Rehabilitation legt, was bedeutet: den Abhängigen nicht nur wieder körperlich in einen arbeitsfähigen Zustand zu versetzen, sondern darüber hinaus ihm die Möglichkeit zu geben, sich aktiv mit den verursachenden Faktoren seiner Drogenabhängigkeit auseinanderzusetzen und sein künftiges Leben selbstverantwortlich zu regeln. (...) Da die RVO keine sozialtherapeutischen Maßnahmen zulässt und somit auch nicht finanziert, sondern nur eine streng medizinische Rehabilitation vorsieht, lehnen wir die RVO als Finanzierungsgrundlage (...) ab! (...)Da die Gesellschaft mit ihren Strukturen Verursacher der Drogenabhängigkeit ist, muss sie auch die Kosten für die Wiedereingliederung tragen und darf sie nicht auf die Abhängigen selbst als Versicherte abwälzen" (FDR 1981: 90 ff.).

Auch dieses Statement wurde auf einer FDR-Konferenz im damals üblichen Stil als Resolution beschlossen. Die Mehrheitslinie im Vorstand des FDR und offensichtlich auch bei den meisten Trägern setzte hingegen auf pragmatische, regional auszuhandelnde Lösungen. Umstrittenster Punkt war die von der RVO geforderte ärztliche Leitung, aber auch hier deuteten sich Kompromisslinien – zum Beispiel in Form von Konsiliarärzten – an. Mit der Anerkennung durch die Rentenversicherung einher ging allerdings auch ein zumindest partieller Angleichungsprozess an deren Vorstellungen von medizinischer Rehabilitation.

In den achtziger Jahren brauchte eine stationäre Therapieeinrichtung somit zwei Anerkennungen: zum einen die Anerkennung nach § 35 BtMG, die meist durch das Landesjustizministerium erteilt wurde, und zweitens die Anerkennung durch die Träger der Rentenversicherung. Ganz eng wurde es für Projekte, die sich beiden Anerkennungsverfahren verweigerten.

Der dritte Schwerpunkt, zu dem immer wieder hitzige Debatten geführt wurden, war die Substitutionsbehandlung. Allerdings waren hier die Mehrheitsverhältnisse eindeutig: Mehrfach lehnte der FDR-Drogenkongress die Einführung von Substitutionsprogrammen mit großer Mehrheit ab. So zum Beispiel 1980, als Referenten aus Amsterdam und Zürich in einer Arbeitsgruppe von den dortigen positiven Erfahrungen mit Methadon berichteten und ein Teil der Teilnehmer vorsichtig Überlegungen anstellte, unter welchen Bedingungen Methadonsubstitution auch in Deutschland sinnvoll sein könnte. Vom Abschlussplenum des Kongresses wurde mit großer Mehrheit folgende Resolution verabschiedet:

„In der derzeitigen Situation in der Bundesrepublik, die gekennzeichnet ist durch Medizinierung, Psychiatrisierung und Kriminalisierung, wird die Einführung eines Methadonprogrammes, wie es uns bekannt ist, abgelehnt" (FDR 1981: 51).

Die gängige Argumentation, die hinter dieser Ablehnung stand, war in dem schon erwähnten, von FDR-Mitarbeitern im Vorfeld des Kongresses verfassten Diskussionsbeitrag zusammengefasst worden:

„Durch das Methadon wird beabsichtigt, daß die jugendlichen Süchtigen wieder sozial unauffällig, leidlich angepaßt sind und vielleicht sogar einer Arbeit nachgehen können. Die Ursachen der Sucht werden nicht angegangen. Ein unter humanen Gesichtspunkten eingeführtes Methadonprogramm verkehrt sich in diesem Punkt ins Inhumane, die Süchtigen werden mit ihren Problemen im Stich gelassen (...). Der Zynismus des Methadonprogrammes, das sich als subtile chemische Sicherheitsverwahrung erweist, liegt klar auf der Hand. Ein derartiges Programm ist aus fachlichen und humanitären Überlegungen abzulehnen. Der Süchtige wird damit zu einem doppelten Opfer, einmal das einer verfehlten Sozialisation, zum anderen das einer fehlverlaufenden Drogenpolitik" (ebd.: 97).

Die Drogenhilfe erkannte in der Diskussion um Methadon eine klare Bedrohung ihres Arbeitsansatzes. Wer sich wagte, ein Argument für Methadon vorzutragen, verband dies meist mit der Feststellung, die Einführung der Methadonsubstitution dürfe nicht auf Kosten drogenfreier Behandlung in Langzeittherapieeinrichtungen gehen. Außerdem wurde von Anfang an für den Fall der Einführung dieser Behandlung gefordert, dass sie von umfangreichen psychosozialen Maßnahmen begleitet werden müsse. Die Angst vor der Medizinisierung hatte beim Thema Methadon zumindest einen realen Hintergrund: Dafür wären Ärzte zuständig gewesen. Allein: Die deutsche Ärzteschaft hatte, wie gezeigt, überhaupt kein Interesse an dieser Behandlung. Das führte zu der merkwürdigen Situation, dass die Drogenhilfe aus Angst vor der Medizinisierung gemeinsam mit der Ärzteschaft gegen Methadon argumentierte.

Es wäre aber verkürzt, hier nur die berufsständischen Interessen der Drogenhelfer zu berücksichtigen. Hinzu kam, dass sich die Sozialarbeiter, Pädagogen und Psychologen, die in der Drogenhilfe arbeiteten, immer mehr der moralisch argumentierenden Position der Abstinenzbewegung anschlossen. Anders als die älteren Suchthelfer der Abstinenzbewegung verzichteten die Drogenberater zwar nicht auf ihren persönlichen Tabak- und Alkoholkonsum, und manche rauchten auch noch gelegentlich Haschisch, aber in Bezug auf ihre Klientinnen und Klienten waren sie, nachdem die Release-Projekte und die Randgruppenstrategie gescheitert war, inzwischen vom alleinigen Ziel der Abstinenz überzeugt. Alles andere – und insbesondere die Substitutionsbehandlung – galt als „Kapitulation vor der Sucht" (Heckmann 1980d: 11).

Eine besondere Variante der Abstinenzüberzeugung kam aus dem linksalternativen Milieu, dem ein Großteil der Drogenberater angehörte. Substitutionsprogramme wurden dort assoziiert mit der Vorstellung, ihre Klientel damit „der Pharmaindustrie", „dem Staat" oder „den Ärzten" auszuliefern, die konsequent verächtlich als „Dealer" im „weißen Kittel" (Heckmann 1979a) bezeichnet wurden. Neben vielen anderen hat Günter Amendt diese Position mehrfach begründet, unter anderem in seinem Buch „Sucht – Profit – Sucht", das 1972 mit dem Untertitel „Zur politischen Ökonomie des Drogenhandels" erstmals erschienen war (Amendt/ Stiehler 1972) und in den achtziger Jahren in veränderter Form wieder aufgelegt wurde.1985 dozierte Amendt auf dem Bundesdrogenkongress des FDR:

„Für mich ist die zentrale Frage, was ist zu tun, um die Rolle der chemisch-pharmazeutischen Industrie einzudämmen! Dann aber kann ich die Vergabe von Methadon in der Therapie nicht befürworten. (...) Ich glaube, wir alle sind, wenn wir mit Kollegen aus den Niederlanden sprechen, beeindruckt, wie die immer wieder bereit sind, unkonventionelle Wege zu gehen. Wenn die anfangen, einem zu erklären, warum sie mit Methadon arbeiten, dann steht man einfach auf einer bestimmten kommunikativen Ebene sehr schwach da, wenn man plötzlich mit dem großen theoretischen Ansatz kommt, weil das alles gute Menschen sind und die wollen helfen. Aus den Niederlanden aber kommt ein extremes Beispiel von Theorielosigkeit. Man sehe sich nur den Versuch der Freigabe von Hasch und Marihuana an. Ein Modell, das ich zunächst einmal immanent toll finde, das aber nicht klappen kann, wenn ich mir nur für eine Sekunde klar mache, welcher ökonomische Mechanismus den Drogenmarkt lenkt. (...) In dem Moment, wo man sich auch nur ein Stück mit Theorie, nämlich mit Ökonomie, mit Markt (...) konfrontiert, brechen diese Modelle zusammen" (FDR o.J. [1986], 123).

Wer – wie die Niederländer – ganz pragmatisch Heroinabhängigen helfen und zum Beispiel die Mortalität mit Methadon senken wollte, dem hielt Amendt entgegen:

„(...) die Öffentlichkeit ist von der hohen Todesrate im Fixermilieu beunruhigt. Methadon in geeigneter Dosierung bereinigt die Statistik. Wie hoch dosiert und psychisch reduziert die Ex-Junkies dann auch rumlaufen mögen, sie geben Ruhe und fallen nicht weiter auf. Und ist die Todesfallstatistik erst einmal bereinigt, wird auch der soziale Skandal aus dem öffentlichen Bewusstsein verschwinden" (Amendt 1984: 119).

Betrachtet man dieses Argument genauer, so wird der darin enthaltene Zynismus klar: Als „sozialen Skandal" bezeichnet es Amendt, wenn durch Methadonvergabe Todesfälle vermieden würden, nicht aber die Inkaufnahme der Todesfälle durch die Verweigerung von Methadon. Für Amendt und für viele andere linke und alternative Drogenhelfer in den achtziger Jahren war Drogenabhängigkeit eine Folge der kapitalistischen Gesellschaftsstruktur, in der Jugendliche geradezu drogenabhängig werden mussten. Aufgabe der Drogenarbeit war es aus dieser Perspektive, diesen Jugendlichen bei der Überwindung der Abhängigkeit zu helfen und gleichzeitig die Gesellschaft anzuprangern, die für die Abhängigkeit verantwortlich gemacht wurde. Welche dieser beiden Aufgaben wichtiger war, war nicht immer eindeutig zu erkennen.

Eine merkwürdige Akteurkonstellation hatte sich formiert: Konservative ärztliche Standesvertreter, moralunternehmerische Abstinenzler, kapitalismuskritische und/ oder berufsständische Pfründe verteidigende Drogenhelfer und Bundes- und Landesregierungen stimmten überein in der Ablehnung einer Behandlungsmethode, die im Ausland immer mehr Anhänger fand. Auch die Medizin behielt ihre ablehnende Haltung zur Methadonsubstitution bei und verschärfte sie sogar noch. Nach mehreren Gerichtsverfahren gegen substituierende Ärzte gab es fast keine Außenseiter mehr, die sich dem von Wanke und Täschner repräsentierten Mainstream verweigerten. Täschner trieb das Abstinenzparadigma auf die Spitze, indem er es nicht als Ergebnis, sondern als Grundlage der Behandlung beschrieb: „Abstinenz ist nicht das Ziel, sondern die Basis der Behandlung Süchtiger. Ziel der Therapie Süchtiger sind die Reintegration des Individuums in soziale Bezüge und die freie Selbstverfügung der Person" (Täschner 1983: 197).

Indes beschrieb Täschner damit eigentlich lediglich die gängige Praxis der Drogenhilfe. Wer erkennbar unter Drogeneinfluss eine Beratungsstelle aufsuchte, wurde in der Regel abgewiesen. Was Täschner in Bezug auf die Psychotherapie formulierte, sahen die meisten Drogenberater auch für ihre Tätigkeit als gültig an: „Einzel- und Gruppenpsychotherapie kann nur mit entzogenen Suchtkranken durchgeführt werden, da Intoxikation und weiterbestehende Sucht die Motivationslage der Patienten so weitgehend einengen, daß psychotherapeutische Arbeit zum Agieren bzw. Palavern denaturiert. Jede psychiatrische Erfahrung bestätigt, daß mit Intoxikierten und weiter Süchtigen Psychotherapie nicht durchführbar ist" (ebd.: 197).

Immer wieder neu entfacht wurde die Methadondiskussion durch Berichte aus den Nachbarländern Schweiz und Niederlande, die inzwischen diese Behandlungsmethode eingeführt hatten. Aber so wenig sich die Drogenberater auf ihren FDR-Kongressen von holländischen oder schweizerischen Referenten umstimmen ließen, so wenig traf dies auf die Mehrheit der Ärzte, Drogenpolitiker und Drogenforscher zu. So sprach sich z.B. Bühringer gegen Methadonprogramme aus, forderte aber einen weiteren Ausbau der psychosozialen Angebote:

„Ich komme zu dem gleichen Urteil wie vor einigen Jahren, daß wir bei der Abwägung der Methadon-Erhaltungsprogramme keinen Vorteil zum Status quo erkennen können. (...) Was wir brauchen, sind zusätzliche Maßnahmen im ambulanten und stationären Bereich, um an Drogenabhängige heranzukommen, die im Moment nicht in diesen sehr wohl ausgearbeiteten, sehr langen, und sicher auch recht guten stationären Programmen zu finden sind" (Bühringer 1985).

Sieht man von der „grauen Substitution" mit Codein bzw. Dihydrocodein (Gerlach/Schneider 1994: 53 ff.) ab, die von den Akteuren der Drogenhilfe in den achtziger Jahren ohnehin nicht zum Drogenhilfesystem, sondern eher zur Drogenszene gerechnet wurde, dann dominierten in der ersten Hälfte der achtziger Jahre die psychosozialen Berufe die Drogenhilfe. Die Medizin interessierte sich – abgesehen von der zweiwöchigen Entgiftungsphase – nicht sonderlich für Drogenabhängige, so dass die Zuständigkeit für Drogenabhängige vor allem zwischen Polizei, Staatsanwaltschaften, Gerichten und Fachkräften der psychosozialen Arbeit ausgehandelt wurde.

Es kann nicht verwundern, dass die Frage, ob Drogenabhängigkeit eine Krankheit sei, nicht ernsthaft zur Debatte stand, ging es doch viel eher um die Entscheidung, ob Drogenabhängige als kriminelle Täter oder als Opfer gesellschaftlicher Missstände zu betrachten seien.

J

Frühe Kritik und weitere Ausdifferenzierung des Hilfesystems

Die Zahl der Kritiker an dieser Art von Drogenhilfe war zunächst klein. Der erste Kritikschub kam von den Frauen unter den Drogenhelfern. 1980 stand der Jahreskongress der DHS erstmals unter dem Motto „Frau und Sucht". 1982 gab es zum ersten Mal bei einem Bundesdrogenkongress des FDR zwei Arbeitsgruppen, die sich mit der Lebenssituation drogenabhängiger Mädchen und Frauen und mit frauenspezifischen Ansätzen in der Beratung und Therapie befassten.

1983 kritisierte Vogt, dass in deutschen Studien zu Drogenabhängigen das Geschlecht nicht berücksichtigt werde, wodurch ein „sozialwissenschaftlicher Durchschnittskonsument" entstanden sei, dessen Identität zu 75 % männlich und zu 25 % weiblich sei. Obwohl aus amerikanischen Studien bekannt war, dass männliche und weibliche Drogenabhängige sich in vielerlei Hinsicht unterschieden, fehlten „spezifisch auf Frauen zugeschnittene Behandlungsprogramme". Man wisse wenig über die Situation von Frauen in der Therapie, müsse aber davon ausgehen, dass dort das Prinzip herrsche, dass Frauen „in der Therapie nach denselben Regeln zu traktieren sind" wie Männer (Vogt 1983: 82). „Völlig unbekannt ist denn auch, wo die Kinder der drogenabhängigen Frauen bleiben, wenn diese in stationäre Therapie gehen oder zwangsweise eingewiesen werden" (ebd.). Weiter kritisierte Vogt, dass Erfahrungen mit Prostitution, die viele drogenabhängige Frauen hatten, nicht in der Therapie aufgearbeitet werden. Da in den meisten Einrichtungen Frauen stark in der Minderzahl sind, bestehe eher die Gefahr, dass sexuelle Abhängigkeiten und sexuelle Dienstleistungen in stationären Einrichtungen fortbestehen. „Unter solcherart therapeutischen Bedingungen wundert es nicht, daß drogenabhängige Frauen durchweg als ‚'therapieresistenter' angesehen werden als Männer und daß Therapeuten durchweg schlechtere Prognosen für Frauen stellen als für Männer" (ebd.: 83).

Beispiele hierfür und einen zugespitzten Ausschnitt aus den damaligen Diskussionen zum Thema „Frauen und Sucht" wurden von Merfert-Diete und Soltau (1984) in einem Sammelband veröffentlicht, der sich so gut verkaufte, dass er in den Folgejahren mehrfach wieder aufgelegt werden musste. Darin formulierten die Autorinnen eine unmittelbare Verbindung zwischen Geschlecht und Sucht, derzufolge Alkohol- oder Drogenabhängigkeit die Folge der Abhängigkeitsbeziehungen waren, denen

Frauen in der Gesellschaft ausgesetzt waren. „Die Lebensalltäglichkeit von Frauen trägt die Abhängigkeit schon in sich selbst. Suchtmittel zu konsumieren ist nur sichtbarer Ausdruck davon" (ebd.: 16). Diesem frauenspezifischen Weg in die Sucht entsprach auch ein eigener Weg heraus aus der Sucht:

„Die Befreiung von den Suchtmitteln ist ein Emanzipationsprozess, der von der spezifischen Abhängigkeit von Frauen und ihren ganz konkreten Belangen auszugehen hat und in dem es um die Gewinnung von Unabhängigkeit geht" (ebd.: 21; kritisch hierzu Vogt 1990).

Neben der Betrachtung geschlechtsspezifischer Ursachen für Sucht wurde in dem Band auch analysiert, was die bestehenden Hilfe- und Therapiemöglichkeiten für Frauen bedeuten. Eine eindeutige Einschätzung hierzu kam von Kreyssig.

„Was sich dort nämlich z. T. hinter der Formel ‚Therapie' verbirgt, ist für Frauen allzu häufig lediglich eine Verlagerung der Scene und der patriarchalischen Gesellschaftsstrukturen mit all ihren Unterdrückungs- und Abhängigkeitsformen, allen Prostitutionsangeboten, allen Sorten von Freiern und Zuhältern in verschiedenster Ausführung und Variation" (Kreyssig 1984: 94).

Kreyssig beschrieb therapeutische Einrichtungen als „Spiegelbild dieser Gesellschaft", in denen Frauen „mit den gleichen Machtstrukturen zu kämpfen und Überlebensstrategien zu entwickeln" haben (ebd.: 96). Angesichts dieser Verhältnisse rief sie den drogenabhängigen Frauen zu: „Entscheidet euch zwischen Scene-Pest und Therapie-Cholera!" (ebd.: 95) und forderte eigene Einrichtungen, in denen Frauen für Frauen neue Formen der Drogenhilfe entwickeln sollten.

1983 wurde in Berlin „Violetta Clean", die bundesweit erste stationäre Therapieeinrichtung für drogenabhängige Frauen, gegründet (Kreyssig/Kurth 1984). Auf dem Bundesdrogenkongress stellten Mitarbeiterinnen ihr Konzept vor, das sich nicht nur durch das „Hausverbot für Männer" von bestehenden Einrichtungen unterschied:

„Wir, die Pädagoginnen, betreuen die Frauen, die bei Violetta Clean leben, die Woche über – am Wochenende und nachts sind die Frauen unter sich. (...) Wir halten nicht viel von ritualisiertem Alltag, von Hierarchien und Sanktionssystemen, dafür um so mehr von Eigenverantwortlichkeit, Auseinandersetzungsfähigkeit und Hilfe zur Selbsthilfe" (FDR o.J. [1985]: 61).

Der frauenspezifische Blick auf die Sucht beschäftigte die Drogenhilfe in den folgenden Jahren immer wieder. 1987 waren drogenabhängige Frauen unter dem Motto „Wenn Frauen aus der Falle rollen" das Schwerpunktthema des FDR-Kongresses. Ein männerspezifischer Suchthilfeansatz hat sich hingegen nicht entwickelt. In den folgenden Jahren entstanden Beratungsstellen, Therapieeinrichtungen und Nachsorgewohngemeinschaften als frauenspezifische Drogenhilfeangebote. Damit war eine neue Runde in der Ausdifferenzierung des Drogenhilfesystems eingeläutet. Die neuen frauenspezifischen Hilfeangebote stellten für die bestehenden Einrichtungen durchaus eine Herausforderung dar. Zum einen leiteten sie einen Teil der Nachfrage und Fördermittel um, stellten also Konkurrenz im ökonomischen Sinn dar. Zweitens aber waren sie auch eine inhaltliche Herausforderung an die alten Konzepte der gemischten Einrichtungen, die meist mit Frauengruppen und ähnlichen partiellen Angeboten reagierten. Nur in einem Punkt gab es keine Differenz: Das Ziel der Abstinenz wurde auch von den neuen frauenspezifischen Angeboten verfolgt. Wenn weiblicher Drogenkonsum die Folge patriarchaler Gesellschaftsstruktur war, dann war das Ziel der „Behandlung" eine doppelte Befreiung von der Abhängigkeit von der Droge und aus den Abhängigkeitsstrukturen des Patriarchats. Methadonprogramme wurden deshalb von den neuen Frauenprojekten mindestens so entschieden abgelehnt wie von den anderen Drogenhilfeprojekten.

Die von Soltau festgestellte Alltäglichkeit von Abhängigkeiten hatte noch eine andere Folge. In den achtziger Jahren dehnten sich die Begriffe Abhängigkeit und Sucht trotz aller wissenschaftlichen Definitions- und Eingrenzungsversuche im Alltagsverständnis immer weiter aus, bis schließlich von der „Versüchtelung" der Gesellschaft gesprochen wurde (Herwig-Lempp 1987; Gross 1990), und auch Fachkräfte der Drogen- und Suchtkrankenhilfe fassten immer mehr Verhaltensweisen unter den Schirm ihrer Einrichtungen und Profession. Essstörungen und Co-Abhängigkeit wurden zunehmend als eigenständige Form abhängigen Verhaltens entdeckt und in Jugend- und Drogenberatungsstellen bearbeitet. Je weniger Abhängige von illegalen Drogen in die Beratungsstellen kamen, um so mehr nahm die Zahl von anderen Klientinnen und Klienten mit Essstörungen, Beziehungsproblemen und diversen andere psychischen Problemen zu.

Anfang der achtziger Jahre formierte sich eine Gruppe von Kriminologen und Sozialwissenschaftlern, die den gängigen Drogendiskurs und die Drogenpolitik kritisierten und in diesem Zusammenhang auch die Drogenhilfe analysierten. Quensel vertrat als einer der ersten die These, nicht die Drogen, sondern eine verfehlte Drogenpolitik sei schuld am Elend der Heroinabhängigen, und forderte die Entkriminalisierung der Konsumenten und die Einführung von Methadonprogrammen (Quensel 1982, 1985). Direkt an die Drogenhilfe gewandt kritisierte Quensel „die sich in den letzten Jahren immer stärker durchsetzende Therapie-Ideologie (...), daß Therapie grundsätzlich erst dann möglich sei, wenn ein Fixer ganz am Tiefpunkt seiner Karriere angelangt ist, wenn er spürt, daß kein anderer Weg zur Abstinenz führt, wenn er weder Schutz vor den Eltern noch Schutz durch freie Organisationen noch Ersatzmittel wie Valoron oder Methadon durch die Ärzte erhalten wird" (Quensel 1982: 168). „Verheerend" sei dieser Ansatz deshalb, „weil er zumindest dem Grundsatz nach vorgibt, diese ‚Krankheit' mit seinen Mitteln heilen zu können" (ebd.: 165) und neben diesen Mitteln – der therapeutischen Kette – keine anderen Angebote wie zum Beispiel Methadonprogramme gelten lasse.

Scheerer kritisierte mehrfach die deutsche Drogenpolitik, Drogengesetzgebung (Scheerer 1982a, 1982b) und Drogenhilfe und kam bei einer Gegenüberstellung der Freiheitsbeschränkungen im Strafvollzug und in der Drogentherapie zu dem Ergebnis, „daß man – ausgenommen vielleicht bei der Sexualität – keinen Bereich findet, in dem es den Betroffenen in der Therapie besser geht als im Gefängnis" (Scheerer 1983: 93). Daran anknüpfend wurden stationäre Drogentherapien unter Rückgriff auf Goffman als „totale Institutionen" analysiert (Müller/Schuller/Tschesche 1983).

Neben dieser prinzipiellen Kritik versuchte Bossong der Drogenhilfe mangelnde Effizienz nachzuweisen. Mit den vorhandenen ambulanten und stationären Behandlungsangeboten konnten – so seine Schätzungen – gerade einmal 1,2 bis 2,2 % der Heroinabhängigen pro Jahr erfolgreich behandelt werden (Bossong 1983). Das Argument, es gäbe zu wenig Behandlungsplätze, hielt er nicht für schlüssig, da ohnehin nur wenige Heroinabhängige freiwillig zu einer Behandlung im Rahmen der bestehenden Plätze bereit waren..

Als Alternative verwies Bossong auf Methadonprogramme, mehr aber noch auf Selbstorganisation von Drogenabhängigen nach dem Vorbild des niederländischen Junkie-Bond (Bossong/Pyttlik/Schaaber 1982). Ein erster solcher „Junkiebund" wurde 1982 von Heroinkonsumenten in Kassel gegründet. Auf mehreren FDR-Kongressen traten in der Folge Vertreter dieser Gruppierungen auf und sorgten dort für Irritationen. Allerdings gelang es den Junkiebünden nicht, eine breitere Mitgliederbasis zu gewinnen, und nach kurzer Zeit schon war dieser nach Release erste Versuch der Selbstorganisation und Selbsthilfe von Drogenkonsumenten gescheitert.

Auch aus den Reihen der Drogenhilfe meldeten sich zunehmend Projekte und Fachkräfte zu Wort, die unzufrieden mit der Ausrichtung der Drogenhilfe waren. So wurde in einem 1985 erschienenen Sammelband von der „sich deutlich abzeichnenden Tendenz, daß immer weniger Drogenabhängige die existierenden Beratungsstellen aufsuchen," geschrieben (Krauß/Steffan 1985: 23). Krauß analysierte im selben Band „zwei konträre Wertorientierungen" innerhalb der Drogenhilfe, die er „bevormundend" und „nichtbevormundend" nannte und zwischen denen er „viele Kontroversen mit häufig unüberbrückbaren Standpunkten" zu erkennen meinte:

„Soll man auf Drogenkonsumenten, die von sich aus keine Einrichtungen der Drogenhilfe aufsuchen, mit dem Angebot konkreter Hilfe zugehen – oder verlängert man damit die ‚Suchtkarriere'? Ist es nötig, einen Abhängigen in seiner ‚Suchtpersönlichkeit' erst zu zerschlagen, um ihn dann wieder neu ‚aufzubauen' – oder soll man ihn unterstützen, seine positiven Seiten stärken? Ist die Freiwilligkeit der Inanspruchnahme einer Therapie und Beratung unbedingt wichtig, oder darf man hier Zwang ausüben?" (Krauß 1985: 13).

Ganz ohne Leidensdruck, Sanktionsdrohung und „moralischen Zeigefinger" sollte die Drogenhilfe vielmehr Suchtbegleitung, Straßensozialarbeit, Wohn- und Übernachtungsmöglichkeiten, ärztliche Versorgung, Rechtsberatung und ähnliche Hilfen anbieten. Diese Angebote sollten nicht an die Bereitschaft, den Drogenkonsum zu beenden, gekoppelt werden:

„Nichtbevormundende Drogenarbeit akzeptiert auch eine Entscheidung für den Drogenkonsum. Auch wer sich hier konträr den gesellschaftlichen Anforderungen orientiert, hat immer noch Anspruch auf ein menschenwürdiges Leben und auf soziale Unterstützung" (ebd.: 19).

Mit diesen Positionen sprachen Krauß und Steffan für eine langsam wachsende Gruppe von Drogenhelfern, die aber noch einige Jahre in einer Minderheitenposition bleiben sollte. Gelegentlich wurde in den Medien oder von einzelnen Politikern Methadonsubstitution gefordert, und manchmal gab es Beschwerden wegen der ausbleibenden Erfolge oder des rauen Klimas in den Therapieeinrichtungen, aber der Drogenhilfe gelang es zunehmend besser, den Eindruck zu erwecken, die einzige Institution zu sein, die überhaupt mit Drogenabhängigen umgehen könne. Der interne Organisationsgrad der Drogenhilfe erhöhte sich weiter, indem zum Beispiel in Hessen ein ausgefeiltes System von Landeskonferenz, regionalen Arbeitskreisen und themenspezifischen Gremien entstand, die alle dem Erfahrungsaustausch, der Positionsbestimmung und der Einflussnahme auf Politik und Öffentlichkeit dienten. Ähnliche Organisationsmodelle entwickelten sich auch in anderen Bundesländern.

Die Angebotspalette wurde – nicht zuletzt als Folge der verschiedenen Kritiken – weiter ausdifferenziert. Der Begriff der therapeutischen Kette wurde fallengelassen und durch „Therapieverbünde" und ähnliche Begriffe ersetzt. Mehrere Beratungsstellen wie zum Beispiel ab 1983 die „M 41" in Frankfurt am Main integrierten Streetwork in ihr Angebotsprofil und schafften es somit teilweise, verloren gegangene Kontakte zur Drogenszene wieder herzustellen (Weimer 1985). Ansatzweise wurde auch mit ambulanten und halbstationären Behandlungsformen experimentiert (vgl. z.B. Berauer 1983). Im stationären Bereich stieg das Interesse an familientherapeutischen Ansätzen, die man in die Behandlung zu integrieren versuchte. Einen Boom erlebten die Nachsorgewohngemeinschaften und andere Formen betreuter Wohngemeinschaften.

Die Personalausstattung in den Beratungsstellen veränderte sich in den achtziger Jahren nur unwesentlich und lag 1986 bei durchschnittlich 4,7 Stellen je Einrichtung. Davon waren 2,6 Stellen von Sozialarbeiter/-innen oder Sozialpädagogen/-innen, 0,4 Stellen von Diplompsychologen/-innen und 0,2 Stellen von sonstigen psychosozialen Fachkräften besetzt. Der Anteil medizinischen Personals war mit unter 0,1 Stellen vernachlässigbar und bezog sich auf stundenweise auf Honorarbasis mitarbeitende Konsiliarärzte oder vergleichbare Konstruktionen. Die restlichen Stellen entfielen auf die Verwaltung. Der durchschnittliche Etat der Beratungsstellen stieg von 233.000 DM im Jahr 1980 auf 373.000 DM im Jahr 1990 an.

AIDS und der Umbau der Drogenhilfe (1987 –1995)

In der ersten Hälfte der achtziger Jahre hatte sich das Drogenhilfesystem konsolidiert und weiter ausdifferenziert. Die Dominanz der psychosozialen Berufsgruppen in diesem Hilfesystem war groß, und die Kritik an der ausschließlichen Ausrichtung der Hilfen auf das Ziel der Abstinenz – was fast dazu führte, dass Klientinnen und Klienten bereits entzogen in die Hilfeeinrichtungen kommen mussten – hielt sich in engen Grenzen. Zwischen Drogenhilfesystem, organisierter Ärzteschaft und Politik bestand ein weitreichender Konsens hinsichtlich der Ziele der Drogenhilfe. Die Ausrichtung der Drogenhilfe auf die therapeutische Kette, mit der Drogenabhängige zur Abstinenz geführt werden sollten, war allgemein anerkannt.

Erst als die HIV-Infektion und AIDS Schlagzeilen machten und der Zusammenhang zwischen Drogenkonsum und AIDS erkennbar wurde, änderten sich die Verhältnisse. Anfang der neunziger Jahre kam es zu einem Umbau der Drogenhilfe, bei dem neue niedrigschwellige Einrichtungen weitgehend additiv dem vorhandenen System zugefügt wurden. Der Streit zwischen der akzeptierenden Drogenhilfe und der jetzt so genannten traditionellen Drogenhilfe, der zeitweilig als Paradigmenwechsel bezeichnet wurde (FDR 1992a: 50), ebbte schließlich ab, und die Umrisse eines erneut angewachsenen und ausdifferenzierten Drogenhilfesystems wurden erkennbar.

AIDS-Krise und Zunahme der Drogentodesfälle

1981 erschienen in medizinischen Fachzeitschriften in den USA erste Berichte über eine neuartige, tödlich verlaufende Erkrankung, die bei mehreren homosexuellen Männern beobachtet worden war und offensichtlich mit einer Immunschwäche einherging. Kurz darauf wurden ähnliche Krankheitsfälle bei Hämophilen und intravenös applizierenden Drogenabhängigen beobachtet. 1982 einigte sich eine von der Food and Drug Administration (FDA) einberufene Konferenz auf den Namen Acquired Immune Deficiency Syndrome (AIDS) für dieses neuartige Krankheitsbild.

In Deutschland folgte der Verlauf der Infektionen dem aus den USA bekannten Schema mit einer zeitlichen Verzögerung von mehreren Jahren. Die ersten AIDS-Erkrankungen in Deutschland wurden 1982 diagnostiziert. Die Gesamtzahl der in Deutschland bis Ende 2000 mit dem HI-Virus infizierten Menschen wird vom Robert-Koch-Institut in Berlin, in dem die epidemiologischen Daten zu HIV und AIDS gesammelt werden, auf der Grundlage von Labormeldungen auf 50.000 bis 60.000 geschätzt (AIDS-Zentrum im Robert-Koch-Institut 2001: 3). Die ersten Drogenabhängigen steckten sich in Deutschland wahrscheinlich 1982 an (Pant 2000: 185). Präzise Schätzungen über den Anteil der Drogenkonsumenten an der Gesamtzahl der HIV-Infektionen sind schwierig, da in den ersten Jahren der Ausbreitung von HIV zwar die Testergebnisse zentral gesammelt, dabei aber in den meisten Fällen die Infektionswege nicht angegeben wurden. Außerdem konnten Ersttestungen nicht von Wiederholungstests unterschieden werden. Verlässliche Daten aus den letzten Jahren deuten an, dass der Anteil der Neuinfektionen unter Drogenabhängigen bei etwa 12 % der gesamten Neuinfektionen liegt. Unterstellt man, dass in den achtziger Jahren dieser Infektionsweg eine deutlich höhere Bedeutung hatte, so kommt man zu Schätzungen zwischen 9.000 („best case") und 15.000 („worst case") Drogenabhängigen, die sich insgesamt zwischen 1982 und 2000 mit dem HI-Virus infiziert haben (vgl. auch Kleiber/Pant 1991, 1996; Tiemann et al. 1992; Pant 2000).

AIDS-Erkrankungen werden in Deutschland zentral im AIDS-Fallregister dokumentiert, das wiederum vom AIDS-Zentrum am Robert-Koch-Institut (früher Bundesgesundheitsamt) geführt wird. Grundlage hierfür sind freiwillige und anonymisierte Fallmeldungen der behandelnden Ärzte. Zum 31.12.2000 waren im AIDS-Fallregister 19.199 Erkrankungen seit 1982 dokumentiert. Da Epidemiologen von einer Vollständigkeit der Erfassung von über 85 % ausgehen, ergibt sich daraus eine kumulierte Zahl von rund 22.000 an AIDS Erkrankten in Deutschland zwischen 1982 und 2000, von denen etwa 18.000 zu diesem Zeitpunkt bereits verstorben waren. Der Anteil der intravenös applizierende Drogenabhängigen an der kumulierten Zahl der diagnostizierten Erkrankungen liegt insgesamt bei etwa 15 %, so dass von einer Höchstzahl von etwa 3.300 Drogenabhängigen, die zwischen 1982 und 2000 an AIDS erkrankt sind, auszugehen ist. Unterstellt man eine anderen AIDS-Erkrankten vergleichbare Mortalität, dann sind von diesen 3.300 Drogenabhängigen bis zum Jahresende 2000 etwa 2.700 verstorben. Diese Zahl kann man besser einordnen, wenn man sie mit der Gesamtzahl der Drogentoten in diesem Zeitraum vergleicht. Das BKA zählte für die Jahre von 1982 bis 2000 23.362 Drogentote. Darin dürften die an AIDS verstorbenen Drogenkonsumenten zu einem Teil enthalten sein.

Aus heutiger Sicht klingen die Zahlen zu HIV-Infektionen und AIDS-Erkrankungen in Deutschland kaum dramatisch, und so gibt es inzwischen einen weitverbreiteten Konsens darüber, dass das Ausmaß der HIV-Infektionen und AIDS-

Erkrankungen in Deutschland weit hinter den Befürchtungen zurückgeblieben ist, die in den achtziger Jahren geäußert worden waren. In anderen Regionen der Welt verlief dies genau umgekehrt: So schätzte die WHO die Zahl der Menschen, die weltweit mit HIV infiziert oder bereits an AIDS erkrankt sind, Ende 1997 auf über 30 Millionen, von denen etwa 21 Millionen in Afrika und 6 Millionen in Süd- und Südostasien leben (BMG 1999: 11). Während für Afrika durchaus von einer Epidemie gesprochen werden kann, blieben Prävalenz- und Inzidenzraten in Deutschland stets auf einem niedrigen Niveau.

Public-Health-Forscher sprechen inzwischen von der „Normalisierung von AIDS" und teilen die Geschichte von AIDS bzw. die Geschichte des gesellschaftlichen Umgangs mit AIDS in unterschiedliche Phasen ein. Rosenbrock et al. (1999) beschreiben vier solcher Phasen, von denen sie die erste Phase „Entstehung des ‚exceptionalism'" nennen und auf die Zeitspanne zwischen 1981 und 1986 begrenzen. Sie skizzieren diese Phase folgendermaßen:

„Unter hoher Unsicherheit, zum Teil beträchtlichen politischen Spannungen und Zeitdruck müssen Policies konzeptionalisiert, entschieden und umgesetzt, zum Teil auch institutionalisiert werden. Der AIDS-‚exceptionalism' löst hohe politische Handlungs- und finanzielle Ausgabebereitschaft aus und erlaubt Innovation auf vielen Gebieten" (ebd.: 2).

Für die Jahre zwischen 1986 und 1991 sprechen sie von der „Praxis und Konsolidierung des ‚exceptionalism'. Die als ‚exceptionalism' entstandenen Verfahren, Aufgabenteilungen und Institutionen verlassen die Einführungs- und Erprobungsphase. (...) Gleichwohl behält AIDS zunächst unangefochten seinen Sonderstatus" (ebd.). Dieser Sonderstatus weicht erstmals in der Phase 3 auf, die Rosenbrock et al. auf die Jahre 1991 bis 1996 datieren und „Auflösung des ‚exceptionalism' und erste Anzeichen der Normalisierung" nennen. Seit 1996 befinden sich die westeuropäischen Gesellschaften in der vierten oder „Normalisierungsphase".

Folgt man dieser Phaseneinteilung von Rosenbrock et al., so kann festgestellt werden, dass in der ersten Phase (1981 bis 1986) der AIDS-Diskurs weitgehend von dem Thema (Homo-) Sexualität dominiert war. Entgegen ersten Befürchtungen, AIDS könnte Anlass für zunehmende Diskriminierung und Ausgrenzung von Homosexuellen sein, führte indes die neue Krankheit wie bereits zuvor in den USA zumindest in Teilbereichen der Gesellschaft zu einer Solidarisierung mit den Opfern der Krankheit, zu einer Stärkung der Organisationen der Homosexuellen und letztlich auch zu einer steigenden gesellschaftlichen Akzeptanz. Rosenbrock et al. zufolge kam es in mehreren westlichen Ländern zu einer „Art Kordon von liberal-konservativen, liberalen und linken Parteien bzw. Bewegungen, dem sich rasch auch weite Teile des professionellen Pflege- und psychosozialen Betreuungspersonals anschlossen" (ebd.: 6). Für die herausragende Bedeutung, die AIDS und HIV in den achtziger Jahren in der öffentlichen Debatte erlangen konnten, und die ungewöhnlichen politischen Bearbeitungsversuche gibt es verschiedene Gründe. Ein Gemeinplatz ist der Hinweis darauf, dass mit dieser Krankheit gesellschaftliche Bereiche wie Sexualität öffentlich thematisiert wurden, die zuvor eher tabuisiert waren. AIDS bot sich für viele Methaphern wie zum Beispiel das Bild von der „Geißel" gegen die sexuelle Freizügigkeit oder der „Schwulenpest" an. Hinzu kam, dass die Medizin machtlos war gegen die Krankheit, an der in den USA immer mehr bekannte Showstars, Musiker und Schauspieler starben.

Nach anfänglichen Versuchen, dieser Situation mit dem klassischen Instrumentarium der Seuchenbekämpfung wie Zwangsuntersuchung, Internierung, Verboten und Überwachung zu begegnen, setzte sich in den meisten westeuropäischen und nordamerikanischen Staaten ein anderer Ansatz durch, der auf Beratung und Betreuung für Erkrankte, Kooperation mit den Betroffenen, massenmediale Prävention und öffentliche Thematisierung der Krankheit, ihrer Ursachen und aller Begleitumstände abzielte (Frankenberg 1994; Rosenbrock et al. 1999; BMG 1999; Geene 2000). Nicht zuletzt diesem „New public health"-Ansatz ist es zu verdanken, dass AIDS inzwischen seine besondere Bedeutung weitgehend verloren hat.

Im Sommer 1983 gründeten einige Aktivisten in Berlin die Deutsche AIDS-Hilfe (DAH), die sich bald zu einem Dachverband für regionale AIDS-Hilfen entwickelte. Dabei kam es vielerorts zu Bündnissen und Koalitionen von Professionellen (Pflegern, Ärzten, Krankenschwestern, Sexualwissenschaftlern, Mitarbeitern aus Beratungsstellen) und akut oder potentiell von der Krankheit betroffenen Homosexuellen („exceptionalist alliance", vgl. Rosenbrock et al. 1999: 22). Das Bundesministerium für Gesundheit erkannte sehr bald, dass sich in Kooperation mit den AIDS-Hilfen zielgruppenspezifische Präventionskampagnen entwickeln und propagieren ließen, die mit den Mitteln der traditionell für solche Maßnahmen zuständigen Bundeszentrale für gesundheitliche Aufklärung alleine nicht möglich wären. Bereits 1985 erhielt die DAH von dem inzwischen von Rita Süssmuth geleiteten Ministerium einen ersten Zuschuss über 300.000 DM für Präventionsmaßnahmen, der 1986 auf 2 Millionen und 1987 sogar auf 8 Millionen anstieg (Geene 2000: 119 ff.). Das Zeitalter der „Safer Sex"-Kampagnen hatte begonnen, die die BZgA für die Bevölkerungsmehrheit und die Deutsche AIDS-Hilfe für die Zielgruppe der männlichen Homosexuellen konzipierten. Nicht der Verzicht auf Sexualität, sondern Aufklärung über die Risiken und Tipps zu einem angemessenen Risikomanagement und zu Risikobegrenzung etwa durch Kondombenutzung standen dabei im Mittelpunkt.

In der zweiten Phase der Bewältigung der AIDS-Krise (1986 bis 1991) konnte sich dieser als „New Public Health" bezeichnete Ansatz im Umgang mit HIV und AIDS konsolidieren und erste Erfolge verzeichnen. Da medizinische Therapien gegen AIDS nach wie vor fehlten, blieb die Primärprävention das wichtigste Handlungsfeld. Trotz immer wieder aufflackernder Kontroversen und gegensätzlicher politischer Vorstöße wie zum Beispiel dem „Bayerischen Maßnahmenkatalog" von 1987 konnte sich die auf Aufklärung, Partizipation und Inklusion angelegte Strategie des Bundesgesundheitsministeriums auch weiterhin durchsetzen. Eine namentliche Meldepflicht wurde nicht eingeführt, vielmehr blieb es beim anonymen AIDS-Fallregister und der ebenfalls anonymen Meldung positiver Testergebnisse durch die Labore. Die regionalen AIDS-Hilfen entwickelten sich immer mehr zu Trägern der freien Wohlfahrtspflege. Im Mai 1987 beschloss der Deutsche Bundestag schließlich die Einsetzung einer Enquete-Kommission „Gefahren von AIDS und wirksame Wege zu ihrer Eindämmung", die drei Jahre später ihren Endbericht vorlegte (Deutscher Bundestag 1990). Zwar fehlten nach wie vor ursächliche Behandlungsmethoden gegen AIDS, aber die Medizin machte enorme Fortschritte in der Therapie einzelner opportunistischer Infektionen, so dass sich die Überlebenszeit nach Ausbruch von AIDS deutlich verlängerte. Spätestens mit dem Ende des Kalten Krieges und dem Fall der Berliner Mauer und der Vereinigung Deutschlands rückten andere Themen in den Vordergrund, und AIDS verschwand von den Titelseiten der Magazine und Zeitschriften.

In der zweiten Phase gerieten auch die intravenös applizierenden Drogenabhängigen stärker in den Mittelpunkt des AIDS-Diskurses. In ersten Studien und Berichten wurden steigende HIV-Prävalenzraten im Zusammenhang mit intravenösem Drogenkonsum genannt. So lag etwa die HIV-Prävalenz in der hessischen AMSEL-Studie in den Jahren 1985/86 bei 28 % (Kindermann et al. 1989). Aus einzelnen Therapieeinrichtungen und Strafvollzugsanstalten wurden noch höhere Zahlen gemeldet (vgl. die Übersicht über einzelne Studien bei Heckmann/Seyrer 1987: 341; Kleiber/Pant 1991: 3; Kleiber/Pant 1996: 40 ff.; Pant 2000: 192). Der Anteil des Infektionsrisikos „intravenöser Drogenkonsum" bei den im AIDS-Fallregister dokumentierten Fällen stieg von unter 5 % vor 1985 auf 16 % im Jahr 1990.

Tabelle 12:   *Anteil der i.v.-Drogenabhängigen an den diagnostizierten*
                  AIDS-Fällen nach dem Jahr der Diagnose 1982 – 1990

Jahr	Gesamt	Davon i.v. Drogenabhängige	
	abs.	abs.	%
vor 1985	165	8	4,8
1985	296	22	7,4
1986	555	54	9,7
1987	1.027	141	13,7
1988	1.272	192	15,1
1989	1.574	247	15,7
1990	1.511	245	16,2

Quelle: AIDS-Zentrum im Robert-Koch-Instituts 2002

In absoluten Zahlen bedeutete dies einen Anstieg von 22 Fällen im Jahr 1985 auf 245 Fälle im Jahr 1990. Aus heutiger Sicht sind dies eher niedrige Zahlen, und die große Bedeutung, die man diesen Statistiken beimaß, ist nur noch schwer nachzuvollziehen. Man muss sich vergegenwärtigen, dass in der zweiten Hälfte der achtziger Jahre ein epidemischer Verlauf der Infektion mit sich beschleunigender Ausbreitung erwartet wurde. Zu einem Zeitpunkt, als die Zahl der Neuinfektionen bei den Homosexuellen zumindest eine Stabilisierung andeutete, schien sich demnach bei Drogenabhängigen die Krankheit weiter auszuweiten.

In Bezug auf Drogenkonsumenten war sehr schnell klar, dass das gemeinsame Benutzen von Spritzen und Nadeln die wichtigste Risikosituation war. Eine weitere Risikosituation wurde in der Prostitution gesehen, und hierbei richteten sich viele Ängste auf die Beschaffungsprostitution von Drogenabhängigen. Befürchtet wurde, dass Heroinabhängige aus Angst vor dem Entzug dem Drängen der Freier auf unge-schützten Sex ohne Kondome eher nachgeben würden als nicht drogenabhängige Prostituierte und somit drogenabhängige Prostituierte und ihre Freier als „Brücke" für HIV und AIDS in die Gesamtbevölkerung über die Risikogruppen hinaus wirken könnten (Reuband 1987: 81 ff.). Befürchtet wurde eine „explosionsartige Ausbrei-tung in die heterosexuelle Allgemeinbevölkerung" (Pant 2000: 191). Damit wurden Drogenabhängige, Drogenkonsum, Drogenpolitik und Drogenhilfe mit in den Dis-kurs des „exceptionalism" hineingezogen, und dies zu einem Zeitpunkt, als sich in Bezug auf andere Risikogruppen bereits der pragmatische Ansatz des „New Public Health" durchgesetzt hatte.

Einerseits wurden auch Drogenabhängige jetzt ausdrücklich in die gelegentlich diskutierten Szenarien einer auf Zwangsmaßnahmen und Exklusion zielenden AIDS-Politik einbezogen, die bis hin zu Masseninternierungen gingen. Andererseits profitierten Drogenabhängige plötzlich von dem zuvor beschriebenen „Kordon" aus schützenden und unterstützenden Initiativen und Bewegungen. Für den verfestigten Diskurs der Drogenpolitik und der Drogenhilfepolitik bedeutete der zunehmende Einbezug in den AIDS-Diskurs eine grundlegende Veränderung der Rahmenbedingungen.

Rosenbrock et al. haben diesen Sachverhalt ex post so formuliert:

„Als vor Mitte der achtziger Jahre deutlich wurde, daß die gemeinsame Benutzung HIV-kontaminierter Spritzen nach der sexuellen Übertragung den wichtigsten Transmissionsweg für das HI Virus darstellt, begannen sich die politischen Arenen von AIDS und Drogen zu überlappen. AIDS-Policy rückte in dieser Phase gerade vom repressiven ‚Old Public Health' Paradigma ab und verpflichtete sich zunehmend verbindlich dem Inklusions- und Kooperationsmodell, also der gesellschaftlichen Lernstrategie (...). Es ist evident, daß dieses Modell nur mit dem Schadensminimierungsansatz, nicht aber mit der repressiven Drogenpolitik kompatibel ist. Es kam infolge dessen zu einem Bündnis des dominanten Teils der AIDS-Arena mit Schadensminimierungs-Koalitionen der drogenpolitischen Arena (...). Weil AIDS in diesem Zeitraum das ‚mächtigere', weil prominentere Thema war, bot sich zumindest in Ländern mit überwiegend repressiver Drogenpolitik in dieser Konstellation ein ‚policy window' für die Durchsetzung von Schadensminimierungsstrategien. Diese waren argumentativ auch dadurch im Vorteil, daß sich die Debatte angesichts der AIDS-Gefahren von vornherein auf die pragmatische Frage nach der maximalen Reduktion von Risikosituationen konzentrierte" (Rosenbrock et al. 1999: 40).

Die Überlappung des Drogen-Diskurses mit dem AIDS-Diskurs veränderte die Situation völlig. Zu der kleinen Schar der Kritiker, die Anfang der achtziger Jahre die Drogenhilfe als wenig hilfreich und die Drogenpolitik als dringend reformbedürftig kritisiert hatten, traten jetzt Teile der sich im Zusammenhang mit AIDS und den Debatten über Zwangstest und gesellschaftlicher Exklusion von HIV-Infizierten formierten Bewegung. Diese soziale Bewegung verfügte zudem mit der Deutschen AIDS-Hilfe und ihren regionalen Untergliederungen über eine inzwischen einigermaßen gefestigte Organisation, die bundesweit vertreten war, zunehmend Ressourcen in Form von Finanzmitteln, Stellen und Büroräumen akquirieren konnte, selbstbewusst in der Öffentlichkeit und im politischen Bereich agierte und angesichts der bisherigen Erfolge von der Wirksamkeit ihrer Kampagnen überzeugt war.

Es bedurfte nicht allzu viel Phantasie, um analog zu den erfolgreichen „Safer Sex"-Kampagnen vergleichbare Präventionsstrategien für Drogenabhängige zu konzipieren. Unter dem Motto „Safer Use" wurden bald von den Organisationen der AIDS-Hilfe solche Kampagnen durchgeführt, bei denen vor der gemeinsamen Benutzung von Spritzen und Kanülen gewarnt wurde, frische Spritzen im Austausch gegen gebrauchte zur Verfügung gestellt, Kondome ausgegeben und unter dem

Stichwort „harm reduction" weitere schadensreduzierende Maßnahmen propagiert wurden.

Drogenpolitik und Drogenhilfe gerieten derweil nicht nur wegen HIV und AIDS unter Druck. Auch andere wichtige Indikatoren wiesen in der zweiten Hälfte der achtziger Jahre plötzlich nach oben. Besondere Beachtung fanden dabei die Daten zu Drogentodesfällen.[22] Die bei den örtlichen Polizeipräsidien gezählten Todesfälle wurden meist nicht nur an das BKA weitergemeldet, sondern auch regelmäßig an die Tagespresse weitergegeben, was zur Folge hatte, dass in den Städten mit einer großen Drogenszene mehrmals wöchentlich in den Regionalzeitungen über Drogentodesfälle berichtet wurde.

Abbildung 7: Drogentote 1981 – 1991

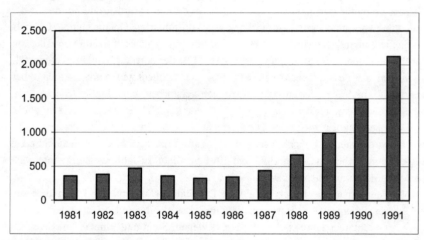

Quelle: Bundeskriminalamt 2001: 124

In der zweiten Hälfte der achtziger Jahre begann ein Anstieg der Zahl der Drogentoten auf ein zuvor nie erreichtes Niveau. 1989 waren es bereits fast 1.000 Drogentote, und im Jahr 1991 wurde mit 2.125 der bisherige Höchststand erreicht. In Berlin star-

22 1979 hatte das Bundeskriminalamt eine Definition für den „Rauschgifttodesfall" erarbeitet, derzufolge „alle Todesfälle, die in einem kausalen Zusammenhang mit dem mißbräuchlichen Konsum von Betäubungsmitteln oder als Ausweichmittel verwendeter Ersatzstoffe stehen", beim BKA gemeldet werden sollten. Im Einzelnen erwähnte diese Definition „Todesfälle infolge beabsichtigter oder unbeabsichtigter Überdosierung", „Todesfälle infolge langzeitigen Mißbrauchs", „Selbsttötung aus Verzweiflung über die Lebensumstände oder unter Einwirkung von Entzugserscheinungen" und „tödliche Unfälle unter Drogeneinfluß stehender Personen" (zit. nach Heckmann et al. 1993: 16).

ben 1991 240 Menschen im Zusammenhang mit Drogen (4-5 pro Woche), in Frankfurt 183 und in Hamburg 182 (3-4 pro Woche).

Bis heute liegen keine zufrieden stellenden Erklärungen für diese außergewöhnliche Steigerung der Zahl der Drogentoten in der zweiten Hälfte der achtziger Jahre vor. HIV und AIDS waren, wie gezeigt, nur für einen sehr begrenzten Teil der Drogentoten verantwortlich. Auf dem Höhepunkt dieser Entwicklung gab das Bundesministerium für Gesundheit eine Studie zur Drogenmortalität in Auftrag, in deren Rahmen 545 Drogentodesfälle aus den Jahren 1991/1992 und zusätzlich 326 Drogennotfälle retrospektiv auf medizinische und psychosoziale Begleitumstände untersucht wurden (Heckmann et al. 1993; Franke 1994 für eine vergleichbare Untersuchung in Nordrhein-Westfalen). Der weitaus größte Teil – 72 % – fiel demnach in die Gruppe der „akzidentiellen Intoxikationen", die als „unfallartige, nicht beabsichtigte Überdosierungen" (Heckmann et al. 1993: 122) definiert wurden und bei denen der Tod durch die atemdepressive Wirkung der konsumierten Opiate eintrat. Oftmals wurde diese atemdepressive Wirkung noch durch zusätzlichen Konsum von Alkohol, Barbituraten oder Benzodiazepinen verstärkt. 11 % der untersuchten Drogentodesfälle wurden als Suizid bezeichnet. Nur 5 % der Drogentoten waren wegen einer Krankheit wie AIDS oder anderer Infektionen verstorben, und Unfälle (Stürze, Verkehrsunfälle) lagen nur bei 2 % vor. Bei 10 % war keine klare Einschätzung möglich.

Demnach war die wichtigste Todesursache schlicht der mehr oder weniger zufällige Konsum einer zu hohen Dosis Heroin. Warum die Anzahl dieser akzidentiellen Intoxikationen aber zwischen 1985 und 1991 von Jahr zu Jahr anstieg, konnte auch die Mortalitätsstudie nicht erklären.

Vergleicht man die steigende Zahl der Drogentodesfälle mit den Daten über von der Polizei sichergestelltes Heroin, so fällt auf, dass sich beide Kurven in der zweiten Hälfte der achtziger Jahre steil nach oben bewegen. Sieht man einmal von Großfunden ab, die die Menge des sichergestellten Heroins recht zufällig beträchtlich schwanken lassen können, und unterstellt vergleichbare Fahndungserfolge über die Jahre, so kann man diese Daten als Indikator für die Mengen des in Deutschland zirkulierenden Heroins betrachten. Eine steigende Sicherstellungsmenge bedeutet dann eine Zunahme von gehandeltem, also angebotenem und nachgefragtem Heroin, woraus sich wiederum eine Zunahme an Konsumvorgängen und folglich auch an zufälligen Überdosierungen ableiten lässt. Die Daten zu den sichergestellten Heroinmengen sind in der folgenden Abbildung dargestellt.

Abbildung 8:   Von der Polizei sichergestelltes Heroin, 1981 – 1991 (in kg)

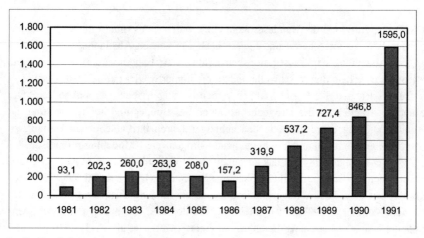

Quelle: Bundeskriminalamt 2001: 111

Auch die Zahl der erfassten Verstöße gegen das BtMG und die Zahl der Tatverdächtigen stieg in der zweiten Hälfte der achtziger Jahre an. Die von der Polizei ermittelte
Zahl der „erstauffälligen Konsumenten" von Heroin war zunächst rückläufig, stieg
aber ab 1986 ebenfalls wieder. Reuband, der in einem Artikel für das Jahrbuch Sucht
1990 die geschätzte Gesamtzahl der Drogenabhängigen von 50.000 auf „mindestens"
50.000 bis 100.000 nach oben korrigierte, beschrieb die Entwicklung in der zweiten
Hälfte der achtziger Jahre zusammenfassend so:

„Vor nicht wenigen Jahren glaubte ein großer Teil der Drogenexperten, die Drogenwelle in der
Bundesrepublik – sowohl des weichen als auch des harten Drogengebrauchs – würde endgültig
abflauen. Doch innerhalb weniger Jahre hat sich die Lage geändert. Die Zahl der Meldungen in den
Medien, die eine sich dramatisch zuspitzende Entwicklung beschreiben, wächst von Tag zu Tag"
(Reuband 1989: 113).

Die veränderte Situation, vor allem aber die steigenden HIV-Zahlen erforderten
Reuband zufolge dringendes Handeln:

„Angesichts der Schnelligkeit, mit der sich der Virus in der Vergangenheit in der Drogenszene
ausgebreitet hat, ist ein rasches Handeln dringend geboten. Die Drogenarbeit und Drogenpolitik wird
der in der Vergangenheit z. T. unterschätzten AIDS-Problematik bei Drogenabhängigen zweifellos in
der Zukunft weit mehr Aufmerksamkeit und Ressourcen schenken müssen als bisher. (...) Dabei
müssen auch neue Wege in der Drogenarbeit gegangen werden und alte Wege kritisch auf ihre
Brauchbarkeit für die gegenwärtigen Verhältnisse hinterfragt werden. Gerade an pragmatischen
Maßnahmen hat es in der etablierten Drogentherapie und Drogenpolitik der Bundesrepublik in der
Vergangenheit oft gefehlt" (Reuband 1987: 85).

Spritzentausch, erste Methadonprogramme und die Drogenhilfe

Die Drogenhilfe und die Bundesdrogenpolitik waren indes (noch) nicht zu grundlegenden Experimenten bereit und hielten nach wie vor am Abstinenzparadigma und an der Ablehnung der Substitutionsbehandlung fest. Experimentiert werden sollte allenfalls unterhalb dieser Schwelle, indem die immer wieder geforderten Ansätze zu aufsuchender und niedrigschwelliger Arbeit vorangetrieben werden sollten. Der Ständige Arbeitskreis der Drogenbeauftragten des Bundes und der Länder und die Bundesregierung bekräftigten in den achtziger Jahren ihre ablehnende Haltung zu Methadonprogrammen und kündigten neue – drogenfreie – Modellprogramme an.

Zunächst folgte 1987 auf das ausgelaufene Modellprogramm zur „Aufsuchenden Sozialarbeit für betäubungsmittelabhängige Straftäter" (Holler/Knahl 1989) ein Programm mit dem Titel „Aufsuchende Sozialarbeit für langjährig Drogenabhängige" (Arnold/Korndörfer 1993). Fast gleichzeitig wurden die Modellprogramme zur „Ambulanten Ganztagsbetreuung Drogenabhängiger" (Möller et al. 1993), „Drogen und AIDS" (Schumann et al. 1993) und „Stationäre Krisenintervention bei Drogenabhängigen" (Küfner et al. 1994) initiiert. 1989 folgte das Bundesmodellprogramm „Verstärkung in der Drogenarbeit – Booster" (Hartmann et al. 1998). 1990 kam noch das Modellprogramm „Kompakttherapie" (Görgen et al. 1996) hinzu. Bundesmodellprogramme zur Methadonsubstitution gab es hingegen nicht.

Mit dem Bundesmodellprogramm zur „Stationären Krisenintervention" sollte versucht werden, die hohen Abbruchquoten in stationären Drogentherapieeinrichtungen durch die Einstellung von „Krisenberatern" zu senken. Dieses Vorhaben scheiterte allerdings, die Abbruchquote blieb nahezu unverändert hoch. Davon abgesehen lieferte dieses Modellprogramm umfassende Daten zur 34 stationären Drogentherapieeinrichtungen aus den Jahren 1989 bis 1992, denen zufolge mehr als 70 % aller aufgenommenen Klientinnen und Klienten die Behandlung vorzeitig abbrachen (Küfner et al. 1994: 18 ff., vgl. auch Kampe/Kunz 1983: 159 ff.). Zu den interessanten Ergebnissen dieses Modellprogramms gehörte außerdem die Beobachtung, dass die Abbruchquoten zwischen den einzelnen Therapieeinrichtungen erheblich schwankten und sich insgesamt eine etwas günstigere Haltequote bei Einrichtungen zeigte, die ein weniger strenges Kontroll- und Regelsystem aufwiesen.

Mit den im ambulanten Bereich angesiedelten Modellprogrammen gelang es, die klassischen Drogenberatungsstellen um niedrigschwellige Arbeitsansätze zu erweitern und Erfahrungen mit unterschiedlichen Angebotsformen zu sammeln. Alle erwähnten Bundesmodellprogramme hatten darüber hinaus aber auch den Effekt, Probleme der existierenden Drogenhilfe sichtbar zu machen.

So wurde immer deutlicher, dass es eine Gruppe von Drogenabhängigen gab, die bereits seit mehreren Jahren abhängig war, inzwischen sich auf ein Durchschnittsalter von 30 Jahren zubewegte und im Verlauf ihrer Drogenabhängigkeit Erfahrungen sowohl mit dem Strafvollzug als auch mit stationärer Therapie gemacht hatte, ohne sich dadurch vom Drogenkonsum abbringen zu lassen. Die etablierte Drogenhilfe hatte dieser Gruppe offensichtlich nicht helfen können, und auch den Modellprogrammen gelang dies nur ansatzweise.

Die Drogenhilfe reagierte sehr unterschiedlich auf diese neue Situation und die Herausforderung durch AIDS. Beim FDR-Kongress 1985 wurde erstmals eine „Informationsveranstaltung zur AIDS-Problematik" angeboten. Ein Jahr später beim Kongress 1986 legte eine Arbeitsgruppe „Zur neuen Methadondiskussion" einen Resolutionsentwurf vor, in der der FDR aufgefordert wurde, „den Widerstand gegen eine Erweiterung des Hilfeangebotes für Heroinkonsumenten um Methadonvergabe aufzugeben" und „der HIV/AIDS-Problematik und den zu befürchtenden Konsequenzen für alle Bereiche der Drogenarbeit die gebührende Berücksichtigung einzuräumen" (FDR o.J. [1986]: 107). Vom Plenum wurde diese Resolution mit großer Mehrheit abgelehnt.

Im selben Jahr bekräftigte eine FDR-Mitgliederversammlung „Der Fachverband Drogen und Rauschmittel lehnt jeden Versuch ab, in der Bundesrepublik Deutschland Ersatzdrogenprogramme einzuführen." (FDR 1987). Statt dessen wurde der Ausbau der bestehenden Einrichtungen gefordert.

Ein weiteres Jahr später, 1987, stand der FDR-Kongress wie schon erwähnt unter dem Motto „Wenn Frauen aus der Falle rollen – Frauen und Abhängigkeit". Im traditionellen Abschlussplenum ging es auch diesmal wieder um Methadon, und wieder gab es erregte Debatten. Der „Forderungskatalog" enthielt wieder die übliche ablehnende Stellungnahme zur Substitutionstherapie, die diesmal speziell auf abhängige Frauen zugeschnitten war: „Keine Methadonprogramme, gerade nicht für drogenabhängige Frauen, die sowieso schon häufig zu Tabletten und Ersatzmitteln greifen. Keine Methadonprogramme, um Zwangsregistrierung und Zwangsmaßnahmen zu verhindern" (FDR o.J. [1988]: 139).

Der FDR-Kongress 1988 widmete sich unter der Überschrift „Lebenslage: HIV-positiv und abhängig" schwerpunktmäßig dem Thema AIDS und HIV. In seiner Begrüßungsrede erläuterte der damalige Vorsitzende des FDR, Günter Famulla, die Verbandslinie zu Methadon:

„Der Fachverband Drogen und Rauschmittel hat bislang die Position vertreten, und ich bin sicher, daß dies aus guten Gründen auch so bleiben wird, daß Methadonprogramme, und die Betonung liegt auf ‚Programm', als drogenpolitisches Instrument zur Bekämpfung der Drogenabhängigkeit abzulehnen sind. Diese Position verneint nicht die medizinisch notwendige Substitution von AIDS-erkrankten Drogenabhängigen und auch nicht in klar definierten Einzelfällen" (FDR 1989: 8).

Damit hatte sich der FDR in dem Jahr, in dem in Nordrhein-Westfalen das erste größere Substitutionsprogramm begann, immerhin dem sehr restriktiven Indikationskatalog der deutschen Ärzteschaft angenähert. Deutlich wurde auch, dass es beim Thema AIDS und Drogen inzwischen für die Drogenhilfe einen ernstzunehmenden Konkurrenten gab:

„Ich will an dieser Stelle mein Unverständnis darüber zum Ausdruck bringen, daß gerade die Deutsche AIDS-Hilfe Berlin sich die Einführung bundesweiter Substitutionsprogramme zum Ziel gesetzt hat. Ich halte dieses Ziel für falsch, weil damit in der Regel lediglich seuchen- und ordnungspolitische Interessen, sicherlich ungewollt, in der Bundesrepublik Deutschland unterstützt werden, soweit es um HIV-positive Frauen und Männer geht, die dazu noch drogenabhängig sind. Drogenarbeit ist mehr als AIDS-Arbeit" (ebd.).

Da auf diesem Kongress sowohl Mitarbeiter und Mitarbeiterinnen von Drogenhilfeeinrichtungen als auch der AIDS-Hilfen anwesend waren, gab es vielfache Gelegenheiten, diese Konkurrenzsituation untereinander zu besprechen. So hieß es in einem Arbeitsgruppenprotokoll: „Machen wir uns nichts vor, die Härte der Konflikte wird durch den Kampf um Haushaltsressourcen bestimmt. Die AIDS-Hilfen haben innerhalb kürzester Zeit öffentliche Gelder erhalten, die Drogenhilfen dringend benötigen" (ebd.: 63). Drogenhelfer beschwerten sich über „Billigangebote" von AIDS-Hilfen an Kommunalpolitiker, die daraufhin den Zuschlag für den Betrieb von betreuten Wohngemeinschaften und ähnlichen Projekten bekommen hatten. Generell unterstellten die Vertreter der Drogenhilfe der AIDS-Hilfe mangelnde Kompetenz in Sachen Drogenberatung. Die Vertreter der AIDS-Hilfen konterten darauf mit der Feststellung, dass sich Beratung und Betreuung durch AIDS-Hilfen „nicht am Ziel der Drogenabstinenz, sondern primär am Ziel der Infektionsprophylaxe bzw. am Ziel der Gesunderhaltung" (FDR 1989: 64) orientieren.

1989 beschrieb FDR-Vorstandsmitglied Ulrike Kreyssig die Stimmung in der Drogenhilfe angesichts der sich allmählich ändernden Haltung zu Methadon in Teilen des Gesundheitssystems und der Drogenpolitik:

„Teilweise fühlen sich MitarbeiterInnen im Drogenhilfebereich inzwischen mit dem Rücken an der Wand. Andere versuchen noch, auf den fahrenden Zug aufzuspringen, um wenigstens beim Medienspektakel dabei zu sein. Die dritten schwenken tapfer das Fähnlein der Abstinenz und halten das Ideal der drogenfreien Gesellschaft hoch. Eine weitere Gruppe verfährt nach dem Motto frei nach Schiller: Draußen tobt das feindliche Leben, drinnen waltet der züchtige Therapeut, wir lassen die Entwicklung ruhig an uns vorüber ziehen" (FDR 1990: 31).

In ihrer Haltung zu Methadon blieben sich der FDR und Ulrike Kreyssig treu:

„Sucht ist keine Krankheit – entgegen der WHO-Definition, die mit einer Medizin ‚geheilt‘ werden kann. Drogenabhängigkeit ist ein psychosoziales Problem, dessen Lösung immer in erster Linie in der Entscheidung der Betroffenen liegt. Um es noch einmal deutlich zu sagen: Die Antwort auf Drogenabhängigkeit und auf die Gründe, die Frauen und Männer zu Drogen greifen lassen, kann nicht eine neue Droge sein, oder die Drogenarbeit führt sich selbst ad absurdum" (ebd.: 32 ff.).

Zwanzig Jahre nach der Entstehung der modernen Drogenszene in Deutschland war der Streit, welche Profession für das „Drogenproblem" zuständig ist, offensichtlich wieder offen. In dieselbe Stoßrichtung wie Kreyssig zielte der Vortrag des Gastredners, des hessischen Drogenbeauftragten Winckler:

> „Wenn wir im Interesse der Drogenabhängigen für eine sozialtherapeutische und pädagogisch bestimmte Drogenhilfe und gegen ihre Medizinierung streiten, dann doch wohl erst recht gegen eine Pharmakologisierung. (...) Medikamente sollten nur zur Bekämpfung von Krankheiten eingesetzt werden! (...) Das, was wir bei Drogenabhängigen als das eigentliche Problem ausgemacht haben, ist keine medizinisch und schon gar nicht medikamentös zu behandelnde Krankheit, sondern ein Komplex von Sozialisationsdefiziten und Sozialisationsstörungen. Da helfen keine Pillen und keine Säftchen, da hilft nur eine geduldige, anstrengende und nicht zu entmutigende pädagogische Arbeit" (ebd.: 29).

Konsequenterweise hielt Winckler auch die in immer mehr Bundesländern und Kommunen vorgenommene Zuordnung der Drogenhilfe zum Gesundheitssystem und zu den entsprechenden Ministerien, Dezernaten und Finanzierungsmodalitäten für einen „schweren ordnungspolitischen Fehler" (ebd.).

Diese kurze Auswertung der FDR-Kongresse der Jahre nach der Entdeckung des HI-Virus zeigt, dass die psychosoziale Drogenhilfe – hier dargestellt über ihren bedeutendsten Verband – auf HIV und AIDS nicht mit Veränderung und Innovation, sondern mit Beharren und Rückzug auf die für richtig gehaltenen Positionen antwortete. Je stärker die Kritik an der mangelhaften Reichweite der Drogenhilfe und ihrer einseitigen Ausrichtung auf Abstinenz bei gleichzeitiger Vernachlässigung anderer Ziele wurde, um so mehr orientierte sich die Mehrheit der Drogenhilfe auf sich selbst.

Die Schar der Kritiker dieser Art von Drogenhilfe nahm allerdings in der zweiten Hälfte der achtziger Jahre kontinuierlich zu. Für zusätzliche Verunsicherung innerhalb der Drogenszene sorgten neue Forschungsergebnisse und -projekte. So bröckelte etwa unter dem Eindruck von Ergebnissen der Rückfallforschung der Konsens, dass auf Rückfall mit Sanktion und disziplinarischer Therapiebeendigung zu reagieren sei (Marlatt/Gordon 1985; Körkel 1988). Besonders heftige Kontroversen rief der Begriff der „Selbstheilung" und die Beschreibung selbstorganisierter Ausstiegsprozesse hervor (Happel/Schneider 1986, Schneider 1988, Weber/Schneider 1992, Klingemann 1992). Viele Drogentherapeuten empfanden dies als einen Angriff auf ihre professionelle Identität. Den Autoren wurde „die Umbenennung der Rückfälligkeit in kontrollierten Konsum und die Umdefinition möglicherweise akut Suchtgefährdeter in Selbstheiler" und Verharmlosung der Probleme der Suchtkranken (Kampe 1989) vorgeworfen.

Im Kern wurde in diesen Ansätzen Drogenabhängigkeit konzipiert als eine Lebensphase, aus der ein großer Teil der Abhängigen irgendwann auch wieder herauswächst. Aufgabe der Drogenhilfe war es in dieser Perspektive, dem Drogenkonsumenten dabei zu helfen, diese Phase seines Lebens möglichst ohne gravierende oder gar irreversible Schäden zu überstehen. Nicht mehr der „Kampf gegen die Suchtgefahren", den die klassische Suchtkrankenhilfe führte, und auch nicht mehr die durch „initialen Zwang" und Leidensdruck herbeigeführte Behandlung von Sozialisations- und anderen Störungen, die die Drogenhilfe anbot, waren aus diesem Blickwinkel gefragt, sondern pragmatische Maßnahmen wie Spritzenaustausch, Kondomvergabe und Methadonsubstitution, mit denen Schäden und Risiken sowohl für Drogenabhängige als auch für die Gesellschaft vermindert werden konnten. Diese Berührung der Interessen der Drogenkonsumenten mit den Interessen der Gesamtbevölkerung machte Koalitionen möglich zwischen besorgten Kommunalpolitikern, Ärzten, Drogenabhängigen und einem neuen Typ von Drogenhelfern, die der stärker werdenden Kritik am Abstinenzparadigma eine schlagkräftige institutionelle Basis bescherten.

Diese Koalition zur Schadensminimierung sowohl für die Abhängigen als auch für die Gesellschaft war indes keine deutsche Erfindung, sondern entwickelte sich vergleichbar in einer Reihe europäischer Länder, die durch Heroinszenen und AIDS vor ähnliche Probleme gestellt wurden. In der Schweiz, in den Niederlanden und in England war diese Entwicklung bereits weiter fortgeschritten (vgl. Klingemann/Hunt 1998), und diese Länder wurden dann auch in der Folge immer häufiger von deutschen Drogenhilfeexperten bereist. Der Begriff „harm reduction" wurde in der Folge zwar auch in Deutschland rasch populär, noch mehr aber war es hierzulande der Begriff von der akzeptierenden Drogenarbeit, um den sich immer mehr Kritiker der – jetzt traditionell genannten – Drogenhilfe versammelten.

Mit dem Begriff der akzeptierenden Drogenarbeit hatten die Kritiker der abstinenzorientierten Drogenhilfe ein Motto gefunden, das Marketing-Experten nicht besser hätten auswählen können. Vor allem in der Gegenüberstellung mit traditioneller oder abstinenzorientierter Drogenhilfe wurden die Konnotationen klar verteilt: Während die eine Seite nach Modernität, Empathie und lustvollem Leben klingt, assoziiert man bei der anderen Seite Vergangenheit, Lustfeindlichkeit und Dogmatismus. Eine programmatische Begriffsbestimmung zur akzeptierenden Drogenarbeit findet sich in dem 1990 erschienenen Buch „Akzeptierende Drogenarbeit – Ein Gegenentwurf zur traditionellen Drogenhilfe" (Schuller/Stöver 1990). Darin schrieb Stöver:

„Auf der praktischen Ebene geht es also darum, den Drogengebrauch derjenigen zu akzeptieren, die ihren Gebrauch derzeit nicht aufgeben können oder wollen. Es werden Angebote eingerichtet, die voraussetzungslos genug sind, um zunächst Kontakt zu diesen Drogengebrauchern herzustellen. Ziel dieser Angebote ist es, die gesundheitlichen und sozialen Risiken des Drogengebrauchs zu reduzieren. Das sind Überlebenshilfen und Maßnahmen der Gesunderhaltung, die die Lebensphase der Abhängigkeit überhaupt und dann ohne irreversible Schäden (wie eine HIV-Infektion) überstehen helfen: Angebote des Gesundheitsschutzes (Spritzenabgabe, medizinische Basishilfen, nahrhaftes und billiges Essen, Organisation einer Substitutionsbehandlung) und der Wohnraumversorgung (Übernachtungs-, Übergangshäuser, Hilfen bei der Wohnungssuche). Rechtliche Hilfen (Rechtsbeistand, Sozialhilfeberatung, Schuldenregulierung, Haftvermeidung) dienen vor allem der Abfederung des Kriminalisierungsdrucks. Dabei sollen die Angebote (...) niemanden von Hilfe ausschließen (...). Unterstützung soll daher auch nicht von einem Drogenfreiheitswunsch abhängig gemacht werden (Stöver 1990: 14).

Neben dieser Palette an Angeboten skizzierte Stöver auch eine „normative Ebene":

„Drogengebraucher haben, auch und gerade unter den Bedingungen des fortgesetzten Konsums, ein Recht auf menschenwürdige gesundheitliche und soziale Lebensbedingungen, sie müssen es nicht erst durch abstinentes Verhalten erwerben, Drogenkonsumenten können für sich selbst verantwortlich handeln. (...) Auch scheinbar unverständliches Drogenkonsumverhalten kann als eine persönliche Entscheidung mit einem anderen Wertkonzept akzeptiert werden, als ein Lebensstil – selbst wenn man ihn niemals übernehmen wollte" (ebd.: 14 f.).

Entscheidend für den weiteren Verlauf der Konkurrenz zwischen der etablierten Drogenhilfe und der neuen „akzeptierenden" Drogenhilfe war indes weniger die Ebene der Kongresse, Fachtagungen und Grundsatzpapiere als die der tatsächliche Umsetzung der schadensreduzierenden Angebote. Besonders sichtbar wurde dies bei der Einführung der Spritzenaustauschprogramme und den ersten Erprobungsvorhaben zur Methadonsubstitution.

Der Austausch gebrauchter Spritzen und Kanülen durch sauberes Spritzbesteck zur HIV-Prävention ist heute – abgesehen vom Strafvollzuges (Stöver 2000) – eine Selbstverständlichkeit. Blickt man aber zurück in die Anfangsjahre der HIV-Infektion, so stellt sich die Situation völlig anders da. Zwar hätte es auch schon vor der Entdeckung von HIV und AIDS Gründe für Spritzentausch gegeben (das Benutzen unhygienischer Spritzen führt zu einer ganzen Reihe von gesundheitlichen Problemen), aber für die Drogenhilfe, die sich ganz der Therapie mit dem Ziel der Abstinenz verschrieben hatte, stellte sich diese Frage lange Zeit nicht. Anders als in den frühen Release-Einrichtungen versuchte man, alle an Drogenkonsum und Drogenszene erinnernden Accessoires aus den Beratungsstellen und Therapieeinrichtungen zu verbannen. Apotheken, für die der Verkauf von Injektionsspritzen und Kanülen eigentlich eine Selbstverständlichkeit war, war von Behörden und Fachverbänden geraten worden, möglichst keine Spritzen an Drogenabhängige zu verkaufen (Kreuzer 1987). Manche Apotheken verkauften auch nur Großpackungen, die für Krankenhäuser und chronisch Kranke praktisch und preiswert, für Drogenabhängige auf der offenen Szene aber weniger nützlich und zu teuer waren.

Die gemeinsame Benutzung von Spritzen und Nadeln war zumindest vor dem Bekanntwerden der HIV-Infektionsrisiken auf den offenen Drogenszenen weit verbreitet, was teilweise durch Versorgungsengpässe, teilweise aber auch durch rituelle

Konsumvorgänge und vor allem schlicht durch Nachlässigkeit und Gedankenlosigkeit begründet war. Hinzu kam, dass für die Polizei gebrauchte oder neue Spritzen bei Drogenabhängigen Indizien für Straftaten waren, die beschlagnahmt wurden und Ermittlungsverfahren nach sich zogen (Kreuzer 1987; Schuller/Stöver 1989).

Eine der ersten Aktionen, bei denen sterile Spritzen verteilt wurden, fand im Dezember 1984 in Bremen statt (Schuller/Stöver 1989: 48 ff.). Mitglieder des drogenhilfekritischen „Arbeitskreises Kommunale Drogenpolitik" verteilten auf der Bremer Drogenszene Spritzen und Flugblätter, in denen sie über Infektionsrisiken und Vorsorgemaßnahmen informierten. Parallel dazu appellierten sie an Apotheker, Spritzen an Drogenabhängige zu verkaufen, und informierten sich in den Niederlanden über die dort bereits bestehenden Spritzentauschprogramme, bei denen nicht nur die Szene mit frischen Spritzen versorgt wurde, sondern auch gebrauchte, eventuell infektiöse Spritzen zurückgenommen wurden. Als sich die Versorgungssituation in Bremen in den folgenden Monaten nicht besserte, beschloss der Arbeitskreis, ebenfalls ein solches Spritzenaustauschprogramm zu starten. Vom Spritzentausch „neu" gegen „gebraucht" erhoffte man sich einen doppelten Präventionseffekt, konnte doch so auch das Wegwerfen von gebrauchten Spritzen in Parks etc. reduziert werden. Die in Bremen etablierte Drogenhilfe lehnte hingegen den Spritzenaustausch noch immer ab. (FDR o.J. [1987]: 116). Ein Ermittlungsverfahren der Staatsanwaltschaft wurde später eingestellt.

Die Entwicklung in anderen Städten verlief vergleichbar (Überblick bei Schuller/Stöver 1989). In Berlin war es die AIDS-Hilfe, die 1987 als erste Spritzenaustausch organisierte, während die zuständige Behörde noch davon ausging, dass Spritzenvergabe nicht mit dem Abstinenzziel der Beratungsstellen vereinbar sei, und deshalb Initiativen zum Spritzentausch in Beratungsstellen bremste. In Frankfurt am Main startete die AIDS-Hilfe 1987 mit einem mobilen Spritzenaustauschprogramm im Bahnhofsviertel. In Hamburg wurde 1987 mit dem „Drob Inn" eine neue Drogenhilfeeinrichtung im besonders belasteten Stadtteil St. Georg gegründet, die ein großes Spritzenaustauschprogramm durchführte.

Die Beschlagnahmung von gebrauchten und frischen Spritzen bei Drogenabhängigen durch die Polizei und das Observieren von Spritzenautomaten und den Eingängen von Kontaktläden etc. führte in mehreren Städten zu der absurden Situation, dass die – mit öffentlichen Geldern finanzierten – frischen Spritzen kurz nach der Abgabe an die Abhängigen von der Polizei beschlagnahmt wurden und in der Asservatenkammer landeten. In Dortmund ordnete noch 1990 das Landgericht die Beschlagnahmung eines Spritzenautomaten an (Stöver/Schuller 1992: 109).

Verantwortlich für diese juristischen Auseinandersetzungen um die Rechtmäßigkeit der Spritzenvergabe war § 29 Absatz 1 Nr. 10 Betäubungsmittelgesetz, der demjenigen Freiheitsstrafe oder Geldstrafe androhte, der „eine Gelegenheit zum unbefugten Verbrauch, Erwerb oder zur unbefugten Abgabe von Betäubungsmitteln öffentlich oder eigennützig mitteilt, eine solche Gelegenheit einem anderen verschafft oder gewährt oder ihn zum unbefugten Verbrauch von Betäubungsmitteln verleitet". Mehrere Jahre lang war heftig umstritten, inwieweit Spritzenaustauschprogramme unter die Straftatbestände des „Verschaffens" oder „Gewährens einer Gelegenheit" fielen. 1987 unterstützte die Gesundheitsministerkonferenz mit einem Beschluss die Praxis der Spritzenvergabe, dem sich auch das Bundesgesundheitsministerium anschloss. Im Nationalen Rauschgiftbekämpfungsplan von 1990 wurden Spritzenaustauschprogramme als zu fördernde „Instrumente der Schadensminimierung" (BMG/BMI 1990: 24) bezeichnet. Auch die AIDS-Enquete des Deutschen Bundestages empfahl in ihrem Abschlussbericht 1990 mehrheitlich die Durchführung von Spritzenaustauschprogrammen (Deutscher Bundestag 1990: 192). 1992 sorgte der Gesetzgeber für Rechtsklarheit, indem er dem BtMG den eindeutigen Satz zufügte: „Die Abgabe von sterilen Einmalspritzen an Betäubungsmittelabhängige stellt kein Verschaffen von Gelegenheit zum Verbrauch im Sinne von Satz 1 Nr. 10 dar." In der Zwischenzeit hatten mehrere Studien gezeigt, dass Drogenabhängige durchaus für präventive Botschaften empfänglich waren und die Benutzung gebrauchter Spritzen rückläufig war (Koch/Ehrenberg 1992; Kleiber/Pant 1996: 176 ff.).

Die Deutsche Hauptstelle gegen die Suchtgefahren sprach sich 1985 klar gegen solche Programme aus, da sie darin eine Gefahr für das Abstinenzziel der Drogenhilfe sah (Schuller/Stöver 1989). Mit dieser frühen Stellungnahme beeinflusste die DHS mehrere andere Gremien und bestärkte sie in ihrer ablehnenden Haltung. 1988 sprach sich der FDR dann für eine flächendeckende Versorgung mit hygienischen Spritzen aus. Die Praxis der Drogenhilfe hinkte diesem Beschluss indes noch lange hinterher: Eine schriftliche Befragung aus dem Jahr 1988 von 61 Drogenberatungsstellen ergab, dass nur 16 Einrichtungen (26 %) zu diesem Zeitpunkt in ihren Räumen Spritzenaustausch durchführten (Bossong 1988). Auch im Bundesmodellprogramm „Drogen und AIDS" zeigte sich, wie schwer sich die Drogenhilfe mit Spritzenaustauschprogrammen tat, die zeitgenössischen Erwartungen zu erfüllen. Von den 18 im Rahmen dieses Programms geförderten Einrichtungen waren im ersten Jahr der Förderung (1988) gerade einmal vier Einrichtungen bereit, in ihren Räumen Spritzen zu tauschen. (Schumann et al. 1993: 69).

Noch tiefgreifender waren die Veränderungen, die sich in der zweiten Hälfte der achtziger Jahre und in der ersten Hälfte der neunziger Jahre beim Thema Methadon ergaben. Substitution mit Methadon oder Polamidon war in Deutschland auf legalem Wege zuvor so gut wie unmöglich. Auch die Veröffentlichung des Schweizer Methadonberichts und holländischer Erfahrungen änderten daran zunächst wenig. Ab 1985/86 führte schließlich eine neue, „AIDS-induzierte Methadon-Diskussion" (Stöver 1989: 46) zu einer Flut von Veröffentlichungen, Diskussionspapieren und Konzepten (Überblick bei Moll 1990: 136 ff.).

Der Ton zwischen Befürwortern und Gegnern der Substitutionsbehandlung wurde zunehmend härter (Beispiele bei Chorzelski/Raschke/Schlömer 1989). Dies spürten zum Beispiel zwei ehemalige Mitarbeiter des frühen Methadonprogramms aus Hannover aus den siebziger Jahren, die 1987 eine Nachbefragung einiger Klientinnen und Klienten durchgeführt hatten, die damals mit Methadon behandelt worden waren. Während sie in den siebziger Jahren noch von einem Scheitern des Programmes geschrieben hatten (Krach et al. 1978), bewerteten sie jetzt das Experiment im Lichte der Nachbefragung und der aktuellen Diskussionen wesentlich positiver. Die Zeitschrift „Suchtgefahren" verweigerte den Abdruck ihres neuen Manuskriptes und veröffentlichte statt dessen eine scharfe methodische Kritik an ihrer Arbeit (Bühringer 1987; Krach/Peschke 1988).

Als erstes Bundesland verließ 1987/88 Nordrhein-Westfalen die Front der Methadongegner. Im Juli 1987 stimmte die Landesregierung einer Vorlage des Gesundheitsministers zu, „ein wissenschaftlich begleitetes Erprobungsvorhaben zur medikamentengestützten Rehabilitation bei Opiatabhängigen" durchzuführen (Hüsgen 1989; Prognos 1993). Konzipiert wurde ein kleines, hochschwelliges Programm, in dessen Rahmen in fünf Städten jeweils 25 Patienten behandelt werden sollten. Aufnahmebedingungen waren mindestens zwei gescheiterte mehrmonatige Abstinenztherapien, mehrjährige Opiatabhängigkeit, keine bestehende Mehrfachabhängigkeit, ein Mindestalter von 22 Jahren und die Verpflichtung zur Teilnahme am psychosozialen Betreuungsprogramm. Für HIV-Infizierte wurden die Eingangskriterien etwas gesenkt. Interessierte Heroinabhängige mussten ein langwieriges Aufnahme- und Einstellungsverfahren durchlaufen, bei dem die Indikation geprüft, die psychosoziale Situation bewertet und eine Bewilligung durch eine Kommission des Ministeriums für Arbeit, Gesundheit und Soziales eingeholt werden musste. Trotz dieser engen Kriterien war das Vorhaben zunächst rechtlich und politisch äußerst umstritten (Moll 1990: 136 ff.), und die Landes- und Bundesärztekammer konnte sich lediglich zu einer Art Duldung des Vorhabens durchringen.

Die Bundesärztekammer musste sich immer wieder mit der Methadonbehandlung befassen und rückte nur in winzigen Schritten von ihrer ablehnenden Haltung ab. 1988 veröffentlichte die Bundesärztekammer eine Stellungnahme, in der sie in Übereinstimmung mit früheren Äußerungen erklärte:

„Das oberste therapeutische Prinzip in der Behandlung von Drogenabhängigen muß daher das Ziel bleiben, auf der Basis von Drogenabstinenz, unterstützt durch sozio- und psychotherapeutische Maßnahmen, eine Stabilisierung der Persönlichkeit zu bewirken und eine weitgehende soziale Selbständigkeit herbeizuführen. Man stellt dieses zentrale therapeutische Prinzip in Frage, wenn erneut Substitutionsprogramme unter dem Etikett sogenannter ‚medikamentgestützter Rehabilitation' befürwortet werden. (...) Bei uneinsichtigen HIV-positiven Prostituierten sind die seuchen- und unterbringungsrechtlichen Maßnahmen anzuwenden" (Arbeitskreis „Ersatzdrogen" 1988).

Eine Indikation für eine Substitution mit Methadon oder Polamidon sah die Bundesärztekammer nur in Einzelfällen vorliegen. Beispielhaft für solche Einzelfälle nannte die Stellungnahme fünf Fälle:

„Drogenabhängige mit lebensbedrohlichen Zuständen im Entzug, Drogenentzug bei schweren konsumierenden Erkrankungen, Drogenentzug bei opioidpflichtigen Schmerzzuständen, Drogenabhängige am Ende der Schwangerschaft beziehungsweise unter der Geburt, drogenabhängige AIDS-Kranke mit fortgeschrittener manifester Erkrankung" (ebd.).

Noch im Jahr 1988 „überraschte die Ärztekammer Hamburg auf einer von ihr anberaumten Pressekonferenz die Öffentlichkeit mit der Meldung, dass mit ihrer und mit der Zustimmung der zuständigen Behörden der Hamburger Landesregierung Heroinabhängigen in begründeten Einzelfällen eine kontrollierte Substitutionstherapie mit Levomethadon (Polamidon) angeboten werden könnte" (Schlömer 1989: 96). Da die Nachfrage nach Substitutionsbehandlung in Hamburg wesentlich höher war als die Zahl von Arztpraxen, die zur Substitution bereit waren, eröffnete 1990 die erste vom Land finanzierte Drogenambulanz, die eine große Anzahl von Substitutionsplätzen bot und gleichzeitig die Ärzte unterstützte, die in ihren Praxen substituierten. Im selben Jahr wurde ein Vertrag zwischen der zuständigen Hamburger Behörde, der Ärztekammer, Krankenkassen und der Apothekerkammer geschlossen, in dem die Verteilung der Aufgaben und der Finanzierung geregelt wurde. Die Krankenkassen übernahmen die Kosten für die medizinische Behandlung, während die psychosoziale Begleitung aus Landesmitteln bezahlt wurde. Die psychosoziale Begleitung übernahmen mehrere Drogenhilfeeinrichtungen, die sich in einem „Fachverband ambulante Therapie" zusammenschlossen.

Der Zusammenhang mit HIV/AIDS und der Durchsetzung von Substitutionsprogrammen zeigte sich besonders deutlich in Frankfurt am Main. Dort wurde ab 1988 eine „Ambulanz für einzelfallbezogene medikamentengestützte Ausstiegshilfen für HIV-infizierte drogenabhängige Prostituierte" geplant (Peters et al. 1988). Vorausgegangen war diesen Planungen eine lebhafte Diskussion über „uneinsichtige AIDS-infizierte Prostituierte", deren Kasernierung vom Magistrat kurzfristig erwogen worden war (FRANKFURTER RUNDSCHAU vom 24.11.1987).

Ähnliche Entwicklungen gab es auch in anderen Bundesländern und Städten, so dass Stöver bereits 1989 feststellte: „Kaum eine größere Stadt, in der nicht über ein Methadon-Programm diskutiert, kaum ein Landesparlament, das nicht wenigstens eine Anhörung zum Thema Methadon durchgeführt hätte. Kommunale Fachgremien, Fachtagungen, Fachpublikationen, aber auch die allgemeine Presse beschäftigen sich eindringlich mit dem Thema" (Stöver 1989: 46). Immer häufiger tauchte jetzt der

Begriff vom „Glaubenskrieg" im Zusammenhang mit der Methadon-Debatte auf (vgl. z.B. Lange 1988). Das kleine Programm in Nordrhein-Westfalen wurde von vielen Gegnern der Substitutionsbehandlung als „Dammbruch" begriffen, gegen den unbedingt Schutzmaßnahmen notwendig waren. Der Bundesdrogenbeauftragte Franke wiederholte seine ablehnende Haltung zur Methadonsubstitution, die er nur „in ganz seltenen Fällen wie in therapieresistenten Endzuständen" für angebracht hielt, und kritisierte das Erprobungsvorhaben in NRW, dem er vorwarf, die medizinischen Indikationskriterien „weitgehend formalisiert und damit relativiert" zu haben (Franke 1988: 345).

Der FDR wies noch 1988 ausdrücklich darauf hin, „daß Schwangerschaft auf keinen Fall eine Indikation für Substitution sein darf, da bleibende Schäden für das Kind nicht ausgeschlossen sind" (Presseerklärung vom 18.10.1988). 1989 erklärte der FDR: „Substitution (‚Methadon') löst das Problem nicht, sondern bindet nur Finanzmittel, die anderweitig notwendiger sind" (Presseerklärung des FDR vom 21.02.1999). Das Wissenschaftliche Kuratorium der Deutschen Hauptstelle gegen die Suchtgefahren und die Deutsche Gesellschaft für Suchtforschung und Suchttherapie e.V. veröffentlichten 1988 eine gemeinsame – in sehr polemischem Stil verfasste – Stellungnahme, in der alle Versuche, Methadonbehandlung für mehr Drogenabhängige zu ermöglichen, zurückgewiesen wurden (DHS/DGS 1988).

Die Auseinandersetzung um die Methadonsubstitution war noch lange nicht entschieden. Noch 1990, als in Hamburg bereits die erste Substitutionsambulanz eröffnet wurde, berechnete Keup in einem Artikel in den „Suchtgefahren" den Anteil der für Methadonprogramme geeigneten Heroinabhängigen auf weniger als 0,5 % der Gesamtgruppe (Keup 1990: 249); aber trotz solcher Versuche, das Thema wieder in den Bereich des Tabus zurückzudrängen, nahm die Zahl der Substitutionsbehandlungen kontinuierlich zu. Die Forderung nach einem leichteren Zugang zur Substitutionsbehandlung wurde immer lauter. Auf der anderen Seite muss man sich vergegenwärtigen, dass selbst in den eng umgrenzten Fällen, in denen einen Methadonverschreibung nach dem Indikationskatalog der Bundesärztekammer durchaus angezeigt gewesen war, eine entsprechende Behandlung keineswegs sichergestellt war. Wer 1990 als Heroinabhängiger zur Behandlung einer anderen Erkrankung als der Drogenabhängigkeit – etwa wegen eines stationär behandlungspflichtigen Abszesses – in einem Krankenhaus aufgenommen wurde, hatte eigentlich nach den von der Bundesärztekammer definierten Regeln Anspruch auf Methadonbehandlung. Aber nur in ausgewählten großstädtischen Kliniken wurde dies auch so gehandhabt. Auch für manifest an AIDS erkrankte Drogenabhängige war es sehr ungewiss, ob sie einen Arzt finden würden, der ihnen Polamidon verschrieb.

Wer nicht unter den Katalog der Bundesärztekammer fiel und nicht an einem der Erprobungsvorhaben teilnehmen konnte, hatte – zumindest außerhalb von Hamburg

210

– immer noch wenig Chancen auf eine legale und gar von den Krankenkassen finanzierte Substitutionsbehandlung mit Methadon bzw. Polamidon. Aus dieser Zeit, in der einerseits die öffentliche Diskussion sich immer mehr der Substitutionsbehandlung zuneigte und andererseits die rechtlichen Rahmenbedingungen nach wie vor sehr restriktiv waren, stammt wohl auch die im europäischen Maßstab sehr große Zahl von Codeinbehandlungen in Deutschland.

Der Epidemiologe Pant hat rückblickend anhand einer Analyse der Prävalenzzahlen die Jahre zwischen 1982 und 1988 als die „Hochphase der HIV-Ausbreitung in den deutschen Drogenszenen" beschrieben (Pant 2000: 192). Die sich danach abzeichnenden rückläufigen Prävalenzzahlen erklärt er u.a. mit der Ausweitung der Spritzenaustauschprogramme und der dadurch begünstigten Verhaltensänderung in Bezug auf das gemeinsame Benutzen von Spritzbestecken und mit der Ausweitung der Substitutionsbehandlung. Pant schätzt die Zahl der heroinabhängigen Polamidonpatientinnen und -patienten in Deutschland im Jahr 1990 auf 200. Verglichen mit der Situation nur wenige Jahre zuvor ist dies eine hohe Zahl, wenn man bedenkt, dass Substitution zuvor auf legalem Weg nahezu unmöglich war. Die Zahl ist hingegen extrem niedrig, wenn man berücksichtigt, dass rund fünf Jahre später bereits bis zu 30.000 Drogenabhängige mit Methadon/Polamidon behandelt werden sollten. Zumindest war das Dogma des Substitutionsverbotes gebrochen. Für einzelne Ärzte bot sich ein völlig neuer Zugang zur Behandlung von Drogenabhängigen. Auch wenn um 1990 noch die meisten Ärzte nichts von Methadon wissen wollten, waren damit Weichen gestellt für die Umorientierung der Drogenhilfe und der Drogenhilfepolitik, die in den Folgejahren stattfand.

Das Ende der Blockkonfrontation zwischen Ost und West und der Fall der Berliner Mauer führten 1990 zum Beitritt der fünf neuen Bundesländer zur Bundesrepublik Deutschland. Bereits nach der Öffnung der innerdeutschen Grenze knüpften die ersten Drogenhilfeträger Kontakte in den Osten Deutschlands und verteilten Informationsmaterial zu illegalen Drogen. Abgeschottet durch Mauer und Eisernen Vorhang waren illegale Drogen nur in sehr bescheidenem Ausmaß in die DDR gelangt, und die Entwicklung von Drogenszenen wie in der Bundesrepublik war dort ausgeblieben. Die nach dem Fall der Mauer befürchtete Drogenwelle in der ehemaligen DDR blieb allerdings zunächst aus, und erst allmählich glichen sich die Drogenkonsumgewohnheiten in den neuen Bundesländern denen der alten Bundesländer an. Bis es so weit war, dass es auch in Leipzig, Dresden und Berlin (Ost) eine eigene Drogenszene gab, waren längst überall nach dem Vorbild des Westens Drogenhilfeeinrichtungen entstanden. Die Entstehungs- und Entwicklungsgeschichte der Drogenhilfe in den neuen Bundesländern mit den spezifischen Problemdefinitionen und Akteurskonstellationen differenziert nachzuzeichnen, wäre eine eigene Studie wert.

Die Kommunalisierung und Föderalisierung der Drogenpolitik

Für die Jahre zwischen 1991 und 1996 (Phase 3) haben Rosenbrock et al. in ihrem Phasenmodel zur Charakterisierung der Politikzyklen im Zusammenhang mit der Infektionskrankheit AIDS folgende Kurzbeschreibung gewählt:

„Auflösung des ‚exceptionalism' und erste Anzeichen der Normalisierung. Anhaltend stabiles Ausmaß und Muster von Neuinfektionen, zunehmende Beruhigung in der Auseinandersetzung um Minderheiten und Bürgerrechte sowie Therapieerfolge, die in Richtung auf Chronifizierung von AIDS hindeuten, führen zu ersten Erosionen des Sonderstatus von AIDS sowie der daraus folgenden Ressourcenausstattung. Zugleich konsolidiert und professionalisiert sich das „AIDS-Management" (Rosenbrock et al. 1999: 2).

In Bezug auf die Situation bei den Drogenabhängigen ist dieser Charakterisierung nur bedingt zuzustimmen. Die Drogenpolitik hinkte der AIDS-Politik mit einer gewissen Verzögerung hinterher. In der AIDS-Politik waren die grundlegenden Entscheidungen bis 1990 gefallen. Der Umbau der Drogenhilfe hin zu einem auf umfassende Schadensminimierung setzenden Hilfesystem erfolgte im wesentlichen erst zu Beginn der neunziger Jahre. Statt einer „Erosion der Ressourcenausstattung" kam es dabei zunächst zu einem beträchtlichen Wachstumsschub, weil der Umbau tatsächlich eher die Form eines Ausbaus annahm.

Analysiert man die Entwicklung der Drogenhilfe in der ersten Hälfte der neunziger Jahre, so fallen zwei Schwerpunkte auf. Zum einen ist eine zunehmende Verlagerung der Drogenpolitik auf die Ebene der Kommunen und Bundesländer zu beobachten. Zweitens wurde die „medikamentengestützte Drogenhilfe" – vor allem die Substitutionsbehandlung – massiv ausgebaut und überholte rein quantitativ alle anderen Formen der Drogenhilfe.

Von den Anfängen um 1970 bis zur Mitte der achtziger Jahre war die Drogenpolitik in Deutschland geprägt von einer weitreichenden Übereinstimmung zwischen Bund und Ländern. Der Bund war für den Bereich der Gesetzgebung zuständig und kam dieser Verpflichtung durch mehrfache Reformierungen des Betäubungsmittelrechts nach. Neben den gesetzlichen Vorgaben beeinflusste der Bund die Drogenhilfe durch die Bundesmodellprojekte und den Ständigen Arbeitskreis der Drogenbeauftragten des Bundes und der Länder, der vor allem der Koordination diente. Die Länder organisierten in dem vom BtMG gesetzten Rahmen die konkrete Ausgestaltung der Drogenhilfe, indem sie Zuwendungen an Drogenhilfeträger verteilten, Auflagen hierfür festlegten und die Verwendung der Mittel kontrollierten. Dabei gab es je nach Bundesland mehr oder weniger „Planung" bei der konkreten Ausgestaltung der Drogenhilfe, die über Referenten und Abteilungen in den Ministerien, über Landesstellen gegen die Suchtgefahren, Landesdrogenkonferenzen oder andere Organisationen und

Veranstaltungen organisiert wurde. Dazu mussten die zuständigen Abteilungen der Landesministerien mit den Trägern der Drogenhilfe und mit den Kommunen kooperieren, die in der Regel auch anteilig an der Finanzierung beteiligt waren. Kommunale Drogenpolitik fand meist nur insoweit statt, dass bestimmte Träger gezielt gefördert wurden.

HIV und AIDS hatte auch diese Arbeitsverteilung durcheinandergewirbelt. Offene Drogenszenen und innerstädtische Parkanlagen, in denen gebrauchtes Spritzbesteck im Rasen lag, waren für die Bundesebene weit weg, für die kommunale Ebene aber eine direkte Herausforderung. Ähnlich verhielt es sich mit der Beschaffungskriminalität, die in den städtischen Ballungszentren in vielfältiger Form (wie z.B. Autodiebstählen, Handtaschenraub etc.) spürbar wurde. Auch die stetig steigende Zahl der Drogentoten wurde in den Städten anders erlebt als im Bund: Zunehmend verlangten die Stadtbürger von der Kommunalpolitik Abhilfe. Als direkter Zuwendungsgeber waren auch die Länder gefragt, bei denen der Druck in den besonders belasteten Stadtstaaten Hamburg, Bremen und Berlin besonders stark wurde.

Bereits die vorsichtigen Versuche einzelner Länder und Kommunen ausgangs der achtziger Jahre, eigene Wege bei der Methadonsbehandlung zu gehen, deuteten diese Kommunalisierung bzw. Föderalisierung der Drogenpolitik an. Die Landtage befassten sich zunehmend mit drogenpolitischen Fragestellungen und entwickelten dabei durchaus eigene innovative Zugänge (Kalke 2001). In mehreren Kommunen wurden jetzt eigene Verwaltungseinheiten (Drogenreferate) eingerichtet. Bemerkenswert ist dabei, dass in mehreren Städten wie Frankfurt am Main, Hamburg und Bremen ehemalige Kritiker der Drogenhilfe in diese neu geschaffenen Referate einzogen.

Im Juni 1990 verabschiedete eine eigens zu diesem Zweck zusammengestellte „Nationale Drogenkonferenz" unter Vorsitz von Bundeskanzler Kohl den „Nationalen Rauschgiftbekämpfungsplan" (BMG/BMI 1990). Darin wurden größere Anstrengungen zur Bekämpfung des Rauschgifthandels – auch auf der Ebene des Straßen- und Kleinhandels – in Aussicht gestellt. Bundeskriminalamt, Landeskriminalämter und Zoll sollten aufgestockt, die Kooperation sollte verbessert werden. Das Strafmaß sollte für eine ganze Reihe von Delikten heraufgesetzt werden, Geldwäscherei und organisierte Kriminalität sollten vermehrt verfolgt werden. Der Ausbau der Methadonsubstitution wurde immer noch abgelehnt.

Mit dem Nationalen Rauschgiftbekämpfungsplan sollte noch einmal ein nationaler Konsens in der Drogenpolitik beschrieben werden. Die Wirklichkeit sah indes schon zum Zeitpunkt der Verabschiedung anders aus: „Spätestens im Jahr 1990 war der drogenpolitische Konsens in Deutschland zerbrochen, der 20 Jahre lang für ein relativ konfliktfreies Politikfeld gesorgt hatte" (Kalke 2001: 37). Sowohl zwischen den Parteien als auch zwischen den Ebenen des föderalen Systems gab es immer größere drogenpolitische Differenzen.

Am Beispiel von Hamburg und Frankfurt am Main lässt sich zeigen, dass diese Städte unter Drogenpolitik nicht nur Drogenhilfepolitik verstanden, sondern durchaus auch den gesetzgeberischen Bereich im Blick hatten. Ein Instrument hierzu waren mehrere Konferenzen mit anderen Kommunen unter dem Motto „Europäische Städte im Zentrum des illegalen Drogenhandels", die in ein regelmäßig zusammentreffendes europäisches Städtebündnis mündeten. Die europäische Dimension führte dazu, dass Erfahrungen aus den Niederlanden, England und der Schweiz direkt in die Kommunalpolitik einfließen konnten. Bereits auf der ersten Städtekonferenz 1991 in Frankfurt am Main wurde die „Frankfurter Resolution" verabschiedet. In dieser Resolution wurde „der Versuch der Eliminierung des Drogenangebotes und des Drogenkonsums aus unserem Kulturkreis" für gescheitert erklärt (Nimsch 1991: 1).

„Eine Drogenpolitik, die Sucht ausschließlich mit Strafrecht und Zwang zur Abstinenz bekämpfen will und die Abstinenzmotivation zur Voraussetzung von staatlicher Hilfe macht, ist gescheitert. Die Nachfrage nach Drogen ist unvermindert, die gesundheitliche und soziale Verelendung der Süchtigen nimmt zu, immer mehr Süchtige sterben, der illegale Drogenhandel breitet sich aus und macht immer größere Profite, und die Angst der Menschen in den Städten vor dem Drogenhandel und der Beschaffungskriminalität steigt. (...) Drogenabhängige leben vorwiegend in Großstädten oder kommen in die Großstädte, denn hier ist der Markt, hier ist die Scene und hier sind auch die Hilfeangebote. Vor allem die Großstädte sind daher von den Drogenproblemen betroffen, ihr Einfluß ist aber gering und steht in krassem Widerspruch zu ihrer Belastung" (ebd.).

Ausgehend von dieser Situationsanalyse forderte die Frankfurter Resolution eine „dramatische" Änderung der Prioritäten, ein Ende des polizeilichen Verfolgungsdrucks und den Ausbau niedrigschwelliger Hilfsmaßnahmen mit dem Ziel der Schadensminimierung. Ausdrücklich gefordert wurde, dass „der Gesetzgeber und die nationalen Regierungen die Voraussetzungen für eine niedrigschwellige Vergabe von Methadon (Amsterdamer Modell) und für eine medizinisch indizierte und wissenschaftlich begleitete Erprobung der Abgabe von Drogen schafft" (ebd.: 3). Bereits bei der ersten Städtekonferenz wurde auch über die Notwendigkeit diskutiert, nach dem Vorbild der Schweiz in Deutschland Fixerstuben einzurichten, in denen der Konsum von injizierbaren Drogen unter hygienischen Bedingungen möglich sein sollte.

Neben solchen Vorhaben, für die Änderungen beim Betäubungsmittelrecht angestrebt wurden, waren die Städte aber zunächst damit beschäftigt, im Rahmen der kommunalen Selbstverwaltung die Drogenhilfe umzuorganisieren und den innerstädtischen Problemdruck zu lindern. Seit 1990 traf sich dazu in Frankfurt am Main die „Montagsrunde", in der die zuständigen Dezernenten gemeinsam mit Polizei, Staatsanwaltschaft und Drogenhilfe Konzepte erarbeiteten und das weitere Vorgehen koordinierten.

Anfang der neunziger Jahre nahm dieser Problemdruck in den Großstädten zunächst noch weiter zu, was sich an den sichtbaren offenen innerstädtischen Drogenszenen zeigte, die sich nicht einfach durch punktuelle Polizeimaßnahmen vertreiben ließen. In Hamburg (vgl. Renn, Lange 1995) trieb die Polizei 1990 eine anwachsende Drogenszene zwischen Hansaplatz und Hauptbahnhof hin und her, ohne an der insgesamt schwierigen Situation im Stadtteil St. Georg etwas ändern zu können. Vielmehr gingen Bilder von Kindertagesstätten durch die Medien, in denen die Erzieherinnen vor dem Spielen im Freigelände zuerst die dort herumliegenden Spritzen aufsammeln mussten. In Frankfurt machte der Begriff „Junkie-Jogging" Schlagzeilen im Zusammenhang mit Polizeieinsätzen, bei denen Drogenabhängige durch das Bahnhofsviertel getrieben wurden.

Zur Frankfurter Drogenszene liegen aus der ersten Hälfte der neunziger Jahre drei kleinere empirische Studien vor (Vogt 1992; Ostheimer et al. 1993; Kemmesies 1995). „Man geht täglich auf die ‚Offene Szene', um dort Geschäfte abzuwickeln, Spritzen zu erwerben, Leute zu treffen usw., und man lässt sich dabei Zeit. Nach Einschätzungen der Befragten sind die Einkaufsmöglichkeiten auf der ‚Offenen Szene' sehr gut bis gut, aber der Stoff, der dort angeboten wird, ist eher schlecht" (Vogt 1992: 5 f.). 1991 bestand die Frankfurter offene Szene zu 70 % aus Männern und zu 30 % aus Frauen. Das Durchschnittsalter lag bei 28 Jahren. Nur 27 % der Befragten verfügten über ein eigenes Zimmer oder eine eigene Wohnung, und nur 25 % waren zum Zeitpunkt der Befragung erwerbstätig. Heroin war die wichtigste Droge, aber mehr als die Hälfte konsumierte zusätzlich andere Substanzen, vor allem Kokain und Beruhigungsmittel. 19 % berichteten von einem positiven HIV-Testergebnis.

Das städtische Drogenreferat förderte den Ausbau der niedrigschwelligen Hilfeangebote insbesondere im Bahnhofsviertel und erhöhte sukzessive die Zahl der Plätze im städtischen Methadonprogramm. Im Bahnhofsviertel entstanden drei große „Krisenzentren", die suchtbegleitende Hilfen anbieten sollten. Als sich der Ausbau des Methadonprogrammes wegen rechtlicher, finanzieller und personeller Schwierigkeiten verzögerte, wurde kurzfristig ein Arzt des Amsterdamer Gesundheitsamtes ausgeliehen, um in möglichst kurzer Zeit möglichst viele Drogenabhängige mit Methadon zu versorgen. Während es vor 1989 zwei Träger in Frankfurt gab, die sich die Aufgaben der Drogenhilfe und die entsprechenden Zuwendungen teilten, unterstützte das neue Drogenreferat gezielt neue Anbieter, die aus dem Umkreis der akzeptierenden Drogenhilfe hervorgegangen waren und auf der Anbieterseite für eine neue Dynamik sorgten.

Die Auflösung der offenen Szene gelang schließlich 1992 durch eine Doppelstrategie, bei der parallel die Plätze in Hilfeeinrichtungen massiv erhöht wurden und die Polizei die Abhängigen am Betreten der üblichen Szeneplätze hinderte. Im Osten der Stadt wurde eine große Aufenthalts- und Übernachtungseinrichtung von einem der neuen Trägervereine eröffnet, so dass die Polizei bei der endgültigen „Schließung" der offenen Drogenszene die Abhängigen mit Flugblättern auffordern konnte, in die Hilfeeinrichtungen zu gehen (Noller 1993: 70 f.; Schmid 1994: 51 f.).

Ein Jahr später stellte die Stadt Frankfurt beim Bundesgesundheitsamt den Antrag, ein wissenschaftliches Forschungsprojekt zur „kontrollierten Verabreichung von Diamorphin (Heroin) an spezifische Gruppen von Opiatabhängigen durch das Gesundheitsamt" durchführen zu können. 1993 legte der Frankfurter Oberstaatsanwalt und BtMG-Kommentator Körner ein „Strafrechtliches Gutachten zur Zulässigkeit von Gesundheitsräumen für den hygienischen und streßfreien Konsum von Opiatabhängigen" vor (Körner 1994b), in dem er zu dem Ergebnis kam, dass die Einrichtung solcher Räume rechtlich möglich sei, wenn der Betreiber sicherstellt, dass Erwerb, Abgabe und Handel von Drogen in diesen Räumen nicht geduldet werde, nur erwachsene Heroinabhängige Zutritt erhielten und durch geeignete Maßnahmen ein hygienischer und risikoreduzierter Heroinkonsum ermöglicht werde. Im Dezember 1994 eröffnete die Frankfurter Gesundheitsdezernentin den ersten offiziellen Gesundheitsraum der Stadt. Ein eigens eingerichteter Pendelbus sollte die Drogenabhängigen aus der Innenstadt in die neue Institution (und wieder zurück) befördern (Klee 1994; Deutsche AIDS-Hilfe e.V. 1991).

Hamburg hatte bereits 1989 für Schlagzeilen gesorgt, als Bürgermeister Voscherau sich wiederholt für die staatlich kontrollierte Vergabe von Heroin an Drogenabhängige ausgesprochen hatte. Der neue Drogenbeauftragte Bossong ließ einen Drogenhilfeplan erarbeiten, der vor allem den Ausbau der Methadonsubstitution und der Überlebenshilfen genannten niedrigschwelligen Angebote sowie mehrere Bundesratsinitiativen der Hansestadt zum Inhalt hatte. Im Mai 1992 brachte Hamburg eine Gesetzesinitiative zur Veränderung des BtMG in den Bundesrat ein, die eine ärztlich kontrollierte Heroinvergabe an Heroinabhängige ermöglichen sollte. Diese Initiative hatte ebenso wenig wie der Frankfurter Antrag beim Bundesgesundheitsamt unmittelbaren Erfolg, heizte aber die Debatte weiter an. Im selben Jahr stellte der Hamburger Senat eine Million DM in den Haushalt zur Errichtung von Gesundheitsräumen ein.

Hamburg, Frankfurt am Main und andere Kommunen und Bundesländer setzten verstärkt auf den Ausbau der niedrigschwelligen Drogenhilfeangebote, mit denen einerseits ein großer Teil der Drogenabhängigen erreicht werden konnte und von denen andererseits kurzfristig eine Entlastung der Innenstädte zu erwarten war. Der zur neuen Leitlinie der kommunalen Drogenpolitik erkorene „harm-reduction"-Ansatz sollte sowohl für die einzelnen Abhängigen als auch für die Städte zu einer Schadensminimierung führen. Von den klassischen Drogenberatungsstellen waren diese Effekte nicht zu erwarten, solange diese lediglich für abstinenzbereite Einzelfälle Hilfen anboten.

Der beabsichtigte Ausbau der niedrigschwelligen Hilfeangebote kostete allerdings Geld, das entweder den bestehenden ambulanten Beratungsstellen gekürzt oder zusätzlich in die Etats eingestellt werden musste. Die Befürchtung vieler Drogenberater, dass der Paradigmenwechsel von der abstinenz- zur akzeptanzorientierten Drogenhilfe das Ende der Finanzierung für die bestehenden Drogenberatungsstellen und Therapieeinrichtungen mit sich bringen würde, traf indes nicht ein. So stiegen etwa in Hamburg die Projektzuwendungen im Haushaltsplan „Drogen und Sucht" von 8,6 Millionen DM im Jahr 1991 auf 18,9 Millionen DM im Jahr 1995. Die Zahl der Zuwendungsempfänger nahm in diesem Zeitraum ebenfalls zu, was an einer größeren Zahl von Hilfeprojekten, aber auch an der gestiegenen Zahl von Trägern lag. In Frankfurt stieg der Etat des Drogenreferates von 6,2 Millionen DM im Jahr 1990 auf 8,1 Millionen DM im Jahr 1995 an. In der zweiten Hälfte der neunziger Jahre wurde der Drogenhilfeetat in Frankfurt weiter erhöht bis auf 15,1 Millionen DM im Jahr 2000. Mit diesen Beträgen ist allerdings nur ein Teil der Aufwendungen für Drogenabhängige beziffert. Hinzu kommen die einzelfallbezogenen Leistungen nach dem Bundessozialhilfegesetz, mit denen teilweise Drogenhilfemaßnahmen finanziert wurden (und werden), wie etwa die Übernachtungen in Notschlafstellen oder medizinische Behandlungen, wenn keine Krankenkassenversicherung vorlag oder diese nicht zur Kostenübernahme bereit war, wie dies zum Beispiel bei manchen Substitutionsbehandlungen der Fall war.

1992 kam es zu einer erneuten BtMG-Novelle, bei der der erstarkte drogenpolitische Föderalismus zum ersten Mal auch die Bundesgesetzgebung beeinflusste. Die rechtliche Zulässigkeit von Spritzentauschprogrammen und Substitutionsbehandlung wurde in das Gesetz aufgenommen (Kalke 2001: 40 f.).

Methadonsubstitution als Regelbehandlung

Dem angestrebten Ausbau der Methadonsubstitution stand bis dahin unverändert das BtMG entgegen, demzufolge alle in der entsprechenden Anlage aufgeführten Substanzen nur dann verschrieben werden konnten, wenn die Anwendung „begründet ist". Weiter hieß es in § 13 Absatz 1: „Die Anwendung ist insbesondere dann nicht begründet, wenn der beabsichtigte Zweck auf andere Weise erreicht werden kann." Diese Beschränkung traf auch auf Polamidon zu, während Methadon überhaupt nicht verschrieben werden durfte. Definierte man als Zweck der Anwendung die Behandlung der Drogenabhängigkeit, so stand dem entgegen, dass dies auch mit einer drogenfreien Langzeittherapie möglich war.

Justiz und Krankenkassen orientierten sich bei der Frage, ob die Anwendung von Polamidon begründet war, an den Regeln der ärztlichen Wissenschaft, die vor allem von den Standesorganisationen festgelegt wurden. Da die Bundesärztekammer an ihrem restriktiven Indikationskatalog festhielt, waren die Spielräume für die Substitutionspraxis außerhalb von Sonderprogrammen und Modellvorhaben äußerst gering. Wegen dieser rechtlichen Situation versuchten immer mehr Bundesländer und Kommunen, eigene Wege zu gehen und Vereinbarungen mit Staatsanwaltschaft, Landesärztekammern und Krankenkassen auszuhandeln. Bundesweit kam Bewegung in die Situation, als im Dezember 1990 der Bundesausschuss der Ärzte und Krankenkassen erstmals eine Richtlinie über „Neue Untersuchungs- und Behandlungsmethoden" zur Substitutionsbehandlung beschloss. Diese NUB-Richtlinien übernahmen den Indikationskatalog der Bundesärztekammer mit kleineren Änderungen, fügten am Ende aber eine weitere Indikation ein: „Drogenabhängigkeit bei vergleichbar schweren Erkrankungen". In diesen Fällen sollte eine Kommission darüber entscheiden, ob eine Indikation für eine krankenkassenfinanzierte Substitutionsbehandlung vorlag. Damit hielt auch die NUB-Richtlinie an der traditionellen Auffassung der Ärzteschaft fest, dass Drogenabhängigkeit alleine noch keine Indikation für eine Substitutionsbehandlung darstellt, sondern erst eine schwere Erkrankung oder eine Schwangerschaft eine Substitutionsbehandlung rechtfertige; aber immerhin war über die neue Indikation eine Möglichkeit geschaffen worden, über den klassischen Indikationskatalog weit hinauszugehen. Wie weit oder wie eng diese Möglichkeit war, hing von der Zusammensetzung der jeweiligen regionalen Kommission ab.

Der nächste Meilenstein auf dem Weg zur Normalisierung der Substitutionsbehandlung war eine Entscheidung des Bundesgerichtshofes vom Mai 1991, mit der dieser die bisherige Rechtsprechung änderte. Der BGH hatte über einen Arzt zu urteilen, dem nach § 13 BtMG unerlaubtes Verschreiben von Betäubungsmitteln vorgeworfen wurde. Anders als in früheren Urteilen kam der BGH jetzt zu der Überzeugung, dass es eine unzulässige Kriminalisierung abweichender Meinungen sei, wenn man die Stellungnahmen der ärztlichen Standesorganisationen zur Substitution als alleinigen Maßstab bei der Beurteilung der Begründetheit im Sinne von § 13 BtMG betrachte. Dadurch würde die Entwicklung neuer Therapien verhindert. 1992 wurde schließlich vom Gesetzgeber das Betäubungsmittelrecht dahingehend verändert, dass die Verschreibung von Betäubungsmitteln zur Behandlung einer Betäubungsmittelabhängigkeit explizit in den Gesetzestext aufgenommen wurde.

Schritt für Schritt wurde die Substitutionsbehandlung vereinfacht und aus der rechtlichen Grauzone gelöst. Die NUB-Richtlinien wurden mehrfach verändert und hinsichtlich der Indikationskriterien ausgeweitet. In den Städten, in denen bei über die NUB-Richtlinien hinausgehenden Indikationsstellungen eine – strafrechtlich bei entsprechender Durchführung jetzt durchaus mögliche, nicht aber durch Krankenkassen finanzierte – Substitutionsbehandlung im Rahmen eines kommunal finanzierten Modells durchgeführt wurde, ärgerte man sich bei steigender Anzahl der Patientinnen und Patienten über die hohen Preise, die für Polamidon gezahlt werden mussten. „Während die durchschnittliche Tagesdosis des in Deutschland zugelassenen Polamidon (Levomethadon) 17,50 DM kostet, ist die Tagesdosis des Razemats Methadon für 80 Pfennige zu haben" (Körner 1994a: 1474). Auf Antrag Hamburgs wurde schließlich 1994 Methadon wieder in die Anlage der verschreibungsfähigen Betäubungsmittel aufgenommen. Seither ging der Anteil der Patientinnen und Patienten, die mit Polamidon substituiert wurden, stark zurück zugunsten der Substitution mit Methadon.

Die Zahl der Heroinabhängigen, die insgesamt mit Methadon/Polamidon substituiert wurden, nahm in den neunziger Jahren kontinuierlich zu. Genaue Angaben zur Zahl der substituierten Drogenabhängigen liegen allerdings nicht vor. 1995 wurde das Institut für Therapieforschung vom Bundesministerium für Gesundheit mit der Erstellung einer Expertise zur Methadonsubstitution beauftragt. Mit verschiedenen Schätzmethoden wurde versucht, die Gesamtzahl der Patientinnen und Patienten in Substitutionsbehandlung zu schätzen. Am präzisesten waren dabei die Angaben des Bundesinstituts für Arzneimittel und Medizinprodukte, aus denen die Autoren der Expertise eine Zahl von 5.500 substituierten Patientinnen und Patienten zum Stichtag 30.6.1992, von 10.000 zum Stichtag 30.06.1993 und von 20.800 zum Stichtag 30.06.1994 berechneten (Bühringer/Künzel/Spies 1995: 34). Damit hatte sich die Zahl der Substitutionsbehandlungen innerhalb von drei Jahren mehr als verfünffacht. Die Zahl der im Jahr 1994 insgesamt mit Methadon substituierten Drogenabhängigen wurde in der Expertise auf 30.000 Personen geschätzt (ebd.: 35). Zusätzlich wurden Schätzungen zufolge jährlich zwischen 15.000 und 20.000 Heroinabhängige mit Codein oder Dihydrocodein substituiert (ebd.: 46).

Befürchtungen, dass ein Ausbau der Substitutionsbehandlung automatisch zu einem Rückgang bei der Nachfrage nach abstinenzorientierter Therapie führen würde, haben sich nicht bestätigt. Die Gesamtzahl der beendeten stationären Drogentherapien stieg den Daten des VDR[23] zufolge von rund 4.500 im Jahr 1991 auf über 7.000 im Jahr 1995 (VDR 1992 -1996). Einerseits zeigt sich daran, dass die Substitution keineswegs drogenfreie Behandlungsprogramme verdrängte. Andererseits aber hatte die Substitution innerhalb weniger Jahre rein quantitativ die Bedeutung der lange monopolisierten stationären Entwöhnungstherapie weit übertroffen..

---

23 In diesen Zahlen sind nur die Behandlungen enthalten, die von Rentenversicherungsträgern finanziert werden; hinzu kommen stationäre Entwöhnungsbehandlungen, die durch die Krankenkassen oder die überörtlichen Sozialämter finanziert wurden.

Neben Nordrhein-Westfalen hatten mehrere Bundesländer ihre Substitutionsprogramme evaluieren lassen. Die in der ersten Hälfte der neunziger Jahre nacheinander erscheinenden Evaluationsberichte[24] fügten der Methadon-Debatte neue Impulse hinzu. Anders als noch wenige Jahre zuvor wurde jetzt aber nicht mehr über eine verbotene Substanz diskutiert, bei der man bis nach Amsterdam oder Zürich fahren musste, um sie auch einmal sehen zu können, sondern über konkrete Erfahrungen und Behandlungsergebnisse.

Die Ergebnisse der verschiedenen Evaluationsstudien zur Methadonsubstitution wiesen bei allen Unterschieden im Detail große Gemeinsamkeiten auf. Zunächst zeigte sich in allen Programmen, dass Methadonsubstitution ohne größere Schwierigkeiten durchführbar war. Auffällig ist die im Vergleich zu stationären Entwöhnungsprogrammen deutlich höhere Haltequote (in Hamburg z.B. 80 % nach drei Jahren Behandlungsdauer; vgl. Raschke/Kalke/Verthein 1999: 262). Fasst man die vielschichtigen Ergebnisse zusammen, so lässt sich feststellen, dass ein Teil der mit Methadon behandelten Patientinnen umfassend von der Behandlung profitierte und sich über diese Behandlung neue Lebensperspektiven erschließen konnte. Ein zweiter Teil profitierte partiell von der Methadonbehandlung, indem die riskanten Konsumvorgänge reduziert wurden und Teilbereiche wie zum Beispiel der Gesundheitszustand verbessert werden konnten, ohne dass es aber zu einer nachhaltigen Loslösung aus dem Kontext der Drogenszene kam. Eine letzte Gruppe fügte offensichtlich Methadon als weitere zusätzliche Drogen ihren persönlichen Konsummustern zu, ohne dass sich insgesamt an der Situation viel veränderte.

Weitreichendere Schlussfolgerungen können aus den umfangreichen Studien kaum gezogen werden, und vor allem lassen sich aus dem veröffentlichten Material keine generalisierbaren Aussagen zur Größe der skizzierten Gruppen im Sinne von Erfolgsquoten ableiten. Auch für differentielle Indikationsempfehlungen bieten die Studien keine gesicherten Anhaltspunkte. Grund für diese Einschränkungen sind die methodischen Zugänge, die in allen in Deutschland bislang durchgeführten Methadonstudien gewählt wurden. Meistens wurden die Studien in Auftrag gegeben, nachdem die zu evaluierenden Programme bereits begonnen hatten. In keiner Studie wurden die Behandlungseffekte durch eine Kontrollgruppe kontrolliert. In allen Studien wurde die Stichprobenzahl während der Laufzeit wiederholt an die Praxisbedingungen angepasst. Abbrecher wurden nicht systematisch in die Berechnungen einbezo-

---

24 Vgl. z.B. für Berlin Clearingstelle 1992; für Bremen Zenker/Lang 1995; für Hamburg Raschke 1994; für Niedersachsen Schulzke 1994; für Nordrhein-Westfalen Prognos 1993; für Hessen Arnold et al. 1995a; für das Saarland MFAGS 1994; für Rheinland-Pfalz Arnold et al. 1995b; für Baden-Württemberg Arnold/Simmedinger 1999. Hinzu kommen städtebezogene Auswertungen und zahlreiche Veröffentlichungen zu Einzelaspekten.

gen. Eine Kontrollgruppenstudie mit einem anspruchsvollen wissenschaftlichen Design liegt bis heute in Deutschland nicht vor.

In den Evaluationsberichten zur Substitution wurde die Frage der psychosozialen Betreuung meist nur am Rande behandelt. In einer Hamburger Studie findet sich die Feststellung: „Die psychosoziale Betreuung der Methadon-Klienten wird in unterschiedlicher Form und mit vielfältigen inhaltlichen Schwerpunkten durchgeführt. Eine konzeptionell einheitliche Vorgehensweise in der ambulanten Betreuung gibt es (bisher) nicht. (...) Fest strukturierte, aufeinander aufbauende Therapieprozesse sind nur bei einem Teil der Klienten sichtbar" (Verthein 1995: 458). Stattdessen wurden Beratungsgespräche, Sozialtherapie, soziale Begleitung, häufige lose Kontakte und Gestalt- und Integrative Therapie als wiederholt eingesetzte Methoden genannt. Offensichtlich wird die ganze Palette der Drogenhilfe auch in der psychosozialen Betreuung eingesetzt, ohne dass Indikationen, Methoden und Ergebnisse bekannt sind. Bis heute gibt es für die Effekte dieser Unterstützung keine empirischen Belege.

Bedingt durch die Geschichte der Implementation der Substitutionsbehandlung in Deutschland ist es bislang nur bedingt zur Herausbildung von einheitlichen Standards bei der Substitutionsbehandlung gekommen. Vorliegende Standardisierungen betreffen vor allem medizinische Fragen. Darüber hinausgehende Standardisierungsversuche (vgl. etwa Bühringer et al. 1995; akzept e.V. 1995) blieben bislang ohne nennenswerte Resonanz.

Die Verdopplung der Drogenhilfe

Für die Drogenhilfe waren die frühen neunziger Jahre erneut eine Wachstumsperiode. Die älteren Jugend- und Drogenberatungsstellen wurden ergänzt durch Kontaktläden oder Krisenzentren genannte niedrigschwellige Anlaufstellen, die meist in Szenenähe gelegen waren und zwanglosen Aufenthalt, preiswertes Essen, Dusche, Waschmaschine, Spritzentausch, Kondome und Beratung ohne verpflichtende Terminabsprache und ohne Festlegung auf ein Abstinenzziel anboten. Nach der Anschubfinanzierung durch das Bundesmodellprogramm „Verstärkung in der Drogenhilfe" (Hartmann et al. 1994) und verschiedene Landesmodelle (vgl. z.B. Hentschel 1994) wurden die meisten dieser niedrigschwelligen Einrichtungen in die laufende Finanzierung durch Kommunen und Land übernommen. Vor allem in den Großstädten gehören Kontaktläden seither zum Standardangebot der Drogenhilfe (Michels/Stöver 1999). Neben den abstinenzorientierten betreuten Wohngemeinschaften entstanden verschiedene Modelle für betreutes Wohnen für substituierte Drogenabhängige (Stöver/Schuller 1990; Kurz-Lund/Stöver 1995), mit denen einerseits auf die

221

hohe Obdachlosigkeit unter Drogenabhängigen reagiert und andererseits Betreuung organisiert und finanziert wurde. Hinzu kamen Notschlafstellen, Hospize und Krankenzimmer für AIDS-kranke Drogenabhängige. In Frankfurt und Hamburg wurden diese Angebote ergänzt durch Gesundheitsräume, Konsumräume oder Druckräume genannte Einrichtungen, in denen die Möglichkeit zum hygienischen und risikoärmeren Konsum von Heroin geboten wurde (Stöver/Michels 1999). Als tertiärpräventiver Beratungsansatz entstand die „Safer Use-Beratung" (Heudtlass/Stöver/Winkler 1995). Arbeits-, Beschäftigungs- oder Qualifizierungsprojekte wurden jetzt ebenfalls doppelt entwickelt: einmal für cleane Drogenabhängige in abstinenzorientierten Programmen, einmal für substituierte Drogenabhängige mit mehr oder weniger starkem Beikonsum und gelegentlich auch für aktiv Heroin konsumierende Drogenabhängige außerhalb aller Behandlungsprogramme.

Frauenspezifische Ansätze finden sich nicht nur in abstinenzorientierten Einrichtungen, sondern auch in akzeptierenden Ansätzen, so dass ein Teil dieser Angebote jeweils auch als Fraueneinrichtung konzipiert und umgesetzt wurde (Jakob 1999). Neben Frauentherapieeinrichtungen und Frauenberatungsstellen gibt es seither auch Frauencafés und Frauenkontaktläden, Frauensubstitutionsprogramme und Frauenwohngemeinschaften. Im Umfeld der Beschaffungsprostitution entstanden mobile Ansätze akzeptierender Drogenhilfe wie Frauennachtbusse und eigene Streetworkprojekte.

Erst durch die Einführung der Substitution, die offensichtlich für Frauen besonders attraktiv war – der Anteil von Frauen in Substitutionsprogrammen war wesentlich höher als in stationären Therapieeinrichtungen –, wurde die Drogenhilfe darauf aufmerksam, dass viele Drogenabhängige Kinder hatten. Hatte man Drogenabhängigkeit in den siebziger und frühen achtziger Jahren noch als Jugendproblem verstanden, so zeigte sich jetzt, dass die Drogenabhängigen älter und zum Teil auch Eltern geworden waren. Unter den Lebensbedingungen der offenen Drogenszenen ging es diesen Kindern sehr schlecht, sofern sie überhaupt noch bei ihren Eltern lebten. In der Folge entstanden mehrere Projekte, die sich auf Kinder drogenabhängiger Eltern konzentrierten (Soer/Stratenwerth 1991).

Die Entzugsbehandlung, die in den siebziger und achtziger Jahren fast ausnahmslos als „kalter Entzug" durchgeführt wurde, veränderte sich Anfang der neunziger Jahre ebenfalls durch den stärkeren Einsatz von Medikamenten zur schrittweisen Reduktion der Droge, durch „fragmentierte" Entzüge (bei denen bestimmte Substanzen entzogen wurden, während andere substituiert wurden), durch den zunehmenden Einsatz psychotherapeutischer Verfahren im „qualifizierten Entzug" und nicht zuletzt durch zaghafte Experimente mit ambulanten Entgiftungen (Behrend/Degkwitz/Trüg 1995). Zwischen Entzug und stationärer Therapie entstanden Übergangseinrichtungen, in denen Drogenabhängige zunächst die Wartezeit bis zum Antritt einer stationären Entwöhnungsbehandlung überbrücken sollten, die sich aber zu einer eigenständigen Einrichtungsform entwickelt hat.

Zur internen Ausdifferenzierung der Drogenhilfe in den neunziger Jahren gehörte schließlich noch die ambulante Therapie, die viele Jahre lang für Drogenabhängige tabuisiert worden war. Mit der Empfehlungsvereinbarung Ambulante Rehabilitation Sucht (EVARS), die 1991 von den Renten- und Krankenversicherungsträgern beschlossen wurde, gab es erstmals eine einzelfallbezogene Abrechnungsmöglichkeit für ambulante Therapie. Zunächst wurde die Empfehlungsvereinbarung vorrangig von den auf Alkoholprobleme spezialisierten Suchtberatungsstellen angewandt, aber bald bemühten sich auch die ersten ambulanten Einrichtungen der Drogenhilfe um eine Anerkennung nach EVARS. Damit eröffnete sich für die Einrichtungen eine Möglichkeit, zusätzliche Mittel zu erwirtschaften (Raschke/Verthein/Kalke 1996).

Die Angebotspalette der Drogenhilfe konnte sich demnach in den frühen neunziger Jahren nochmals erheblich ausdifferenzieren. Mit der Entwicklung akzeptierender Hilfeansätze einher gingen erhebliche Veränderungen bei der Trägerstruktur. In mehreren Städten richteten AIDS-Hilfen Drogenhilfeprojekte ein, die auch aus den kommunalen und Landesmitteln für die Drogenhilfe gefördert wurden. In anderen Städten entstanden neue Träger, die sich den Ideen akzeptierender Drogenhilfe verpflichtet fühlten. Teilweise wiederholte sich die Gründungsgeschichte der Drogenhilfe: Wieder waren es kleine, schlecht organisierte Initiativen, die mit hohem Engagement Kontaktläden eröffneten oder durch den Einsatz von Studenten Notschlafstellen zu Konditionen anboten, bei denen die etablierte Drogenhilfe nicht mithalten konnte. Wieder einmal gab es politische Gründe, sich in der Drogenhilfe – die jetzt wieder öfters Drogenarbeit genannt wurde – zu engagieren.

Unter dem Namen „akzept" wurde im April 1990 der Bundesverband für apzeptierende Drogenarbeit und humane Drogenpolitik e.V. gegründet, in dem sich die AIDS-Hilfe und andere lokale Initiativen zusammenfanden. Die Bezeichnung „Bundesverband" war nicht zufällig gewählt: Damit positionierte man sich als direkter Konkurrent zum „Fachverband Drogen und Rauschmittel" (FDR). Im Grundsatzprogramm von akzept e.V. wurde die „massive Kriminalisierung" insbesondere abhängig gewordener Drogenkonsumenten beklagt, die sich „im ständigen Kreislauf von Drogenszene, Verurteilung, Inhaftierung, Therapie oder Psychiatrie" befänden. Dem stellte der neue Verband die Forderung nach Entkriminalisierung und neuen Hilfeangeboten wie medizinischer Grundversorgung, Betreuung und Pflege von AIDS-kranken Drogenkonsumenten und Methadonsubstitution gegenüber (akzept 1990).

1991 führte der neue Verein unter dem Motto „Leben mit Drogen?" in Berlin seinen ersten Bundeskongress durch (akzept 1991), dem ein Jahr später in Hamburg ein Kongress unter dem Thema „Menschenwürde in der Drogenpolitik. Ohne Legalisierung geht es nicht!" folgte. Jetzt gab es also – neben dem Kongress der Deutschen

Hauptstelle gegen die Suchtgefahren – jährlich zwei spezielle Drogenhilfekongresse, den FDR-Kongress und den akzept-Kongress.

Mit der Einführung der Methadonsubstitution kam es auch wieder zu neuen Ansätze einer Selbsthilfebewegung in der Drogenszene (vgl. Hermann 1991, 1992; Wagner 1992). Gruppen wie JES („Junkies, Ex-User, Substituierte") gelang es zumindest vorübergehend, Einfluss auf regionale drogenhilfepolitische Entscheidungen zu nehmen. Über mehrere Jahre hinweg waren Vertreter von JES-Gruppen bei Drogenkongressen und ähnlichen Veranstaltungen präsent, vertraten ihre Standpunkte und zwangen oftmals die anwesenden Professionellen, sich mit den Positionen von JES auseinanderzusetzen. Die Deutsche AIDS-Hilfe unterstützte über viele Jahre die Ansätze von Selbsthilfe bei Drogenabhängigen.

Die Deutsche AIDS-Hilfe führte von 1990 bis 1992 eine umfangreiche Fortbildungsreihe zum Thema Drogen und AIDS durch, in der das ganze Spektrum der akzeptierenden Ansätze thematisiert wurde (Stöver 1994). Hier konnten ehrenamtliche Mitarbeiter der AIDS-Hilfe und langjährige Drogenberater in „Safer-Use"-Seminaren lernen, wie beim Injizieren von Drogen das Infektions- und Verletzungsrisiko vermindert und wie diese Botschaften an die Klientinnen und Klienten weitergegeben werden konnten. In anderen Seminaren ging es um Erste Hilfe bei Drogennotfällen, Methadonbehandlung und niedrigschwellige Ansätze wie Kontaktladen und Notschlafstellen. Es dauerte nicht lange, bis die erste berufsbegleitende Zusatzausbildung für akzeptierende Drogenhilfe angeboten wurde und auch auf diesem Feld der FDR Konkurrenz bekam.

Unberührt vom Paradigmenstreit ist die Zahl der stationären Entwöhnungsbehandlungen bei der Diagnose „Medikamenten- und Drogenabhängigkeit" kontinuierlich angestiegen. Auffällig ist, dass der Anteil der Frauen, die eine stationäre Entwöhnung beendet haben, seit Beginn der neunziger Jahre spürbar zurückging. Zu Beginn der achtziger Jahre waren noch 30 % der Drogenabhängigen in stationärer Therapie Frauen. 1995 fiel dieser Anteil unter 20 %. Aber das rückläufige Interesse drogenabhängiger Frauen – die wohl die Methadonsubstitution bevorzugten, bei der durchgängig der Frauenanteil höher lag – wurde von drogenabhängigen Männern mehr als kompensiert, so dass insgesamt die Zahl der Entwöhnungsbehandlungen angestiegen ist.

Als der Konsum von Amphetaminen, Ecstasy und anderen so genannten Designerdrogen in den neunziger Jahren überall in Deutschland anstieg und im Zusammenhang mit Techno-Musik, Love-Parade und der Rave-Szene sich neuartige Drogenkonsummuster herausbildeten, die nicht mit den alten Stereotypen der Heroinabhängigkeit beschrieben werden konnten, tat sich für die akzeptierende Drogenhilfe ein neues Arbeitsfeld auf. Viele Akzept-Protagonisten beschäftigten sich mit Safer-Use-Beratung, „Drugchecking" (Schroers 1999) und anderen akzeptierenden Ansätzen der Prävention im Umfeld der Partyszene. Während die traditionelle Drogenhilfe mit ihren Klientinnen und Klienten gealtert war und viele Drogenberaterinnen und Drogenberater mit Techno-Musik nichts anzufangen wussten und der Rockmusik ihrer Adoleszenz nachtrauerten, gelang es akzeptierenden Ansätzen leichter, junge Raver an sich zu binden und Zugang zu diesen Szenen zu finden.

Ergebnis des Paradigmenstreits war also ein Wachstum des Gesamtsystems, bei dem das Akzeptanzparadigma innerhalb weniger Jahre einen gewissen Teil der Einrichtungen, Stellen, Organisationen etc. für sich gewinnen oder zumindest beeinflussen konnte, ohne dass die traditionelle Drogenhilfe Einrichtungen schließen musste. Dieser Wachstumsschub brachte allerdings neben vielen innovativen Neuerungen auch eine gehörige Portion Entprofessionalisierung oder Laisierung mit sich.

Zu einem Zeitpunkt, als in der internationalen Diskussion mit den Klassifikationssystemen des ICD-10 (Dilling et al. 1991) und des DSM-IV (Saß/Wittchen/Zaudig 1996) bereits elaborierte medizinische Definitionen für Abhängigkeit und schädlichen Gebrauch vorlagen, wurden in Deutschland Heroinabhängige als autonome selbstbestimmte Subjekte entdeckt. Da in Deutschland jahrelang an einem simplifizierenden Suchtbegriff festgehalten worden war, demzufolge jeder Konsum illegaler Drogen schnell zu Sucht und Abhängigkeit führen würde und ein nichtabhängiger Konsum selbst von Cannabis nicht für möglich gehalten wurde, setzte die akzeptierende Drogenhilfe gegen diese plumpe Vorstellung von Sucht und Abhängigkeit auf die nicht minder plumpe Variante, Abhängigkeit schlicht wegdefinieren zu wollen (Herwig-Lempp 1994: 114; kritisch dazu Degkwitz 1999). Beide Varianten entsprachen längst nicht mehr dem internationalen Kenntnisstand.

Wenn alle Formen von Drogenkonsum inklusive derjenigen, die man gemäß ICD-10 gemeinhin als abhängige bezeichnen würde, nichts als ein Lebensstil waren, so musste sich die Aufgabe der Drogenhilfe auf unterstützende Maßnahmen wie die Versorgung mit Wohnraum, Nahrungsmitteln, Sozialleistungen und medizinischer Behandlung der Begleiterkrankungen beschränken: „Eine so verstandene Drogenarbeit toleriert das Recht auf Anders-Sein von Drogengebrauchern, macht sie nicht zum Objekt staatlich-therapeutischer und sozialpädagogisch-therapeutischer Maßnahmen zum Zwecke der Integration durch unbedingte Abstinenz. (...). Sie wehrt sich gegen eine ausschließliche Therapeutisierung von Drogengebrauchern und damit verbunden gegen eine ‚Methodisierung der Köpfe' der ‚Helfer'" (Schneider 1997).

Vor diesem Hintergrund verwundern die Entprofessionalisierungstendenzen nicht, die in vielen Einrichtungen der akzeptierenden Drogenhilfe anzutreffen waren. So hieß es bei Schroers: „Kontaktläden sind mithin ein fester Bestandteil der bestehenden und einer prospektiven Drogenkultur" (Schroers 1995: 164). Die Definitionsmacht über das, was noch zulässig und nicht mehr zulässig war, lag gelegentlich allein in den Händen der Klientinnen und Klienten. Wenn in den Einrichtungen der akzeptierenden Drogenhilfe die Kontaktaufnahme „grundsätzlich (...)" von den BesucherInnen" ausgehen sollte und die Mitarbeiterinnen und Mitarbeiter vor allem auf „jegliches Moralisieren und Bevormunden" (Groenemeyer 1994: 106 f.) verzichten sollten, dann warf das die Frage auf, was denn eigentlich – außer versorgenden Dienstleistungen und Aufsicht – die Rolle der Professionellen war. In solchen Konzepten wurde Drogenhilfe verstanden als „Selbsthilfe, Laisierung und Beziehungsarbeit ohne Anspruch auf Professionalität" (ebd.: 45). „In der alltäglichen Arbeit dieser Einrichtungen dominiert der Handlungstyp eines emphatischen und altruistischen Eingehens auf die Bedürfnisse der Betroffenen, um auf diesem Wege die grundsätzliche Rollendistanz zwischen Betroffenen und MitarbeiterInnen zu unterlaufen" (ebd.). Schon rein sprachlich hatten die Fachkräfte ihr Gegenüber verloren: Aus KlientInnen waren BesucherInnen geworden. Der Begriff des Drogenabhängigen wurde in vielen Schriften der akzeptierenden Drogenhilfe konsequent vermieden, und auch den neutralen Begriff des Drogenkonsumenten findet man kaum, vielmehr kam das Kunstwort „Drogengebraucher" in Mode.

Vogt kritisierte die Tendenz der akzeptierenden Drogenhilfe zur Laisierung und Entprofessionalisierung mehrfach: „An die Stelle einer klaren Aufgabenstellung der Sozialarbeit im Umgang mit Drogenabhängigen tritt Profillosigkeit. Man hält sich zuständig für jedwede Tätigkeit, kann sich aber aus Zeitmangel auf keine davon einlassen. Man initiiert Gespräche, führt aber keine Beratung durch. Die Arbeit verflacht in Alltagshandlungen, die kein besonderes Wissen oder Können voraussetzen" (Vogt 1999: 27). Diese unklare Situation provoziere „Grenzüberschreitungen von beiden Seiten", die zudem von den Vertretern der akzeptierenden Ansätze nicht thematisiert und diskutiert würden. „In der Auseinandersetzung der ‚akzeptierenden' Ansätze haben sie offenbar das Kind mit dem Bade ausgeschüttet, wenn sie gegen eine Professionalisierung und für eine Laisierung der Hilfen plädieren. Die Folge davon sind u. a. chaotische Zustände in den Einrichtungen und Unklarheiten auf allen Seiten" (ebd.).

Der Paradigmenstreit innerhalb der Drogenhilfe wurde in der ersten Hälfte der neunziger Jahre dadurch entschieden, dass das abstinenzorientierte Drogenhilfesystem um die Methadonsubstitution und um niedrigschwellige, akzeptierende Ansätze erweitert wurde. Die Reichweite des Drogenhilfesystems konnte dadurch erheblich gesteigert werden, kamen doch jetzt viele Drogenabhängige wieder in Kontakt mit den Angeboten der Drogenhilfe. Eine Präzisierung der Leistungen der psychosozialen Teile der Drogenhilfe ging damit nicht einher. Vielmehr finden sich vielfältige Hinweise auf einen Entprofessionalisierungsschub.

Drogenhilfe als Dienstleistung (1995 – 2000)

In der zweiten Hälfte der neunziger Jahre beruhigten sich die zum Teil heftigen Auseinandersetzungen zwischen den verschiedenen Flügeln der Drogenhilfe. Akzeptanz- oder Abstinenzorientierung wurden nicht länger als zwei sich wechselseitig ausschließende Paradigmen betrachtet, sondern als unterschiedliche Teile eines Drogenhilfesystems, die sich ergänzten. Hingegen wurde die Frage nach der Professionalität und Qualität des Hilfesystems in der zweiten Hälfte der neunziger Jahre um so deutlicher gestellt.

Die Entwicklung der Drogenhilfe in der zweiten Hälfte der neunziger Jahre kann hier nur anhand einiger Schwerpunkte skizziert werden. Erstens geht es dabei um die Qualitätsdiskussion, die sich ab 1995 breit entfaltete und erstmals in der Geschichte der Drogenhilfe mit realen Kürzungen der Zuwendungen einherging. Zweitens brachten die Bundestagswahl 1998 und die erste rot-grüne Bundesregierung zwei Projekte ihrem Ziel näher, die noch aus den frühen neunziger Jahren und der Zeit des Paradigmenstreits stammten und bislang unerledigt geblieben waren: die rechtliche Absicherung für die Drogenkonsumräume und – nach der Schweiz und den Niederlanden – die Durchführung eines Versuches zur heroingestützten Behandlung Opiatabhängiger auch in Deutschland. Schließlich und drittens sind nach rund 30 Jahren Drogenhilfe Anzeichen einer Entdifferenzierung im Sinne einer nachlassenden Eigenständigkeit dieses Hilfesystems unübersehbar.

In ihrem Vier-Phasen-Modell der AIDS/HIV-Politik skizzieren Rosenbrock et al. die späten neunziger Jahre (Phase 4) folgendermaßen:

„Normalisierung, Normalität. Nicht zuletzt auf der Basis erfolgreicher Präventionsarbeit tendieren in den meisten Ländern HIV-Infektionen und AIDS zu einem endemischen Gleichgewicht weit unterhalb einst befürchteter Ausmaße oder nehmen sogar ab. Das Bündnis der mit AIDS befaßten sozialen Bewegungen und Gesundheitsberufe zeigt gleichzeitig Ermüdungen. Neue antiretrovirale Therapien verlängern die Überlebenszeit dramatisch. Ebenso setzten sich in den meisten Ländern Kostendämpfungsstrategien und marktliberale Prinzipien im Gesundheitswesen durch" (Rosenbrock et al. 1999: 2).

Die hier beschriebene Normalisierung beim Thema AIDS und HIV machte sich auch in der Drogenhilfe bemerkbar. Die Differenzen zwischen den akzeptierenden und abstinenzorientierten Ansätzen verblassten allmählich. AIDS und HIV taugten nicht mehr zu Dramatisierungen. Auch der Konsum von illegalen Drogen vermochte kaum noch erregte öffentliche Debatten zu stimulieren. Die Zunahme des Kokainkonsums und der einsetzende Crackkonsum beschäftigten nur noch die Fachöffentlichkeit. Mit dem zum Teil massiven Ausbau niedrigschwelliger Hilfen hatte sich in vielen Großstädten die Lage um die ehemaligen öffentlichen Drogenszenen merkbar entspannt. Im Gegenzug kam es – bedingt durch die Haushaltslage bei Bund, Ländern, Kommunen und Sozialversicherungen – zu ersten Kürzungen bei den Zuwendungen.

Mitte der neunziger Jahre erreichte die Debatte um Qualitätssicherung, Qualitätsentwicklung und neue Steuerungsmodelle, die zuvor schon in der Jugendhilfe und in anderen psychosozialen Diensten für Unruhe gesorgt hatte (KGSt 1994), auch die Drogenhilfe. Ihren prominentesten Akteur fand sie in dem Hamburger Drogenbeauftragten Bossong, der ab 1995 mit einer Reihe von Reden und Artikeln die Drogenhilfe bundesweit aufschreckte (Bossong 1995, 1996a, 1996b). In einer Rede vor dem FDR forderte er von der Drogenhilfe „fachliche und organisationsbezogene Standards, Transparenz und Ergebnisverantwortung" und stellte fest, dass diese Eigenschaften „in modernen Dienstleistungssektoren längst gang und gäbe sind. In der Sozial- und Drogenarbeit sind diese Postulate indes bis heute hoffnungslos unterentwickelt und stoßen weiterhin auf erbitterten Widerstand" (Bossong 1995). Die Jahresberichte der Drogenhilfeeinrichtungen nannte er „lyrisch verklärte Dateninterpretationen", die durch „mehr oder weniger populistische Ausführungen zur jeweiligen Weltsicht" auffielen, nicht aber erkennen ließen, „zu welchem Problem welche (passenden oder unpassenden) Maßnahmen mit welchem Erfolg oder Misserfolg ergriffen wurden". Mangels geeigneter Dokumentation „wissen weder die staatlichen Finanziers, noch die interessierte Fachöffentlichkeit, ja oft nicht einmal das Team der Kollegen (und vielleicht sogar der Sozialarbeiter am Ende selbst nicht), was im Einzelfall geschehen, was warum und in welcher Zeit zum Erfolg oder zum Misserfolg geführt hat" (ebd.).

Die Informationssysteme in den Einrichtungen beständen – so Bossong – aus „mehr oder weniger sorgfältig gepflegten Leitz-Ordnern" mit „Selbstdarstellungsbroschüren diverser Therapieeinrichtungen". Insgesamt sei die Drogenhilfe „in ihrer Organisationsform Lichtjahre entfernt vom Stand der modernen Dienstleistungstechnik, wie wir sie in der freien Wirtschaft längst überall als pure Selbstverständlichkeit vorfinden". Als Beispiel für die „Verkrustung und Schlafmützigkeit" der Sozialarbeiter analysierte er die „Medizinalisierung der Drogenhilfe" durch die Einführung der Methadonsubstitution, wodurch sich die Ärzteschaft ein neues Terrain erschlossen habe, während in der Drogenhilfe die Zusammenarbeit mit Ärzten nach wie vor umstritten sei. Die übliche Finanzierung der Drogensozialarbeit honoriere effizientes Arbeiten nicht, sondern stelle allen Einrichtungen unbeschadet ihrer tatsächlichen

Leistungen die gleichen Ressourcen zur Verfügung. Angesichts zu erwartender Kürzungen und Änderungen beim Finanzierungssystem konnte er sich nur eine Lösung in Form einer „Radikalkur" vorstellen: „Marktwirtschaft und Qualitätssicherung" (ebd.). Dazu solle der Staat als Kostenträger von der Input- auf eine Outputsteuerung umschalten und im Rahmen auszuhandelnder Leistungsverträge nach einem marktgängigen Entgeltsystem konkret erbrachte Leistungen bezahlen, statt wie bislang BAT-Stellen und Sachkosten pauschal zu übernehmen. Von den Trägern und Einrichtungen forderte er ein „klar strukturiertes und transparentes Leistungsangebot, das sich vermittels eines beständigen Monitorings (Stichwort: Marktforschung, Kundenbefragung) schnell und zielsicher auf veränderte Nachfragen und neue Bedürfnisse der Kunden einzustellen vermag" (ebd.).

Die Hamburger Drogenhilfe reagierte auf diese Vorwürfe und Vorschläge zunächst einmal umgehend mit der Aufforderung an die zuständige Senatorin, den Hamburger Drogenbeauftragten abzulösen. Trotzdem kam in Hamburg langsam ein Modernisierungsprozess in Gang (BAGS 1996), in dessen Verlauf die Träger mit umfangreichen Mitteln für Hard- und Software ausgestattet wurden und eine „Rahmenvereinbarung über Qualitätsstandards für die ambulante Sucht- und Drogenarbeit in Hamburg" zwischen Behörde und der Mehrzahl der Träger abgeschlossen wurde. Die Träger verpflichteten sich zur Teilnahme an einem Dokumentationssystem. Mit einem Teil der Träger wurden Leistungsverträge abgeschlossen, die das alte System der Zuwendungen ersetzten.

Das veraltete EBIS-System bekam jetzt Konkurrenz durch verschiedene EDV-gestützte Dokumentationssysteme, die in der Drogenhilfe Aktenführung und Monitoring erleichtern sollten (Degkwitz/Krausz/Raschke 1995; Schmid et al. 2000). In Anlehnung an Vorgaben der neu eröffneten Europäischen Beobachtungsstelle für Drogen und Drogenabhängigkeit (EMDDA) in Lissabon wurde ein deutscher Kerndatensatz beschlossen, der eine standardisierte Dokumentation in der Drogen- und Suchtkrankenhilfe ermöglichen sollte. Die verschiedenen Gremien befassten sich mit der Qualitätsdiskussion und legten entsprechende Positionspapiere, Standards, Leitlinien und Leistungsbeschreibungen vor (vgl. z.B. FDR 1997; Akzept/Deutsche AIDS-Hilfe 1999; DHS 1999).

Parallel zu dieser Debatte schlugen bei den Rentenversicherungen die Finanzprobleme der Sozialversicherungssysteme immer stärker auch auf den Rehabilitationsbereich durch. Für die Rentenversicherungsanstalten hatten sich die Kosten für Leistungen zur Rehabilitation von 4,6 Milliarden DM im Jahr 1986 auf rund 9 Milliarden DM im Jahr 1996 allein in den alten Bundesländern in etwa verdoppelt. Davon entfielen 1986 etwa 478 Millionen DM auf Leistungen im Zusammenhang mit Abhängigkeitserkrankungen. 1996 wurden rund 940 Millionen DM für Abhängigkeitserkrankungen ausgegeben, was ebenfalls fast einer Verdoppelung entspricht. Angesichts der Sparzwänge der Rentenversicherung wurden auch die Ausgaben für Rehabilitation nicht mehr von Kürzungen verschont, obwohl sie insgesamt nur etwa 3 % der Ausgaben der Rentenversicherungsanstalten ausmachten (alle Zahlen nach Angaben des VDR).

Davon betroffen war auch der Drogenbereich, bei dem Einsparungen vor allem durch eine Verkürzung der Behandlungszeiten auf durchschnittlich sechs Monate (bezogen auf regulär entlassene Patientinnen und Patienten), durch differenzierte Bewilligungen für Erstbehandlungen und Wiederholungsbehandlungen, durch eine Begrenzung der Zahl der möglichen Wiederholungsbehandlungen und durch bevorzugte Bewilligungen für ambulante Behandlungen erreicht werden sollten. Die Rentenversicherer legten noch stärkeren Wert auf entsprechend differenzierte Therapiekonzepte in den Einrichtungen, auf Vernetzung zwischen Trägern der ambulanten und der stationären Behandlung und auf individuelle Gesamtrehabilitationspläne. Die Wahlfreiheit bezüglich der Einrichtung wurde eingeschränkt. Von den Einsparungen waren andere Reha-Bereiche zum Teil noch viel stärker betroffen, was zur Schließung ganzer Kurkliniken und Heilbäder führte.

Bei den Entwöhnungsbehandlungen im Zusammenhang mit illegalen Drogen ging die Zahl der durchschnittlichen Pflegetage von 149 im Jahr 1996 auf 119 im Jahr 1999 (inklusive vorzeitiger Beendigungen) zurück. Bei der Diagnose „Alkoholabhängigkeit" ergab sich im gleichen Zeitraum ein Rückgang der durchschnittlichen Zahl der Pflegetage von 110 auf 89. Erklärtes Ziel der Rentenversicherungsanstalten war, trotz der Einsparungen bei der Rehabilitation die Qualität der Maßnahmen zu erhalten. Hierzu wurde ein eigenes Qualitätsmanagementkonzept erarbeitet und umgesetzt (Schliehe 1998).

Für die stationären Therapieeinrichtungen hatte das Wachstums- und Beschäftigungsförderungsgesetz weitreichende Folgen. Nicht nur, dass sich die Belegungssituation veränderte. Viele traditionelle Methoden der stationären Drogentherapie konnten nicht in eine sechsmonatige Behandlungsplanung übernommen werden: Für langfristige Nachreifungsprozesse im Rahmen der Therapiegruppe, für Stufenmodelle mit dreimonatiger Babyphase, Ex-User und Unterwerfungsrituale war – sofern diese Elemente nicht bereits zuvor verabschiedet worden waren – in dem neuen, auf professionelle und effektive Behandlung setzenden Rehabilitationskonzept kein Platz mehr. Die Qualitätssicherungsmaßnahmen der Rentenversicherer trugen zusätzlich dazu bei, dass sich immer deutlicher anerkannte Therapiekonzepte durchsetzten. Methadonbehandlung, Kurzzeittherapie, Kompakttherapie, Übergangseinrichtung und ambulante Therapie gaben außerdem den ausstiegswilligen Drogenabhängigen wirkliche Wahlmöglichkeiten, so dass niemand mehr auf den einstigen „Königsweg" der stationären Langzeittherapie angewiesen war. In einigen Einrichtungen wurde über Belegungsprobleme geklagt, einzelne stationäre Einrichtungen mussten schließen. Die stationären Einrichtungen, die unter den veränderten Bedingungen weiterarbeiteten, hatten nur noch wenig gemein mit den Therapeutischen Wohngemeinschaften und Langzeittherapieeinrichtungen der achtziger Jahre.

Bei den ambulanten Beratungsstellen und sonstigen Einrichtungen war die Abhängigkeit von kurzfristigen Haushaltsentscheidungen der jeweiligen Kostenträger – meist Kommunen und Länder – noch direkter als bei den stationären, bei denen zumindest rechtlich abgesicherte Ansprüche der Klientinnen und Klienten bestanden. In der zweiten Hälfte der neunziger Jahre mussten mehrere Städte wegen ihrer Finanzprobleme die Zuschüsse an die von ihnen geförderten Einrichtungen kürzen. Für viele Irritationen und Diskussionen sorgte schließlich die Reform der §§ 93 ff. BSHG, wodurch einige der von Bossong angekündigten Strukturveränderungen hinsichtlich der Finanzierung psychosozialer Dienste bundesweit umgesetzt wurden. Zwingend vorgesehen sind für die Zukunft Leistungsvereinbarungen zwischen Sozialhilfeträger und Anbieter, und ebenso wird die Einführung überprüfbarer Qualitätsmanagementsysteme unumgänglich. Seit der BSHG-Reform sind überall in Deutschland die Sozialen Dienste mit der Erstellung von Leistungsgruppen und der Einführung von Qualitätsmanagementsystemen wie EFQM beschäftigt. Vereinzelt lassen sich auch Drogenhilfeträger nach DIN 9000 zertifizieren.

Nach dem Regierungswechsel 1998 nahm die neue Bundesregierung zwei Projekte aus dem Bereich der Drogenhilfe in Angriff, die noch aus den frühen neunziger Jahren und dem Paradigmenstreit zwischen akzeptierender und traditioneller Drogenhilfe zu stammen schienen. Zum einen wurde durch entsprechende Änderungen im Betäubungsmittelrecht eine Rechtsgrundlage für den Betrieb von Drogenkonsumräumen geschaffen. Hierzu wurde das Instrument einer Verordnung gewählt, die die Länder erlassen sollten. Damit wurde der Betrieb von Konsumräumen vom Bundesgesetzgeber ermöglicht, die tatsächliche Umsetzung aber in die Hand der Länder gegeben (Kalke 2001: 67 ff.).

Zweitens hatten die neuen Koalitionsparteien im Koalitionsvertrag beschlossen, eine Studie zur kontrollierten Heroinverschreibung vorzubereiten und durchführen zu lassen (Krausz et al 2000). 1999 veröffentlichte das Bundesgesundheitsministerium eine entsprechende Ausschreibung, und nach der Entscheidung eines internationalen Gutachtergremiums für ein Forschungsdesign wurde mit der Vorbereitung der seit zehn Jahren diskutierten und jetzt „Modellprojekt zur heroingestützten Behandlung Opiatabhängiger" genannten Studie begonnen. Dabei handelt es sich um eine Studie gemäß § 3 BtMG, der vorsieht, dass zu wissenschaftlichen Zwecken ausnahmsweise auch die gemäß Anlage 1 als nicht verkehrsfähig eingestuften Substanzen verwendet werden können. Die Therapiestudie zur Evaluation der Effekte der Heroinbehandlung sollte als randomisierte multizentrische Kontrollgruppenuntersuchung in Form einer Arzneimittelstudie nach den Richtlinien „Guter Klinischer Praxis (Good Clinical Practice, GCP)" (ICH 1996) sowie den Bestimmungen des Arzneimittelgesetzes erfolgen. Der Tradition der Drogenhilfe in Deutschland folgend war von Anfang an vorgesehen, nicht nur die Verschreibung von Heroin bzw. Methadon im Rahmen der Studie zu untersuchen, sondern allen Patientinnen und Patienten auch eine besondere psychosoziale Betreuung anzubieten.

Am Schweizer Heroinversuch hatte ein Gutachtergremium der WHO kritisiert, dass die beobachteten positiven Effekte nicht eindeutig der Heroinverschreibung zugeordnet werden könnten, da Kontrollgruppen und Standardisierung der psychosozialen Begleitung fehlten. Daraus zog man für die deutsche Studie die Konsequenz, die psychosoziale Begleitung systematisch zu variieren und zwei Interventionsformen miteinander zu vergleichen. Manualisierte und in entsprechenden Studien getestete Interventionsverfahren standen allerdings auch 30 Jahre nach der Entstehung der Drogenhilfe und zehn Jahre nach der Einführung der Substitutionsbehandlung nicht zur Verfügung. Ausgewählt wurden schließlich zum einen eine Kombination aus Drogenberatung und Psychoedukation und zum anderen Case Management mit integriertem Motivational Interviewing (Krausz/Farnbacher 2000; Schmid/Vogt 2001).

Gegen Ende der neunziger Jahre hatte man fast den Eindruck, dass Themen wie Qualitätssicherung, Controlling und Dokumentationssysteme die alten Themen der Drogenhilfe in den Hintergrund gedrängt hatten. Der Streit um das BtMG, Therapie statt Strafe und Methadon war angesichts der Herausforderung durch neue Steuerungssysteme und den neuen Rechtfertigungsdruck den Geldgebern und der Öffentlichkeit gegenüber vielerorts durch Zusammenarbeit abgelöst worden. Aber nicht nur auf der Ebene des Managements bröckelten alte Abgrenzungen dahin. Auch die Sonderstellung der Drogenhilfe im Vergleich zur Suchtkrankenhilfe wurde immer häufiger in Frage gestellt (Kindermann 1996). Angesichts zunehmender Professionalisierung im stationären Bereich und bei der ambulanten Therapie und rückläufigem Kriminalisierungsdruck durch Methadonbehandlung, Gesundheitsräume und erweiterte juristische Möglichkeiten zur Verfahrenseinstellung wurde die finanzielle und personelle Besserstellung des Drogenhilfesystems gegenüber der Suchtkrankenhilfe immer schwerer begründbar. Einige der Bundesmodellprogramme der neunziger Jahre unterschieden nicht mehr zwischen Alkoholproblemen und Problemen im Zusammenhang mit illegalen Drogen, sondern hatten den Auftrag, effektive Methoden zu entwickeln, die unabhängig von der jeweiligen Substanz angewandt werden konnten. Bereits das Bundesmodellprogramm „Integrierte Suchthilfe in den neuen Bundesländern", mit dem ambulante Hilfen in den neuen Ländern aufgebaut werden sollten, sah die Implementierung von substanzübergreifenden Einrichtungen im Osten vor. „Damit sollte von vornherein die in den siebziger Jahren entstandene Spaltung zwischen Alkohol- und Drogenberatungsstellen in den alten Bundesländern vermieden werden" (Küfner et al. 1996). Ähnliches gilt für die Bundesmodellprogramme „Drogennotfallprophylaxe" (Arnold/Schmid/Simmedinger 1999) und „Kooperationsmodell Nachgehende Sozialarbeit" (Oliva et al 2001a und b).

Mit der Übernahme von Case Management, der Rezeption von Kurzinterventionsmethoden und dem Motivational Interviewing deutet sich eine Renaissance der Methodendiskussion an. Für die psychosozialen Ansätze in der Drogenhilfe wäre eine solche Debatte dringend notwendig: Auch nach 30 Jahren ambulanter Drogenhilfe sind die psychosozialen Fachkräfte in der Drogenhilfe immer noch nicht in der Lage, ihre Leistungen präzise zu benennen und von den versorgenden Angeboten einerseits (für die sie überqualifiziert sind) und den therapeutischen Angeboten andererseits (für die sie nicht ausgebildet sind) abzugrenzen. Während die Medizin und insbesondere die Psychiatrie ein neues Interesse an Suchtkranken anmeldet und dafür auch gute Gründe – wie zum Beispiel Substitution, Komorbidität, qualifizierter Entzug – vorweisen kann und Psychotherapeuten mit den vom VDR anerkannten Therapieausbildungen stationäre und ambulante Therapie mit Drogenabhängigen einzelfallbezogen abrechnen können, sind die Fachkräfte der Sozialen Arbeit noch immer kaum in der Lage, ihre Leistungen präzise zu benennen, und weit davon entfernt, anerkannte Wirksamkeitsstudien zu ihren Tätigkeiten vorlegen zu können. Methodisches Arbeiten ist nach wie vor eher die Ausnahme als die Regel in der psychosozialen Drogenhilfe (Schu 2001).

Die Indikatoren, die gegen Ende der achtziger Jahre steil nach oben gezeigt und damit zur Legitimitätskrise der traditionellen Drogenhilfe beigetragen hatten, gingen in den frühen Neunzigern zumindest leicht zurück. Am deutlichsten war die Trendumkehr bei den Drogentoten: Seit dem Höchststand im Jahr 1991 ging die Zahl der Drogentoten mehrere Jahre lang kontinuierlich zurück. Seit 1998 stiegen die Zahlen aber wieder, und im Jahr 2000 lag die Zahl der Drogentoten mit 2.030 erstmals seit acht Jahren wieder über 2.000. Gemessen an diesen Indikatoren fällt die Bilanz des Um- und Ausbaus des Drogenhilfesystems in den neunziger Jahren eher bescheiden aus.

Kontaktläden und Konsumräume waren in den neunziger Jahren verhältnismäßig unproblematisch durchzuführende Angebote für gesundheitlich und sozial angeschlagene Opiatabhängige, die sich dort ausruhen und wieder Kontakt zu den sonstigen Hilfen finden konnten. Im Zusammenhang mit der Ausweitung der Methadonsubstitution und dem zunehmenden Konsum von Kokain und Crack wurde eine Krise der niedrigschwelligen Einrichtungen erkennbar, die seit dem Ende der neunziger Jahre über aggressive Klientinnen und Klienten klagen. Angesichts der nach wie vor leeren Kassen der Kommunen, Länder und Sozialversicherungen und der beschriebenen methodischen Unklarheit der psychosozialen Drogenhilfe deuten sich weitere Veränderungsprozesse in der Drogenhilfe an.

Drogenhilfe als gesellschaftliches Teilsystem?

Im ersten Teil dieser Arbeit wurde ein hypothetisches Modell entwickelt, das die Entstehung und Entwicklung von Hilfesystemen skizziert und sich dabei verschiedener Elemente unterschiedlicher Theorieansätze bedient. Zum Abschluss soll überprüft werden, ob sich dieses Modell bei der empirischen Analyse der Entstehung und Entwicklung der Drogenhilfe bewährt hat. Dazu werden die sechs Phasen des Modells wieder aufgegriffen.

Ein Problem wird „entdeckt": Die „Entdeckung" des Drogenproblems

Ausgangspunkt der Entstehungsgeschichte des Drogenhilfesystems in Deutschland war die Wiederentdeckung psychotroper Stoffe wie Cannabis und LSD ab Mitte der sechziger Jahre im Umfeld der beginnenden Jugend- und Protestbewegung. In der Öffentlichkeit wurde der ansteigende Drogenkonsum von Teilen der Jugend sehr schnell als „Drogenwelle", die über die Gesellschaft hereinbrach und ein dramatisches Problem darstellte, thematisiert.

In der Modellkonstruktion wurde zwischen problematisierbaren Verhältnissen und Problematisierungsprozessen differenziert. Folgt man dieser Unterscheidung, so muss die Frage beantwortet werden, ob es – jenseits aller gesellschaftlicher Definitions- und Konstruktionsprozesse – Ende der sechziger und Anfang der siebziger Jahre ein Drogenproblem in der Bundesrepublik gab.

Die Antwort auf diese Frage fällt vielschichtig aus. Einerseits gab es – wie anhand der Veränderungen bei den Sicherstellungsmengen und den Tatverdächtigen gezeigt werden konnte – sehr reale Veränderungen beim Drogenkonsum: Die Mengen beschlagnahmten Cannabis und LSD, später auch anderer Drogen, stiegen enorm an, und bei den Verstößen gegen das alte Opiumgesetz wuchs die Gruppe der unter 21-Jährigen rasch an und war bald bedeutend größer als die der „klassischen" Morphinisten. Innerhalb weniger Jahre zeichnete sich eine neuartige Gruppe jugendlicher

Drogenkonsumenten ab, die andere Drogen konsumierte als ihre Eltern. Auf der anderen Seite waren Substanzen wie Heroin und Kokain Ende der sechziger Jahre noch weitgehend unbekannt, und die meisten jugendlichen Drogenexperimentierer beschränkten sich auf Haschisch, LSD und Amphetamine. Verglichen mit der heutigen Situation auf den mehr oder weniger offenen Drogenszenen der Großstädte erscheinen Art und Ausmaß des Drogenkonsums Ende der sechziger Jahre eher wenig dramatisch.

Allerdings gab es – wie z.B. die Berichte aus psychiatrischen Kliniken zeigen - schon frühzeitig die ersten Jugendlichen, die im Zusammenhang mit ihren neuen Drogen ernsthafte Probleme bekamen. Die jugendlichen Drogenkonsumenten teilten sich bald in verschiedene Gruppen auf: Für die meisten blieben ihre Drogenerfahrungen eine vorübergehende Phase in ihrer Biographie, die später teils verklärt, teils auch verdrängt, in der Regel wohl aber schlicht zunehmend unwichtiger wurde. Andere nahmen nach dem Auseinanderbrechen der Studentenbewegung ihre Haschischpfeifen mit in die bald entstehenden Landkommunen oder in ein bürgerliches akademisches Leben und rauchten weiterhin gelegentlich Cannabis, ohne auf andere Drogen umzusteigen. Für diejenigen hingegen, denen ein solcher Weg versperrt war oder die ihren Drogenkonsum nicht kontrollieren und begrenzen konnten und die bald auf potentere Substanzen umstiegen, begann ein Alptraum, der im günstigsten Fall einen tiefen Einschnitt in der Biographie, vielfach aber auch den Beginn jahrelanger Drogenkarrieren bedeutete und für viele davon tödlich endete.

Angesichts der letzten Gruppe lagen – auch unterhalb der Ebene gesellschaftlicher Konstruktions- und Definitionsprozesse – in Bezug auf den steigenden Drogenkonsum durchaus problematisierbare Verhältnisse vor. Eine ganz andere Frage ist, ob die rasch einsetzende undifferenzierte Skandalisierung als bedrohliches Drogenproblem und Drogenwelle diesen Verhältnissen angemessen war.

Ein „Entdecker" oder eine Gruppe von „Entdeckern" im engeren Sinn lässt sich in Bezug auf das Drogenproblem nicht ausmachen. Schließlich waren Probleme im Zusammenhang mit Cannabis, Opiaten und anderen Drogen nichts prinzipiell Neues, lediglich der Kontext der Jugendrevolte – und bald auch das Ausmaß – unterschied das moderne Drogenproblem von seinen Vorläufern. Dennoch lassen sich einzelne Akteure erkennen, die in dieser ersten Phase an der Konstruktion des Drogenproblems beteiligt waren.

Bereits frühzeitig griffen die Medien das Thema Drogenkonsum auf. Das lag zum einen an der massenmedialen Verbreitung der Popkultur: Insofern Drogenkonsum Bestandteil der Popkultur war, war das Thema auch in den Medien präsent. In der boomenden Musikbranche und insgesamt in der Popkultur war vor allem Cannabiskonsum weit verbreitet. „Weicher" Drogenkonsum oder zumindest eine tolerante Haltung zum Drogenkonsum war in liberalen Kreisen weit über die Protestbewegung und die Musikszene hinaus akzeptiert. Noch gab es keinen „war on drugs", und noch war auch nicht ausgemacht, wie sich der Drogenkonsum entwickeln würde. Einen kurzen Moment gab es wohl eine Unsicherheit, ob die neue Drogenwelle sich wie die „Sexwelle", lange Haare und Rockmusik einfach als Modernisierungserscheinung behaupten würde. Diese Sichtweise war nicht dominant, aber im liberalen Feuilleton der späten sechziger Jahre durchaus anzutreffen.

In der Boulevardpresse wurde der Konsum anderer Drogen als Alkohol bereits frühzeitig skandalisiert. Von „Bild" bis „Neue Revue" reichen die Beispiele sensationsheischender, aber sachlich falscher Berichte zum Drogenthema aus dieser Zeit. Wie spätere inhaltsanalytische Analysen der Berichterstattung zeigten, fand eine angemessene Information über Drogen und Drogenkonsum nicht statt. Vielmehr dominierten negative Zuschreibungen und Bewertungen, die Drogenkonsum zwischen Kriminalität und Krankheit verorteten.

Spätestens mit den Vorbereitungen zur Verabschiedung des BtMG betraten Akteure aus dem politischen System die Bühne und übernahmen sogleich eine maßgebliche Rolle. Innen-, Jugend- und Gesundheitspolitiker kämpften gegen das liberale Feuilleton und die Protestbewegung und schafften mit dem BtMG Fakten. Bei der oft polemischen und über die realen Verhältnisse hinausschießenden Verurteilung des Drogenkonsums und damit auch der Drogen konsumierenden Jugend stand die sozialliberale Koalition der konservativen Opposition in nichts nach.

Angetrieben wurde die Politik von Akteuren aus der Ärzteschaft, die mit hohem persönlichen Engagement an der Skandalisierung des Drogenproblems mitwirkten. Durch geschicktes Agieren gelang es individuellen Akteuren, die Organisationen der Ärzteschaft auf ihre Positionen festzulegen und in die Auseinandersetzung einzubinden. Dabei knüpfte die Ärzteschaft an Standpunkte an, die sie bereits fünfzig Jahre zuvor entwickelt hatte.

Die etablierte Suchtkrankenhilfe dehnte ihren „Kampf gegen die Suchtgefahren" bald auch auf die neuen Formen jugendlichen Drogenkonsums aus und verfasste Broschüren, Artikel und Denkschriften, in denen die Jugend vor der „Rauschgiftwelle" gewarnt werden sollte. Man darf allerdings bezweifeln, ob die immer etwas weltfremd und schöngeistig wirkenden Publikationen der Suchtkrankenhilfe in den wilden Sechzigern allzu viel Resonanz fanden.

Die jugendlichen Drogenexperimentierer traten ebenfalls als Akteure auf: Durch ihre oft provozierenden Aktionen, ihre Festivals, ihre subkulturelle Ästhetik und das offensive Darstellen ihrer Stile und Lebensweisen bestritten sie indes den Problemcharakter und betonten den Lustcharakter des Drogenkonsums. Allein die Besetzung des öffentlichen innerstädtischen Raumes, der Parks und Plätze, durch die entstehenden Szenen erreichte ein größeres Publikum als die Schriften der Abstinenzbewegung. Die mediale „Proliferation" der Ereignisse der Jugendprotestbewegung und der

Jugendkultur wirkten als gewaltiger Verstärker, der die Bilder von Haschisch rauchenden Jugendlichen auch noch in Dörfer transportierte, in denen es keine entsprechenden Szenen gab. Als kollektiver Akteur formierten sich die Drogenkonsumenten allerdings nicht. Während sich die Studentenbewegung als soziale Bewegung analysieren lässt, kann man in Bezug auf den Drogenkonsum höchstens von einer Quasigruppe reden.

Die Entdeckung des Drogenproblems fand im Kulturkampf zwischen Studentenbewegung, Hippies und Rockmusik auf der einen Seite und der Elterngeneration, konservativen Ärztevertretern, Politikern und bald auch Staatsanwälten und Polizisten auf der anderen Seite statt. Aus dieser Frontstellung zwischen – sehr vereinfacht, aber durchaus in Übereinstimmung mit den Grundüberzeugungen vieler damaliger Akteure so bezeichnet – konservativ und progressiv rührt die politisch-symbolische Bedeutung, die Drogen lange Zeit zugeschrieben wurde. Zumindest der Konsum weicher Drogen wie Haschisch galt als progressiv und modern, während auf der konservativen Seite aus Studentenbewegung und „Rauschgiftwelle" Bedrohungsszenarien konstruiert wurden. An dieser – zugegebenermaßen sehr groben, aber die damalige Diskursebene widerspiegelnden – Aufteilung konnte auch die Verabschiedung des BtMG durch die sozialliberale Koalition nichts ändern. Die Medien sortierten sich in diesem Kulturkampf um ihre Käufergruppen, nicht selten mit verschiedenen Angeboten verschiedene Milieus umwerbend. Gesellschaftskritische Magazine stürzten sich ebenso auf das neue Thema wie die skandalhungrige Boulevardpresse. Mit dem Auseinanderfallen der Studentenbewegung schien das Drogenproblem zeitweise den dadurch leer gewordenen Platz in vielen Diskussionen in Medien, Politik und Öffentlichkeit eingenommen zu haben. Diese reale wie auch diskursive Verbindung zwischen dem ansteigenden Drogenkonsum und der Jugend- und Protestbewegung führte dazu, dass das Drogenproblem von Anfang an trotz der Beteiligung der Ärzteschaft weniger als medizinisches denn als gesellschaftliches Problem diskutiert wurde.

Eine weitere Akteursgruppe setzte sich aus der Polizei und den Staatsanwaltschaften zusammen. Diese Akteure verfügten vor der Verabschiedung des BtMG zwar über weniger Handlungsmöglichkeiten, waren aber dessen ungeachtet auch auf der Basis des Opiumgesetzes von 1929 zuständig für die Verhinderung und Verfolgung von Straftaten im Zusammenhang mit den dort aufgeführten Substanzen. Dass diese Akteure im Rahmen dieser Zuständigkeiten handelten, belegen die Tabellen zu Sicherstellungsmengen und Tatverdächtigen nachdrücklich. Aber auch darüber hinaus beteiligten sich Polizei und Staatsanwaltschaften von Anfang an an der Drogendiskussion, führten Tagungen durch, veröffentlichten Artikel und Broschüren und standen den Medien als Experten zur Verfügung.

Das Drogenthema hatte binnen weniger Jahre den Weg von den Parks, Szenen und Jugendclubs über Feuilletons und Boulevardpresse in die Welt der Systeme und Teilsysteme geschafft. Die Erwachsenengesellschaft begegnete diesem neuartigen Phänomen, von Ausnahmen abgesehen, mit Unverständnis. Die verschiedenen skizzierten Akteure formulierten das Drogenproblem sehr unterschiedlich und interpretierten es je nach Herkunft im Zusammenhang mit Kriminalität, Krankheit, Moral, gesellschaftlichen Fehlentwicklungen und unterschiedlichen Politikvorstellungen. Verschiedene Formen professioneller Betroffenheit dominierten, da die persönlich von Drogenproblemen betroffenen sich nicht als kollektiver Akteur formierten. Über die Details der Problemdefinition waren sich die einzelnen Problemunternehmer keineswegs einig. Es dauert nicht lange, bis sich einzelne Ärzte und dann auch die Politik des Themas annahmen und überlegten, was getan werden müsse. Die Problemkonstruktion hatte sich längst in die Systemwelt verlagert. Spätestens ab 1970 war dort die Frage nicht mehr, ob Drogen gefährlich sind, sondern was dagegen getan werden musste. Damit beginnt bereits das nächste Stadium des Modells.

Erste Bewältigungsversuche: Die Entstehung der Drogenhilfe zwischen Psychiatrie, Suchtkrankenhilfe, Jugendhilfe und Release

In der Modellkonstruktion wurde davon ausgegangen, dass im Falle von erfolgreichen Problematisierungsprozessen Forderungen nach Reaktionen und Bewältigungsstrategien laut werden. Damit stellt sich für bestehende Teilsysteme die Frage nach ihrer Zuständigkeit für das neue Problem und nach ihrer Fähigkeit, Bewältigungsstrategien zu entwickeln und umzusetzen. Alltagsweltliche Akteure können sich in Form von Selbsthilfe organisieren. Dabei muss Selbsthilfe nicht zwangsläufig bedeuten, dass personenbezogene Hilfen entwickelt werden, sondern kann sich auch in Form von Bürgerwehren oder Lobbyorganisationen äußern. Personenbezogene Hilfe ist nur eine mögliche Form der Reaktion auf das neue Problem.

Diese theoretisch abgeleitete Skizzierung wird von der Entstehungsgeschichte der Drogenhilfe bestätigt: Der Ruf danach, dass etwas getan werden muss, erreichte immer stärker die gesellschaftlichen Teilsysteme wie Politik, Medizin, Jugendhilfe, Suchtkrankenhilfe und Polizei, und all diese Teilsysteme versuchten mehr oder weniger stark, Zuständigkeit für das neu entdeckte Problem zu beanspruchen.

Am besten gelang dies der Politik: Mit dem Aktionsprogramm und vor allem mit dem Betäubungsmittelgesetz hatte die Politik erfolgreich die Definitionsmacht für sich beansprucht. Damit einher ging allerdings eine Form der Problemdefinition, die bis heute ihrerseits viele Probleme geschaffen hat: Statt einem je nach Risiken abgestuften und rational begründeten Kontrollsystem wurde die dichotome Teilung psychoaktiver Substanzen in legale und illegale Drogen bestätigt und durch einen Katalog von Strafvorschriften bekräftigt. Generationen von Jugendlichen, die seither mit Haschisch, LSD, später Ecstasy und anderen Stoffen experimentiert haben, wurden dadurch zu Straftätern erklärt.[25] Das Drogenproblem wurde von der Politik primär als kriminalpolitisches Problem definiert, dem mit härteren Gesetzen, besser ausgestatteter Polizei, Gerichten und Gefängnissen beizukommen sei. Erst an zweiter Stelle definierte die Politik das Drogenproblem im Rahmen des Aktionsprogramms als soziales Problem, das Prävention für Gefährdete und Hilfe und Behandlung für Betroffene erforderlich machte. Aber auch für diesen zweiten Strang der Problemdefinition behielt sich die Bundespolitik durch das Aktionsprogramm und die darin vorgesehenen Fördermöglichkeiten Einfluss auf die Art der Problemdefinition und der Bewältigungsversuche vor.

Die anderen genannten Funktionssysteme waren unterschiedlich erfolgreich in ihren Versuchen, Zuständigkeit für das Drogenproblem zu beanspruchen. Die Polizei profitierte in Form eines immensen Ressourcenzuflusses am meisten von dem Drogenproblem. Damit einher gingen steigende Kompetenzen und Eingriffsmöglichkeiten. In den Polizeiabteilungen der Großstädte entstanden die ersten Spezialisten für Rauschgiftkriminalität, und es dauerte nicht lange, bis sich diese Entwicklung in der Gründung von spezialisierten Abteilungen und anderen Organisationseinheiten auswirkte. Damit hat die Polizei am schnellsten die dritte Phase der Modellkonstruktion – die Entstehung neuer Organisationen – erreicht.

Von den helfenden Professionen war es zunächst die Medizin und innerhalb der Medizin wiederum die Psychiatrie, die am deutlichsten die Zuständigkeit für Suchtprobleme beanspruchte. Aber gerade die Psychiatrie tat sich schwer mit den neuen Patientinnen und Patienten, die ihr in Ermangelung alternativer Behandlungseinrichtungen in den Großstädten – teils freiwillig, teils im Rahmen von Landesunterbringungsgesetzen – bald zugeführt wurden. Wie die Analyse gezeigt hat, gibt es dafür mehrere Gründe. Im Bericht der Psychiatrie-Enquete aus dem Jahr 1975 ist nachdrücklich beschrieben, in welch katastrophalem Zustand sich die Psychiatrie Ende

---

25 Schließlich findet der größte Teil des Konsums illegaler Drogen von den späten sechziger Jahren bis heute jenseits polizeilicher Kontrolle und jenseits aller Interventionen der Drogenhilfe statt. Die Drogenabhängigen und die Straftäter, die bei Drogenhilfe und Polizei bekannt sind, bilden nur einen kleinen Ausschnitt aus der Gesamtheit aller Konsumenten illegaler Drogen. Das belegen bereits seit Jahren die entsprechenden Bevölkerungsbefragungen, denen zufolge in den letzten 12 Monaten vor der Befragung mehr als 2 Millionen Erwachsene in Deutschland illegale Drogen – in der Regel Cannabis – konsumiert haben (Kraus, Bauernfeind 1998: V).

der sechziger und Anfang der siebziger Jahre immer noch befand. Die Verstrickung der Psychiatrie in die Vernichtungspolitik des Nationalsozialismus war erst ansatzweise thematisiert. Als die psychiatrischen Krankenhäuser in der Bundesrepublik die ersten jungen Drogenkonsumenten aufnahmen, hatte sie diesen, von wenigen Ausnahmen abgesehen, kaum Behandlungsmethoden anzubieten, die über die Integration in den Stationsalltag und Verwahrung hinausgingen. In mehreren psychiatrischen Krankenhäusern wurde mit neuen Behandlungsmethoden – wie etwa Bschorrs Therapiefahrten oder auch ambulanten Beratungsangeboten – experimentiert, aber insgesamt gesehen zog sich die Psychiatrie nach einer eher kurzen Experimentierphase auf die zweiwöchige Entgiftungsbehandlung zurück und überließ weitere Bewältigungsstrategien anderen Institutionen.

Medikamentöse Behandlungsformen wie etwa die Substitution wurden von der Mehrheit der organisierten Ärzteschaft abgelehnt. In vielen Arztpraxen wurden hingegen die jeweils von der Drogenszene nachgefragten Medikamente – sofern sie nicht unter das BtMG fielen – in großem Umfang verschrieben. Auch erste Ansätze zur Substitutionsbehandlung sind für die siebziger Jahre dokumentiert. Eine geordnete Behandlung entwickelte sich daraus aber nicht. Die Ärzteschaft überließ es einigen konservativen Vertretern, die Medizin insgesamt für Jahre von weiten Bereichen der Behandlung Drogenabhängiger auszuschließen. Für die meisten Ärzte waren Drogenabhängige offensichtlich eine eher unattraktive Patientengruppe, um die man sich nicht besonders bemühte.

Der auf Alkoholprobleme spezialisierten Suchtkrankenhilfe ging es in mancher Hinsicht ähnlich wie der Psychiatrie. Auch die Trinkerfürsorge war in die Ausführung des „Gesetzes zur Verhütung erbkranken Nachwuchses" und die Zwangssterilisierungen in der Nazizeit verstrickt und noch lange nach 1945 von der Notwendigkeit der Zwangsbehandlung von Süchtigen überzeugt. Zwischen den auf Abstinenz gegründeten Lebenswelten der Guttempler und Blaukreuzler und den hedonistischen Milieus der jugendlichen Subkultur gab es – zunächst – keine Schnittstellen. Die Deutsche Hauptstelle gegen die Suchtgefahren diskutierte über die Gefährdung der Jugend durch die Moderne zu einem Zeitpunkt, als große Teile dieser Jugend für deutsche Traditionen nur noch Spott übrig hatten und sich an der Popkultur, den neuen Drogen und anderen modernen Importen aus Amerika orientierten. Ernsthafte Versuche der Abstinenzbewegung und der Beratungseinrichtungen der Trinkerfürsorge, Angebote für jugendliche Drogenkonsumenten zu entwickeln, blieben Ausnahmen. Die Kluft zwischen beiden Gruppen war wohl einfach zu groß.

Die Jugendhilfe schließlich war offensichtlich so in ihrer Struktur als Behörde gefangen, dass sich interessierte Mitarbeiter sinnvolle Angebote nur außerhalb des Amtes vorstellen konnte. Der Umstrukturierungsprozess des Jugendamtes weg von der staatlichen Eingriffsbehörde hin zu einer Unterstützung anbietenden Institution hatte bestenfalls begonnen und erreichte seinen bisherigen Abschluss erst mit dem Inkrafttreten des KJHG 1990/1991. Bei der Entdeckung des modernen Drogenproblems waren die Jugendämter allenfalls in der Lage, Vereinsgründungen anzuregen, Zuschüsse zu gewähren und sich am Aufbau von Hilfestrukturen außerhalb des Amtes zu beteiligen. Die freie Jugendhilfe in Trägerschaft der Jugend- und Wohlfahrtsverbände war noch stark auf die Verbandsarbeit ausgerichtet und fand ebenfalls keine Zugänge zu den drogenkonsumierenden Jugendlichen, die ihrerseits wenig Interesse an einer Mitgliedschaft in den Jugendverbänden hatten.

Deutlich mehr Erfolg hatten in dieser Situation die bunten Release-Gruppen, die rasch in mehreren Städten entstanden. Auch die Teile der Suchtkrankenhilfe und der Jugendhilfe, die sich kontinuierlich um Zugänge zu den jugendlichen Drogenabhängigen bemühten, näherten sich in Stil und Methode den aus der Protestbewegung hervorgegangenen Release-Gruppen an. Als zunächst alltagsweltliche Hilfeformen hatten sie kaum Verbindungen mit dem verachteten Establishment, zu dem die genannten gesellschaftlichen Funktionssysteme wie die Jugendhilfe oder Medizin und Psychiatrie gehörten. Zudem kamen sie aus dem Milieu der Protestbewegung, dem sich auch die jugendlichen Drogenkonsumenten zumindest näher fühlten. Die Release-Aktivisten nutzten anfangs geschickt die Lücke, die zwischen Psychiatrie, Trinkerfürsorge, Wohlfahrtsverbänden und Jugendhilfe entstanden war, und reklamierten eine genuine Zuständigkeit für das Drogenproblem für sich. Aus ihrer Sicht war Drogenabhängigkeit keine Krankheit, sondern eine Folge des Gesellschaftssystems und des Kapitalismus, und diese Auffassung vertraten sie zunächst gemeinsam mit den Resten der sich in viele Fraktionen auflösenden Protestbewegung. Das geeignete Mittel zur Überwindung der Drogenabhängigkeit wurde in der Selbstorganisation in Kollektiven und Wohngemeinschaften gesehen, in denen die Drogenkonsumenten lernen sollten, den selbstzerstörerischen Drogenkonsum durch politische Aktionen zu ersetzen. Die Verbindungslinien zu Heim- und anderen Randgruppenkampagnen der Protestbewegung sind unübersehbar. Kurz zuvor noch als neue Form der Bewusstseinserweiterung gepriesen, galten Drogenabhängige bald als Opfer des entfremdeten Spätkapitalismus, die lernen sollten, sich dagegen zur Wehr zu setzen.

Die Gegner der Protestbewegung stellten dieser Konstruktion nicht minder politische Konstrukte entgegen, bei denen Bilder von protestierenden Studenten, Haschischrauchern, Fixern und gewalttätigen Anarchisten und Terroristen ineinander flossen. Da parallel zur Drogenwelle auch eine Sexwelle über Deutschland rollte, wurden die jeweiligen Konstrukte noch durch unterschiedliche sexuelle Assoziationen angereichert, wie sich etwa in Scheuchs Kampf gegen den „Pop- und Porno-Sozialismus" zeigte.

In akteurtheoretischer Sicht kann man die Release-Aktivisten teils als Quasi-Gruppen, teilweise aber auch als soziale Bewegung im Übergang zu formalen Orga-

241

nisationen begreifen. Zwischen den einzelnen Städten differierte die Fähigkeit der Release-Gruppen zum kollektiven Handeln stark. Je mehr sich diese Gruppen aber an die klassischen Wohlfahrtsverbände assimilierten, um so mehr wuchs auch die Fähigkeit zum korporativen Handeln.

Bei dieser Akteurskonstellation hatten Krankheits- oder Störungsvorstellungen von Drogenabhängigkeit wenig Chancen. Drogenabhängigkeit wurde – als kleinster gemeinsamer Nennen aller an der Konstruktion beteiligten kollektiven Akteure – als soziales Problem konstruiert.

In den Psychiatrien, den Release-Gruppen und Wohngemeinschaften entwickelten sich bereits relativ früh die ersten Interaktionszusammenhänge, die prägend für die Entstehung des Drogenhilfesystems werden sollten. So ging es von Anfang an um Rechtsberatung, um Vermittlung zu medizinischer Akutbehandlung, um Krisenbewältigung und um psychosoziale Beratung. Trotz aller Selbsthilfeidentität entstanden auch in den Release-Kollektiven verschiedene Funktionsrollen, die sich später zur Klientenrolle auf der einen Seite und zur Behandler-/Therapeuten- oder Beraterrolle auf der anderen Seite ausdifferenzierten.

Die Entstehung helfender Organisationen: Von Release zur Jugend- und Drogenberatung und zur Langzeittherapie

In der Folge zeichneten sich zwei Bewältigungsstrategien in Bezug auf das Drogenproblem ab, in denen sich neue Interaktionsformen und Funktionsrollen verdichteten. Polizei und Justiz waren qua Gesetz zuständig für dieses Thema und nutzten diese Zuständigkeit im Kampf um zusätzliche Ressourcen. Bald schon bildeten sich erste spezialisierte Rollen heraus. Mit der Umsetzung des Betäubungsmittelgesetzes und verschiedener Landesprogramme wurde dieser Spezialisierungsprozess massiv unterstützt und institutionell abgesichert. Bei den einzelnen Abteilungen der Polizei auf kommunaler, Landes- und Bundesebene wurden jetzt Rauschgiftabteilungen als eigenständige Organisationseinheiten gegründet und mit zusätzlichem Personal ausgestattet. Für das Bundeskriminalamt hatte die Rauschgiftkriminalität und ihre Bekämpfung eine enorme Bedeutung. Hinzu kamen Verbindungsbeamte bei ausländischen Polizeieinheiten wie der amerikanischen Drug Enforcement Agency, die mit Drogenkriminalität befasst waren. Auch Zoll und Grenzschutz wurden im Rahmen der Drogenbekämpfung aufgerüstet. Informationen über die Summen, die für den Ausbau der Polizei auf den einzelnen Ebenen zur Verfügung gestellt wurden, sind nur schwer zugänglich, aber man kann vermuten, dass die Polizei insgesamt einen großen Teil der Ressourcen, die seit 1970 in die Bewältigung des Drogenproblems gesteckt wurden, erhalten hat. Je erfolgreicher die Polizei Tatverdächtige aufspürte, um so stärker mussten sich in der Folge dann Staatsanwälte, Richter und Verteidiger mit Drogenabhängigen befassen. Steigende Zahlen von Verurteilten führten schließlich dazu, dass sich die Gefängnisse mit Drogenabhängigen füllten.

Parallel zu diesem Ausbau im Bereich der formalen sozialen Kontrolle stieg das Bedürfnis nach personenbezogener Hilfe für Drogenabhängige. Allerdings war lange Zeit unklar, wie diese Hilfe eigentlich aussehen und wer letztlich zuständig sein sollte. Parallel zur Verabschiedung des BtMG startete die Bundesregierung mit dem Großmodell das erste Bundesmodellprogramm in der Geschichte der Drogenhilfe. Damit bediente sich die Bundesregierung der klassischen Steuerungsinstrumente der Politik: Mit dem Mittel des Rechts sollte der Umgang mit den im BtMG genannten psychotropen Substanzen verhindert werden. Mit Geldzuwendungen an die Träger der Modellprojekte sollte steuernd in die Entwicklung der benötigten Hilfeorganisationen eingegriffen werden.

Im Rahmen des Großmodells entwickelten sich aus den verbliebenen Release-Ansätzen die ersten formalen Organisationen der entstehenden Drogenhilfe. Die in den frühen Projekten von Release und anderen Institutionen entstandenen Interaktionen, die auf die Hilfe für Menschen mit Drogenproblemen abzielten, verdichteten sich jetzt zu Funktionsrollen und helfenden Organisationen. Zum Abschluss des Großmodells gab es mit der Jugend- und Drogenberatungsstelle einen neuartigen Organisationstyp, der für ambulante Hilfen für Drogenabhängige eine monopolähnliche Zuständigkeit hatte. Parallel dazu waren aus den ersten Therapiehöfen und Kollektiven zunächst Therapeutische Wohngemeinschaften und schließlich Langzeittherapieeinrichtungen geworden, die erfolgreich die alleinige Zuständigkeit für die stationäre Behandlung beanspruchten. Auch dies war ein neuartiger Organisationstyp, in dem sich die Interaktionsformen der stationären Drogenhilfe verdichteten. Mit dieser Ausdifferenzierung in einen ambulanten und einen stationären Teil und der Transformation vormals alltagsweltlicher Handlungszusammenhänge, wie sie etwa bei den Release-Gruppen vorlagen, in die formalen Organisationen Jugend- und Drogenberatung, Therapeutische Wohngemeinschaft und Langzeittherapieeinrichtung waren die ersten Ansätze zu einem neuen Hilfesystem geschaffen.

Wie die Analyse gezeigt hat, entwickelte sich die Drogenhilfe nicht nach dem klassischen Ausdifferenzierungsprinzip als spezialisiertes Subsystem aus einem bestehenden Teilsystem heraus. Weder das Gesundheitssystem noch die Trinkerfürsorge oder die Jugendhilfe kann diesen Anspruch erheben. Die Institutionen der Drogenhilfe entstanden zwischen all diesen Systemen, griffen dabei auf Ressourcen und Methoden aus den genannten Subsystemen zurück und stammten zu großen Teilen aus den eher alltagsweltlichen Release-Gruppen und der Protestbewegung. Die Transformation von alltagsweltlichen Handlungszusammenhängen zu formalisierten Organisationen führte dazu, dass finanzielle Ressourcen aus der Systemwelt erschlossen werden mussten. Sofern die Gruppierungen diese Prozesse überlebten, ging damit die Anpassung an Organisationsprinzipien der Wohlfahrtspflege in Deutschland einher. Es war vor allem der DPWV, dem sich viele der zuvor nur locker organisierten Gruppen, die jetzt zumindest eingetragene Vereine wurden, anschlossen.

Berufsrollen (Leistungsanbieter) und Publikumsrollen (Leistungsempfänger) trennten sich zunehmend voneinander. Das noch heute in den meisten Drogenhilfeeinrichtungen verbreitete „Du" im Umgang zwischen Klienten und Fachkräften ist ein Relikt aus der Zeit, als diese Rollentrennung noch nicht stattgefunden hatte. In den entstehenden Jugend- und Drogenberatungsstellen und Langzeittherapieeinrichtungen bildeten sich neue Berufsrollen wie die des Drogenberaters oder des Drogentherapeuten heraus. Waren in den Release-Gruppen noch persönliche Erfahrungen und Engagement die wichtigsten qualifizierenden Eigenschaften der Aktivisten, so wurden jetzt formale Qualifikationen wichtig. Immer deutlicher wurden die Teams durch Sozialarbeiter und Sozialpädagogen geprägt. Psychologen und Pädagogen waren schon seltener vertreten, Ärzte spielten fast keine Rolle. In der Rolle des Ex-Users hielt sich noch bis in die neunziger Jahre hinein eine Zwischenrolle, die eigentlich eine Berufsrolle sein sollte, aber statt formaler Qualifikation die vorangehende Ausübung der Publikumsrolle zur Vorraussetzung hatte. Außerdem gab es jederzeit die Möglichkeit, aus der Rolle des Ex-Users wieder in die Publikumsrolle zurückzukehren.

Mit der Entstehung formaler Organisationen und deren Finanzierung durch Bund, Länder, Kommunen und Sozialversicherungsträger stellte sich auch erstmals die Frage der Steuerung dieser neuen Organisationen. Der Bund steuerte zunächst durch die Praxis der Modellförderung. Im ambulanten Bereich markierten die Mindestkriterien die Transformation von alltagsweltlichen Handlungszusammenhängen zu formalen Organisationen am markantesten. Aus heutiger Sicht ist die Aufregung, die diese Kriterien auslösten, weitgehend unverständlich. Vergegenwärtigt man sich hingegen, dass die Mindestkriterien diese Transformation steuerten, dann wird begreiflich, dass es dabei viele Reibungsverluste gab.

Problematisch erweist sich aus der Ex-post-Perspektive eher, dass die Steuerung der ambulanten Drogenhilfe, die durch die ersten Modellprojekte erfolgte, sich im wesentlichen auf formale Fragen begrenzte. Weitgehend ausgeblendet wurde hingegen die Frage nach der Art der Leistungserbringung in den Jugend- und Drogenberatungsstellen und damit nach den professionellen Beratungs- und Behandlungsansätzen. Mit der anteiligen Finanzierung der ambulanten Einrichtungen durch pauschale Modellförderung und ebenfalls pauschale Zuschüsse der Länder und Kommunen entstand eine komplexe und im Ergebnis oft unklare Akteur- und Steuerungskonstellation, die an die von Mayntz/Scharpf aus der Governance-Perspektive beschriebenen Regelungsstrukturen erinnert. Die einzelnen Länder und Kommunen waren in unterschiedlichem Ausmaß an Steuerung interessiert und in der Lage, tatsächlich zu steuern. Die Struktur der Bundes- und Landesdrogenbeauftragten mitsamt ihren regelmäßigen Treffen im Ständigen Arbeitskreis der Drogenbeauftragten des Bundes und der Länder und die Art der Mittelverteilung von Bund und Ländern an die Träger führte bei den Kommunen eher zu einem Verlust an Steuerungskompetenzen.

In den stationären Einrichtungen fand Steuerung im eigentlichen Sinn erst zu einem späteren Zeitpunkt statt, als die Rentenversicherungsträger als primärer Kostenträger feststanden. Zuvor gab es kommunale Pauschalzuschüsse und einzelfallbezogene Kostenübernahmen durch die jeweiligen Sozialhilfeträger. In dieser zersplitterten Finanzierungssituation existierte keine mit über den Einzelfall hinausreichenden Steuerungskompetenzen ausgestattete Stelle. Selbststeuerungsinstanzen hatten sich noch keine entwickelt. Die Exzesse, die sich im Zusammenhang mit der Übernahme gruppentherapeutischer Stufenprogramme nach dem Vorbild von Synanon, Daytop oder Phönix-House in vielen therapeutischen Wohngemeinschaften ereigneten, können angesichts fehlender Steuerungsinstanzen durchaus als erste Verselbständigungsprobleme betrachtet werden, die aber – mangels Steuerungsinteresse – nicht als solche wahrgenommen wurden.

Mit dem Übergang von alltagsweltlichen Hilfeinteraktionen zu formalen Organisationen standen den Steuerungsversuchen jetzt aber auch soziale Gebilde gegenüber, die eigene Kräfte zur sozialstrukturellen Verfestigung freisetzten. Immer stärker dominierten die entstehenden Organisationen der Drogenhilfe als neuer kollektiver oder gar korporativer Akteur die Auseinandersetzung um die Definition des Drogenproblems und die geeigneten Bewältigungsstrategien.

Von helfenden Organisationen zu Hilfesystemen: Drogenhilfe als therapeutische Kette

In der Modellkonstruktion wurde der Begriff Hilfesystem in Bezug auf seinen zweiten Bestandteil, den Systembegriff, definiert in Anlehnung an Mayntz (1988), der zufolge von einem gesellschaftlichen Teilsystem dann gesprochen werden soll, wenn sich mit einem speziellen Sinn ausgestattete Interaktionen und dazugehörige Funktionsrollen zu formalen Organisationen entwickeln, die in sozialstruktureller Hinsicht institutionell verfestigt sind. Kennzeichnend hierfür sind unter anderem die Ausdifferenzierung korporativer Akteure, die Ausprägung von Selbstregulierungskompetenz, die Entwicklung von Instanzen, die der Binnensteuerung, der Kooperation und der

Ausbildung dienen, sowie die möglichst exklusive Zuständigkeit für das vom Teilsystem bearbeitete Thema bei gleichzeitiger Ausweitung der Inklusivität, also des Einbeziehens immer weiterer Teile der Gesellschaft in die jeweiligen Interaktionen. Kann man die Drogenhilfe in diesem Sinn als gesellschaftliches Teilsystem bezeichnen?

In der ersten Hälfte der achtziger Jahre hatte der Prozess der Ausdifferenzierung der Drogenhilfe mit der „therapeutischen Kette" seinen ersten Höhepunkt erreicht. Bereits in den frühen Siebzigern hatten diese Organisationen bzw. ihre Vorläufer einen speziellen Handlungssinn entwickelt, den man als Hilfe für Drogenabhängige oder eben Drogenhilfe bezeichnen kann. Daraus waren bald die ersten Institutionen (z.B. die Jugend- und Drogenberatungsstellen) und Funktionsrollen (z.B. Drogenberater) entstanden. Anfang der achtziger Jahre stieg der Organisationsgrad weiter an. Regional verknüpften sich unterschiedliche Institutionen zu therapeutischen Ketten oder Therapieverbünden, die ein mehrjähriges Programm zur Behandlung individueller Drogenprobleme anboten, das von der Kontaktaufnahme über Beratung, Entgiftung und stationäre Therapie bis zur stationären und ambulanten Nachsorge reichte. Für alle Bereiche dieser Verbünde gab es funktionierende Finanzierungswege.

Parallel zu dieser regionalen Verknüpfung entwickelten sich landes- und bundesweite Netzwerke der einzelnen Institutionen. Mit der Gründung des Fachverbandes Drogen und Rauschmittel (FDR) stand ein bundesweiter Fachverband zur Verfügung, der für Meinungsbildungsprozesse, Lobbyarbeit und Ansätze von Selbstregulierung genutzt wurde und durchaus als kollektiver Akteur betrachtet werden kann. Der FDR organisierte bald auch eigene Fortbildungen bis hin zur zweijährigen berufsbegleitenden Zusatzqualifikation zum Suchttherapeuten und übernahm somit die Funktion, den eigenen Nachwuchs auszubilden. Die jährlichen Bundesdrogenkonferenzen wurden zu einer Plattform für die gesamte psychosoziale Drogenhilfe. Auch die anderen Wohlfahrtsverbände legten sich eigene Drogenfachstellen oder vergleichbare Organisationen zu. Landesweit setzten sich unterschiedliche Modelle der Vernetzung wie etwa die hessischen Landeskonferenzen der Träger und der Einrichtungen samt den dazugehörigen „Ständigen Ausschüssen" der Drogenhilfe durch.

Parallel hierzu ging die Binnendifferenzierung weiter. Immer neue zusätzliche Einrichtungsformen entstanden, so dass das Korsett der therapeutischen Kette bald zu eng und durch die schon erwähnten Therapieverbünde abgelöst wurde. Aufsuchende Arbeit und betreutes Wohnen, Arbeitsprojekte und teilstationäre Einrichtungen kamen zu den klassischen Segmenten der Therapiekette hinzu. Das Aufbegehren der Frauen führte dazu, dass einige dieser Einrichtungstypen in einer Version für Männer und Frauen und in einer zweiten Version nur für Frauen betrieben wurden.

Auch die Trägerstrukturen veränderten sich. Aus vielen kleinen Vereinen entstanden durch Fusionen oder andere Formen von Zusammenschlüssen teilweise recht potente Unternehmen, die zwar meist die Organisationsform des gemeinnützigen eingetragenen Vereins behielten, sich unter dieser Oberfläche aber zu mittleren Betrieben mit vielen Angestellten und Umsätzen in Millionenhöhe entwickelten.

Dieses Geflecht von Organisationen, das sich Drogenhilfe nannte, hatte erfolgreich die nahezu exklusive Zuständigkeit für die Behandlung von Drogenproblemen erreicht. Jugend- und Drogenberatungsstellen gab es inzwischen nahezu flächendeckend. Die Psychiatrie beschränkte sich weitgehend auf die zweiwöchige Entgiftung und dort auf den „kalten" Entzug und wurde mit diesem Segment zur therapeutischen Kette der Drogenhilfe hinzugerechnet. Substitution war verpönter denn je, und Ärzteschaft und Drogenhilfe kämpften geschlossen gegen jeden Abweichler. Ärzte, die Substitute verschrieben, wurde als „Dealer in weiß" verachtet und teilweise vor Gericht gestellt. Die Drogenhilfe konkurrierte nur noch mit der Polizei um die Zuständigkeit für das Drogenproblem. Das führte vor Ort zu teilweise heftigen Konfrontationen und Auseinandersetzungen um Schweigepflicht, Rückmeldung bei Therapieabbruch und das Hausrecht in den Einrichtungen. Von der Aufteilung des Drogenproblems in die beiden Bewältigungsstrategien „Rauschgiftbekämpfung" und „Drogenhilfe" und den über das BtMG und das Prinzip „Therapie statt Strafe" entstandenen Interdependenzen profitierten indes beide Teilsysteme.

Die steigenden Verurteiltenzahlen führten in Kombination mit dem reformierten BtMG und der Theorie vom „initialen Zwang" zu einer nicht versiegenden fremdinduzierten Nachfrage. Den Kriterien des BtMG für „Therapie statt Strafe" genügten nur die ohnehin recht strengen Langzeittherapieeinrichtungen der Drogenhilfe. So sehr sich die Drogenhilfe zunächst gegen die BtMG-Reform wehrte, so sehr profitierten die stationären Einrichtungen bald schon von dem gesicherten Nachschub an Klientinnen und Klienten. Zur staatlichen Anerkennung gemäß BtMG kam die Anerkennung durch die Rentenversicherer. Zwar gab es auch hier Streit um die Anforderungen der Rentenversicherer an die medizinische Rehabilitation, aber die meisten Einrichtungen fanden Lösungen, mit denen der Fortbestand psychosozial dominierter Institutionen gesichert war. Immerhin gelang es den Rentenversicherungsträgern auf diesem Weg, die konfrontativen Exzesse in den Therapeutischen Wohngemeinschaften zu beenden und eine allmähliche Professionalisierung einzuleiten.

Neben der exklusiven Zuständigkeit für Drogenhilfe weitete dieses neue Hilfesystem aber auch seine Angebotspalette aus, um die Inklusivität zu erhöhen und weitere Teile der Gesellschaft als potentielles Publikum ansprechen zu können. Dazu gehört der Bereich der Primärprävention, die möglichst schon im Kindergarten anfangen sollte, substanzunabhängig angelegt war, und dennoch aber von Drogenberatern durchgeführt werden musste. Bereits das psychosoziale Anschlussprogramm zeigte einen weiteren Weg zur wachsenden Inklusivität: Jugend- und Drogenberatungsstellen sollten nicht nur für Jugendliche, die Probleme mit illegalen Drogen hatten, zuständig sein, sondern diese Zuständigkeit auch auf Jugendliche mit Alkoholproblemen und gefährdete Jugendliche ausdehnen. Wenige Jahre später folgte die Diskussion um Essstörungen, für die sich ebenfalls die Drogenhilfe – allerdings ohne größere Erfolge – für zuständig erklärte. Im Zuge des Aufstiegs familientherapeutischer Ansätze und der Diskussion um Co-Abhängigkeit wurden weitere potentielle Klientenrollen geschaffen. Teilweise gab es in den achtziger Jahren so genannte Jugend- und Drogenberatungsstellen, die mit ausgereiften psychotherapeutischen Angeboten bestimmten Klientengruppen kompetent helfen konnten, allerdings von Drogenabhängigen nicht mehr aufgesucht wurden.

Mitte der achtziger Jahre kann die Drogenhilfe demnach als wachsendes und sich weiterhin ausdifferenzierendes Hilfesystem beschrieben werden, das erfolgreich die Exklusivität für Hilfen bei Problemen mit (illegalen) Drogen beanspruchte und diesen Anspruch zunehmend im Sinne einer steigenden Inklusivität ausdehnen konnte. In sozialstruktureller Hinsicht war das Hilfesystem fest in bestehende Rechtsbereiche und Finanzierungsformen eingebunden.

Verselbständigungsprobleme

Aus systemtheoretischer Sicht führt die Ausdifferenzierung von Gesellschaften in mehrere Subsysteme zu einer gesteigerten Leistungsfähigkeit des Gesamtsystems. Der Preis, der dafür zu zahlen ist, ist der zunehmende Partikularismus der Subsysteme, die nicht mehr in der Lage sind, das Gesamtsystem zu reflektieren. Dieser Partikularismus kann durch steuernde Einflüsse aus der Systemumwelt – also aus benachbarten Subsystemen – begrenzt werden. Misslingt dies, so drohen Verselbständigungsprobleme. Der hypothetischen Modellkonstruktion zufolge werden Verselbständigungsprobleme bei helfenden Organisationen dann wahrscheinlich, wenn sich diese zu Hilfesystemen weiterentwickeln und der Grad der Institutionalisierung und sozialstrukturellen Verfestigung und damit auch der Partikularismus weiter voranschreiten.

Die empirische Analyse der Entstehung und Entwicklung der Drogenhilfe bestätigt das hypothetische Modell in diesem Punkt. Zunehmende institutionelle und sozialstrukturelle Verfestigung führten bei der Drogenhilfe zu vielfältigen Verselbständigungsproblemen. Die ersten dieser Probleme lassen sich aber bereits wesentlich früher beobachten, als es die zeitliche Abfolge des Modells nahe legt.

So können die beschriebenen Exzesse in den frühen Therapeutischen Wohngemeinschaften durchaus als Verselbständigungsprobleme interpretiert werden. Nicht die Erbringung der Dienstleistung „Drogenhilfe" stand dabei im Vordergrund, sondern der totale Zugriff auf die jeweiligen Klientinnen und Klienten, der durch keine Interventionen aus der Systemumwelt gestoppt wurde. Diese Klientinnen und Klienten müssen die ungezähmten Versuche der Therapeuten und Berater, mit vielfältigen psychodynamischen Verfahren wie etwa dem geschilderten Encounter-Verfahren ihre „Suchtpersönlichkeit" zu zerstören und anschließend eine neue aufzubauen, tatsächlich wie eine brutale Kolonialisierung erlebt haben. Ihnen blieb nur die „Abstimmung mit den Füßen". Glaubt man den Berichten aus den frühen achtziger Jahren, dann machten sie von diesem Steuerungsmittel auch bald Gebrauch und mieden die Einrichtungen.

Die Funktion von Hilfesystemen wurde mit den Begriffen Exklusionsvermeidung, (stellvertretende) Inklusion und Exklusionsverwaltung umschrieben. In Bezug auf die Drogenhilfe war diese Handlungslogik ohnehin weit interpretierbar, und Erfolgsparameter für Leistungserbringung waren kaum vorhanden. Eine erste Bedingung für erfolgreiche Leistungserbringung ist aber der Kontakt mit den Hilfebedürftigen. Hieran schien es in den achtziger Jahren immer mehr zu mangeln. Auf dem Höhepunkt der Etablierung der therapeutischen Kette häuften sich die Klagen von Mitarbeitern der Drogenhilfe über ausbleibende oder die Maßnahmen vorzeitig verlassende Klientinnen und Klienten. In den achtziger Jahren hatten deshalb alle Bundesmodellprogramme die Aufgabe, die Drogenhilfe und ihr Klientel wieder enger in Kontakt zu ringen. Mit immer neuen Ansätzen wurde versucht, Drogenabhängige in die ambulanten und stationären Einrichtungen der Drogenhilfe zu bringen.

Nun hatte die Drogenhilfe in den frühen achtziger Jahren nichts anderes zu bieten als stationäre Langzeittherapie. Ambulante Einrichtungen hatten im wesentlichen die Aufgabe der Vermittlung und Vorbereitung auf stationäre Therapie; andere Hilfen wurden als suchtverlängernd abgelehnt. Berücksichtigt man dann noch die konfrontativen und manchmal menschenrechtsverletzenden Praktiken in den stationären Einrichtungen, so wird klar, warum immer weniger Drogenabhängige diese Hilfeangebote frequentierten. Die wenigen Therapiestudien aus den achtziger Jahren zeigen darüber hinaus, dass nur zwischen 20 und 30 % der Drogenabhängigen in stationärer Therapie diese auch planmäßig beendeten. Katamnestische Daten liegen kaum vor, deuten aber an, dass der Anteil derjenigen, die Jahre nach der Therapie abstinent lebten, noch deutlich niedriger war.

Diese Art von Verselbständigungsproblemen – ein Hilfesystem, das seine Klientel nicht mehr erreicht – wird noch deutlicher, wenn man analysiert, wie sich der Handlungszusammenhang Drogenhilfe ganz konkret in Leistungen ausdrückte. Dafür gab es zwar viele blumige Worte, aber wenig konkrete Beschreibungen. Beratung, Begleitung, Therapie, Vermittlung – diese und andere Worte reichten in Binnendiskussionen wie auch in Diskussionen mit benachbarten Teilsystemen über viele Jahre hinweg aus, um das Leistungsspektrum der Drogenhilfe scheinbar genau abzubilden.

Hinter diesen Begriffen standen allerdings selten anerkannte und überprüfte Methoden. Obwohl Sozialarbeiter und Sozialpädagogen die größte Berufsgruppe in den Jugend- und Drogenberatungsstellen waren, wurden sozialarbeiterische Methoden wie etwa die Einzelfallhilfe kaum angewandt, galt doch in den achtziger Jahren jede Hilfe unterhalb des Abstinenzzieles als Ausdruck von Co-Abhängigkeit. Ambulante Therapie war ebenfalls lange Zeit verpönt. Zwar verabredeten viele Drogenabhängige kontinuierliche Gespräche mit ihren Drogenberatern, aber was diese Gesprächsreihen genau waren, ist schwer auszumachen. In den achtziger Jahren war es selbstverständlich, dass viele Drogenabhängige ihre Drogenberater Therapeuten nannten, und die meisten Fachkräfte hatten inzwischen auch therapeutische Zusatzqualifikationen erworben. Die Gespräche changierten zwischen Krisenintervention, Beratung und Therapie, ohne dass Klarheit darüber bestand, welche Methode im Einzelnen angewandt wurde. Aus dem gesamten Bereich der ambulanten Einrichtungen liegt keine einzige kontrollierte Studie vor, mit der eine oder mehrere Methoden ernsthaft wissenschaftlich überprüft worden wären. Nicht besser wird die Bilanz, wenn man die Arbeit mit den so genannten „Gefährdeten", anderen Klientengruppen wie Angehörigen oder primärpräventive Ansätze berücksichtigt: Auch hier fehlen standardisierte, überprüfte oder zumindest überprüfbare Methoden.

In den stationären Einrichtungen schliffen sich in den achtziger Jahren die Exzesse aus der Frühzeit der Therapeutischen Wohngemeinschaften zwar etwas ab, aber anerkannte und wissenschaftlich abgesicherte Behandlungsmethoden fehlten weiterhin. Das Grundkonzept vieler Einrichtungen bestand noch immer aus der Idee der Nachsozialisation innerhalb der Gruppe, wozu vor allem viel Zeit erforderlich war. Verhaltenstherapeutische Konzepte beschränkten sich meist auf Stufenprogramme und ausgefeilte Punktesysteme. Die Bewirtschaftung der Therapieeinrichtung, also Hausarbeit, Kochen, Renovieren u.ä. galt meist bereits als Therapie. Noch immer waren viele Laienelemente wie zum Beispiel die Ex-User in die stationäre Langzeittherapie integriert.

Es spricht für den selbstreferentiellen Charakter des Drogenhilfesystems, dass eigens für die Navigation im System Fachkräfte notwendig waren. Angesichts der komplizierten Zugänge, Bewerbungsverfahren, Kostenbewilligungen und Therapiestatt-Strafe-Vorschriften war hierfür vielleicht tatsächlich ein Spezialist erforderlich: Der „client path" durch das Hilfesystem war für viele Klientinnen und Klienten nicht alleine begehbar.

Steigende Inklusivität und Exklusivität, die mit für das Wachstum des Drogenhilfesystems verantwortlich waren, waren weitere Ursachen für Verselbständigungsprobleme. Zunehmende Inklusivität, also die zuvor beschriebene Ausdehnung der Zuständigkeit auf immer weitere potentielle Klientinnen und Klienten, führte zu steigendem Verbrauch der Ressource Geld. Steigende Exklusivität, also die alleinige

Zuständigkeit für Hilfe für Drogenabhängige, führte hingegen dann zu Verselbständigungsproblemen, als immer mehr Drogenabhängige medizinischer Hilfe bedurften, die aber – wegen der fast alleinigen Zuständigkeit der psychosozialen Drogenhilfe – nicht oder nur unzureichend geleistet wurde.

Der Modellkonstruktion zufolge wird mangelnde Leistungserfüllung von Teilsystemen aber nur dann zum Problem, wenn potente Akteure aus der Systemumwelt diesen Zustand beklagen. Verselbständigte Teilsysteme können aus keiner anderen als aus der Systembinnenperspektive die Vorgänge im System betrachten und rufen bei Problemen mit der Leistungserbringung meist nach mehr Ressourcen. Steuerung kann hingegen nur durch Einflüsse von außen erfolgen.

Dabei kommen bei dienstleistungsproduzierenden Systemen zunächst die Empfänger der Dienstleistungen und diejenigen, die die Dienstleistungen bezahlen, in Betracht. Bei Dienstleistungen, die über Umlagensysteme oder pauschal finanziert werden, fallen diese beiden Publikumsrollen auseinander. In Bezug auf die Drogenabhängigen wurde schon ausgeführt, dass deren einziges Steuerungsmittel in der „Abstimmung mit den Füßen" bestand, also dem Aufsuchen oder Nichtaufsuchen bestimmter Institutionen. Die Koppelung zwischen Strafrecht und Drogenhilfe durch die Therapie-statt-Strafe-Bestimmungen führten allerdings zu einer Entwertung dieses Steuerungsinstrumentes. Viele verurteilte Abhängige entschieden sich bei der Alternative „Therapie statt Strafe" dann eben doch für „Therapie als Strafe" anstelle von Strafvollzug als Strafe. Damit war eine Art von Nachfrage entstanden, die die bestehende Verselbständigung für lange Zeit überdecken konnte.

Die Kostenträger der Drogenhilfe waren offensichtlich zunächst an Steuerung nur wenig interessiert. Nachdem die Zuständigkeit für die Finanzierung der stationären Langzeittherapie geklärt war, fingen die Rentenversicherungsträger immerhin damit an, indem sie ihre Rehabilitationsvorstellungen auf die Langzeittherapieeinrichtungen übertrugen. Nach Angaben des VDR gaben die Rentenversicherer im Jahr 1984 insgesamt rund vier Milliarden DM für Maßnahmen der Rehabilitation aus. Davon entfielen auf Maßnahmen im Zusammenhang mit Alkoholabhängigkeit rund 370 Millionen DM und auf Drogenabhängige rund 40 Millionen DM. Gerade einmal 1 % der Gesamtausgaben für Rehabilitation flossen demnach in die Drogentherapie. Wahrscheinlich lagen auch die Steuerungsprioritäten bei anderen Diagnosegruppen.

Noch weniger Steuerungsansprüche und Steuerungskapazitäten hatten die Kostenträger der ambulanten Einrichtungen. Solange in den kommunalen und Landeshaushalten noch genügend Geld vorhanden war und keine negativen Auswirkungen der Finanzierung von Drogenberatungsstellen spürbar waren, reichte wohl der allgemeine drogenpolitische Konsens aus, demzufolge Drogenhilfe nützlich war. Vor allem die Kommunen waren von den drogenpolitischen und drogenhilfepolitischen Entscheidungen ausgeschlossen. Außerdem lag die Definitionssouveränität zum großen Teil beim Drogenhilfesystem, das erfolgreich exklusive Zuständigkeit für dieses Problem beanspruchte. Solange Ärzteschaft, Drogenhilfesystem und Bundes- und Landespolitik in zentralen Fragen der Drogenhilfe einig waren, gemeinsam Substitution ablehnten und die therapeutische Kette als „Königsweg" empfahlen, war nicht mit Steuerungsansprüchen aus der Systemumwelt zu rechnen. Entsprechend niedrig blieb in der ersten Hälfte der achtziger Jahre auch die Zahl der Kritiker dieses Drogenhilfesystems. In Anlehnung an komplexere Steuerungsmodelle im Sinne der Governance-Perspektive wird hier eine Steuerungsstruktur erkennbar, bei der korporative Akteure aus der Systemumwelt mit den korporativen Akteuren der Drogenhilfe vielfach verflochten waren und in einem großen drogenhilfepolitischen Konsens gemeinsam die Verantwortung für die beschriebene Entwicklung hatten.

Damit in einer solchen Situation Verselbständigung doch noch bemerkbar wird und Steuerungsansprüche gestellt werden, muss sich schon etwas Grundlegendes auf der Ebene der Verhältnisse verändern. Im Falle des Drogenhilfesystems waren das Anwachsen der innerstädtischen offenen Drogenszenen, die gesundheitliche Verschlechterung der Drogenabhängigen, die sich nicht zuletzt in der steigenden Zahl der Drogentoten ausdrückte, und vor allem die HIV-Epidemie und die Angst vor AIDS.

Auf einmal wurde auffällig, dass sich alle größeren Städte Drogenhilfeeinrichtungen leisteten, die sich aber nur unzureichend um die verelendeten Gestalten in den Parkanlagen kümmerten. Zu einem Zeitpunkt, als große Teile der Bevölkerung Angst vor AIDS hatten, weigerte sich die Drogenhilfe, pragmatische Hilfen anzubieten und zum Beispiel Spritzen zu tauschen. Die Ablehnung der Substitution und die Beschränkung auf psychosoziale Hilfen wurde immer schwerer verständlich, je mehr die Polizei kranke Abhängige festnahm, an deren Verurteilung die Justiz zunehmend das Interesse verlor. Damit veränderten sich die Erwartungen aus der Systemumwelt an die Drogenhilfe: Jetzt wurden praktische Leistungen erwartet. Zunehmend wurde die Aufgabe der Drogenhilfe nicht mehr in der Hilfe zu einer abstinenten Lebensführung, sondern in pragmatischen, schadensminimierenden Handlungen gesehen.

Nur zu einem geringen Teil kamen die dazu erforderlichen neuen Bewältigungsstrategien aus dem Drogenhilfesystem selbst. Zum weitaus größeren Teil mussten sie von außen an das System herangetragen und zum Teil gegen das Drogenhilfesystem durchgesetzt werden. Neue korporative Akteure wie die AIDS-Hilfen betraten den Plan, und auch für Ärzte wurde die Behandlung Drogenabhängiger wieder zu einem Thema.

Reform des Hilfesystems: Der niedrigschwellige Umbau der Drogenhilfe

Der Paradigmenstreit der späten achtziger und frühen neunziger Jahre kann großteils als Reformprozess des Drogenhilfesystems angesichts der beschriebenen Verselbständigungsprobleme und der neu erwachten Steuerungsansprüche aus der Systemumwelt verstanden werden. Bedingt durch AIDS und dadurch bedingte Veränderungen in den relevanten Akteurkonstellationen ging die Definitionssouveränität rapide zurück. Der Diskurs um Drogenabhängige geriet in den Sog des AIDS-Diskurses, und dem hatten die Akteure des Drogenhilfesystems wenig entgegenzusetzen.

Dabei nahm dieser Reformprozess zunächst die Form einer neuen Problemkonstruktion (im Sinne eines Problems zweiter Ordnung) und einer erneuten Welle von Organisationsgründungen (Organisationen zweiter Ordnung) an. Obwohl spätestens zu Beginn der neunziger Jahre die Krise der öffentlichen Haushalte zu den ersten Einsparaktionen führte, kam es in der Drogenhilfe zunächst zu einem Wachstumsschub. Der hochschwelligen abstinenzorientierten Drogenhilfe wurde ein niedrigschwelliger „akzeptierender" Teil hinzugefügt. Kontaktläden, Substitutionsambulanzen, Notschlafstellen und bald dann auch Konsumräume ergänzten die Einrichtungstypen der Drogenhilfe.

Neue Träger veränderten die Landschaft. In mancherlei Hinsicht wiederholte sich die Geschichte der Entstehung der Drogenhilfe: Wieder waren es teilweise chaotische Gruppierungen, die viel Engagement, aber wenig Erfahrung als Einrichtungsträger besaßen, die neue Angebote entwickelten und entfernt an die frühen Release-Gruppen erinnerten. Verstärkt wurde dieser Eindruck noch durch neue Ansätze zur Selbstorganisation der Drogenabhängigen, die auf Kongressen und Tagungen auftraten und für einige Jahre die Professionellen verunsicherten.

Im Paradigmenstreit der späten achtziger und frühen neunziger Jahre ging es wieder einmal um die Definition des Drogenproblems und die notwendigen Bewältigungsstrategien. Die neuen akzeptierenden Einrichtungen begriffen Drogenkonsum als Lebensstil, der allerdings mit einigen Risiken behaftet war. Für die meisten dieser Risiken wie etwa die mangelnde Hygiene beim Konsum oder die unbekannte Stoffqualität wurde die staatliche Drogenverbotspolitik verantwortlich gemacht. Aufgabe des Staates war es aus der Sicht des Akzeptanzparadigmas, die Drogenkonsumenten vor den Risiken zu schützen, indem über die Drogenhilfe saubere Konsummöglichkeiten, Spritzentausch, Safer-Use-Beratung und ähnliches zur Verfügung gestellt werden sollten.

Zumindest mit ihren pragmatischen, auf direkte Hilfe ohne Vorbedingung abzielenden Angeboten trafen sich diese neuen Strömungen mit den Bedürfnissen vieler

Kommunen, die dringend nach schadensbegrenzenden Maßnahmen suchten. In vielen Kommunen wurden jetzt Drogenreferate gegründet oder in anderer Form Steuerungsinstrumente entwickelt. Im Ständigen Arbeitskreis der Drogenbeauftragten des Bundes und der Länder endete die jahrzehntelange Einigkeit zwischen den Bundes- und Landesdrogenbeauftragten, und mehrere Länder und Kommunen suchten nach eigenen Wegen in der Drogenhilfe. Die Governance-Strukturen veränderten sich tiefgreifend, wobei es zu neuartigen Querkoalitionen über die Teilsystemgrenzen hinweg kam: Kommunale Gesundheitspolitiker, Aktivisten der AIDS-Hilfen und „akzeptierende" Teile des Hilfesystems standen abstinenzorientierten Akteuren aus den jeweiligen Teilsystemen – Hilfesystem und Politik – gegenüber.

Mit den ersten Versuchen, die Substitutionsbehandlung in Deutschland endlich zu enttabuisieren, wurde die Behandlung von Drogenabhängigen langsam wieder interessant für Ärzte. Sowohl in der Psychiatrie als auch in anderen Bereichen der Medizin hatte sich inzwischen ein Generationswechsel vollzogen, und in vielen Städten gab es jüngere Ärzte, die Drogenabhängigen anders gegenübertraten, als das noch 15 Jahre zuvor der Fall gewesen war.

Der Paradigmenstreit endete also mit einem Ausbau des Gesamtsystems, neuen Institutionen und neuen kollektiven Akteuren. Zu dem von manchen Aktivisten angestrebten Aufbau eines eigenständigen Hilfesystems „akzeptierende Drogenhilfe" kam es indes nicht. Zum einen ging der durch AIDS und HIV ausgelöste „exceptionalism" in den neunziger Jahren wieder deutlich zurück. In Zeiten der Normalisierung fällt Systemwachstum immer schwerer. Außerdem zwang zweitens die Finanzkrise der Sozialversicherungssysteme, der Kommunen, Länder und des Bundes zu Begrenzungen bei den öffentlichen Ausgaben und zu größeren Steuerungsversuchen. Am deutlichsten hat sich dies bislang bei den Auswirkungen des Wachstums- und Beschäftigungsförderungsgesetzes gezeigt, in dessen Folge die Rentenversicherer ihre Leistungen für Entwöhnungsbehandlungen zu begrenzen versuchten. Und drittens zeigten sich bei den akzeptierenden Institutionen starke Laisierungs- und Entprofessionalisierungstendenzen, die den Prozess der Teilsystemgenese bremsten. Hilfeorganisationen, die vor allem den alltagsweltlichen Charakter ihrer Tätigkeiten betonen, fällt die Professionalisierung eher schwer.

Als dann die Steuerungsansprüche sich zu konkreten Plänen wie etwa der von Bossong verkündeten „marktwirtschaftlichen Radikalkur" verdichteten, merkten die Akteure in akzeptierenden wie in traditionellen Einrichtungen allmählich, dass sie mehr Gemeinsamkeiten als Trennendes hatten. Heute besteht das Drogenhilfesystem aus niedrig- und höherschwelligen Organisationen, die vielfach miteinander vernetzt sind und den Paradigmenstreit zum größten Teil hinter sich gelassen haben.

Ausblick oder die zweite Chance

Vor zwei Jahren wurde in der Zeitschrift „Sucht" unter Rückgriff auf Max Weber eine Kontroverse über die Rationalitätspotentiale der Drogenhilfe ausgetragen (Kemmesies 2001a, 2001b; Bossong 2001). Der Versuch von Kemmesies, die Entwicklung des Drogenhilfesystems in den siebziger Jahren und die Ausdifferenzierung zur Therapeutischen Kette als typisches Beispiel zunehmender Rationalisierung moderner Gesellschaften zu beschreiben, wurde von Bossong unter anderem mit dem Verweis auf die vielfältigen Irrationalitäten in der Entwicklung der Drogenhilfe zurückgewiesen. Die hier vorgelegte Analyse des Drogenhilfesystems bestätigt die Vermutung, dass es in der Geschichte der Drogenhilfe eher zuwenig als zuviel zweckrationales Handeln im Weber'schen Sinn (Weber 1980: 12 f.) gegeben hat. Indes darf bezweifelt werden, ob der Rationalitätsbegriff zur Analyse der Drogenhilfe ausreicht.

Das dieser Arbeit zugrunde liegende hypothetische Modell zur Entstehung und Entwicklung von Hilfesystemen, das sich als Kombination systemtheoretischer und akteurtheoretischer Konzepte versteht und insofern in vieler Hinsicht an Weber anschließt, ist durch die empirische Überprüfung anhand der Entstehungs- und Entwicklungsgeschichte der Drogenhilfe weitgehend bestätigt worden. Allerdings hat sich gezeigt, dass die Trennung der einzelnen Phasen des Modells zu willkürlich ist und sich empirisch nicht bestätigen lässt. So dauerten Versuche zur Definition des Drogenproblems durch alle Phasen hindurch an und sind bis heute nicht abgeschlossen. Verselbständigungsprobleme zeigten sich zu verschiedenen Zeitpunkten. Ein verbessertes Modell müsste fließende Übergänge zwischen den einzelnen Phasen und Überlappungen vorsehen oder gar die Idee eines zeitlich strukturierten Ablaufmodells, das einzelnen Phasen bestimmte Entwicklungen zuordnet, aufgeben zugunsten eines Konzepts, das von verschiedenen zeitgleichen „Arenen" ausgeht (vgl. Groenemeyer 1999, 53 f.).

Abgesehen von diesen Begrenzungen hat sich das vorgelegte hypothetische Modell durchaus als hilfreich erwiesen, die Geschichte der Drogenhilfe zu strukturieren und auch zu verstehen. Zentrale Momente wie die „Entdeckung" des modernen Drogenproblems, die diversen Versuche zu einer Definition dieses Problems und die Suche nach geeigneten Bewältigungsstrategien können im Rahmen des vorgelegten Modells analysiert werden. Entstehung und Entwicklung eines eigenständigen Hilfesystems werden der wissenschaftlichen Analyse ebenso zugängig gemacht wie das Handeln der einzelnen Akteure und die diversen Verselbständigungsprobleme, die sich in diesem Prozess ergeben können.

Der differenzierungs- und akteurstheoretische Blick auf die Entwicklung des Drogenhilfesystems erlaubt es der Analyse, eine distanzierte Perspektive einzunehmen und sich weder in den „Kampf gegen die Suchtgefahren" noch in den von allen Akteuren betriebenen Lobbyismus einzureihen. Hätte es nicht in den vergangenen dreißig Jahren so viele ideologische Auseinandersetzungen und dadurch produzierte Irrationalitäten in der Entwicklung der Drogenhilfe gegeben, man könnte fast versucht sein, gleichsam hinter dem Rücken der Akteure eine andere Art von Rationalität entstehen zu sehen. Trotz aller Wirrungen und Irrationalitäten sind die Hilfen für Drogenabhängige heute wahrscheinlich professioneller und effektiver als je zuvor.

Der differenzierungstheoretische Blick auf die Drogenhilfe verdeutlicht gleichzeitig, dass Zuständigkeiten von Teilsystemen für bestimmte Themen entstehen und auch wieder verloren gehen können. Das Drogenhilfesystem hatte in den dreißig Jahren seines Bestehens mehrfach seine Innovationsfähigkeit gezeigt, wenn es darum ging, neue Einrichtungstypen zu konzipieren. Mit der Jugend- und Drogenberatungsstelle, der Therapeutischen Wohngemeinschaft, der Langzeittherapie, der Notschlafstelle, dem Kontaktladen, dem Konsumraum und der Substitutionsambulanz gelang der Drogenhilfe immer wieder die Entwicklung und Umsetzung neuer Einrichtungen. Weit weniger erfolgreich war das Drogenhilfesystem hingegen im Entwickeln von eigenständigen Methoden. Stationäre und ambulante Entwöhnung entfernen sich mit zunehmender Professionalisierung immer weiter vom alten Modell der Langzeittherapie und gleichen sich anderen psychotherapeutischen Interventionen an. Die Versorgungsleistungen vieler niedrigschwelliger Einrichtungen können weitgehend von Hilfskräften mit niedrigerer Qualifikation geleistet werden. Die Leistungen der Sozialarbeiter und Sozialpädagogen, die nach wie vor den größten Teil der Beschäftigten in den ambulanten Einrichtungen stellen, bleiben auch dreißig Jahre nach der Entstehung der Drogenhilfe unklar. Dafür gibt es die Begriffe Beratung, Betreuung und psychosoziale Begleitung, aber bis heute sind diese Begriffe nicht präzise bestimmt. Hinsichtlich dieser mangelnden Begriffs- oder Methodenklarheit unterscheiden sich traditionelle und akzeptierende Drogenhilfeeinrichtungen nicht voneinander. Am eklatantesten wird diese Unklarheit immer wieder bei der „psychosozialen Begleitung" der Substitutionsbehandlung.

Während Ärzte ihren Beitrag zur Substitution gut erklären und definieren können, fällt dies den psychosozialen Fachkräften immer noch sehr schwer. Das Handlungsrepertoire der Ärzte im Zusammenhang mit Drogenabhängigen ist in den letzten Jahren ohnehin ständig gestiegen: Neben der Substitutionsbehandlung haben sich unter dem Oberbegriff des qualifizierten Entzuges verschiedene Formen medikamentengestützter Entgiftungsbehandlungen etablieren können. Opiatantagonisten wirken auch bei Opiatüberdosierungen zuverlässig gegen Atemstillstand und Koma. Neben Codein, Methadon und Polamidon steht inzwischen auch Buprenorphin für die Substitution zur Verfügung. Zur Zeit wird die ärztliche Verschreibung von Heroin in einer großen Therapiestudie auf hohem methodischen Niveau getestet. Die Diskussion um Komorbidität hat der Psychiatrie ein weiteres Zuständigkeitsfeld zugewiesen. Demgegenüber nimmt sich das Handlungsrepertoire der psychosozialen Berufe in der Drogenhilfe bescheiden aus.

Die erste Chance hat das psychosoziale Drogenhilfesystem in den siebziger und achtziger Jahren zwar zur Ausdifferenzierung genutzt, hat aber dabei vielfältige Verselbständigungsprobleme produziert. Mit dem Reformprozess, der Ende der achtziger Jahre begann, erhielt die Drogenhilfe eine zweite Chance: Der Ressourcenzufluss aus der Systemumwelt wurde nochmals erhöht, und erneut gelang es dem jetzt um einen starken akzeptanzorientierten Anteil erweiterten Drogenhilfesystem, die Zuständigkeit für das Drogenproblem zumindest teilweise zu verteidigen. Ob die Akteure des Drogenhilfesystems diese zweite Chance nutzen werden, ist zur Zeit noch ungewiss. Mit einer Mischung aus Laisierung und Beharrungsvermögen wird dies allerdings nicht gelingen.

Erforderlich wäre es, sich in einem interdisziplinären Feld mit eigenständigen – evidenzbasierten – Methoden zu behaupten. Dafür könnte es sich lohnen, sich an der in dieser Arbeit mehrfach diskutierten Funktionszuschreibung für organisierte Hilfe – Exklusionsvermeidung, Inklusionsvermittlung, ersatzweise Inklusion – zu orientieren. Gelingt dies nicht, wird die Alternative die Entdifferenzierung in einem allgemeinen Gesundheitssystem sein, in dem die Rolle der psychosozialen Fachkräfte der des Sozialdienstes im Krankenhaus gleichen wird.

Literatur

AIDS-ZENTRUM IM ROBERT KOCH-INSTITUT (2001): Bericht des AIDS-Zentrums im Robert Koch-Institut über aktuelle epidemiologische Daten in Deutschland (Stand vom 31.12.2000). In: Epidemiologisches Bulletin. 27. Februar 2001 (Sonderausgabe A). Berlin: Robert Koch-Institut, 1-16.

AIDS-ZENTRUM IM ROBERT KOCH-INSTITUT (2002): HIV/AIDS Epidemiologie. http://www.rki.de/INFEKT/AIDS_STD/EPIDEMIO/EPI.HTM [Stand: 26.01.2002].

Akzept e.V. (1990): Grundsatzprogramm von akzept e.V. (Bundesverband für akzeptierende Drogenarbeit und humane Drogenpolitik). Berlin.

Akzept e.V. (Hg.) (1991): Leben mit Drogen. Dokumentation des 1. Kongresses des Bundesverbandes für akzeptierende Drogenarbeit und humane Drogenpolitik. Berlin: Eigendruck.

Akzept e.V. (1995): Leitlinien für die psychosoziale Begleitung im Rahmen einer Substitutionsbehandlung. Berlin: Eigendruck. (= Materialien, 1).

Akzept e.V.; Deutsche AIDS-Hilfe e.V. (Hg.) (1999): Leitlinien der akzeptierenden Drogenarbeit. Berlin: DAH.

Albrecht, Günter (1999). Methodische Probleme der Erforschung sozialer Probleme. In: Albrecht/Groenemeyer/Stallberg 1999, 768-882.

Albrecht, Günter; Groenemeyer, Axel; Stallberg, Friedrich W. (Hg.) (1999): Handbuch soziale Probleme. Opladen, Wiesbaden: Westdeutscher Verlag.

Algeier, Roswitha et al. (1972): Drogenberatungsstellen in der Bundesrepublik Deutschland und Berlin (West). Zusammengestellt von der Forschungsgruppe S am Institut für gerichtliche und soziale Medizin der Freien Universität Berlin. Berlin.

Amendt, Günter (1984): Sucht Profit Sucht. Frankfurt am Main: Zweitausendeins.

Amendt, Günter; Stiehler, Ulli (1972): Sucht Profit Sucht. Politische Ökonomie des Drogenhandels. Frankfurt am Main: März-Verlag.

Arbeitsgemeinschaft der Westdeutschen Ärztekammern (1956): Die Gefahren der Rauschgiftsucht und ihre Bekämpfung. Leitsätze der Bundesärztekammer. In: Suchtgefahren 2, H. 2, 15-18.

Arbeitskreis „Ersatzdrogen" (1988): Stellungnahme des gemeinsamen Arbeitskreises des Wissenschaftlichen Beirates und des Ausschusses „Psychiatrie, Psychotherapie und Psychohygiene" der Bundesärztekammer vom 4. Februar 1988. In: Deutsches Ärzteblatt 85, 244 f.

Arnold, Thomas et al. (1995a): Wem hilft Methadon? Daten, Fakten, Analysen: Ergebnisse der wissenschaftlichen Begleitung der Substitutionsbehandlung in Hessen. Frankfurt am Main: Institut für Sozialarbeit und Sozialpädagogik e.V.

Arnold, Thomas et al. (1995b): Substitution in Rheinland-Pfalz. Mainz: Ministerium für Kultur, Jugend, Familie und Frauen.

Arnold, Thomas; Korndörfer, Gundold (1993): Modellprogramm Aufsuchende Sozialarbeit für langjährig Drogenabhängige. Ergebnisse der wissenschaftlichen Begleitung – Endbericht – Berichtszeitraum: 01.01.1987 bis 31.12.1990. Baden-Baden: Nomos. (= Band 15 der Schriftenreihe des Bundesministeriums für Gesundheit).

Arnold, Thomas; Schmid, Martin; Simmedinger, Renate (1999): Suchthilfe im Krankenhaus. Endbericht der wissenschaftlichen Begleitung des Bundesmodellprogramms „Drogennotfallprophylaxe/Nachgehende Sozialarbeit". Baden-Baden: Nomos. (= Band 120 der Schriftenreihe des Bundesministeriums für Gesundheit).

Arnold, Thomas; Simmedinger, Renate (1999): Substitutionsbehandlung Drogenabhängigkeitskranker in Schwerpunktpraxen. Endbericht der wissenschaftlichen Begleitung. Stuttgart: Sozialministerium Baden-Württemberg. (= Sucht, 16).

Ayaß, Wolfgang (1995): „Asoziale" im Nationalsozialismus. Stuttgart: Klett-Cotta.

Baacke, Dieter (1993): Jugend und Jugendkulturen. Darstellung und Deutung. 2., überarbeitete Auflage. Weinheim und München: Juventa.

Baecker, Dirk (1994): Soziale Hilfe als Funktionssystem der Gesellschaft. In: Zeitschrift für Soziologie 23, 93-110.

Baer, Roland (2000): Drogenhilfe zwischen Rausch und Nüchternheit. Suchttheorie, Drogenpolitik und Rehabilitationsalltag am Beispiel des Aebi-Hus/Maison Blanche 1974 – 1999. Bern: Peter Lang.

BAGFW – Bundesarbeitsgemeinschaft der Freien Wohlfahrtspflege e.V. (2001): Gesamtstatistik der Einrichtungen und Dienste der Freien Wohlfahrtspflege (Stand: 01.01.2000). Berlin.

BAGS – Behörde für Arbeit, Gesundheit und Soziales (Referat Drogen und Sucht), Freie und Hansestadt Hamburg. (1996): Ambulante Sucht- und Drogenarbeit in Hamburg. Modernisierung als Prozeß – eine Dokumentation. Hamburg.

Baratta, Alessandro (1986): Soziale Probleme und Konstruktion der Kriminalität. In: Kriminologisches Journal, 1. Beiheft 1986, 200-218.

Barth, Lilian (1972a): Wir haben hier alle Arten von Mittelabhängigen ... In: Joite, Eckhard (Hg.): Fixen – Opium fürs Volk. Berlin: Wagenbach, 92-95.

Barth, Lilian (1972b): Die stationäre Behandlung Drogenabhängiger – Möglichkeiten und Grenzen. In: Deutsche Hauptstelle gegen die Suchtgefahren (Hg.): Drogen- und Rauschmittelmißbrauch: Bedingungen, Vorbeugung, Behandlung. Hamm: Hoheneck. (= Zum Problem der Suchtgefahren, Heft 17), 87-92.

Baumann, Michael (1975): Wie alles anfing. München: Trikont.

Baumeister, Walter (1964): Ziele und Wünsche, Erfahrungen und Möglichkeiten der in der Deutschen Hauptstelle gegen die Suchtgefahren zusammengeschlossenen Abstinenzorganisationen. Ein Bericht über Sozialhilfe und karitative Fürsorge am gefährdeten und suchtkranken Menschen. In: Laubenthal, Florin (Hg.): Sucht und Mißbrauch. Ein kurzgefaßtes Handbuch für Ärzte, Juristen, Pädagogen. Stuttgart: Georg Thieme Verlag, 424-437.

Becker, Bernd (1982): Maßregelvollzug für Drogenabhängige. In: Heckmann, Wolfgang (Hg.): Praxis der Drogentherapie. Von der Selbsthilfe zum Verbundsystem. Weinheim und Basel: Beltz, 189-211.

Becker, Howard S. (1973): Außenseiter. Frankfurt am Main: S. Fischer. (zuerst New York/ London 1963).

Becker, Walter (1968): Jugend in der Rauschgiftwelle. Hamm: Hoheneck.

Behrend, Klaus; Degkwitz, Peter; Trüg, Erich (Hg.) (1995): Schnittstelle Drogenentzug. Strategien, Praxis und Perspektiven vor dem Hintergrund des Paradigmenwechsels. Freiburg im Breisgau: Lambertus.

Berauer, Anne (1983): Erfahrungen in der ambulanten Therapie von Heroinabhängigen. In: Schmidtobreick, Bernhard (Hg.): Erfahrungen aus der ambulanten Arbeit mit Suchtkranken. Freiburg im Breisgau: Lambertus, 21-30.

Berger, Hartmut; Zeitel, Felix (1976): Drogenberatungsstellen als therapeutische Instanzen. Zur Tätigkeit der Frankfurter Beratungsstelle „Drop-in". In: Reuband, Karl-Heinz (Hg.): Rauschmittelkonsum. Soziale Abweichung und institutionelle Reaktion. Wiesbaden: Akademische Verlagsgesellschaft, 155-189.

Biel, Wilhelm (Hg.) (1965): Jahrbuch zur Alkohol- und Tabakfrage 1965. Hamburg: Neuland.

Biel, Wilhelm (Hg.) (1970): Jahrbuch zur Alkohol- und Tabakfrage 1970. Hamburg: Neuland.

Biel, Wilhelm (Hg.) (1975): Jahrbuch zur Frage der Suchtgefahren 1975. Hamburg: Neuland.

Blücher, Viggo Graf (1966): Die Generation der Unbefangenen. Zur Soziologie der jungen Menschen heute. Düsseldorf, Köln: Diederichs.

BMG – Bundesministerium für Gesundheit (1999): AIDS-Bekämpfung in Deutschland. Bonn.

BMG/BMI – Bundesminister für Gesundheit/Bundesminister des Inneren (Hg.) (1990): Nationaler Rauschgiftbekämpfungsplan. Bonn.

BMJFFG – Bundesministerium für Jugend, Familie, Frauen und Gesundheit (Hg.) (1990): Achter Jugendbericht. Bericht über Bestrebungen und Leistungen der Jugendhilfe. Bonn.

BMJFG – Bundesministerium für Jugend, Familie und Gesundheit (Hg.) (1972a): Dokumente zum Drogenproblem. Düsseldorf, Wien: Econ-Verlag.

BMJFG – Bundesministerium für Jugend, Familie und Gesundheit (Hg.) (1972b): Dritter Jugendbericht. Bonn.

Bohle, Hans Hartwig (1999). Angewandte Sozialforschung und soziale Indikatoren. In: Albrecht/Groenemeyer/Stallberg 1999, 729-767.

Bommes, Michael; Scherr, Albert (1996): Exklusionsvermeidung, Inklusionsvermittlung und/ oder Exklusionsverwaltung. Zur gesellschaftstheoretischen Bestimmung Sozialer Arbeit. In: Neue Praxis 26, 107-123.

Bommes, Michael; Scherr, Albert (2000): Soziologie der Sozialen Arbeit. Eine Einführung in Formen und Funktionen organisierter Hilfe. Weinheim, München: Juventa.

Bossong, Horst (1983): Kaum ein Hauch von Hilfe. Zur Reichweite und Effizienz der Drogenhilfen. In: Bossong, Horst et al. (Hg.): Sucht und Ordnung. Drogenpolitik für Helfer und Betroffene. Frankfurt am Main: Extrabuch-Verlag, 28-38.

Bossong, Horst (1987): Die freundliche Kolonialisierung. Sozialarbeit zwischen System und Lebenswelt. Bielefeld: Kleine.

Bossong, Horst (1988): Aids-Prävention im Drogensektor. Ergebnisse einer Befragung in Drogenberatungsstellen in der Bundesrepublik Deutschland. In: Wiener Zeitschrift für Suchtforschung 11 (2/3), 79-92.

Bossong, Horst (1995): Drogenhilfe als Dienstleistung. In: Hamburgische Landesstelle gegen die Suchtgefahren (Hg.): Qualitätssicherung in der ambulanten Suchtkrankenhilfe. Geesthacht: Neuland, 11-29.

Bossong, Horst (1996a): Wenn soziale Arbeit Zukunft haben soll. In: Neue Praxis 26, 197-202.

Bossong, Horst (1996b): Professionalität Fehlanzeige. In: Socialmanagement, H. 2, 32-33.

Bossong, Horst (1997): Drogenhilfe in Deutschland – ein Überblick. In: Bossong, Horst; Gölz, Jörg; Stöver, Heino (Hg.): Leitfaden Drogentherapie. Frankfurt/New York: Campus, 19-33.

Bossong, Horst (2001): McDonald's im Sozialstaat? In: Sucht 47, 125-130.

Bossong, Horst; Pyttlik, Thorsten; Schaaber, Eva (1982): Freiheit statt Therapie. In: päd. extra sozialarbeit 6, H. 7/8, 20-27.

Brand, Karl-Werner (1982): Neue soziale Bewegungen. Entstehung, Funktion und Perspektiven neuer Protestpotentiale. Eine Zwischenbilanz. Opladen: Westdeutscher Verlag.

Brand, Karl-Werner; Büsser, Detlef; Rucht, Dieter (1986): Aufbruch in eine andere Gesellschaft: neue soziale Bewegungen in der Bundesrepublik. Frankfurt am Main, New York: Campus.

Brückner, Peter (1970): Macht Haschisch dumm? In: Neumann, Nicolaus (Hg.): Hasch und andere Trips. Fakten, Informationen, Analysen. Hamburg: konkret Literaturverlag, 160-169.

Brumlik, Micha (1986): Verstehen oder Kolonialisieren. Überlegungen zu einem aktuellen Thema. In: Müller, Siegfried; Otto, Hans-Uwe (Hg.): Verstehen oder Kolonialisieren? Grundprobleme sozialpädagogischen Handelns und Forschens. 2. erweiterte Auflage. Bielefeld: Kleine, 31-62.

Bschorr, Friedrich (1972): Das Drogenproblem im Blick auf individuelle und gesellschaftliche Bedingungen. In: Deutsche Hauptstelle gegen die Suchtgefahren (Hg.): Drogen- und Rauschmittelmißbrauch: Bedingungen, Vorbeugung, Behandlung. Hamm: Hoheneck. (= Zum Problem der Suchtgefahren, Heft 17).

Bschorr, Friedrich (1973): Junge Rauschgiftkonsumenten in Berlin (West). Bericht über die Erkundungsstudie 1969/1970 der Forschungsgruppe S am Institut für gerichtliche und soziale Medizin der Freien Universität Berlin. Berlin.

Bschorr, Friedrich (1984): Permissive, repressive und rehabilitative Strategien im Suchtgiftbereich. In: Eisenbach-Stangl, Irmgard; Stangl, Wolfgang (Hg.): Grenzen der Behandlung: Soziale Kontrolle und Psychiatrie. Opladen: Westdeutscher Verlag, 173-182.

Bühringer, Gerhard (1981): Planung, Steuerung und Bewertung von Therapieeinrichtungen für junge Drogen- und Alkoholabhängige. Ergebnisse einer Modellförderung des Bundesministeriums für Jugend, Familie und Gesundheit. München: Gerhard Röttger Verlag.

Bühringer, Gerhard (1985): Podiumsdiskussion: Zur Standortbestimmung des Suchtmittelersatzes (Methadon) in der Behandlung Heroinabhängiger. In: Suchtgefahren 31, 116-127.

Bühringer, Gerhard (1987): Stellungnahme zu einer 11-Jahres-Katamnese über das Hannoversche Methadon-Programm. In: Suchtgefahren 33, 363-368.

Bühringer, Gerhard (1999a): Klinische Therapieforschung: Schwerpunkt der ersten Jahre. In: IFT Institut für Therapieforschung (Hg.): 25 Jahre IFT. 1973 – 1998. Teil 1: Entwicklungen, Erfahrungen, Einschätzungen. München: IFT, 57-70.

Bühringer, Gerhard (1999b): Tops und Flops der letzten Jahre. In: IFT Institut für Therapieforschung (Hg.): 25 Jahre IFT. 1973 – 1998. Teil 1: Entwicklungen, Erfahrungen, Einschätzungen. München: IFT, 93-98.

Bühringer, Gerhard (1999c): Das IFT, ein anachronistisches Zufallsprodukt. In: IFT Institut für Therapieforschung (Hg.): 25 Jahre IFT. 1973 – 1998. Teil 1: Entwicklungen, Erfahrungen, Einschätzungen. München: IFT, 9-16.

Bühringer, Gerhard et al. (1982): Zwischenbilanz des Psychosozialen Anschlußprogramms. München: Max-Planck-Institut für Psychiatrie.

Bühringer, Gerhard; Künzel, Jutta; Spies, Gabriele (1995): Methadon-Expertise. Expertise zum Einsatz von Methadon bei der Behandlung von Drogenabhängigen in Deutschland. Baden-Baden: Nomos. (= Band 55 der Schriftenreihe des Bundesministeriums für Gesundheit).

Bühringer, Gerhard et al. (1995): Methadon-Standards. Vorschläge zur Qualitätssicherung bei der Methadon-Substitution im Rahmen der Behandlung von Drogenabhängigen. Stuttgart: Enke.

Bühringer, Gerhard et al. (1997): Schätzverfahren und Schätzungen 1997 zum Umfang der Drogenproblematik in Deutschland. In: Sucht 43, Sonderheft 2.

Bundesärztekammer (1970): Gesundheits-, Sozial- und ärztliche Berufspolitik 1970. Tätigkeitsbericht der Bundesärztekammer 1969/70 an den 73. Deutschen Ärztetag. In: Deutsches Ärzteblatt – Ärztliche Mitteilungen 67, 1745-1849.

Bundesärztekammer (Arzneimittelkommission/Ausschuß „Psychohygienische Fragen" (1973): Warnung vor Methadon-„Behandlung" Rauschmittelabhängiger. In: Suchtgefahren 19, 119 f.

Bundeskriminalamt (2001): Rauschgiftjahresbericht Bundesrepublik Deutschland 2000. Wiesbaden.

Bundessozialgericht (1968): Urteil vom 18. Juni 1968, Az. 3 RK 63/66. In: Entscheidungen des Bundessozialgerichts (BSGE) 28, 114.

BZgA – Bundeszentrale für gesundheitliche Aufklärung (1978): Drogenberatung wo? Einrichtungen zur Beratung von Drogen-, Alkohol und Medikamenten-Gefährdeter und Abhängiger. 6. Auflage. Köln.

Chorzelski, Georg; Raschke, Peter; Schlömer, Hermann (1989): Zum Elend der Methadon-Debatte. In: Bossong, Horst; Stöver, Heino (Hg.): Methadon. Chancen und Grenzen der Substitutionsbehandlung. Berlin: Lenz, Maas, Teuber, 28-45.

Clearingstelle (1992): Clearingstelle für Substitution der Ärztekammer Berlin: Fünf Jahre Polamidonsubstitution in Berlin. Zwischenbericht. Berlin.

Daum, Monika; Deppe, Hans-Ulrich (1991): Zwangssterilisation in Frankfurt am Main. Frankfurt am Main: Campus.

Degkwitz, Peter (1999): „Abhängig" oder „Selbstbestimmtes Individuum"? Anmerkungen zur Auseinandersetzung um das Verständnis von Drogenkonsum und -abhängigkeit. In: Stöver, Heino (Hg.): Akzeptierende Drogenarbeit: eine Zwischenbilanz. Freiburg im Breisgau: Lambertus, 38-56.

Degkwitz, Peter; Krausz, Michael; Raschke, Peter (1995): Basisdokumentation und Monitoring von Drogenabhängigen in Hamburg. Forschungsbericht für die „Behörde für Arbeit, Gesundheit und Soziales (BAGS) – Referat Drogen und Sucht". Hamburg: Institut für interdisziplinäre Sucht- und Drogenforschung e.V.

Dembach, Bernd; Hüllinghorst, Rolf (1997): Modellprogramm Mobile Drogenprävention. Abschlußbericht. Berichtszeitraum: 1.4.1990 – 31.12.1995. Im Auftrag des Bundesministeriums für Gesundheit. Baden-Baden: Nomos. (= Band 85 der Schriftenreihe des Bundesministeriums für Gesundheit).

Deutsche AIDS-Hilfe e.V. (Hg.) (1991): Der tolerierte intravenöse Drogengebrauch in den Angeboten der Drogen- und AIDS-Hilfe. Berlin: DAH. (= AIDS-Forum DAH, Band 3).

Deutscher Bundestag (1975): Bericht über die Lage der Psychiatrie in der Bundesrepublik Deutschland – Zur psychiatrischen und psychotherapeutischen/psychosomatischen Versorgung der Bevölkerung. Unterrichtung durch die Bundesregierung. Bundestagsdrucksache 7/4200. Bonn.

Deutscher Bundestag (1990): AIDS: Fakten und Konsequenzen. Endbericht der Enquete-Kommission des 11. Deutschen Bundestages „Gefahren von AIDS und wirksame Wege zu ihrer Bekämpfung". Bonn.

Deutscher Kaffee-Verband e.V. (2001): Kaffee-Bericht 2000. Hamburg.

DHS – Deutsche Hauptstelle gegen die Suchtgefahren (1973): Methadon-Verabreichung eine gefährliche „Drogentherapie"! In: Suchtgefahren 19, 119.

DHS – Deutsche Hauptstelle gegen die Suchtgefahren (1999): Leistungsbeschreibungen für ambulante Beratungs- und Behandlungsstellen der Suchtkrankenhilfe. Hamm: DHS. (= Informationen zur Suchtkrankenhilfe, 1).

DHS – Deutsche Hauptstelle gegen die Suchtgefahren (Hg.) (1972): Drogen- und Rauschmittelmißbrauch: Bedingungen, Vorbeugung, Behandlung. Hamm: Hoheneck. (= Zum Problem der Suchtgefahren, Heft 17).

DHS – Deutsche Hauptstelle gegen die Suchtgefahren (Hg.) (1989): Jahrbuch 1990 zur Frage der Suchtgefahren. Hamburg: Neuland.

DHS – Deutsche Hauptstelle gegen die Suchtgefahren (Hg.) (1997): Suchtkrankenhilfe in Deutschland. Geschichte – Strukturen – Perspektiven. Freiberg im Breisgau: Lambertus.

DHS – Deutsche Hauptstelle gegen die Suchtgefahren (Hg.) (2000): Jahrbuch Sucht 2001. Geesthacht: Neuland.

DHS – Deutsche Hauptstelle für Suchtfragen (Hg.) (2003): Jahrbuch Sucht 2003. Geesthacht: Neuland.

DHS; DGS (1988): Gemeinsame Stellungnahme des Wissenschaftlichen Kuratoriums der Deutschen Hauptstelle gegen die Suchtgefahren und der Deutschen Gesellschaft für Suchtforschung und Suchttherapie e.V. zur Situation Drogenabhängiger. In: Suchtgefahren 34, 351-353.

Dilling, Horst et al. (1991): Internationale Klassifikation psychischer Störungen: ICD-10 Kapitel V (F). Klinisch-diagnostische Leitlinien. Bern, Göttingen, Toronto: Huber.

Dinkel, Heinrich (1962): Über das Ausmaß der Rauschgiftsucht in Deutschland nach dem 2. Weltkrieg unter besonderer Berücksichtigung der süchtigen Ärzte. Erlangen, Dissertation.

Dole, Vincent P.; Nyswander, Marie Elizabeth (1965): A medical treatment for diacetylmorphine (heroin) addiction. A clinical trial with methadon hydrochloride. In: Journal of the American Medical Association, 23, 193, H. 8, 80-84.

Dole, Vincent P.; Nyswander, Marie Elizabeth (1967): Heroin addiction – a metabolic disease. In: Archives of Internal Medicine, 118. Jg. (1967), 304-309.

Ebbinghaus, Angelika (Hg.) (1987): Opfer und Täterinnen. Frauenbiographien des Nationalsozialismus. Nördlingen: Greno.

Ebermann, Harry (1973): Methadonbehandlung. Psychologische Bemerkungen zu einer resignierenden Therapie. Ergänzender medizinischer Beitrag zu M. Schneider. In: Münch. Med. Wschr. 115, 2096-2098.

Ellinger, Hans (1974): Betäubungsmittel und Strafbarkeit. Ein Beitrag zur Änderung der Strafbestimmungen des Opiumgesetzes durch das Gesetz vom 22. Dezember 1971 und zum Problem Rauschgift aus rechtlicher Sicht. Wiesbaden: Bundeskriminalamt.

Erhardt, Helmut (1967): Rauschgiftsucht. Hamm: Hoheneck.

Fahrenkrug, Hermann W. (1985): Überlegungen zur Geschichte des Suchtbegriffs am Beispiel der „Modellsucht Alkoholismus". In: DHS (Hg.): Süchtiges Verhalten. Grenzen und Grauzonen im Alltag. Hamm, 345 ff.

Fahrenkrug, Hermann W. (1991): Alcohol and the State in Nazi Germany. In: Barrows, Susanna; Room, Robin (Hg.): Drinking Behavior and Belief in Modern History. Berkeley: University of California, 322.

Farrell, James J. (1997): The Spirit of the Sixties. Making Postwar Radicalism. New York: Routledge.

Faulstich, Werner (1985): Rock als way of life. Tübinger Vorlesungen zur Rockgeschichte. Teil 2: 1974 – 1971. Gelsenkirchen: Buer (Edition der Rockpaed-Autoren).

FDR – Fachverband Drogen und Rauschmittel e.V. (1981): Bericht über den III. DPWV/FDR-Bundesdrogenkongreß 1980 in Frankfurt-Nordweststadt vom 27. – 30. Oktober 1980. „Kapituliert die Gesellschaft vor dem Drogenproblem?" Frankfurt am Main: Eigendruck.

FDR – Fachverband Drogen und Rauschmittel e.V. (1983): Freiheit lassen. Bestimmen Justiz und Bürokratie oder wir die Wege der Drogenarbeit? Dokumentation des IV. DPWV/ FDR-Bundesdrogenkongresses in Augsburg vom 01.-04.September 1981. Hannover: Eigendruck.

FDR – Fachverband Drogen und Rauschmittel e.V. (o.J. [1984]): VI. Bundesdrogenkongreß '83. 16. – 19. Mai 1983 in Krefeld. Drogenarbeit '83. Hannover: Eigendruck.

FDR – Fachverband Drogen und Rauschmittel e.V. (1984): Grundlegende Aussagen zur Drogenarbeit in der Bundesrepublik Deutschland. Hannover: Eigendruck.

FDR – Fachverband Drogen und Rauschmittel e.V. (o.J. [1985]): 7. Bundesdrogenkongreß. 4. – 7. Juni 1984 in Hamburg. Hannover: Eigendruck.

FDR – Fachverband Drogen und Rauschmittel e.V. (o.J. [1986]): Bundesdrogenkongreß: Justiz – Gegner oder Partner der Drogenarbeit? Hannover: Eigendruck.

FDR – Fachverband Drogen und Rauschmittel e.V. (1986): Materialiensammlung Methadon. Hannover: Eigendruck.

FDR – Fachverband Drogen und Rauschmittel e.V. (o.J. [1987]): Drogenarbeit: klienten- oder kostenorientiert? 9. Bundesdrogenkongreß. 9. bis 12. Juni 1986 in Bremen. Hannover: Eigendruck.

FDR – Fachverband Drogen und Rauschmittel e.V. (1987): Beschluß der FDR-Mitgliederversammlung zum Einsatz von Medikamenten in der Therapie Drogenabhängiger. In: Bewährungshilfe 34, 323-326.

FDR – Fachverband Drogen und Rauschmittel e.V. (o.J. [1988]): 10. Bundesdrogenkongreß. Schwabenlandhalle (Fellbach bei Stuttgart). 1. – 4. Juni 1987. Wenn Frauen aus der Falle rollen ... Frauen und Abhängigkeit. Hannover: Eigendruck.

FDR – Fachverband Drogen und Rauschmittel e.V. (1989): 11. Bundesdrogenkongreß. 6. – 9. Juni 1988. „Lebenslage: HIV-positiv und abhängig". Saarbrücken, Bürgerhaus Dudweiler. Hannover: Eigendruck.

FDR – Fachverband Drogen und Rauschmittel e.V. (1990): Unruhige Zeiten. Altes Prüfen – Neues Wagen. Eine Herausforderung für die Drogenarbeit. 12. Bundesdrogenkongreß. Dokumentation. Hannover: Eigendruck.

FDR – Fachverband Drogen und Rauschmittel e.V. (1992a): Was hilft! Grundhaltung – Menschenbild – Konzepte. Beiträge zu den Grundlagen der Drogenarbeit. Dokumentation des 14. Bundesdrogenkongresses des Fachverbandes Drogen und Rauschmittel 1991 in Braunschweig. Hannover: Eigendruck.

FDR – Fachverband Drogen und Rauschmittel e.V. (1992b): Geschäftsbericht 1.1. – 31.12. 1992. Frankfurt am Main/Hannover.

FDR – Fachverband Drogen und Rauschmittel e.V. (1997): Standards im Verbundsystem der Suchtkrankenhilfe. Schwerpunkt Drogenarbeit. Gesthacht: Neuland.

Feuerlein, Wilhelm (1988): Die Behandlung von Alkoholikern in Deutschland von den Anfängen bis heute. In: Suchtgefahren 34, 389-395.

Fichter, Tilman; Lönnendonker, Siegward (1979): Keine Geschichte des SDS. Der Sozialistische Deutsche Studentenbund von 1946 bis zur Selbstauflösung. Berlin: Rotbuch Verlag.

Finzen, Claus (1985): Alkohol, Alkoholismus und Medizin. Ein Beitrag zur Sozialgeschichte der Medizin. Rehburg-Loccum: Psychiatrie-Verlag.

Fischer, Benedikt (2003): Illegale Opiatsucht, Behandlung und ökonomische Kostenforschung – ein beispielhafter Überblick und eine Diskussion aus sozialwissenschaftlicher Perspektive. In: Suchttherapie 2003; 4: 2-7.

Franke, Alexa (1994): Drogennotfälle und Drogentodesfälle in Dortmund im Zeitraum 1990 – 1993. Untersuchung im Auftrag des Ministeriums für Arbeit, Gesundheit und Soziales des Landes Nordrhein- Westfalen. Dortmund (Typoskript).

Franke, Manfred (1976): Der Mißbrauch von Drogen und Rauschmitteln. Stand des Problems in der Bundesrepublik Deutschland. Kassel: Nicol-Verlag.

Franke, Manfred (1988): Die Crux mit dem Methadon. In: Suchtgefahren 34, 345-349.

Frankenberg, Günter (1994): Deutschland: Der verlegene Triumph des Pragmatismus. In: Kirp, David; Bayer, Ronald (Hg.): Strategien gegen AIDS. Ein internationaler Politikvergleich. Berlin: Edition Sigma, 134-172.

Fredersdorf, Frederic (1994): Leben ohne Drogen. Zwei Jahrzehnte Synanon. Eine Dokumentation. Weinheim: Deutscher Studien Verlag.

Friedeburg, Ludwig von (Hg.) (1965): Jugend in der modernen Gesellschaft. Köln, Berlin: Kiepenheuer & Witsch.

Gaedt, Frigga; Gaedt, Christian; Reuband, Karl-Heinz (1976): Zur Rauschmittelberichterstattung der Tageszeitungen in der Bundesrepublik und West-Berlin. Ergebnisse einer Inhaltsanalyse. In: Reuband, Karl-Heinz (Hg.): Rauschmittelkonsum. Soziale Abweichung und institutionelle Reaktion. Wiesbaden: Akademische Verlagsgesellschaft, 77-107.

Geck, Karl A. (1974): Die Heidelberger Free Clinic. In: Petzold, Hilarion (Hg.): Drogentherapie. Modelle, Methoden, Erfahrungen. Paderborn: Jungfermann-Hoheneck, 344-362.

Geene, Raimund (2000): AIDS-Politik: ein neues Krankheitsbild zwischen Medizin, Politik und Gesundheitsförderung. Frankfurt am Main: Mabuse-Verlag.

Gerdes, Klaus; Wolffersdorff-Ehlert, Christian von (1974): Drogenscene – Suche nach Gegenwart. Stuttgart: Enke.

Gerlach, Ralf; Schneider, Wolfgang (1994): Methadon- und Codeinsubstitution: Erfahrungen, Forschungsergebnisse, Praxiskonsequenzen. Münster: VWB.

Gitlin, Todd (1993): The Sixties. Years of Hope, Days of Rage. New York: Bantam Books.

Gitlin, Todd (1998): Das doppelte Selbstverständnis der amerikanischen Studentenbewegung. In: Gilcher-Holtey, Ingrid (Hg.): 1968 – Vom Ereignis zum Gegenstand der Geschichtswissenschaft. Göttingen: Vandenhoeck und Ruprecht, 56-63.

Glaser, Barney G.; Strauss, Anselm L. (1967): The Discovery of Grounded Theory. Strategies for Qualitative Research. New York: Aldine de Gruyter.

Gläß, Theo (1941): Hieb und Stich im Kampf gegen den Alkohol. 50 Fragen und Antworten. 5. Auflage. Berlin: Neuland.

Görgen, Wilfried et al. (1996): Modellprogramm Kompakttherapie im Verbund der Drogenhilfe: Qualifizierte Entzugsbehandlung und stationäre Kurzzeittherapie. Abschlußbericht. Baden-Baden: Nomos. (= Band 81 der Schriftenreihe des Bundesministeriums für Gesundheit).

Groenemeyer, Axel (1994): Drogenberatung und alltagsorientierte Sozialarbeit – Möglichkeiten und Folgen niedrigschwelliger Drogenarbeit am Beispiel der Drogenberatung Bielefeld. In: Indro e.V. (Hg.): Reader zur niedrigschwelligen Drogenarbeit in NRW: Erfahrungen, Konzepte, Forschungen. Berlin: VWB, 39-144.

Groenemeyer, Axel (1999): Soziale Probleme, soziologische Theorie und moderne Gesellschaften. In: Albrecht, Günter; Groenemeyer, Axel; Stallberg, Friedrich W. (Hg.): Handbuch soziale Probleme. Opladen, Wiesbaden: Westdeutscher Verlag, 13-72.

Gross, Werner (1990): Sucht ohne Drogen. Arbeiten, Spielen, Essen, Lieben ... Frankfurt am Main: Fischer.

Guse, Martin (1992): „Wir hatten noch gar nicht angefangen zu leben". Katalog zur Ausstellung. Dritte, leicht veränd. und erg. Auflage. Moringen, Liebenau (KZ-Gedenkstätte im Torhaus Moringen).

Gusfield, Joseph R. (1963): Symbolic Crusade. Urbana: University of Illinois Press.

Gütt, Arthur; Rüdin, Ernst; Ruttke, Falk (1934): Zur Verhütung erbkranken Nachwuchses. Gesetz und Erläuterungen. München: J.F. Lehmanns.

Habermas, Jürgen (1987): Theorie des kommunikativen Handels. Band 2. Kritik der funktionalistischen Vernunft. 4., durchges. Auflage. Frankfurt am Main: Suhrkamp.

Hafeneger, Beno (1994): Jugend-Gewalt. Zwischen Erziehung, Kontrolle und Repression. Ein historischer Abriß. Opladen: Westdeutscher Verlag.

Haindl, Hans; Veit, Christian (1974): Erfahrungen aus dem Four-Steps-Modell der therapeutischen Wohngemeinschaft in Räbke. In: Petzold, Hilarion (Hg.): Drogentherapie. Modelle, Methoden, Erfahrungen. Paderborn: Jungfermann-Hoheneck, 363-383.

Hammerschmidt, Peter (1999): Die Wohlfahrtsverbände im NS-Staat. Die NSV und die konfessionellen Verbände Caritas und Innere Mission im Gefüge der Wohlfahrtspflege des Nationalsozialismus. Opladen: Leske und Budrich.

Hanschmann, Dieter et al. (1982): Sozialarbeit im „Drogenknast" – Protokoll eines Versuches. In: Krim. Journal 14, 277-288.

Happel, Hans-Volker; Schneider, Werner (1986): Ausstieg aus der Drogenabhängigkeit am Beispiel der Selbstheiler. Projektbeschreibung. In: Suchtgefahren 32, 366-388.

Hartmann, Rüdiger et al. (1994): Modellprogramm Verstärkung in der Drogenarbeit – „Booster-Programm – Abschlußbericht. Baden-Baden: Nomos. (= Band 35 der Schriftenreihe des Bundesministeriums für Gesundheit).

Hartmann, Rüdiger et al. (1998): Modellprogramm Integrative gemeindenahe Hilfe für Suchtkranke „INTHIS". Abschlußbericht im Auftrag des Bundesministeriums für Gesundheit. Baden-Baden: Nomos. (= Band 101 der Schriftenreihe des Bundesministeriums für Gesundheit).

Hartwig, Karl-Hans; Pies, Ingo (1995): Rationale Drogenpolitik in der Demokratie: wirtschaftswissenschaftliche und wirtschaftsethische Perspektiven einer Heroinvergabe. Tübingen: J.C.B. Mohr.

Hauschildt, Elke (1995): „Auf den richtigen Weg zwingen...". Trinkerfürsorge 1922 – 1945. Freiburg im Breisgau: Lambertus.

Heckmann, Wolfgang (1979a): Wenn der Dealer einen weißen Kittel trägt. In: Psychologie heute, Jg. 1979, H. 3, 40-44.

Heckmann, Wolfgang (1979b): Professionalisierung des Modells Therapeutische Wohngemeinschaft. Protokoll eines mißlungenen Versuchs (und was daraus zu lernen ist). In: Heckmann, Wolfgang et al. (Hg.): Zur Therapie junger Drogenabhängiger. Erfahrungen und ergebnisse ausTherapeutischen Wohngemeinschaften. Freiburg im Breisgau: Lambertus, 11-49.

Heckmann, Wolfgang (1980a): Therapeutische Gemeinschaften für Drogenabhängige: Geschichte – Gegenwärtige Praxis – Zukunftsprobleme. In: Heckmann, Wolfgang (Hg.): Vielleicht kommt es auf uns selber an. Therapeutische Gemeinschaften für Drogenabhängige. Frankfurt am Main: Fischer, 10-26.

Heckmann, Wolfgang (1980b): Was Hänschen nicht lernt, kann Hans doch noch einmal lernen (Grete auch): Resozialisierung bei der Drogenhilfe Tübingen e.V. In: Heckmann, Wolfgang (Hg.): Vielleicht kommt es auf uns selber an. Therapeutische Gemeinschaften für Drogenabhängige. Frankfurt am Main: Fischer, 129-199.

Heckmann, Wolfgang (1980c): Leben auf einer (fast) idealen Insel: Gestalttherapie mit Drogenabhängigen. In: Heckmann, Wolfgang (Hg.): Vielleicht kommt es auf uns selber an. Therapeutische Gemeinschaften für Drogenabhängige. Frankfurt am Main: Fischer, 200-268.

Heckmann, Wolfgang (1980d): Therapeutische Gemeinschaften – Einzige Hilfe für Drogenabhängige? In: Sozialmagazin 5, H. 12, 10-12.

Heckmann, Wolfgang (Hg.) (1982): Praxis der Drogentherapie. Von der Selbsthilfe zum Verbundsystem. Weinheim und Basel: Beltz.

Heckmann, Wolfgang (1993): Drogenhilfe (unter besonderer Berücksichtigung des Aspektes Selbsthilfe/Selbstorganisation in Initiativen und Projekten). In: Kreft, Dieter; Lukas, Helmut et al. (Hg.): Perspektivenwandel der Jugendhilfe. 2. Auflage. Frankfurt am Main: Institut für Sozialarbeit und Sozialpädagogik e.V., 85-108.

Heckmann, Wolfgang et al. (1993): Drogennot- und Todesfälle. Eine differentielle Untersuchung der Prävalenz und Ätiologie der Drogenmortalität: Drogentodesfälle in Berlin, Bremen, Hamburg, Drogennotfälle in Bremen und Hamburg. Baden-Baden: Nomos. (= Band 28 der Schriftenreihe des Bundesministeriums für Gesundheit).

Heckmann, Wolfgang; Seyrer, Yann (1987): AIDS und Drogenabhängigkeit: Stand der Dinge. In: Suchtgefahren 33, 337-345.

Hefele, Bernhard (1988): Drogenbibliographie. Verzeichnis der deutschsprachigen Literatur über Rauschmittel und Drogen von 1800 bis 1984. München, London, New York, Paris: Saur.

Helas, Irene (1997): Über den Prozeß der Professionalisierung in der Suchtkrankenhilfe. In: Deutsche Hauptstelle gegen die Suchtgefahren (Hg.): Suchtkrankenhilfe in Deutschland. Geschichte – Strukturen – Perspektiven. Freiberg im Breisgau: Lambertus, 147-161.

Hemprich, Rolf D.; Kisker, Karl P. (1968): Die „Herren der Klinik" und die Patienten. Erfahrungen aus der teilnehmend-verdeckten Beobachtung auf einer psychiatrischen Station. In: Nervenarzt 39, 434-441.

Hentschel, Ulrich (1994): Kurzbericht zum Modellvorhaben „Niedrigschwellige Angebote in der Drogenhilfe" in Nordrhein-Westfalen. In: Indro e.V. (Hg.): Reader zur niedrigschwelligen Drogenarbeit in NRW: Erfahrungen, Konzepte, Forschungen. Berlin: VWB, 9-20.

Hepp, Michael (1987): Vorhof zur Hölle. Mädchen im „Jugendschutzlager" Uckermark. In: Ebbinghaus, Angelika (Hg.): Opfer und Täterinnen. Frauenbiographien des Nationalsozialismus. Nördlingen: Greno, 191-216.

Hermann, Werner (1991): Leben mit Drogen: No time to waste. In: akzept e.V. (Hg.): Leben mit Drogen. Dokumentation des 1. Kongresses des Bundesverbandes für akzeptierende Drogenarbeit und humane Drogenpolitik. Berlin: Eigenverlag, 11-15.

Hermann, Werner (1992): Junkie und Politiker. In: Bernhard, Elisabeth et al. (Hg.): Über-Leben mit Methadon. Für eine alternative Drogenpolitik. Hamburg: Konkret Literatur Verlag, 101-107.

Herwig-Lempp, Johannes (1987): Das Phänomen der sogenannten Neuen Süchte. In: Neue Praxis 17, 54-64.

Herwig-Lempp, Johannes (1994): Von der Sucht zur Selbstbestimmung. Drogenkonsumenten als Subjekte. Dortmund: Borgmann.

Hess, Henner (1983): Probleme der sozialen Kontrolle. In: Kerner, Hans-Jürgen; Göppinger, Hans; Streng, Franz (Hg.): Kriminologie – Psychiatrie – Strafrecht. Festschrift für Heinz Leferenz zum 70. Geburtstag. Heidelberg: C.F. Müller, 3-24.

Hess, Henner (1987): Rauchen. Geschichte, Geschäfte, Gefahren. Frankfurt am Main, New York: Campus Verlag.

Hessische Landesregierung (1980): Hessisches Programm zur Bekämpfung des Drogenmißbrauchs. Wiesbaden: Eigendruck.

Heudtlass, Jan-Hendrik; Stöver, Heino; Winkler, Petra (Hg.) (1995): Risiko mindern beim Drogengebrauch. Frankfurt am Main: Fachhochschulverlag.

Heuer, Rolf et al. (1971): Helft Euch selbst! Der Release-Report gegen die Sucht. Reinbek bei Hamburg: Rowohlt.

Höfer, Max A. (1996): Wohlfahrt im Rolls-Royce. In: capital, Jg. 1996, H. 12, 148-157.

Hoffmann-Richter, Ulrike; Finzen, Asmus (1997): Organisationskulturen in der Psychiatrie. In: Hoffmann-Richter, Ulrike; Haselbeck, Helmut; Engfer, Renate (Hg.): Sozialpsychiatrie vor der Enquete. Bonn: Psychiatrie-Verlag, 241-261.

Hofmann, Albert (1993): LSD – mein Sorgenkind. Stuttgart: dtv.

Holler, Gerhard; Knahl, Andreas (1989): Aufsuchende Sozialarbeit für betäubungsmittelabhängige Straftäter. Stuttgart: Kohlhammer (= Band 242 der Schriftenreihe des BMJFFG).

Hondrich, Karl Otto (1995): Differenzierung, soziale. In: Schäfers, Bernhard (Hg.): Grundbegriffe der Soziologie. 4. verbesserte und erweiterte Auflage. Opladen: Leske und Budrich, 35-40.

Hondrich, Karl Otto (2001): Der Neue Mensch. Frankfurt am Main: Suhrkamp.

Hüsgen, Hans-Adolf (1989): Methadonbehandlung in Nordrhein-Westfalen. In: Bossong, Horst; Stöver, Heino (Hg.): Methadon. Chancen und Grenzen der Substitutionsbehandlung. Berlin: Lenz, Maas, Teuber, 108-112.

Hüllinghorst, Rolf; Lehner, Birgit (1997): Sucht '97 – Umfang und Hilfen. In: DHS (Hg.): Sucht-krankenhilfe in Deutschland. Geschichte – Strukturen – Perspektiven. Freiberg im Breisgau: Lambertus, 87-115.

ICH Expert Working Group (1996): Guideline for Good Clinical Practice E6. International Conference on Harmonisation of Technical Requirements for Registration of Pharmaceuticals for Human Use. ICH Harmonised Tripartite Guideline (ICH/135/95).

Institut für Demoskopie Allensbach (1972): Die Gefährdung Jugendlicher durch Rauschmittel-Mißbrauch. Vorstellungen der Bevölkerung. Durchgeführt im Auftrag des Bundesministeriums für Jugend, Familie und Gesundheit. Allensbach.

Jellinek, Elvin Morton (1960): The Disease Concept of Alcoholism. New Haven: Hillhouse Press.

Joël, Ernst; Fränkel, Fritz (1924): Der Cocainismus. Ein Beitrag zur Geschichte und Psychopathologie der Rauschgifte. Berlin: Julius Springer.

Joite, Eckhard (Hg.) (1972): Fixen – Opium fürs Volk. Berlin: Wagenbach.

Jong, Renate de; Bühringer, Gerhard (Hg.) (1978): Ein verhaltenstherapeutisches Stufenprogramm zur stationären Behandlung von Drogenabhängigen. München: Röttger.

Jordan, Erwin (1987): 65 Jahre (Reichs)Jugendwohlfahrtsgesetz – Ausgangssituation und Entwicklungen. In: Jordan, Erwin; Münder, Johannes (Hg.): 65 Jahre Reichsjugendwohlfahrtsgesetz – ein Gesetz auf dem Weg in den Ruhestand. Münster: Votum, 19-36.

Jordan, Erwin; Sengling, Dieter (1977): Einführung in die Jugendhilfe. München: Juventa.

Jost, J. (1971): Beratungsstelle für Rauschmittelfragen in Frankfurt am Main. In: Landesjugendamt Hessen (Hg.): Drogenabhängigkeit junger Menschen. Wiesbaden, 34-38.

Junge, Burckhard (1993): Alkohol. In: DHS (Hg.): Jahrbuch Sucht '94. Geesthacht: Neuland, 81-99.

Junge, Burckhard (2003): Tabak – Zahlen und Fakten zum Konsum. In: DHS (Hg.): Jahrbuch Sucht 2003. Geesthacht: Neuland, 34-61.

Kaiser, Günther (1959): Randalierende Jugend. Eine soziologische und kriminologische Studie über die sogenannten „Halbstarken". Heidelberg: Quelle & Meyer.

Kaiser, Jochen-Christoph (1995): Von der christlichen Liebestätigkeit zur freien Wohlfahrtspflege: Genese und Organisation konfessionellen Sozialmanagements in der Weimarer Republik. In: Rauschenbach, Thomas; Sachße, Christoph; Olk, Thomas (Hg.): Von der Wertegemeinschaft zum Dienstleistungsunternehmen. Jugend- und Wohlfahrtsverbände im Umbruch. Frankfurt am Main: Suhrkamp, 150-174.

Kalke, Jens (2001): Innovative Landtage. Eine empirische Untersuchung am Beispiel der Drogenpolitik. Wiesbaden: Westdeutscher Verlag.

Kampe, Helmut (1989): Drogentherapie und „Selbstheilung". In: Suchtgefahren 35, 125-129.

Kampe, Helmut; Kunz, Dieter (1983): Was leistet Drogentherapie? Evaluation eines stationären Programms. Weinheim, Basel: Beltz.

Kaufmann, Franz-Xaver (Hg.) (1979): Bürgernahe Sozialpolitik. Planung, Organisation und Vermittlung sozialer Leistungen auf lokaler Ebene. Frankfurt, New York: Campus.

Kaufmann, Franz-Xaver; Schneider, Siegfried (1975): Modelleinrichtungen – ein Instrument für experimentelle Reformverfahren in der Sozialpolitik? In: Neue Praxis 5, 206-218.

Kemmesies, Uwe E. (1995): Szenebefragung Frankfurt/Main 1995. Die „Offene Drogenszene" und das Gesundheitsraumangebot in Ffm. – ein erster Erfahrungsbericht. Abschlußbericht im Auftrag der Stadt Frankfurt/Dezernat Frauen und Gesundheit – Drogenreferat. Frankfurt am Main (Typoskript).

Kemmesies, Uwe E. (2000): Umgang mit illegalen Drogen im „bürgerlichen" Milieu (UmiD). Bericht zur Pilotphase. Frankfurter Beiträge zur Erziehungswissenschaft, Frankfurt am Main.

Kemmesies, Uwe E. (2001a): Die McDonaldisierung der Drogenhilfe – Ein Diskussionsbeitrag. In: Sucht 47, 119-124.

Kemmesies, Uwe E. (2001b): Drogenhilfe: McDonald's, Haute Cuisine oder am Ende der Rationalität? Erwiderung auf Horst Bossongs Kommentierung des Artikels „Die McDonaldisierung der Drogenhilfe" (Sucht 2, 2001). In: Sucht 47, 206-213.

Kerner, Hans-Jürgen (1989): Amtliche Datensammlung in der Strafrechtspflege und ihre Nutzbarkeit für Praxis, Politik und Wissenschaft. In: Jehle, Jörg-Martin (Hg.): Datensammlungen und Akten in der Strafrechtspflege. Wiesbaden: BKA.

Keup, Wolfram (1973): Zur Methadon-„Behandlung". In: Suchtgefahren 19, 121-123.

Keup, Wolfram (1981): Zahlen zur Gefährdung durch Drogen und Medikamente. In: Schmidt, Hans-Günther (Hg.) Jahrbuch '81 zur Frage der Suchtgefahren. Hamm: Neuland, 22 ff.

Keup, Wolfram (1984): Zahlen zur Gefährdung durch Drogen und Medikamente. In: Ziegler, Herbert (Hg.): Jahrbuch '84 zur Frage der Suchtgefahren. Hamm: Neuland, 62-114.

Keup, Wolfram (1990): Eignung für Methadon-Erhaltungsprogramme. In: Suchtgefahren 36, 243-249.

KGSt (1994): Outputorientierte Steuerung der Jugendhilfe. Köln. (= Bericht Nr. 9/1994).

Kindermann, Walter (1996): Das Ende der Spezialisierung? In: Caritas 98, 485-495.

Kindermann, Walter et al. (1989): Wege aus der Drogenabhängigkeit. Gelungene und gescheiterte Ausstiegsversuche. Freiburg im Breisgau: Lambertus.

Klee, Ernst (1983): Euthanasie im NS-Staat. Frankfurt am Main: S. Fischer.

Klee, Ernst (2001): Deutsche Medizin im Dritten Reich. Karrieren vor und nach 1945. Frankfurt am Main: S. Fischer.

Klee, Jürgen (1994): Das Elend soll weg von der Straße ... – Fixerräume in Deutschland. In: Klee, Jürgen; Stöver, Heino (Hg.): Beratungsführer Drogen und AIDS. Berlin: DAH, 110-133.

Kleiber, Dieter; Pant, Anand (1991): HIV-Prävalenz, Risikoverhalten und Verhaltensänderungen bei i.v. Drogenkonsumenten. Berlin: SPI.

Kleiber, Dieter; Pant, Anand (1996): HIV-Needle-Sharing – Sex. Eine sozialepidemiologische Studie zur Analyse der HIV-Prävalenz und riskanter Verhaltensweisen bei i.v.-Drogenkonsumenten. Baden-Baden: Nomos (= Band 69a der Schriftenreihe des Bundesministeriums für Gesundheit).

Kleiner, Dietrich (1969a): Aktuelle Rauschgiftprobleme bei Jugendlichen. Mit einem Bericht „Flucht nach Indien – Pilgerweg der Gammler". In: Unsere Jugend, H. 5, 206-220.

Kleiner, Dietrich (1969b): Rauschgiftmißbrauch bei Jugendlichen. Zur heutigen Situation in West-Berlin. In: Soziale Arbeit, Jg. 1969, H. 12, 527-530.

Kleiner, Dietrich (1971): Haschisch und Alkohol. Gemeinsamkeiten und Unterschiede. In: Unsere Jugend, Jg. 1971.

Kleiner, Dietrich (1978): Der junge Drogenabhängige im Strafverfahren – Therapieeinleitung und -motivation durch den Jugendrichter. In: MschrKrim 61, H. 2, 135-138.

Klienten des Landeshauses (1974): Das „Four-Steps"-Haus Dürrnbuch in der Vierstufenkette Nürnberg. In: Petzold, Hilarion (Hg.): Drogentherapie. Modelle, Methoden, Erfahrungen. Paderborn: Jungfermann-Hoheneck, 384-391.

Klingemann, Harald (1992): Coping and Maintenance Strategies of Spontaneous Remitters from Problem Use of Alcohol and Heroin in Switzerland. In: The International Journal of the Addictions 27, 1359 ff.

Klingemann, Harald; Hunt, Geoffrey (Hg.) (1998): Drug Treatment Systems in an International Perspective: Drugs, Demons and Delinquents. London: Sage.

Klönne, Arno (1982): Jugend im Dritten Reich. Die Hitlerjugend und ihre Gegner. Köln: Diederichs.

Knischewski, Ernst (1997): Die Wohlfahrtsverbände in der Suchtkrankenhilfe. In: Deutsche Hauptstelle gegen die Suchtgefahren (Hg.): Suchtkrankenhilfe in Deutschland. Geschichte – Strukturen – Perspektiven. Freiberg im Breisgau: Lambertus, 116-132.

Knöß, Sabine (1994): Die Alltagsdroge Tabak oder die Sinnlosigkeit von Drogenprohibition. In: Nimsch, Margarete (Hg.): Im Rausch der Zeit. 1200 Jahre Drogen in Frankfurt am Main. Katalog zur Ausstellung. Frankfurt am Main, 32-33.

Koch, Ursula; Ehrenberg, Sabine (1992): Akzeptanz AIDS-präventiver Botschaften: Evaluation der Aufklärungs- und Beratungsarbeit bei i.v. Drogenabhängigen in der Bundesrepublik Deutschland. In: Deutsche AIDS-Hilfe e.V. (Hg.): AIDS und Drogen II. Evaluation AIDS-präventiver Botschaften. Berlin: DAH. (= AIDS-Forum DAH, Band 9), 27-99.

Koenen, Gerd (2001): Das rote Jahrzehnt. Unsere kleine deutsche Kulturrevolution 1967 – 1977. Köln: Kiepenheuer & Witsch.

Körkel, Joachim (1988): Der Rückfall des Suchtkranken. Flucht in die Sucht? Berlin: Springer.

Körner, Harald Hans (1994a): Betäubungsmittelgesetz, Arzneimittelgesetz / erl. von Harald Hans Körner. 4., neubearb. Auflage. München: Beck.

Körner, Harald Hans (1994b): Gutachten zur Zulässigkeit von Gesundheitsräumen für den hygienischen und streßfreien Konsum von Betäubungsmitteln durch Opiatabhängige. In: StV, Jg. 1994, H. 12, 683-686.

Krach, Christa et al. (1978): Ambulantes Therapieprogramm mit Methadon. In: Niedersächsisches Ärzteblatt, Jg. 1978, H. 9, 289-293.

Krach, Christa; Peschke, Hartmut (1988): Stellungnahme zu einer „Stellungnahme zu einer 11-Jahres-Katamnese über das Hannoversche Methadon-Programm". In: Suchtgefahren 34, 61.

Kramer, Sabine (1999): „Ein ehrenhafter Verzicht auf Nachkommenschaft". Theoretische Grundlagen und Praxis der Zwangssterilisationen im Dritten Reich am Beispiel des Erbgesundheitsobergerichts Celle. Baden-Baden: Nomos.

Krasney, Otto Ernst (1997): Sozialversicherungsrechtliche Entwicklungen bei der Betreuung Suchtkranker. In: DHS (Hg.): Suchtkrankenhilfe in Deutschland. Geschichte – Strukturen – Perspektiven. Freiberg im Breisgau: Lambertus, 221-227.

Kraus, Ludwig; Bauernfeind, Rita (1998): Repräsentativerhebung 1997. Schriftliche Befragung zum Gebrauch psychotroper Substanzen bei Erwachsenen in Deutschland. Bonn.

Krauß, Günter M. (1985): Was heißt denn da „nichtbevormundend"? Ziele und Stile der Drogenarbeit. In: Krauß, Günter M.; Steffan, Werner (Hg.): „... nichts mehr reindrücken": Drogenarbeit, die nicht bevormundet. Weinheim, Basel: Beltz, 13-22.

Krauß, Günter M.; Steffan, Werner (Hg.) (1985): „... nichts mehr reindrücken": Drogenarbeit, die nicht bevormundet. Weinheim, Basel: Beltz.

Krausz, Michael, Degkwitz Peter, Verthein, Uwe & Basdekis, Raphaela (2000): Die suchtmedizinische Bedeutung des Modellversuchs zur heroingestützten Behandlung Drogenabhängiger. In: J. Zerdick (Hg.): Suchtmedizin im Dialog, 9. Suchtmedizinischer Kongreß der DGS: 55-69.

271

Krausz, Michael; Farnbacher, Georg (2000): Psychoedukation als psychosoziale Intervention in der Drogentherapie. In: Suchttherapie 1, 83-88.

Kretschmer, Sibylle (1979): Von der Hilfe für Drogenabhängige zur Selbsthilfe von Drogenabhängigen: Die Therapeutische Wohngemeinschaft des Caritasverbandes für Berlin e.V. In: Heckmann, Wolfgang et al. (Hg.): Zur Therapie junger Drogenabhängiger. Erfahrungen und Ergebnisse aus Therapeutischen Wohngemeinschaften. Freiburg im Breisgau: Lambertus, 50-171.

Kreuzer, Arthur (1975): Drogen und Delinquenz. Eine jugendkriminologisch-empirische Untersuchung der Erscheinungsformen und Zusammenhänge. Wiesbaden: Akademische Verlagsgesellschaft.

Kreuzer, Arthur (1987): Strafrecht als Hindernis sinnvoller AIDS-Prophylaxe? Verunsicherung bei Apothekern wegen der Abgabe von Injektionsgerät an Drogenabhängige. In: Neue Zeitschrift für Strafrecht 7, 268-270.

Kreyssig, Ulrike (1984): „Komm, Mäuschen, laß uns mal über deine Probleme reden ...". In: Merfert-Diete, Christa; Soltau, Roswitha (Hg.): Frauen und Sucht. Die alltägliche Verstrickung in Abhängigkeit. Reinbek: Rowohlt, 94-97.

Kreyssig, Ulrike; Kurth, Anne (1984): „Violetta Clean" – wie ein Frauenprojekt entsteht. In: Merfert-Diete, Christa; Soltau, Roswitha (Hg.): Frauen und Sucht. Die alltägliche Verstrickung in Abhängigkeit. Reinbek: Rowohlt, 207-218.

Krüger, Heinz-Hermann (1985): „Exis habe ich keine gesehen" – Auf der Suche nach einer jugendlichen Gegenkultur in den 50er Jahren. In: Krüger, Heinz-Hermann (Hg.): „Die Elvis-Tolle, die hatte ich mir unauffällig wachsen lassen". Lebensgeschichte und jugendliche Alltagskultur in den fünfziger Jahren. Opladen: Leske und Budrich, 129-151.

Küfner, Heinrich et al. (1994): Stationäre Krisenintervention bei Drogenabhängigen. Baden-Baden: Nomos. (= Band 37 der Schriftenreihe des Bundesministeriums für Gesundheit).

Küfner, Heinrich et al. (1996): Ergebnisse des Modellprogramms „Integrierte Suchtberatung in den neuen Bundesländern". Baden-Baden: Nomos. (= Band 76 der Schriftenreihe des Bundesministeriums für Gesundheit).

Küfner, Heinrich et al. (2000): Modellprogramm Betreuung von Drogenabhängigen auf dem Bauernhof. Baden-Baden: Nomos. (= Band 130 der Schriftenreihe des Bundesministeriums für Gesundheit).

Kurz-Lund, Georg; Stöver, Heino (Hg.) (1995): Wohnprojekte für DrogengebraucherInnen in Bremen. Bremen.

Lange, Kurt-Jürgen (1988): Persönliche Stellungnahme zur Stellungnahme der Deutschen Gesellschaft für Suchtforschung und Suchttherapie e.V. zur Substitution Drogenabhängiger. In: Suchtgefahren 34, 522-525.

Leary, Timothy (1970): Politik der Ekstase. Hamburg: Wegner. (zuerst 1968).

Lennertz, Erich (1970): Zur Frage der anti-sozialen Persönlichkeit jugendlicher Haschisch-Raucher. In: Zeitschrift für Sozialpsychologie, Jg. 1970, H. 1, 48-56.

Leonhardt, Rudolf W. (Hg.) (1970): Haschisch Report. Dokumente und Fakten zur Beurteilung eines sogenannten Rauschgiftes. München: Piper.

Leune, Jost (1994): Wege aus der Drogenabhängigkeit. In: Nowak, Manfred; Schifmann, Richard; Brinkmann, Rüdiger (Hg.): Drogensucht. Entstehungsbedingungen und therapeutische Praxis. Stuttgart, New York: Schattauer, 93-101.

Leune, Jost (2003): Versorgung Suchtkranker in Deutschland – Daten, Fakten, allgemeine Behandlungszahlen. In: DHS (Hg.): Jahrbuch Sucht '2003. Geesthacht: Neuland, 1132-145.

Loos, Peter (1973): Heroin auf dem Frankfurter Markt. In: drogen-report, Jg. 1973, H. 8, 9-10.

Lotze, Jürgen (1973a): Methadonbehandlung – eine Möglichkeit zur Therapie von Opiatabhängigen? In: drogen-report, Jg. 1973, H. 3, 13-16.

Lotze, Jürgen (1973b): Stellungnahme zur Veröffentlichung der DHS: „Methadon-Verabreichung eine gefährliche „Drogentherapie". In: Suchtgefahren 19, 120-121.

Luhmann, Niklas (1973): Formen des Helfens im Wandel gesellschaftlicher Bedingungen. In: Otto, Hans-Uwe; Schneider, Siegfried (Hg.): Gesellschaftliche Perspektiven der Sozialarbeit. Erster Halbband. Neuwied, Darmstadt: Luchterhand, 21-43.

Luhmann, Niklas (1981): Politische Theorie im Wohlfahrtsstaat. München, Wien: Olzog.

Luhmann, Niklas (1984): Soziale Systeme. Grundriß einer allgemeinen Theorie. Frankfurt am Main: Suhrkamp.

Luhmann, Niklas (1995): Gesellschaftsstruktur und Semantik: Studien zur Wissenssoziologie der modernen Gesellschaft. Frankfurt am Main: Suhrkamp.

Luhmann, Niklas (1997): Die Gesellschaft der Gesellschaft. Frankfurt am Main: Suhrkamp.

Manderscheid, Hejo (1995): Freie Wohlfahrtspflege vor Ort: Vom Wertepluralismus zur fachlichen Differenzierung. In: Rauschenbach, Thomas; Sachße, Christoph; Olk, Thomas (Hg.): Von der Wertegemeinschaft zum Dienstleistungsunternehmen. Jugend- und Wohlfahrtsverbände im Umbruch. Frankfurt am Main: Suhrkamp, 228-252.

Marlatt, Alan G.; Gordon, JUDITH R. (HG.) (1985): Relapse Prevention: Maintenance Strategies in the Treatment of Addictive Behaviors. New York: The Guilford Press.

Martius, Wilhelm (1908): Deutsche Trinkerheilstätten. Geschichte und Aufgaben des Verbandes von Trinkerheilstätten des deutschen Sprachgebiets. Berlin: Mäßigkeits-Verlag.

Mayntz, Renate (1988): Funktionelle Teilsysteme in der Theorie sozialer Differenzierung. In: Mayntz, Renate et al. (Hg.): Differenzierung und Verselbständigung. Zur Entwicklung gesellschaftlicher Teilsysteme. Frankfurt am Main, New York: Campus, 11-44.

Mayntz, Renate et al. (Hg.) (1988): Differenzierung und Verselbständigung. Zur Entwicklung gesellschaftlicher Teilsysteme. Frankfurt am Main, New York: Campus.

Mayntz, Renate; Scharpf, Fritz W. (1995a): Der Ansatz des akteurzentrierten Institutionalismus. In: Mayntz, Renate; Scharpf, Fritz W. (Hg.): Gesellschaftliche Selbstregulierung und politische Steuerung. Frankfurt am Main, New York: Campus, 39-72.

Mayntz, Renate; Scharpf, Fritz W. (1995b): Steuerung und Selbstorganisation in staatsnahen Sektoren. In: Mayntz, Renate; Scharpf, Fritz W. (Hg.): Gesellschaftliche Selbstregulierung und politische Steuerung. Frankfurt am Main, New York: Campus, 9-38.

Menzemer, Bernhard (1974): Jugendberatung, Hermann-Hesse-Schule und Wohnungen der therapeutischen Rehakette Frankfurt. In: Petzold, Hilarion (Hg.): Drogentherapie. Modelle, Methoden, Erfahrungen. Paderborn: Jungfermann-Hoheneck, 514-523.

Merfert-Diete, Christa; Soltau, Roswitha (Hg.) (1984): Frauen und Sucht. Die alltägliche Verstrickung in Abhängigkeit. Reinbek: Rowohlt.

Merton, Robert K. (1971): Epilogue: Social Problems and Sociological Theory. In: Merton, Robert K.; Nisbet, Robert (Hg.): Contemporary Social Problems. New York: Harcourt Brace Jovanovich, 793-846.

Meyer, Christian; John, Ulrich (2003): Alkohol – Zahlen und Fakten zum Konsum. In: DHS (Hg.): Jahrbuch Sucht 2003. Geesthacht: Neuland, 18-33.

MFAGS – Ministerium für Frauen, Arbeit, Gesundheit und Soziales des Saarlandes (1994): Wissenschaftliches Methadonerprobungsvorhaben im Saarland. Abschlußberichte der wissenschaftlichen Begleitforschung. Saarbrücken.

Michels, Ingo Ilja; Stöver, Heino (1999): Kontaktläden als Basisangebote gesundheitlicher und psychosozialer Unterstützung. In: Stöver, Heino (Hg.): Akzeptierende Drogenarbeit: eine Zwischenbilanz. Freiburg im Breisgau: Lambertus, 143-154.

Miller, William R.; Rollnick, Stephen (1999): Motivierende Gesprächsführung. Ein Konzept zur Beratung von Menschen mit Suchtproblemen. Freiburg im Breisgau: Lambertus.

Mitarbeiter des Daytop-Programms Fridolfing (1974): Daytop in Deutschland. In: Petzold, Hilarion (Hg.): Drogentherapie. Modelle, Methoden, Erfahrungen. Paderborn: Jungfermann-Hoheneck, 409-434.

Moebius, Monica (1978): Münchner Freiheit II. In: Psychologie heute, Jg. 1978, H. 12, 52-60.

Moll, Stephan (1990): Strafrechtliche Aspekte der Behandlung Opiatabhängiger mit Methadon und Codein. Frankfurt am Main, Bern, New York, Paris: Peter Lang.

Möller, Ingrid et al. (1993): Modellprogramm ambulante Ganztagsbetreuung Drogenabhängiger: Abschlußbericht. Baden-Baden: Nomos (= Band 14 der Schriftenreihe des Bundesministeriums für Gesundheit).

Müller, Rolf; Schuller, Klaus; Tschesche, Andrea (1983): „Freie Therapie" als totale Institution. In: Bossong, Horst; Marzahn, Christian; Scheerer, Sebastian (Hg.): Sucht und Ordnung. Drogenpolitik für Helfer und Betroffene. Frankfurt am Main: Extrabuch-Verlag, 59-70.

Müller, Siegfried; Otto, Hans-Uwe (Hg.) (1986): Verstehen oder Kolonialisieren? Grundprobleme sozialpädagogischen Handelns und Forschens. 2. erweiterte Auflage. Bielefeld: Kleine.

Münder, Johannes et al. (1988): Frankfurter Kommentar zum JWG. 4., überarbeitete Auflage. Weinheim, Basel: Beltz.

Neumann, Nicolaus (Hg.) (1970): Hasch und andere Trips. Fakten, Informationen, Analysen. Hamburg: konkret Literaturverlag.

Nimsch, Margarethe (Hg.) (1991): 1. Konferenz: Europäische Städte im Zentrum des illegalen Drogenhandels. Dokumentation. Frankfurt am Main, 20. – 22.11.1990. Frankfurt am Main: Eigendruck.

Noller, Peter (1993): Kontrollierte Opiatvergabe. Erfahrungen im internationalen Vergleich. In: Nimsch, Margarethe (Hg.): Heroin auf Krankenschein? Basel, Frankfurt am Main: Stroemfeld/Nexus, 47-159.

Nolte, Helmut (1999): Annäherung zwischen Handlungstheorien und Systemtheorien. Ein Review über einige Integrationstrends. In: Zeitschrift für Soziologie 28, 93-113.

Oliva, Hans et al. (2001a): Vernetzung, Planung und Steuerung der Hilfen für Suchtkranke – Zur Arbeit regionaler Suchtkoordinatoren – Ergebnisse des Kooperationsmodells nachgehende Sozialarbeit – Abschlussbericht der wissenschaftlichen Begleitung zum Modellbestandteil Koordination. Baden-Baden: Nomos (= Band 135 der Schriftenreihe des Bundesministeriums für Gesundheit).

Oliva, Hans et al. (2001b): Case Management in der Suchtkranken- und Drogenhilfe. Ergebnisse des Kooperationsmodells nachgehende Sozialarbeit – Modellbestandteil Case Management. Baden-Baden: Nomos (= Band 139 der Schriftenreihe des Bundesministeriums für Gesundheit).

Olk, Thomas (1995): Zwischen Korporatismus und Pluralismus: Zur Zukunft der Freien Wohlfahrtspflege im bundesdeutschen Sozialstaat. In: Rauschenbach, Thomas et al. (Hg.): Von der Wertegemeinschaft zum Dienstleistungsunternehmen. Jugend- und Wohlfahrtsverbände im Umbruch. Frankfurt am Main: Suhrkamp, 98-122.

Olk, Thomas et al. (1995): Von der Wertegemeinschaft zum Dienstleistungsunternehmen. Oder: Über die Schwierigkeit, Solidarität zu üben. Eine einführende Skizze. In: Rauschenbach, Thomas; Sachße, Christoph; Olk, Thomas (Hg.): Von der Wertegemeinschaft zum Dienstleistungsunternehmen. Jugend- und Wohlfahrtsverbände im Umbruch. Frankfurt am Main: Suhrkamp, 11-33.

Ostheimer, Ilona et al. (1993): Abschlußbericht der Szenebefragung „Die offene Drogenszene in Frankfurt/Main nach der Räumung der Taunusanlage". Frankfurt am Main (Typoskript).

Panse, Friedrich (1964): Psychiatrische Krankheitsbilder. In: Laubenthal, Florin (Hg.): Sucht und Mißbrauch. Ein kurzgefaßtes Handbuch für Ärzte, Juristen, Pädagogen. Stuttgart: Georg Thieme Verlag, 167-199.

Pant, Anand (2000): Die HIV-Epidemie unter i.v.-Drogenbenutzern: Verlauf, Primärprävention und drogenpolitische Reaktion. In: Marcus, Ulrich (Hg.): Glück gehabt? Zwei Jahrzehnte AIDS in Deutschland. Berlin, Wien: Blackwell Wissenschaftsverlag, 184-210.

Parow, Eduard; Witecka, Thomas; Prigann, Hermann (1972): Das Release-Konzept. In: Sucht ist Flucht: Drogen- u. Rauschmittelmißbrauch in der Bundesrepublik. Analysen, Berichte, Forderungen. Materialien vom Anti-Drogen-Kongreß 1972. Hamburg: Gemeinnütziger Verein z. Bekämpfung d. Drogen- u. Rauschmittelmißbrauches, konkret, 132-145.

Peruzzo, Alexander (1989): L-Polamidon – Droge, Hilfsmittel, Heilmittel? – Von den Möglichkeiten und Grenzen der Substitution – Bericht und Überlegungen aus einem gemeindenahen Netzwerk praxisintegrierter Suchtkrankenhilfe. In: Niedersächsische Landesstelle gegen die Suchtgefahren (Hg.): Methadon – Droge, Hilfsmittel, Heilmittel? Von den Möglichkeiten und Grenzen der Substitution. Hannover: Eigenverlag, 5-20.

Peters, Helge (1996): Als Partisanenwissenschaft ausgedient, als Theorie aber nicht sterblich: der labeling-approach. In: Krim. Journal 28, 107-115.

Peters, Margarete et al. (1988): Ambulanz für Ausstiegshilfen. Ein Modellvorhaben des Stadtgesundheitsamtes Frankfurt am Main zur medikamentengestützten Rehabilitation für HIV-infizierte opiatabhängige Prostituierte. Konzeptrahmen – 3. Fassung. Frankfurt am Main (Typoskript).

Petzold, Hilarion (Hg.) (1974): Drogentherapie. Modelle, Methoden, Erfahrungen. Paderborn: Jungfermann-Hoheneck.

Prognos (1993): Medikamentengestützte Rehabilitation bei i.v. Opiatabhängigen. Abschlußbericht über das wissenschaftliche Erprobungsverfahren. Herausgegeben vom Ministerium für Arbeit, Gesundheit und Soziales des Landes Nordrhein-Westfalen. Düsseldorf.

Projektgruppe TUdrop (1984): Heroinabhängigkeit unbetreuter Jugendlicher. Weinheim, Basel: Beltz.

Quensel, Stephan (1982): Drogenelend. Cannabis, Heroin, Methadon: Für eine neue Drogenpolitik. Frankfurt am Main: Campus.

Quensel, Stephan (1985): Mit Drogen leben. Erlaubtes und Verbotenes. Frankfurt am Main: Campus.

Raschke, Joachim (1985): Soziale Bewegungen. Ein historisch-systematischer Grundriß. Frankfurt am Main, New York: Campus.

Raschke, Peter (1994): Substitutionstherapie. Ergebnisse langfristiger Behandlung von Opiatabhängigen. Freiburg im Breisgau: Lambertus.

Raschke, Peter; Kalke, Jens; Verthein, Uwe (1999): Substitutionstherapie – ein Fazit aus Sicht der Forschung. In: Krausz, Michael; Raschke, Peter (Hg.): Drogen in der Metropole. Freiburg im Breisgau: Lambertus, 255-262.

Raschke, Peter; Schliehe, Ferdinand (1979): Das Instrument der Modelleinrichtung als Problem der vertikalen Politikverflechtung zwischen örtlicher und überörtlicher Ebene. In: Kaufmann, Franz-Xaver (Hg.): Bürgernahe Sozialpolitik. Planung, Organisation und Vermittlung sozialer Leistungen auf lokaler Ebene. Frankfurt, New York: Campus, 139-166.

Raschke, Peter; Schliehe, Ferdinand; Schneider, Siegfried (1979): Probleme advokatorischer Handlungsorientierungen am Beispiel von Modelleinrichtungen. In: Kaufmann, Franz-Xaver (Hg.): Bürgernahe Sozialpolitik. Planung, Organisation und Vermittlung sozialer Leistungen auf lokaler Ebene. Frankfurt, New York: Campus, 451-500.

Raschke, Peter; Verthein, Uwe; Kalke, Jens (1996): Ambulante Abstinenztherapie mit Drogenabhängigen. Freiburg im Breisgau: Lambertus.

Rauschenbach, Thomas; Schilling, Matthias (1995): Die Dienstleistenden. Wachstum, Wandel und wirtschaftliche Bedeutung des Personals in Wohlfahrts- und Jugendverbänden. In: Rauschenbach, Thomas; Sachße, Christoph; Olk, Thomas (Hg.): Von der Wertegemeinschaft zum Dienstleistungsunternehmen. Jugend- und Wohlfahrtsverbände im Umbruch. Frankfurt am Main: Suhrkamp, 321-355.

Renn, Heinz; Lange, Kurt-Jürgen (1995): Stadtviertel und Drogenszene. Eine vergleichende Untersuchung zur Belästigung durch „offene" Drogenszenen in europäischen Großstädten. Hamburg (Typoskript).

Reuband, Karl-Heinz (1987): Drogenstatistik 1987. In: DHS (Hg.): Jahrbuch '89 zur Frage der Suchtgefahren. Hamburg: Neuland, 41-103.

Reuband, Karl-Heinz (1989): Illegale Drogen. Ein Sozialindikatorenreport. In: DHS (Hg.): Jahrbuch '90 zur Frage der Suchtgefahren. Hamburg: Neuland, 113-155.

Ridder, Michael de (2000): Heroin. Vom Arzneimittel zur Droge. Frankfurt am Main: Campus.

Röhl, Klaus Rainer (1972): Begrüßungsansprache. In: Sucht ist Flucht: Drogen- u. Rauschmittelmißbrauch in der Bundesrepublik. Analysen, Berichte, Forderungen. Materialien vom Anti-Drogen-Kongreß 1972. Hamburg: Gemeinnütziger Verein z. Bekämpfung d. Drogen- u. Rauschmittelmißbrauches, konkret, 15-17.

Roscher, Roland (1999): Der Beitrag der Freien Wohlfahrtspflege zum Gemeinwohl am Beispiel der Suchtkrankenhilfe. Baden-Baden: Nomos.

Rosenbrock, Rolf et al. (1999): Die Normalisierung von AIDS in Westeuropa. Der Politik-Zyklus am Beispiel einer Infektionskrankheit. Berlin: WZB (= Veröffentlichungsreihe der Arbeitsgruppe Public Health, Wissenschaftszentrum Berlin für Sozialforschung).

Rosewitz, Bernd; Schimank, Uwe (1988): Verselbständigung und politische Steuerbarkeit gesellschaftlicher Teilsysteme. In: Mayntz, Renate et al. (Hg.): Differenzierung und Verselbständigung. Zur Entwicklung gesellschaftlicher Teilsysteme. Frankfurt am Main, New York: Campus, 295-329.

Roth, Roland; Rucht, Dieter (Hg.) (1987): Neue soziale Bewegungen in der Bundesrepublik Deutschland. Bonn: Bundeszentrale für politische Bildung.

Rudeck, Günter; Schmidt, Hans-Günter (1997): Der Ausgangspunkt: Mäßigkeitsvereinigungen und Abstinenzverbände. In: DHS (Hg.): Suchtkrankenhilfe in Deutschland. Geschichte – Strukturen – Perspektiven. Freiberg im Breisgau: Lambertus, 13-29.

Rush, Brian R. (1996): Alcohol and other drug problems and treatment systems: a framework for research and development. Editorial. In: Addiction, Jg. 1996, H. 91(5), 629-642.

Sachße, Christoph (1995): Verein, Verband und Wohlfahrtsstaat: Entstehung und Entwicklung der „dualen" Wohlfahrtspflege. In: Rauschenbach, Thomas; Sachße, Christoph; Olk, Thomas (Hg.): Von der Wertegemeinschaft zum Dienstleistungsunternehmen. Jugend- und Wohlfahrtsverbände im Umbruch. Frankfurt am Main: Suhrkamp, 123-149.

Sachße, Christoph; Tennstedt, Florian (1992): Der Wohlfahrtsstaat im Nationalsozialismus. Stuttgart, Berlin, Köln: Kohlhammer.

Sachße, Christoph (1996): Subsidiarität. In: Kreft, Dieter; Mielenz, Ingrid (Hg.): Wörterbuch Soziale Arbeit. Aufgaben, Praxisfelder, Begriffe und Methoden der Sozialarbeit und Sozialpädagogik. 4., vollst. überarb. und erw. Auflage. Weinheim und Basel: Beltz, 592-595.

Sack, Fritz (1993): Strafrechtliche Kontrolle und Sozialdisziplinierung. In: Frehsee, Detlev; Löschper, Gabi; Schumann, Karl F. (Hg.): Strafrecht, soziale Kontrolle, Sozialdisziplinierung. Opladen: Westdeutscher Verlag, 16-45.

Sarbin, Theodore R.; Kitsuse, John I. (Hg.) (1994a): Constructing the Social. London, Thousand Oaks, New Delhi: Sage.

Sarbin, Theodore R.; Kitsuse, John I. (1994b): A Prologue to Constructing the Social. In: Sarbin, Theodore R.; Kitsuse, John I. (Hg.): Constructing the Social. London, Thousand Oaks, New Delhi: Sage, 1-18.

Saß, Henning; Wittchen, Hans-Ulrich; Zaudig, Michael (1996): Diagnostisches und statistisches Manual Psychischer Störungen. DSM-IV. Göttingen: Hogrefe.

Sayer, Peter (1986): Klientenprobleme nicht gefragt! Sozialarbeit in der Drogenhilfe – Eine Leistungsanalyse. Frankfurt am Main: Verlag für interkulturelle Kommunikation.

Schaaber, Eva (1983): Niedersächsisches Landeskrankenhaus Brauel. In: Bossong, Horst; Marzahn, Christian; Scheerer, Sebastian (Hg.): Sucht und Ordnung. Drogenpolitik für Helfer und Betroffene. Frankfurt am Main: Extrabuch-Verlag, 71-77.

Schäfers, Bernhard (1994): Soziologie des Jugendalters. 5. Auflage. Opladen: Leske und Budrich.

Schätzle, Peter (1972): Release (Arbeitsgruppenbericht) (Tonbandprotokoll). In: Sucht ist Flucht. Drogen- u. Rauschmittelmißbrauch in der Bundesrepublik. Analysen, Berichte, Forderungen. Materialien vom Anti-Drogen-Kongreß 1972. Hamburg: Gemeinnütziger Verein z. Bekämpfung d. Drogen- u. Rauschmittelmißbrauches, konkret, 146-147.

Scheerer, Sebastian (1982a): Die Genese der Betäubungsmittelgesetze in der Bundesrepublik Deutschland und in den Niederlanden. Göttingen: Otto Schwarz & Co.

Scheerer, Sebastian (1982b): Freiheit und Kontrolle im neuen Betäubungsmittelgesetz. In: Kritische Justiz 15, 229-247.

Scheerer, Sebastian (1983): Drogentherapie und Grundgesetz. In: Bossong, Horst et al. (Hg.): Sucht und Ordnung. Drogenpolitik für Helfer und Betroffene. Frankfurt am Main: Extrabuch-Verlag, 84-96.

Scheerer, Sebastian (1985): Neue soziale Bewegungen und Strafrecht. In: Kritische Justiz 18, 245-254.

Scheerer, Sebastian (1986): Atypische Moralunternehmer. In: Krim. Journal 18, Beiheft 1, 133-155.

Scheerer, Sebastian (1988): Deutschland: Die ausgebürgerte Linke. In: Hess, Henner et al. (Hg.): Angriff auf das Herz des Staates. Soziale Entwicklung und Terrorismus. Erster Band. Frankfurt am Main, New York: Suhrkamp, 193-429.

Scheerer, Sebastian (1995): Kleine Verteidigung der „sozialen Kontrolle". In: Krim. Journal 27, 120-133.

Scheerer, Sebastian (1997): Anhedonia Criminologica. In: Krim. Journal 29, 23-51.

Scheerer, Sebastian; Hess, Henner (1997): Social Control: a Defence and Reformulation. In: Bergalli, Roberto; Sumner, Colin (Hg.): Social Control and Political Order. European Perspectives at the end of the Century. London, Thousand Oaks, New Dehli: Sage Publications, 96-130.

Scheerer, Sebastian; Vogt, Irmgard (Hg.) (1989): Drogen und Drogenpolitik. Ein Handbuch. Frankfurt am Main, New York: Campus.

Schelsky, Helmut (1957): Die skeptische Generation. Eine Soziologie der deutschen Jugend. Düsseldorf: Diederich.

Schetsche, Michael (1996): Die Karriere sozialer Probleme. München, Wien: Oldenbourg.

Scheuch, Erwin K. (1970): Haschisch und LSD als Modedrogen. Osnabrück: Verlag A. Fromm.

Schimank, Uwe (1999): Funktionale Differenzierung und Systemintegration der modernen Gesellschaft. In: Kölner Zeitschrift für Soziologie und Sozialpsychologie, Sonderheft 39, 47-65.

Schimank, Uwe (2000): Theorien gesellschaftlicher Differenzierung. Opladen: Leske und Budrich.

Schimank, Uwe; Volkmann, Ute (1999): Gesellschaftliche Differenzierung. Bielefeld: transcript Verlag.

Schlender, Jörg-Ulrich (1982): Sozialtherapie im Strafvollzug. In: Heckmann, Wolfgang (Hg.): Praxis der Drogentherapie. Von der Selbsthilfe zum Verbundsystem. Weinheim und Basel: Beltz, 227-237.

Schliehe, Ferdinand (1985): Organisation sozialer Dienste: Das Beispiel Drogenberatung. Frankfurt am Main, Bern, New York: Peter Lang.

Schliehe, Ferdinand (1998): Qualitätsmanagement. In: Deutsche Rentenversicherung 12, 882-890.

Schlömer, Hermann (1989): Polamidon für Drogenabhängige: Das Hamburger Einzelfallkonzept. In: Bossong, Horst; Stöver, Heino (Hg.): Methadon. Chancen und Grenzen der Substitutionsbehandlung. Berlin: Lenz, Maas, Teuber, 96-107.

Schlösser, Anton (1990): Das Zweiklassensystem der Abhängigenversorgung. In: Schwoon, Dirk R.; Krausz, Michael (Hg.): Suchtkranke: die ungeliebten Kinder der Psychiatrie. Stuttgart: Enke, 25-34.

Schmejkal, Maria (1978): Selbsthilfe-Organisationen von Süchtigen. Erfahrungsbericht von 1974 über Release I, Berlin-Kreuzberg (jetzt Synanon international). Berlin: Pädag. Zentrum.

Schmid, Martin (1994): Drogenszene, Drogenpolitik und Drogenhilfe. Eine Betrachtung aus der Normalisierungs- und Entdramatisierungsperspektive. In: Neubeck-Fischer, Helga (Hg.): Sucht: ein Versuch zu (über)leben. München: Fachhochschulschr. Sandmann, 33-59.

Schmid, Martin; Simmedinger, Renate; Vogt, Irmgard (2000): Ambulante Suchthilfe in Hamburg. Statusbericht 1999 zur Hamburger Basisdatendokumentation im ambulanten Suchthilfesystem. Frankfurt am Main: Institut für Sozialarbeit und Sozialpädagogik e.V.

Schmid, Martin; Vogt, Irmgard (1998): Die Entwicklung des Drogenhilfesystems in Deutschland, 1970-1995. In: Wiener Zeitschrift für Suchtforschung 21 (2/3), 39-52.

Schmid, Martin; Vogt, Irmgard (2001): Case Management und Motivierende Beratung. In: Suchttherapie 2, 73-79.

Schmidbauer, Wolfgang (1989): Die hilflosen Helfer. Über die seelische Problematik der helfenden Berufe. Reinbek bei Hamburg: Rowohlt.

Schmidt, Hans-Günter (Hg.) (1980): Jahrbuch zur Frage der Suchtgefahren 1980. Hamburg: Neuland.

Schmidtke, Michael A. (1998): Reform, Revolte oder Revolution? Der Sozialistische Deutsche Studentenbund (SDS) und die Students for a Democratic Society (SDS) 1960-1970. In: Gilcher-Holtey, Ingrid (Hg.): 1968 – Vom Ereignis zum Gegenstand der Geschichtswissenschaft. Göttingen: Vandenhoeck und Ruprecht, 2188-206.

Schmidt-Semisch, Henning (1990): Drogenpolitik. Zur Entkriminalisierung und Legalisierung von Heroin. München: AG-SPAK-Publikationen.

Schneider, Heinz (1964): Die öffentliche Jugendhilfe zwischen Eingriff und Leistung. Eine juristisch-sozialpädagogische Analyse der Aufgaben des Jugendamtes und ihrer gesetzlichen Regelung. Neuwied, Berlin: Luchterhand.

Schneider, Michaela (1973): Methadon-Behandlung. Psychologische Bemerkungen zu einer resignierenden Therapie. In: Münch. med. Wschr. 115, 1233-1236.

Schneider, Werner (1988): Ausstiegsprozesse aus Heroinabhängigkeit. Zwischenbericht. Frankfurt am Main: Typoscript.

Schneider, Wolfgang (1997): Niedrigschwellige Angebote und akzeptanzorientierte Drogenarbeit. Vortragsmanuskript zum Internationalen Suchtkongress „Der Stellenwert der Suchtkrankheit im Gesundheitssystem" 27.05. – 01.06.1996 in Baden bei Wien. In: Akzeptanz, Jg. 1997, H. 1, 15-17.

Schrapper, Christian (1987): Konzepte und Zuständigkeiten soziapädagogischer Entscheidungen im Jugendamt – eine historische Skizze. In: Schrapper, Christian; Sengling, Dieter; Wickenbrock, Wilfried (Hg.): Welche Hilfe ist die richtige? Historische und empirische Studien zur Gestaltung sozialpädagogischer Entscheidungen im Jugendamt. Frankfurt am Main: Deutscher Verein für öffentliche und private Fürsorge, 5-56.

Schreiber, Michaela (1997): Modellförderung in der Hilfe für Drogenabhängige. In: DHS (Hg.): Suchtkrankenhilfe in Deutschland. Geschichte – Strukturen – Perspektiven. Freiberg im Breisgau: Lambertus, 193-201.

Schroers, Artur (1995): Szenealltag im Kontaktcafé. Eine sozial-ökologische Analyse akzeptanzorientierter Drogenarbeit. Berlin: VWB.

Schroers, Artur (1999): Ecstasy-Drugchecking: Ansätze und Modelle zum Gesundheitsschutz in der Techno- und Partykultur. In: Stöver, Heino (Hg.): Akzeptierende Drogenarbeit: eine Zwischenbilanz. Freiburg im Breisgau: Lambertus, 119-142.

Schu, Martina et al. (2001): Hilfeplanung für chronisch mehrfachbeeinträchtigte Abhängige – zwischen Anspruch und Wirklichkeit. In: Suchttherapie 2, 65-72.

Schuller, Klaus; Stöver, Heino (1989): Die Zugänglichkeit zu sterilem Spritzbesteck. Modelle der HIV-Prävention im internationalen Vergleich. Berlin: DAH. (= AIDS-Forum DAH, Band 3).

Schuller, Klaus; Stöver, Heino (Hg.) (1990): Akzeptierende Drogenarbeit. Ein Gegenentwurf zur traditionellen Drogenhilfe. Freiburg im Breisgau: Lambertus.

Schulz, Paul (1974a): Drogentherapie. Analysen und Projektionen. Frankfurt am Main, New York: Herder & Herder.

Schulz, Paul (1974b): Drogenscene. Ursachen und Folgen. Frankfurt am Main, New York: Herder & Herder.

Schulzke, M. (1994): Methadon-gestützte Psycho-/Substitutionstherapie für Heroinabhängige. Zwischenbericht der wissenschaftlichen Begleitung. Institut für Entwicklungsplanung und Strukturforschung an der Universität Hannover. Hannover.

Schumann, Jutta et al. (1993): Modellprogramm Drogen und AIDS. Beschreibung und Tätigkeiten der Einrichtungen im Modellprogramm „Drogen und AIDS". Baden-Baden: Nomos. (= Band 19 der Schriftenreihe des Bundesministeriums für Gesundheit).

Schwendter, Rolf (1971): Theorie der Subkultur. Köln: Kiepenheuer u. Witsch.

Sickinger, Richard (1982): Drogenhilfe. München: Kösel-Verlag.

Siegfried, Detlef (2000): Vom Teenager zur Pop-Revolution. Politisierungstendenzen in der westdeutschen Jugendkultur 1959 bis 1968. In: Schildt, Axel et al. (Hg.): Dynamische Zeiten. Die 60er Jahre in den beiden deutschen Gesellschaften. Hamburg: Hans Christians Verlag, 582-623.

Siepmann, Eckhard (1986): Unergründliches Obdach für Reisende. In: Siepmann, Eckhard (Hg.): Heiß und Kalt. Die Jahre 1945 – 69. Berlin: Elefanten Press, 646-648.

Simmedinger, Renate; Schmid, Martin; Vogt, Irmgard (2001): Ambulante Suchthilfe in Hamburg. Statusbericht 2000 zur Hamburger Basisdatendokumentation im ambulanten Suchthilfesystem. Frankfurt am Main: Institut für Sozialarbeit und Sozialpädagogik e.V.

Soer, Josh von; Stratenwerth, Irene (1991): Süchtig geboren. Kinder von Heroinabhängigen. Hamburg: Rasch und Röhring.

Sollmann, Ulrich (1974): Therapie mit Drogenabhängigen. Analyse und Kritik der bundesdeutschen Behandlungseinrichtungen von Oldenburg bis München. Gießen: Verlag Andreas Achenbach.

Soltau, Roswitha (1982): Das Motivierungskonzept im Strafvollzug. In: Heckmann, Wolfgang (Hg.): Praxis der Drogentherapie. Von der Selbsthilfe zum Verbundsystem. Weinheim und Basel: Beltz, 213-225.

Soltau, Roswitha (1984): Die frauenspezifische Abhängigkeit von Suchtmitteln. In: Merfert-Diete, Christa; Soltau, Roswitha (Hg.): Frauen und Sucht. Die alltägliche Verstrickung in Abhängigkeit. Reinbek: Rowohlt, 12-22.

Spector, Malcolm; Kitsuse, John I. (1987): Constructing Social Problems. New York: Aldine de Gruyter.

Spode, Hasso (1993): Die Macht der Trunkenheit. Opladen: Leske und Budrich.

Staub-Bernasconi, Silvia (1995): Systemtheorie, soziale Probleme und Soziale Arbeit: lokal, national, international – oder: vom Ende der Bescheidenheit. Bern: Haupt.

Steffen, Jochen (1972): Begrüßungsansprache. In: Sucht ist Flucht: Drogen- u. Rauschmittelmißbrauch in der Bundesrepublik. Analysen, Berichte, Forderungen. Materialien vom Anti-

Drogen-Kongreß 1972. Hamburg: Gemeinnütziger Verein z. Bekämpfung d. Drogen- u. Rauschmittelmißbrauches, konkret, 11-14.

Stichweh, Rudolf (1988): Inklusion in Funktionssysteme der modernen Gesellschaft. In: Mayntz, Renate et al. (Hg.): Differenzierung und Verselbständigung. Zur Entwicklung gesellschaftlicher Teilsysteme. Frankfurt am Main, New York: Campus, 261-293.

Stichweh, Rudolf (1992): Professionalisierung, Ausdifferenzierung von Funktionssystemen, Inklusion: Betrachtungen aus systemtheoretischer Sicht. In: Dewe, Bernd; Ferchhof, Wilfried; Radtke, Frank-Olaf (Hg.): Erziehung als Profession: Zur Logik professionellen Handelns in pädagogischen Feldern. Opladen: Leske und Budrich, 36-48.

Stöver, Heino (1989): Substitution und AIDS. In: Bossong, Horst; Stöver, Heino (Hg.): Methadon. Chancen und Grenzen der Substitutionsbehandlung. Berlin: Lenz, Maas, Teuber, 46-59.

Stöver, Heino (1990): Akzeptierende Drogenarbeit – Entwicklungen, Bedingungen und Perspektiven. In: Schuller, Klaus; Stöver, Heino (Hg.): Akzeptierende Drogenarbeit. Ein Gegenentwurf zur traditionellen Drogenhilfe. Freiburg: Lambertus, 14-30.

Stöver, Heino (Hg.) (1994): Die Fortbildungsarbeit der Deutschen AIDS-Hilfe im Bereich AIDS und Drogen (1990 – 1992). Berlin: DAH.

Stöver, Heino (2000): Healthy prisons. Oldenburg: Bis, Bibliotheks- und Informationssystem der Universität Oldenburg.

Stöver, Heino; Michels, Ingo Ilja (1999): Gesundheitsräume – Geschichte, Bedeutung für Drogenkonsumenten/-innen und Stellenwert innerhalb der Drogenhilfe und -politik. In: Stöver, Heino (Hg.): Akzeptierende Drogenarbeit: eine Zwischenbilanz. Freiburg im Breisgau: Lambertus, 155-168.

Stöver, Heino; Schuller, Klaus (1990): Wohnprojekte für i.v. DrogengebraucherInnen mit HIV/AIDS. Berlin: DAH.

Stöver, Heino; Schuller, Klaus (1992): Praxis und Politik der Vergabe von sterilem Spritzbesteck an Drogenabhängige zur HIV/AIDS-Prävention in einer ausgewählten Zahl von Mitgliedsstaaten der Europäischen Region der Weltgesundheitsorganisation (WHO). In: Deutsche AIDS-Hilfe e.V. (Hg.): AIDS und Drogen II. Evaluation AIDS-präventiver Botschaften. Berlin: DAH. (= AIDS-Forum DAH, Band 9), 101-124.

Strobel, Käthe (1972): Ansprache von Käte Strobel, Bundesminister für Jugend, Familie und Gesundheit. In: DHS (Hg.): Drogen- und Rauschmittelmißbrauch: Bedingungen, Vorbeugung, Behandlung. Hamm: Hoheneck. (= Zum Problem der Suchtgefahren. Heft 17), 5-7.

Sturm, Karsten; Meyer, Andreas (1974): Gruppendynamik und Gruppentherapie bei der Behandlung Drogenabhängiger im „Four-Steps"-Modell der therapeutischen Wohngemeinschaft. In: Petzold, Hilarion (Hg.): Drogentherapie. Modelle, Methoden, Erfahrungen. Paderborn: Jungfermann-Hoheneck, 223-237.

Sumner, Colin (1997): Social Control: the History and Politics of a Central Concept in Anglo-American Sociology. In: Bergalli, Roberto; Sumner, Colin (Hg.): Social Control and Political Order. European Perspectives at the End of the Century. London, Thousand Oaks, New Dehli: Sage Publications, 1-33.

Tanner, Jakob (1998): „The Times They Are A-Changin" – Zur subkulturellen Dynamik der 68er Bewegungen. In: Gilcher-Holtey, Ingrid (Hg.): 1968 – Vom Ereignis zum Gegenstand der Geschichtswissenschaft. Göttingen: Vandenhoeck und Ruprecht, 207-223.

Tanner, Jakob (1999): Cannabis und Opium. In: Hengartner, Thomas; Merki, Christoph Maria (Hg.): Genussmittel. Ein kulturgeschichtliches Handbuch. Frankfurt am Main, New York: Campus, 195-227.

Täschner, Karl-Ludwig (1983): Therapie der Drogenabhängigkeit: Ein Handbuch. Stuttgart, Berlin, Köln, Mainz: Kohlhammer.

Täschner, Karl-Ludwig; Wanke, Klaus (1972): Drogenabhängigkeit bei Jugendlichen. In: Med. Klin. 67, 515-520.

Teuteberg, Hans-Jürgen: Kaffee (1999). In: Hengartner, Thomas; Merki, Christoph Maria (Hg.): Genussmittel. Ein kulturgeschichtliches Handbuch. Frankfurt am Main, New York: Campus, 81-115.

Thiersch, Hans (1992): Lebensweltorientierte Soziale Arbeit. Weinheim, München: Juventa.

„Tibet ist überall" (1969): Der Spiegel. Heft 46, Jahrgang 1969, 76-102.

Tiemann, Fritz et al. (1992): Abschätzung der Gesamtzahl der in der Bundesrepublik Deutschland HIV-infizierten Personen auf der Grundlage der Daten des AIDS-Zentrums. In: Gesundheitswesen 54, 25-28.

VDR Verein der Rentenversicherungsträger (1979 – 2001): Statistik Rehabilitation. Frankfurt am Main: VDR.

Verthein, Uwe (1995): Psychosoziale Betreuung Methadon-Substituierter in Hamburg. In: Neue Praxis 25, 457-470.

Vogt, Irmgard (1975): Drogenpolitik. Zum Konsum von Alkohol, Beruhigungsmitteln und Haschisch. Frankfurt am Main, New York: Herder & Herder.

Vogt, Irmgard (1983): Drogenabhängige Frauen. Delinquenz und Therapie. In: Bossong, Horst; Marzahn, Christian; Scheerer, Sebastian (Hg.): Sucht und Ordnung. Drogenpolitik für Helfer und Betroffene. Frankfurt am Main: Extrabuch-Verlag, 78-83.

Vogt, Irmgard (1989): Die Alkoholwirtschaft. In: Scheerer, Sebastian; Vogt, Irmgard (Hg.): Drogen und Drogenpolitik. Ein Handbuch. Frankfurt am Main, New York: Campus, 63-73.

Vogt, Irmgard (1990): Frauen, Sucht und Emanzipation: Selbstbilder und Fremdbilder. In: SFBF e.V. (Hg.): Der feministische Blick auf die Sucht. Materialienband 9. Facetten feministischer Theoriebildung. Frankfurt am Main: Frankfurter Frauenschule, 65-82.

Vogt, Irmgard (1992): Abschlußbericht der Studie „Offene Drogenszene in Frankfurt am Main". Im Auftrag des Drogenreferats der Stadt Frankfurt am Main. Frankfurt am Main (Typoskript).

Vogt, Irmgard (1995): Suchtforschung in der Bundesrepublik – Eine Bestandsaufnahme. Vortrag zum 3. Baden-Württembergischen Symposion für Suchtfragen, Stuttgart, 04.04. 1995. Unveröffentlichtes Manuskript.

Vogt, Irmgard (1999): Sozialarbeit mit Drogenabhängigen in einem „akzeptierenden" Setting. In: Stöver, Heino (Hg.): Akzeptierende Drogenarbeit: eine Zwischenbilanz. Freiburg im Breisgau: Lambertus, 25-37.

Vogt, Irmgard; Schmid, Martin (1998): Illegal Drugs in Germany and the Emergence of the Modern Drug Treatment System. In: Hunt, Geoffrey; Klingemann, Harald (Hg.): Drugs, Demons and Delinquents. Drug Treatment Systems in an International Perspective. London, Thousand Oaks: Sage, 145-157.

Vogt, Michaela et al. (1995): Modellprogramm Therapie auf dem Bauernhof. Baden-Baden: Nomos. (= Band 62 der Schriftenreihe des Bundesministeriums für Gesundheit).

Wagner, Richard (1992): J.E.S. (Junkies, Ehemalige, Substituierte) Initiative für bundesweite Selbsthilfe. In: Bernhard, Elisabeth et al. (Hg.): Über-Leben mit Methadon. Für eine alternative Drogenpolitik. Hamburg: Konkret Literatur Verlag, 94-100.

Wanke, Klaus (1971a): Erfahrungen aus der Beratung Drogengefährdeter. In: Knischewski, Ernst (Hg.): Drogenproblem – kritisch betrachtet. Kassel: Nicol-Verlag, 9-19.

Wanke, Klaus (1971b): Neue Aspekte zum Suchtproblem. Multifaktorielle Analysen klinischer Erfahrungen mit jungen Drogenkonsumenten. Frankfurt am Main: Habil.-Schr.

Weber, Georg; Schneider, Wolfgang (1992): Herauswachsen aus der Sucht illegaler Drogen: Selbstheilung, kontrollierter Gebrauch und therapiegestützter Ausstieg. Im Auftr. des Ministeriums für Arbeit, Gesundheit und Soziales des Landes Nordrhein-Westfalen. Düsseldorf: MAGS.

Weber, Max (1980): Wirtschaft und Gesellschaft. Grundriß der verstehenden Soziologie. 5., rev. Auflage, Studienausg. Tübingen: Mohr.

Weimer, Jürgen (1985): Scene-Arbeit in Frankfurt a.M. Das Projekt „M 41". In: Krauß, Günter M.; Steffan, Werner (Hg.): „... nichts mehr reindrücken": Drogenarbeit, die nicht bevormundet. Weinheim, Basel: Beltz, 25-32.

Wensierski, Hans-Jürgen von (1985): „Die Anderen nannten uns Halbstarke" – Jugendsubkultur in den 50er Jahren. In: Krüger, Heinz-Hermann (Hg.): „Die Elvis-Tolle, die hatte ich mir unauffällig wachsen lassen". Lebensgeschichte und jugendliche Alltagskultur in den fünfziger Jahren. Opladen: Leske und Budrich, 103-127.

Wiegand, Wolf A. (1972): Was ist Release? Was macht Release? In: (Hg.): Sucht ist Flucht: Drogen- u. Rauschmittelmißbrauch in der Bundesrepublik. Analysen, Berichte, Forderungen. Materialien vom Anti-Drogen-Kongreß 1972. Hamburg: Gemeinnütziger Verein z. Bekämpfung d. Drogen- u. Rauschmittelmißbrauches, konkret, 127-131.

Wolffersdorff-Ehlert, Christian von (1989): Die Cannabis-Szenen. In: Scheerer, Sebastian; Vogt, Irmgard (Hg.): Drogen und Drogenpolitik. Ein Handbuch. Frankfurt am Main, New York: Campus, 373-378.

Wormser, Rudi (1976): Manifester Inhalt und latente Vorurteile der Drogenberichterstattung. Eine Inhaltsanalyse Münchner Tageszeitungen. In: Reuband, Karl-Heinz (Hg.): Rauschmittelkonsum. Soziale Abweichung und institutionelle Verlagsgesellschaft, 109-124.

Yablonsky, Lewis (1965): The Tunnel Back: Synanon. New York: Macmillan.-

Yablonsky, Lewis (1968): The Hippie Trip. New York: Pegasus.

Yablonsky, Lewis (1975): Synanon. Selbsthilfe der Süchtigen und Kriminellen. Stuttgart: Klett.

Yablonsky, Lewis (1990): Die Therapeutische Gemeinschaft. Ein erfolgreicher Weg aus der Drogenabhängigkeit. Weinheim, Basel: Beltz.

Zamory, Eberhard (1972): Vorwort zum Kongreß-Reader. In: Sucht ist Flucht: Drogen- u. Rauschmittelmißbrauch in der Bundesrepublik. Analysen, Berichte, Forderungen. Materialien vom Anti-Drogen-Kongreß 1972. Hamburg: Gemeinnütziger Verein z. Bekämpfung d. Drogen- u. Rauschmittelmißbrauches, konkret, 7-8.

Zenker, Christel; Lang, Peter (1995): Methadon-Substitution in Bremen. Abschlußbericht der sozialmedizinischen Begleitforschung. Bremen.